Maurice GREVISSE
André GOOSSE

Nouvelle grammaire française

DUCULOT

© Éditions DUCULOT, PARIS-GEMBLOUX (1980)
(Imprimé en Belgique sur les presses Duculot)
D. 1980.0035.38

ISBN 2-8011-0309-8

Avant-propos

Le Précis de grammaire française *de Maurice Grevisse a paru pour la première fois en 1939, et il a rencontré jusqu'à ce jour une large audience, dans tous les pays où le français est parlé et même dans les pays où il est enseigné au titre de langue étrangère.*

Ce succès est dû à deux raisons principales : l'ouvrage expose systéma-tiquement, avec clarté et précision, les grandes lignes de la grammaire française, selon les conceptions de la science à l'époque ; il répond avec pertinence aux questions concrètes que pose la pratique de la langue, spé-cialement de la langue écrite ; il se fonde pour cela, non sur un idéal cons-truit abstraitement, mais sur l'observation attentive des faits, dont Le bon usage *donne une image plus détaillée.*

La nouvelle version que nous proposons entend maintenir les qualités qui ont fait le succès de ce manuel : la clarté, la précision, le caractère systéma-tique et concret. Nous avons encore accentué le côté pratique en abordant des points qui n'étaient pas pris en considération dans le Précis [1] *ou qui l'étaient d'une façon plus sommaire* [2]. *Dans le même esprit, si le plan est resté tel quel dans ses toutes grandes lignes, il a été revu en beaucoup d'endroits pour renforcer la cohérence et l'aspect méthodique. Bref, un ouvrage de référence, ce à quoi contribuent l'index détaillé et des renvois que nous avons multipliés.*

Le Précis *s'adressait, non pas à des débutants, mais à des usagers ayant déjà une certaine compétence, surtout dans l'oral. Nous avons cru qu'il ne fallait pas réduire la part de l'écrit, mais nous avons été attentif à distinguer les divers niveaux de langue, en faisant appel, quand c'était utile, à des témoignages variés, allant du Code civil à Céline, mais toujours modernes : c'est le français d'aujourd'hui que nous voulons décrire, sous ses divers aspects. Sans chercher à faire une description systématique de la langue parlée (qui d'ailleurs présente selon les régions des différences sensibles, — que nous avons parfois indiquées), nous avons assez souvent donné des*

---

1. Notamment : la syllabation graphique, l'emploi des majuscules, l'utilisation des abré-viations et des symboles, ainsi que divers faits de prononciation et d'orthographe.
2. Par exemple, pour la phrase interrogative et pour les divers types de phrases, pour la phonétique syntaxique, pour l'emploi des accents, pour les temps surcomposés.

renseignements à ce sujet, notamment pour la prononciation, en utilisant l'Alphabet phonétique international.

Un certain nombre de changements dans le plan [3] et le remplacement de beaucoup de définitions [4] sont dus à notre souci d'intégrer les acquis de la linguistique moderne, qui se sont aujourd'hui largement imposés.

Nous avons pensé que ces diverses modifications pouvaient se faire sans bouleverser la terminologie. Nous croyons, en effet, que la modernisation d'un manuel n'implique pas nécessairement l'abandon des termes anciens, mais qu'il fallait rendre plus rigoureux leur définition et leur emploi. Pour que les innovations [5] ne troublent pas trop le lecteur habitué à la terminologie traditionnelle, nous avons veillé à les définir clairement et aussi à marquer, quand c'était possible, le rapport avec le terme ancien, comme d'ailleurs nous avons aussi mentionné plus d'une fois les désignations adoptées aujourd'hui par certains pédagogues novateurs.

Nous espérons que cet ouvrage sera bien accueilli par tous ceux qui souhaitent un enseignement grammatical modernisé, mais ne cherchant pas pour cela à faire table rase du passé ; par ceux qui veulent une grammaire pratique, qui se donne pour but d'apprendre au lecteur ce qu'il ne connaît pas encore ou ce qu'il connaît mal, tout en favorisant la réflexion personnelle et en initiant au fonctionnement de la langue.

André GOOSSE.

3. Par exemple, dans les « parties du discours », l'article est rangé parmi les déterminants, lesquels sont séparés des adjectifs ; la conjonction de coordination et la conjonction de subordination sont disjointes ; le présentatif, que nous élargissons en introducteur, reçoit une place autonome ; l'interjection est intégrée à une catégorie plus large, le mot-phrase, où se retrouvent certains mots que l'on mettait dans les adverbes, bien qu'ils ne répondent pas à la définition de ceux-ci. — Nous avons abandonné la distinction des quatre conjugaisons, critiquée depuis longtemps ; nous avons rangé le conditionnel parmi les temps de l'indicatif. — Nous avons ajouté une section sur la sémantique ; nous avons développé ce qui concerne la coordination, le complément absolu, la redondance, les éléments incidents, les espèces de phrases, etc. — La quatrième partie a reçu une organisation qui semble à la fois plus simple et plus rigoureuse.

4. Notamment pour la plupart des « parties du discours », mais aussi pour des catégories particulières, comme le nom propre, ou pour des notions comme le genre ou la personne, ou encore pour les compléments du verbe. — Ces définitions ont été conçues d'après les exigences de la réalité syntaxique et non plus d'après la logique.

5. Parmi les quelques innovations par rapport à la version précédente, nous citerons l'emploi des termes suivants : phonème, disjonction, digramme, sème, syntagme, prédicat, complément essentiel et complément non essentiel, complément adverbial, complément absolu, phrase averbale, déterminant, pronom personnel conjoint (et disjoint), introducteur, mot-phrase, proposition conjonctive essentielle, proposition corrélative, proposition adverbiale.

ALPHABET PHONÉTIQUE

VOYELLES

[a]	d**a**te
[ɑ]	p**â**te
[e]	pr**é**
[ɛ]	m**è**re
[ə]	gr**e**din
[i]	cr**i**
[o]	r**o**se
[ɔ]	n**o**te
[ø]	li**eu**
[œ]	p**eu**r
[u]	tr**ou**
[y]	p**u**r
[ɑ̃]	m**an**ger
[ɛ̃]	m**at**in
[ɔ̃]	sais**on**
[œ̃]	l**un**di

CONSONNES

[b]	**b**on
[d]	**d**éjà
[f]	**f**ier
[g]	**g**are
[k]	**c**ar
[l]	**l**oup
[m]	**m**ain
[n]	**n**on
[p]	**p**ar
[R]	**r**ose
[s]	**s**ol
[t]	**t**as
[v]	**v**er
[z]	**z**éro
[ʃ]	**ch**at
[ʒ]	**j**ardin
(ɲ)	a**gn**eau
[ŋ]	smoki**ng**

SEMI-VOYELLES

[j]	**y**eux
[w]	**ou**i
[ɥ]	c**u**ir

Le double point après une voyelle montre qu'elle est longue : *alors* [alɔ:R].

Si une lettre est placée entre parenthèses, c'est que le son ainsi désigné peut disparaître ; c'est surtout le cas de l'*e* dit muet [ə] : *fenêtre* [f(ə)nɛ:tR].

ABRÉVIATIONS ET SYMBOLES

Acad.	Dictionnaire de l'Académie, dernière édition (1932-1935).
Cf.	confer, voir.
Comp.	comparez.
Rem.	remarque.
§	paragraphe.
*	précède des phrases ou des expressions considérées comme incorrectes.
=	introduit une traduction ou une équivalence.
« »	les guillemets encadrent une signification.
(...)	cela indique une coupure à l'intérieur d'une citation.

Préliminaires

1   L'homme peut communiquer avec ses semblables au moyen de gestes, de bruits, de dessins ou d'autres symboles : par un geste du pouce, on demande une place dans une voiture ; la sirène d'une usine annonce le début ou la fin du travail ; un panneau représentant un triangle sur sa pointe avertit l'automobiliste qu'il doit céder le passage au prochain carrefour ; etc.

Mais le moyen le plus précis et le plus riche est le **langage.**

Le langage est constitué de **sons** produits par le **locuteur** ou **sujet parlant** à l'intention de l'interlocuteur, de l'auditeur. Dans la communication, les sons se trouvent groupés en unités chargées de sens, les **mots.** Mais il n'y a vraiment une communication que si les mots font partie d'une suite [1] que l'on appelle la **phrase ;** la phrase est l'unité véritable de communication. Entre le mot et la phrase, on distingue le **syntagme,** ou groupe de mots étroitement associés :

> La phrase *Un homme averti / en vaut deux* comprend un **syntagme nominal** et un **syntagme verbal,** désignés ainsi parce que l'élément principal (ou **noyau**) de ces groupes est un nom pour le premier et un verbe pour le second. Un **syntagme prépositionnel** est un syntagme introduit par une préposition : **À la mer,** *il pleut souvent.*

Le langage parlé peut être traduit dans l'**écriture** au moyen de signes ou de caractères appelés **lettres.** Il faut éviter de confondre les lettres et les sons, auxquels elles correspondent en français de façon approximative.

2   La **linguistique** ou **grammaire** est l'étude systématique des éléments constitutifs et du fonctionnement de la langue.

> *Grammaire* désigne plus spécialement la morphologie et la syntaxe.
> On appelle encore *grammaire* l'ensemble des règles permettant de parler et d'écrire correctement (on dit aussi : **grammaire normative**).

---

1. Dans le cas, exceptionnel, du mot-phrase (cf. § 411), la suite se réduit à un mot.

Selon les éléments de la langue qui sont étudiés, on distingue :

1° La **phonétique** et la **phonologie,** qui étudient l'une les sons et l'autre les phonèmes (cf. § 5).

À distinguer de l'**orthophonie,** qui donne les règles de la bonne prononciation.
On appelle **orthographe** à la fois la façon d'écrire et les règles qui permettent d'écrire correctement.

2° La **lexicologie,** qui étudie les mots, notamment dans leur origine et leur histoire (**étymologie**) ou dans leur signification (**sémantique**).

3° La **syntaxe,** qui étudie les relations entre les mots et entre les syntagmes dans la phrase.

4° La **morphologie,** qui étudie les variations que subissent les mots pour pouvoir jouer leur rôle dans la phrase : par exemple, la conjugaison des verbes. Cf. § 61.

En outre, la **stylistique** étudie, dans tous ces domaines, les choix que peuvent faire les locuteurs parmi les procédés que leur offre la langue ; les niveaux de langue (§ 4) sont du ressort de la stylistique, et aussi les procédés expressifs, comme la mise en relief (§ 152).

3   Le français, comme l'italien, l'espagnol, le portugais, le roumain, est une langue **romane,** c'est-à-dire une langue issue du **latin,** dont l'usage s'était généralisé dans une grande partie de l'empire romain et qui y a remplacé la plupart des langues locales (comme le gaulois en Gaule).

Le latin qui s'est répandu ainsi n'était pas le latin littéraire, mais le latin parlé, qu'on appelle souvent **latin vulgaire.**
C'est à la suite d'une longue évolution que le latin a abouti au français actuel. Il est passé par diverses étapes : ainsi, l'**ancien français** va du XIe au XIVe siècle.

Le latin a évolué de façon différente selon les régions où il s'était établi, d'où les différentes langues romanes.

Dans l'ancienne Gaule, il a donné dans le Sud la **langue d'oc** ou **occitan** (on dit aussi **provençal**) et dans le Nord la **langue d'oïl** [2] ou **français,** ou plus exactement leurs divers dialectes : pour la langue d'oïl, le wallon, le picard, le normand, le lorrain, le champenois, le bourguignon, etc.

Un de ces dialectes l'a emporté sur les autres : c'est le **francien,** parlé dans l'Ile-de-France ; il est devenu, sous le nom de français, la langue commune permettant la communication entre les habitants de régions

---

2. *Oïl* (prononcé [ɔil]) est la forme de *oui* en ancien français ; *oc* est son équivalent dans le sud de la France.

différentes, la langue écrite servant dans la littérature [3] et dans la science, la langue officielle dans laquelle sont rédigées les lois, etc.

Le français joue ces rôles, non seulement dans le nord de l'ancienne Gaule (moitié nord de la France et Belgique francophone), mais aussi dans le reste de la France et dans la Suisse romande ; de même, à la suite de la colonisation, dans certaines provinces du Canada (surtout dans le Québec), à Haïti, etc.

Selon les régions, la prononciation et le vocabulaire (parfois la syntaxe) prennent des caractères particuliers [4], qu'on appelle normandismes, belgicismes, helvétismes, provença-lismes, etc., selon qu'ils ont cours en Normandie, en Belgique, en Suisse, en Provence, etc.

Par exemple, on nomme *athénée* en Belgique et *gymnase* en Suisse l'établissement d'enseignement secondaire qui s'appelle *lycée* en France.

En outre, le français a conservé une place importante dans les anciennes colonies fran-çaises et belges. Il est aussi une des langues officielles au Grand-Duché de Luxembourg.

4   Le français ne présente pas seulement des variétés selon les époques et les lieux. Il faut tenir compte aussi des **niveaux de langue** ou **registres.** On distingue souvent : le niveau **familier,** qui est celui de la conversation courante ; le niveau **populaire** [5], qui est plus relâché et considéré comme incorrect ; à l'opposé, le niveau **soigné** ou **soutenu.**

Comment est-ce qu'il fait ? est « familier », par rapport à *Comment fait-il ?* — **Comment c'est qu'il fait ?* est « populaire ».

La langue écrite, celle de la littérature, des journaux, des travaux scientifiques, de l'administration, recourt le plus souvent au niveau « soigné ».

On ne confondra pas la langue populaire et l'**argot.** Par son argot, un groupe social (les étudiants, les militaires, les hommes de certains métiers...) veut se différencier des autres usagers. Quand on parle de « l'argot », sans autre précision, il s'agit souvent de celui des malfaiteurs.

L'argot est surtout un lexique (mots ou expressions) ; la syntaxe et la morphologie restent celles du français commun, surtout populaire.

---

3. Certains dialectes ont servi, mais plus tard (fin du XVIe siècle), pour la littérature. C'est le cas en Wallonie, où, surtout depuis le XIXe siècle, les œuvres sont remarquables par leur nombre et par leur qualité.

4. On ne confondra pas ces français régionaux avec les dialectes mentionnés plus haut.

5. *Populaire* est pris dans un autre sens par les historiens du français : cf. § 68, *a.*

PREMIÈRE PARTIE

Les sons, les lettres, les mots

CHAPITRE I

Les sons

1. GÉNÉRALITÉS

5   Les **sons** du langage sont produits par l'expiration de l'air venant des poumons. Ils se divisent en **voyelles** et en **consonnes.**

> Les principaux organes jouant un rôle sont, outre les organes de la respiration : les *cordes vocales* ; le *palais*, dont la partie postérieure s'appelle le *voile* ; la *langue*, les *dents* et les *lèvres*.
> L'ensemble des mouvements qui règlent la disposition des organes pour la prononciation de chaque son est l'**articulation.**

La **phonétique** étudie les sons du langage tels qu'ils sont produits.

> **Remarque.** — On appelle **amuïssement** d'un son le fait qu'il n'est plus prononcé, qu'il devient « muet » : le [f] de *bœuf* **s'amuït** au pluriel.

6   La **phonologie** étudie les sons du point de vue de leur fonction dans une langue : les sons qui permettent de distinguer les mots les uns des autres s'appellent **phonèmes.** En français, il y a 36 phonèmes : 16 voyelles et 20 consonnes (sans compter [ŋ], qui se trouve seulement à la finale de mots étrangers comme *smoking*).

> Pour comprendre la différence entre le son et le phonème, prenons comme exemple la lettre *r*. Celle-ci se prononce de plusieurs façons, selon les régions : on distingue notamment l'*r* parisien et l'*r* roulé (cf. § 14, *b*), mais ces variations ne jouent aucun rôle distinctif : il n'y a pas un mot *rien* prononcé avec *r* roulé et un autre prononcé avec *r* parisien. Ces deux sons correspondent à un seul phonème. Au contraire, *rien* s'oppose à *bien*, *lien*, *mien*, *chien*, lesquels s'opposent aussi entre eux ; chacune des consonnes initiales de ces cinq mots est donc un phonème.

7   L'écriture du français, comme nous le verrons (§ 30), est souvent ambiguë, notamment parce qu'elle utilise certaines lettres avec plusieurs valeurs : *c* n'a pas la même prononciation dans *cela, car, second, estomac*. Aussi, lorsque nous devons donner la prononciation, nous l'indiquons, entre crochets, au moyen de l'alphabet de l'Association phonétique internationale. Dans ce système, chaque lettre correspond à un seul phonème et chaque phonème est représenté toujours par la même lettre : *cela* [s(ə)la], *car* [ka:R], *second* [s(ə)gɔ̃], *estomac* [ɛstɔma].

> Voir le tableau page 7, ou les tableaux des §§ 9 (voyelles) et 13 (consonnes).

Remarque. — Si le français possède une orthographe identique pour tous, il n'en va pas ainsi pour la phonétique, ni même pour la phonologie. Celles-ci varient selon les régions, et parfois selon les milieux sociaux : voir, par exemple, §§ 10 (*a*, Rem. ; *c*, Rem. ; *d*), 11 (Rem. 1, 2), 13 (Rem. 2), 14 (*b*, 3°), 15. Par conséquent, la prononciation que donnent les dictionnaires et les ouvrages d'orthophonie est, dans certains cas, pratiquée seulement par une partie des locuteurs. Elle est généralement fondée sur l'observation des milieux bourgeois de la région parisienne.

Il serait naïf de croire qu'il est possible de l'imposer à tous les francophones. Tout au plus peut-on souhaiter que les particularités locales soient atténuées pour que la communication se fasse aisément entre les gens de régions différentes.

2. VOYELLES

8   On appelle **voyelles** des sons produits par les vibrations des cordes vocales, l'air s'échappant sans avoir été arrêté nulle part.

On caractérise aussi les voyelles par le fait qu'une voyelle peut à elle seule constituer un mot (ou une syllabe) : *a, à, eau, y, ai,* (il) *est, ou, œufs* [ø], *an, on, un, hein,* etc.

9   TABLEAU DES VOYELLES

	ANTÉRIEURES		POSTÉRIEURES	
	Fermées	Ouvertes	Fermées	Ouvertes
Orales	[i] c*ri* [e] d*é* [a] *date* [ø] *feu* [y] m*ur* [ə] *gredin*	[ɛ] *mère* [œ] *leur*	[u] *sou* [o] *rose*	[ɔ] *note* [α] *pâte*
Nasales		[ɛ̃] *brin* [œ̃] *brun*		[ɔ̃] *bon* [ã] *plan*

10   **a)** Les voyelles sont dites **nasales** quand le souffle s'échappe à la fois par la bouche et par le nez. Les autres, pour lesquelles l'air s'échappe seulement par la bouche, sont des voyelles **orales.**

Remarque. — Dans une partie de la France, et notamment dans la région parisienne, la voyelle [œ̃] tend à disparaître, au profit de [ɛ̃] : *brun* est alors prononcé comme *brin*.

b) Selon que la bouche est plus ou moins ouverte, on appelle les voyelles **ouvertes** ou **fermées.** Cette opposition est particulièrement pertinente pour les couples suivants :

> *é* fermé [e], *è* ouvert [ɛ] : *clé, clair ;*
> *o* fermé [o], *o* ouvert [ɔ] : *seau, sort ;*
> *eu* fermé [ø], *eu* ouvert [œ] : *peu, peur.*

c) Les voyelles sont **antérieures** ou **postérieures,** selon leur point d'articulation, c'est-à-dire la zone du palais vers laquelle la langue se soulève.

Remarque. — La distinction entre [a] et [ɑ] est inconnue dans certaines régions de langue française ; on n'y emploie que [a]. À Paris même, elle donne lieu à bien des hésitations.

d) D'après leur durée, les voyelles sont **longues** (ce que nous marquons par un double point placé à la suite de la voyelle) ou **brèves :** *corps* [kɔ : R], *mur* (my:R], *tige* [ti:ʒ] ; — *morte* [mɔRt], *lutte* [lyt], *prix* [pRi].

En français parisien, la longueur des voyelles n'a pas de rôle distinctif ; c'est un phéno-mène phonétique et non phonologique. Mais la situation est différente dans certaines régions, où par exemple *boue* [bu:] s'oppose à *bout* [bu].

e) Les voyelles [y], [u], [ø], [œ], [ə], [œ̃], [o], [ɔ],[ɔ̃] sont dites **labialisées** parce qu'on les prononce en arrondissant les lèvres projetées en avant.

11   Le phonème [ə], **e sourd,** souvent appelé **e muet** (ou **caduc**), écrit *e* sans accent, n'a pas la même prononciation dans toutes les régions. En français parisien, il se rapproche de [ø], avec toutefois une articulation moins nette ; à d'autres endroits, il est plus ouvert.

Il se prononce nécessairement dans certains mots : *gredin, brebis, fermeté, âpreté,* etc.
D'autre part, à la fin d'un mot, *e* s'élide devant voyelle ; cf. § 23.
En dehors de cela, on peut dire que le *e* s'efface dans la langue courante, sauf quand sa disparition amènerait une suite imprononçable de consonnes : *un risque grave, vers le but, une fenêtre* [yn fənɛ:tR] à côté de *la fenêtre* [la fnɛ:tR] ; etc.

Remarques. — 1. La qualification de *muette* s'applique mieux à la lettre *e* là où elle ne se prononce jamais : *eu* (participe du verbe *avoir*), *asseoir, seau, geai, mangeant, geôle* [ʒoːl], *douceâtre, Jean, Caen,* etc.

C'est le cas aussi derrière voyelle : *amie, issue, journée, roue.* Comme on l'a vu ci-dessus (§ 10, *d*), dans certaines régions on prononce ces mots avec allongement de la voyelle : [ami:], etc., alors qu'à Paris *ami* et *amie* sont identiques phonétiquement : [ami].

2. Pour *e* placé entre deux consonnes, l'usage n'est pas non plus identique partout. Il varie aussi d'après le type de communication : dans un discours, dans la lecture à voix haute, on conserve plus de *e* muets que dans la conversation courante.

Dans la lecture de la poésie régulière, à l'intérieur du vers (mais non à la finale), tous les *e* muets se prononcent entre deux consonnes :

> *Comme je descendais des Fleuves impassibles* (Rimbaud)
> [kɔmə ʒə desɑ̃:dɛ de flœ:vəz ɛ̃pasibl(ə)].

3. CONSONNES

12   On appelle **consonnes** des bruits de frottement ou d'explosion pro-duits par les obstacles que rencontre l'air dans la bouche, à la suite de la fermeture ou du resserrement des organes.

On caractérise aussi les consonnes par le fait qu'une consonne ne peut à elle seule consti-tuer un mot (ni une syllabe). Des suites de consonnes sans voyelle, comme *pft !* ou *cht !* ne sont pas des mots véritables.

13 **TABLEAU DES CONSONNES**

			Labiales	Dentales	Palatales	Vélaires
Orales	Occlusives {	sonores sourdes	[b] ba*l* [p] *p*ot	[d] *d*ur [t] *t*ir		[g] *g*are [k] *c*ol
	Fricatives {	sonores sourdes	[v] *v*ol [f] *f*er	[z] *z*ut [s] *s*ol	[ʒ] *j*our [ʃ] *ch*ar	
	Liquides			[l] *l*ac		[R] *r*at
	Semi-voyelles {		[w] ou*i* [ɥ] *n*ui		[j] *y*eux	
Nasales			[m] *m*er	[n] *n*on	[ɲ] di*gn*e	[ŋ] smoki*ng*

Remarques. — 1. Le son [ŋ], que nous avons introduit dans ce tableau, n'est pas vraiment un son français ; il ne se trouve que dans des mots empruntés à l'anglais : smoki*ng*, danci*ng*...

2. On ne trouvera pas dans ce tableau de son qui corresponde à la lettre *h*. En effet, tantôt celle-ci ne joue aucun rôle phonétique [1] (c'est l'*h* muet) : *l'homme* [lɔm] ; tantôt l'*h* a seulement une fonction dans la phonétique syntaxique, mais sans être prononcé (c'est l'*h* dit aspiré : cf. § 26, *a*) : *la hache* [la aʃ].

Il n'y a un son réel (mais non pas un phonème) que dans certains emplois expressifs : un mot comme *hop !* (pour inviter à sauter) peut être prononcé avec une « aspiration » (c'est plutôt une expiration) ; de même le mot *honte*, si je veux mettre une insistance particulière : *C'est une honte !*

Certaines régions (est de la Wallonie, Lorraine, Normandie) connaissent l'*h* aspiré comme phonème.

14 **a)** Les consonnes sont dites **nasales** quand le souffle s'échappe par le nez ; quand il s'échappe par la bouche, les consonnes sont **orales.**

b) Parmi les consonnes orales, selon que la fermeture des organes est complète ou partielle, on distingue :

1° Les consonnes **occlusives,** pour lesquelles il y a fermeture complète, puis ouverture.

2° Les consonnes **fricatives,** pour lesquelles il y a resserrement des organes, mais sans fermeture.

Les consonnes [s] et [z] sont souvent appelées **sifflantes ;** [ʃ] et [ʒ] sont souvent appelées **chuintantes.**

3° Les consonnes **liquides** [l] et [R], qui sont émises sans fermeture des organes.

Pour [l], il y a comme un écoulement du souffle de chaque côté de la langue. Pour la consonne [R], qualifiée aussi de **vibrante,** le dos de la langue vibre sur le voile du palais ; tel est du moins le *r* dit parisien, car il y a d'autres espèces, notamment le *r* roulé, pour lequel la pointe de la langue vibre contre les dents, etc.

---

1. Elle n'est là d'habitude que pour rappeler l'étymologie : *heure*, latin *hora*.

c) D'après l'endroit où l'obstacle se situe, on distingue :

1° Les consonnes **labiales** (lèvres), auxquelles le tableau du § 13 joint les **labio-dentales** (lèvres et dents) [f] et [v].

2° Les consonnes **dentales** (langue et dents).

3° Les consonnes **palatales** (langue et partie dure du palais).
La consonne [ɲ] est appelée **n mouillé.**

4° Les consonnes **vélaires** (langue et partie molle du palais ou *voile*).

d) Les consonnes sont **sonores** quand le souffle qui les produit est pourvu des vibrations des cordes vocales. Sinon, elles sont **sourdes.**

Dans le tableau du § 13, nous n'avons indiqué ce caractère que pour les consonnes qui s'opposent deux à deux. Les autres consonnes, pour lesquelles l'indication manque, sont sonores.

15   Les trois **semi-voyelles** ou **semi-consonnes,** [j], que l'on appelle *yod,* [w] et [ɥ], sont en soi des consonnes, mais elles s'articulent au même endroit dans la bouche que, respectivement, les voyelles [i], [u] et [y]. Dans beaucoup de mots, on prononce tantôt par une voyelle, tantôt par une semi-voyelle ; cela dépend notamment des usages régionaux.

Par exemple, *louer* est à Paris d'ordinaire [lwe] ; ailleurs souvent [lue].

Il y a **diérèse** lorsque l'on prononce par une voyelle, en dissociant les deux éléments du groupe, et **synérèse** lorsque l'on prononce par une semi-voyelle, en liant les deux éléments.

Les poètes usant du vers classique ont maintenu d'anciennes diérèses et comptent un mot comme *ancien* pour trois syllabes : [ã-si-ɛ̃], alors que la prononciation ordinaire est [ã-sjɛ̃].

On appelle souvent et improprement **l mouillé** le yod lorsqu'il est écrit *il, ill, ll : œil, fille.*

4. LA SYLLABE

16   La **syllabe** est un groupe de sons que l'on prononce par une seule émission de voix.

Elle peut être formée d'un seul son, qui est alors nécessairement une voyelle : **a**-*mi,* **é**-*tang,* **au**-*tour,* **en**-*fant.*

Une syllabe est **ouverte** quand elle se termine par une voyelle : **ca**-*nal,* **blan**-*chir* [blã-ʃiːʀ]. Elle est **fermée** quand elle se termine par une consonne : **fer**-*mer,* **mous**-*tique.*

Un mot peut être constitué d'une seule syllabe ; c'est un **monosyllabe :** *fer, eau.* — Sinon, c'est un **polysyllabe.**

On appelle **hiatus** la succession de deux syllabes dont la première se termine par une voyelle et la seconde commence par une voyelle : *po-ète, ma-ïs.*

Remarques. — 1. Le nombre de syllabes d'un mot n'est pas nécessairement constant :

Louer a deux syllabes s'il y a diérèse (§ 15) et donc hiatus : [lu-e] ; une syllabe s'il y a synérèse : [lwe]. De même, *lever*, si l'on prononce ou non *e* muet : [lə-ve] dans *faire lever*, [lve] dans *au lever*.

2. La mesure des vers réguliers est fondée sur le nombre des syllabes ou **pieds.** Les types les plus courants sont l'**octosyllabe** (vers de huit pieds), le **décasyllabe** (de dix), l'**alexandrin** (de douze).

Tous les *e* muets comptent dans le nombre de pieds, sauf devant une voyelle (il y a alors élision :§ 22) ou après une voyelle (*amie :* cf. § 11, Rem. 1), ainsi qu'à la finale du vers :

> *Il ne m'oubliera point pour la Chambre des Lords* (Hugo)
> [il nə mu-bli-Ra pwɛ̃ puR la ʃɑ̃-bRə de lɔːR].

> *C'est un phare allumé sur mille citadelles* (Baudelaire)
> [sɛ tœ̃ fa Ra-ly-me syR mi-lə si-ta-dɛl].

17   On doit parfois couper un mot **dans l'écriture,** notamment lorsqu'il n'y a pas assez de place au bout d'une ligne pour écrire le mot entier.

Cette division se fait en tenant compte des syllabes. Mais tantôt cela est conforme à la syllabation phonétique, et tantôt non, notamment à cause de l'*e* muet (qui disparaît souvent dans l'oral), à cause de certaines lettres redoublées (qui ne font qu'un son unique : *ap-pel* [a-pɛl]), à cause de la liaison et de l'enchaînement (§ 22 et Rem. 3).

Voici les règles principales de la syllabation graphique :

a) On ne sépare pas deux voyelles :

> **Oa**-*sis,* et non **o-asis ; th***éâ**-*tre, et non *thé-âtre.*

Ceci vaut, en particulier, quand une des voyelles représente en fait une semi-voyelle : *es-***pion,** et non **espi-on.*

Il serait tout à fait absurde de scinder des groupes qui représentent un son unique comme *eau* [o] dans *beauté, ou* [u] dans *couteau.*

b) Quand il y a une seule consonne entre deux voyelles, la coupure se place avant la consonne :

> *Cha-peau, cou-teau.*

On ne peut couper un mot ni avant ni après *x* ou *y,* lorsque ces lettres sont placées entre voyelles. Aucune coupure n'est donc possible dans des mots comme *taxer, tuyau* [2] (mais : *ex-porter, pay-san*).

c) Quand il y a deux consonnes entre les voyelles, la coupure se place entre les deux consonnes :

> *Fer-mer, es-tomac, mes-sage.*

Cependant, les deux consonnes sont inséparables :

1° Si elles représentent un seul son (*digrammes :* § 30, *a*) :

> *Ra-***cheter***, ma-***thé***matique, géogra-***phie***, mi-***gnon** ;

2° Si la dernière consonne est *r* ou *l* et la première autre que *r* ou *l* :

> *Sa-***ble***, pro-***pre***.*

---

2. En effet, *x* comme *y* représentent deux sons, [ks] et [ij], au milieu desquels passe la coupure phonétique : [tak-se], [tɥi-jo].

Mais on fait passer la coupure entre les consonnes redoublées, même si elles se prononcent simples :

Ap-peler, mes-sage. Al-ler, er-rer.

d) Quand il y a trois consonnes, on coupe après la deuxième consonne, à condition de ne pas séparer des digrammes :

Obs-tiné, comp-ter. (Mais : mar-cher.)

Cependant, si la dernière consonne est *r* ou *l*, on coupe après la première consonne :

Ap-prendre, ar-brisseau, ap-plaudir.

e) Quand il y a quatre consonnes, on coupe après la deuxième consonne, à condition de ne pas séparer des digrammes :

Ins-truit (Mais : ar-throse.)

Remarques. — 1. On admet aussi les coupures qui sont fondées sur l'origine du mot, même quand elles contredisent les règles ci-dessus :

In-stable, re-structuration, atmo-sphère.

2. On ne va pas à la ligne après une apostrophe :

De / l'affaire ou de l'af-faire, mais non *de l' / affaire.
Au-jourd'hui ou aujour-d'hui, mais non *aujourd' / hui.

3. Si l'on doit couper un mot à la fin d'une ligne, la séparation se marque par un trait d'union à cet endroit. Il ne faut pas de trait d'union au début de la ligne suivante.

5. PHONÉTIQUE SYNTAXIQUE

18 On appelle **phonétique syntaxique** (ou **syntactique**) les faits phonétiques dus à l'environnement (parfois au rôle) des mots dans la phrase.

Ce que nous avons dit du *e* muet au § 11 concerne en grande partie la phonétique syntaxique.

19 Parmi les faits de phonétique syntaxique, il faut faire une place à la **pause,** qui est un arrêt dans le débit.

Il y a des pauses importantes, qui coïncident avec la fin d'une phrase et qui sont indiquées par un point dans l'écriture ; — des pauses moyennes, qui marquent les principales articulations d'une phrase un peu longue, et qui sont exprimées normalement par une virgule dans l'écriture ; — des pauses légères qui séparent les syntagmes et qui ne sont pas d'ordinaire marquées dans l'écriture (ces pauses sont plus nombreuses quand on parle avec lenteur) :

Les rues d'Oran / sont vouées à la poussière, // aux cailloux // et à la chaleur. ///
S'il y pleut, // c'est le déluge / et une mer de boue. (A. Camus.)

Les pauses sont très importantes pour la compréhension du message. Dans la lecture à haute voix, on doit s'appliquer à les respecter.

20 Par l'**accent tonique,** on appuie particulièrement sur la dernière syllabe d'un syntagme :

> *Comme vous le savez, / je pars demain.*
> *Un grand bruit de chevaux / avait succédé / au silence.*

Lorsqu'on prend un mot isolément, on met l'accent tonique sur la dernière syllabe de ce mot : *Vérité, sentiment, montagne.*

L'*e* muet ne porte pas l'accent même quand il est prononcé, sauf dans le pronom *le* placé après un impératif, et dans quelques cas isolés :

> *Prends-le. Dites-le.*
> *Et sur ce il m'a tourné le dos.* (Al. Dumas.)
> *Vous avez oublié un e.*

Remarques. — 1. Les syllabes frappées de l'accent tonique sont **toniques** ou **accentuées** ; les autres sont **atones.**

2. L'accent tonique doit être distingué de l'**accent d'insistance,** qui affecte une syllabe qu'on prononce avec une énergie particulière, parce qu'on parle avec émotion ou parce qu'on veut attirer l'attention de l'interlocuteur (l'accent d'insistance ne supprime pas l'accent tonique) :

> *C'est détestable ! — C'est un spectacle épouvantable !*
> *Informer n'est pas déformer.*

Il faut se garder de confondre l'accent tonique et l'accent d'insistance avec les *accents,* signes orthographiques (§ 34).

Dans la langue courante, *accent* a encore un autre sens. Il désigne les divers faits de prononciation qui caractérisent les habitants d'une région, d'un pays, etc. ; il se dit parfois aussi d'une particularité individuelle :

> *L'accent parisien, l'accent bourguignon, l'accent liégeois.*
> *Un accent étranger. L'accent allemand.*
> *Parler avec un accent nasillard.*

21 L'**intonation,** ce sont les variations de hauteur que l'on observe dans la phrase.

Elle permet de distinguer les différentes espèces de phrases, plus exactement les espèces de messages qu'expriment ces phrases (voir §§ 133 et suivants) :

> *Il vient* et *Il vient ?* s'opposent par l'intonation.

22 La **liaison,** c'est le fait qu'une consonne finale, muette dans un mot pris isolément, s'articule dans un syntagme quand le mot qui suit commence par une voyelle :

> *Les‿enfants sont‿arrivés sans‿encombre.*

Cette consonne forme syllabe avec le mot suivant : [le-zã-fã].

Évidemment, l'*h* dit muet, qui n'a aucune existence phonétique (§ 13, Rem. 2), n'empêche pas la liaison : *les habitants, trois hommes.*

Pour l'*h* aspiré et les autres cas où la liaison ne se fait pas *(les / Hollandais),* voir § 26.

Remarques. — 1. Plus le lien grammatical est étroit entre les mots, plus facilement se fait la liaison. Elle n'a pas lieu d'ordinaire si les mots sont séparés par une pause.

Il y a des liaisons obligatoires, comme entre le déterminant et le nom ou l'adjectif, entre le pronom et le verbe (et inversement) :

Les_enfants. Deux_aimables personnes.
Nous_avons. Je les_ai pris. Dit-il. Quand part-on ? Vas-y.

Beaucoup de liaisons sont facultatives. On en fait davantage quand on prononce un discours ou quand on lit à haute voix des vers ou même de la prose. On en fait moins dans la conversation ordinaire.

2. La consonne qui apparaît dans la liaison est souvent celle qui est indiquée par l'écriture :

Petit_homme. Trop_aimé. Premier_acte.

Mais ce n'est pas toujours le cas :

— Dans les mots terminés par *s* ou *x* on entend [z] :

Gros effort [gRo z εfɔ:R]. *Deux hommes* [dø z ɔm].

— Dans les mots terminés par *d,* on entend [t] :

Grand homme [gRɑ̃ t ɔm].

La liaison entraîne certaines modifications dans les voyelles nasales, qui deviennent souvent orales :

Bon ami [bɔ n ami]. *Moyen âge* [mwajε n a:ʒ].
Certain âge [sεRtε n a:ʒ].

3. On distingue la liaison de l'**enchaînement,** par lequel une consonne finale prononcée forme syllabe avec le mot suivant lorsque celui-ci commence par une voyelle (sauf s'il y a une pause) :

Il a [i-la]. *Sept hommes* [sε-tɔm].

23 **L'élision** est la disparition d'une voyelle finale ([a], [i], [ə]) devant un mot commençant par une voyelle.

Pour les cas où l'élision ne se fait pas (*h* aspiré, etc. : **le** *hasard*), voir § 26.
L'*h* muet, qui n'a aucune existence phonétique (§ 13, Rem. 2), ne peut empêcher l'élision.
S'il y a une virgule, il n'y a pas élision, puisque le syntagme est rompu :

Il n'est pas venu parce que, a-t-il dit, le temps était mauvais.

a) La voyelle [a] ne s'élide que dans *la,* article ou pronom personnel :

L'épée. L'heure. Ma mère, je l'aime.

Le pronom *la* ne s'élide pas quand il suit un impératif (sauf si le pronom est suivi des pronoms *en* ou *y*) :

Laissons-la entrer. Envoie-la à Pierre.
(Mais : *Laissons-l'y entrer.*)

b) La voyelle [i] ne s'élide que dans la conjonction *si* [3] placée devant *il* ou *ils :*

S'il vient. S'ils viennent. Dis-moi s'il part.
(Mais : **Si** *elle vient.* **Si** *on veut.* **Si** *important.*)

_____

3. En réalité, c'est la voyelle *e*, parce que cette élision remonte à l'époque où on disait *se* et non pas *si*.

c) La voyelle [ə] s'élide dans tous les mots où elle est finale [4] :

Une aimable attention.

Exceptions : 1° Le pronom *le* qui suit un impératif (sauf si *le* précède les pronoms *en* ou *y*) :

Prends-le avec toi.   *Laisse-le entrer.*   (Mais : *Laisse-l'y entrer.*)

2° Le pronom *ce*, lorsqu'il n'est pas sujet :

Sur ce il est parti.   *Ce à quoi je m'attends.*

3° Certains mots grammaticaux pris pour eux-mêmes :

Un que inutile.

24   On marque l'élision **dans l'écriture** en remplaçant la voyelle élidée par une apostrophe. Mais cela ne se fait pas toujours.

a) L'élision de *a* et de *i* est toujours marquée dans l'écriture :

L'âme.   *L'aimable femme.*   *L'horloge.*
Cette montagne, je l'ai regardée. — *Marie a gagné : je l'en félicite.*
S'il part.   *J'ignore s'ils partent.*

b) L'élision de *e* n'est marquée que dans certains cas :

1° Elle est toujours marquée dans les monosyllabes *me, te, se, le, que, de, ne,* et dans *jusque :*

Il m'entend.   *Je t'invite.*   *Il s'avance.*   *On l'aperçoit.*
L'appareil.   *Le sentier qu'il suit.*   *Qu'on est bien !*
Je veux qu'il parte.   *Avant qu'Anne vienne.*   *Les fables d'Ésope.*
D'aimables personnes.   *Je n'ai pas le temps.*
Jusqu'ici.

Dans *lorsque, puisque, quoique,* on peut marquer l'élision dans tous les cas :

Lorsqu'à des propositions... (Littré.) — **Lorsqu'**en 1637... (Acad.)
Lorsqu'en ses ennuis... (Baudelaire.) — **Puisqu'**eux aussi... (A. Camus.)
Quoiqu'infime. (R. Barthes.)

Mais certains n'écrivent ces conjonctions avec une apostrophe que devant *il(s), elle(s), on, un ;* autrement, ils les laissent en entier :

Lorsque *avec ses enfants...* (Hugo.)
Puisque *à ce moment même...* (Fr. Mauriac.)

2° Les pronoms *ce* et *je* s'écrivent *c'* et *j'* seulement quand ils précèdent le verbe :

J'avoue.   *J'ai remarqué.*   *J'en veux deux.*   *J'y vais.*
C'est vrai.   *Ç'a été vite fini.*   *C'en est fait.*
(Mais : *Suis-je arrivé ?*   *Est-ce achevé ?*   *Est-ce encore vrai ?*)

3° On écrit *quelqu'un(e), presqu'île.*

Partout ailleurs, *quelque* et *presque* s'écrivent en entier :

Quelque *autre.*   *À* **quelque** *endroit.*
Presque *entièrement.*   **Presque** *achevé.*

---

4. *Jusques,* variante de *jusque,* évite l'élision, notamment en poésie : *Vous qui dans les mortels plongez* **jusques** *aux larmes.* (Valéry.)

4° *Entre* s'écrit *entr'* dans cinq verbes : *s'entr'aimer, entr'apercevoir, s'entr'appeler, s'entr'avertir, s'entr'égorger.*

Mais sans apostrophe : *entre eux, entre amis, entre autres,* etc.

Remarque. — L'Académie a abandonné l'apostrophe et a soudé les éléments dans *s'entraccorder, s'entraccuser, entracte, s'entradmirer, entraide, s'entraider, entrouverture, entrouvrir.*

5° Dans tous les autres cas, l'élision ne se marque pas dans l'écriture :

*Une autre épreuve.   Prendre à sa charge.   Elle arrive à temps.
Même alors.   À toute heure.*

25   Autres phénomènes se produisant devant voyelle.

N. B. — Les mots qui commencent par un *h* muet doivent être considérés comme commençant par une voyelle.

D'autre part, un *h* aspiré et d'autres « disjonctions » empêchent les phénomènes ici considérés de se produire. Voir § 26.

a) Les adjectifs masculins singuliers *beau, nouveau, fou, mou, vieux* prennent devant un nom commençant par une voyelle les formes *bel, nouvel, fol, mol, vieil :*

*Un **bel** enfant.   Un **nouvel** appareil.   Un **fol** espoir.
Un **mol** oreiller.   Un **vieil** homme.*
(Mais : *Un **beau** résultat.   Un **nouveau** venu.   Un **vieux** tapis.*)

b) La contraction de l'article défini masculin singulier *le* avec les prépositions *à* et *de* (**Au** *café* **du** *coin :* § 215, *b*) ne se fait pas quand le mot qui suit commence par une voyelle :

À l'*appareil.*   **De l'***homme.*   **De l'***Ancien Testament.*

c) Les déterminants possessifs féminins *ma, ta, sa* prennent les formes *mon, ton, son* devant un mot commençant par une voyelle :

Mon *écharpe.*   **Mon** *ancienne robe.*   **Son** *habitude.*
(Mais : **Ma** *robe.*)

d) Le déterminant démonstratif masculin *ce* devient *cet* devant voyelle :

Cet *espoir.*   **Cet** *ultime espoir.*   **Cet** *habit.*
(Mais : **Ce** *vêtement.*)

e) *Tout* employé comme adverbe devant un adjectif féminin reste tel quel si l'adjectif commence par une voyelle, mais s'écrit *toute* (*toutes* au pluriel) si l'adjectif commence par une consonne :

*La porte **tout** ouverte.   La vérité **tout** entière.   Elles sont **tout** étonnées.*
(Mais : *Une chose **toute** naturelle.   Elles sont **toutes** confuses.*)

26   Nous appelons **disjonction** le fait qu'un mot commençant phonétiquement par une voyelle se comporte par rapport aux mots qui le précèdent comme s'il commençait par une consonne. Cela veut dire que l'élision (§ 23), la liaison (§ 22) ne peuvent se faire et que les phénomènes décrits dans le § 25 ne s'appliquent pas.

N. B. — On observera que la règle concernant l'amuïssement de *e* muet devant consonne (§ 11) ne s'applique pas lorsqu'il y a disjonction :

Comparez : *devant* **le** *mur* [d(ə)vɑ̃ l my:R] et *devant* **le** *hangar* [d(ə)vɑ̃ lə ɑ̃ga:R] ; mais non : *[d(ə)vɑ̃l ɑ̃ga:R].

La disjonction se produit [5] :

a) Devant les mots commençant par l'*h* dit aspiré :

> Les / *harengs* [le aRɑ̃].   **Le** *hamac* **du** *Hollandais.*
> *Un* **beau** *héros.* — **Sa** *hernie* **le** *handicape.*

Les principaux mots commençant par *h* aspiré [6] sont les suivants, ainsi que leurs dérivés [7] :

hâbler	handicap	harpon	heurt	houlette
hache	hangar	hasard	hibou	houppe
hagard	hanneton	haschich	hic	houppelande
haie	hanse	hase	hideux	hourvari
haillon	hanter	hâte	hie	houspiller
haine	happer	hauban	hile	housse
haïr	haquenée	haubert	hisser	houx
halbran	haquet	haut	hobereau	hoyau
hâle	hara-kiri	havane	hocher	hublot
haler	harangue	hâve	hockey	huche
haleter	haras	havre	homard	hucher
hall	harasser	havresac	home	huer
halle	harceler	heaume	hongre	huguenot
hallebarde	harde	héler	honnir	hulotte
hallier	hardes	henné	honte	humer
halo	hardi	hennir	hoquet	hune
halte	harem	héraut	horde	huppe
hamac	hareng	hère	horion	hure
hameau	hargneux	hérisser	hors	hurler
hampe	haricot	hernie	hotte	hussard
hamster	haridelle	héron	houblon	hutte
hanap	harnais	héros	houe	
hanche	harpe	herse	houille	
hand-ball	harpie	hêtre	houle	

Il faut y ajouter les noms propres de lieux et de personnes des pays de langue germanique (allemand, anglais, néerlandais, scandinave) et des pays arabes et orientaux, ainsi que des noms propres appartenant à la langue d'oïl, mais d'origine germanique :

> *Les habitants* **de** *Hambourg,* **de** *Harlem,* **de** *Hasselt.*
> **La** *Hollande.*   **Le** *Hollandais.*
> *La philosophie* **de** *Heidegger,* **de** *Hobbes.*
> **Les** / *Habsbourg.*   **Les** / *Hohenzollern.*
> *La mort* **de** *Ho Chi-Minh.*   **Le** *règne* **de** *Hiro-Hito.*
> **La** *Hesbaye.*   **Le** *Hainaut.*   *La ville* **de** *Herve.*   *Le port* **du** *Havre.*

---

5. En dehors du cas où il y a une pause, marquée par un signe de ponctuation :
> *Parce* que, *aussi bien, j'étais curieux de le voir.* (A. Camus.)

6. Ils viennent pour la plupart des langues germaniques (allemand, anglais, néerlandais). Il y a en outre des emprunts à l'arabe et quelques mots d'origines diverses.

7. Cependant, les dérivés de *héros* et de *héraut* ont un *h* muet : l'*héroïne,* l'*héroïsme,* l'*héroïque résistance ;* l'*héraldique,* l'*héraldiste.*

Il y a de l'hésitation pour un certain nombre de noms propres (et parfois pour des noms communs) ; pour *Hubert* et *Henri* par exemple, mais *Henriette* n'a pas d'*h* aspiré :

La mère de Henri IV. (A. France.) — *Aux funérailles d'Henri IV.* (A. France.)
La mère d'Henriette.

b) Devant un certain nombre de mots qui commencent par une semi-voyelle :

— Par [j], notamment :

hiérarchie ;
yacht, yak, yankee, yaourt (ou *yoghourt*), *yard, yod, yoga, yole* et la plupart des noms propres étrangers commençant par *y* (*Yougoslavie, Yémen, Yokohama,* etc.) ;
les noms étrangers commençant par *j* [8] : *Jungfrau,* etc.

— Par [w], notamment :

oui (voir ci-dessous), *ouistiti ;*
tous les mots écrits par un *w* [9] : *watt, week-end, whist ; Wavre, Wallon, Wallonie...*

— Par [ɥ] : **le** *huis clos.* (Mais : **l'***huissier.*)

Remarque. — Il n'y a pas de disjonction devant les mots suivants :

hiatus, hier, hiéroglyphe ; huile, huissier, huître ;
ïambe, iode, iota, Iéna, Ionesco, Ionie, Iénisséi... ;
oued, ouest, ouïr, ouïe ;
yeuse, yeux, Yolande, Yonne, York.

On admet **la** *ouate* et **l'***ouate* (plus fréquent), **la** *hyène* et **l'***hyène.*
On ne dit pas : **un ouï, *d'ouï ;* mais *que* s'élide parfois devant *oui :*

L'alchimiste ayant répondu **qu'***oui.* (A. France.)

Pour *huit,* voir *d)* ci-dessous.

c) Devant *uhlan, ululer* et ses dérivés. (On écrit aussi *hululer.*)

d) Dans certains cas, devant *huit, un* et *onze* et leurs dérivés :

1° Devant *huit* [10] et ses dérivés, il y a disjonction, sauf dans *dix-huit(ième)* [diz ɥi(t)], *vingt-huit(ième) :*

J'ai besoin **de** *huit jours. Nous sommes* **le** *huit. Quatre-vingt-huit(ième).*

2° Devant *un,*

— Il y a disjonction quand *un* est employé comme un nom :

Le *un de telle rue. Tracer un* **beau** *un. La clé* **du** *un* (= de la chambre n° 1).

---

8. À condition qu'on prononce par [j]. Si on prononce [ʒ], on a affaire simplement à une consonne.
9. Il s'agit de ceux qui se prononcent par [w]. Ceux qui se prononcent par un [v] ne sont pas en cause ici : *wagon, Watteau, Wagner...*
10. Ce mot peut aussi être rangé parmi ceux qui commencent par une semi-voyelle.

— Il n'y a pas disjonction quand *un* est employé comme article ou comme pronom, et dans la locution *ne faire qu'un :*

> *L'achat d'une voiture.   Ce qu'une voiture coûte.   L'un après l'autre.*
> *Les uns après les autres.   Ils ne font qu'un.*

— Il n'y a pas disjonction ordinairement quand *un* est employé comme déterminant numéral :

> *Sans un franc.   Pas un franc.   Pendant plus d'une heure.   Ne rester qu'un jour.*

Cependant, il peut y avoir disjonction, surtout si l'on veut insister sur la quantité :

> *Des enfants de un à douze ans.* (Littré.)
> *La pension n'était pas même de un franc.* (V. Larbaud.)

3° Devant *onze* et *onzième*, il y a généralement disjonction :

> *La réunion du 11 janvier.   Il est le onzième.*
> *Le train de onze heures.* (J. Giraudoux.)

Cependant, *de* et *que* peuvent s'élider :

> *L'express d'onze heures.* (Fr. Mauriac.)
> *Il n'est qu'onze heures.* (B. Vian.)

e) Facultativement, devant les mots qui se désignent eux-mêmes, devant le nom des lettres [11] ou des sons, devant les titres d'ouvrages :

> *L'on ne dit plus guère que entretien.* (Littré.)
> *Le complément indirect d'emprunter.* (J. Hanse.)
> *Suivi de a.* (Ph. Martinon.) — *Deux types d'a.* (A. Martinet.)
> *L'À rebours de Huysmans.* (A. Thibaudet.) — *De À rebours.* (A. Gide.)

---

11. Évidemment, il s'agit des lettres dont le nom commence par une voyelle.

CHAPITRE II

Les signes écrits

1. L'ÉCRITURE

27   La langue écrite note les phonèmes du français au moyen de vingt-six lettres, dont l'ensemble constitue l'**alphabet** : a, b, c, d, e, f, g, h, i, j, k, l, m, n, o, p, q, r, s, t, u, v, w, x, y, z.

Il faut ajouter à ces lettres : le signe *œ*, qui combine *o* et *e* (cf. § 30, *b*, Rem.), et le signe *æ* [e], qui combine *a* et *e* dans quelques mots empruntés du latin ; — des signes auxiliaires, comme les accents mis sur les voyelles (*é, è,* etc. : §§ 34-40) ; — des symboles, comme § (= paragraphe) [cf. § 43] ; — les signes de ponctuation (§§ 45-57).

Du point de vue du dessin, chaque lettre existe sous deux formes : la **minuscule,** qui est la forme ordinaire, et la **majuscule,** qui apparaît au début de certains mots, selon des règles qui sont données au § 33.

L'écriture imprimée connaît aussi :

Les **capitales,** qui servent de majuscules au début des mots, mais qu'on utilise aussi pour les inscriptions, les titres de chapitres, etc. :

DANS CETTE MAISON
NAQUIT VOLTAIRE LE...

Les **italiques** [1], qui servent notamment quand on cite un mot pour lui-même ou lorsqu'on reproduit un titre de livre, de revue, etc. ou lorsqu'on utilise un mot que l'on considère comme n'appartenant pas à l'usage ordinaire :

Le pluriel de *cheval* est *chevaux.*
L'auteur de *Don Quichotte.*
L'argot de tous les braves *tommies.* (Proust.)

Les **grasses,** qui attirent l'attention sur des mots importants :

On distingue les **majuscules** et les **minuscules.**

28   Parmi les vingt-six lettres du français, six sont dites lettres-**voyelles** parce qu'elles servent à noter les sons-voyelles : *a, e, i, o, u, y.* Les autres

---

1. Dans un texte manuscrit ou dactylographié, on rend l'italique par le soulignement ; dans l'usage courant, aussi par des guillemets.

sont appelées lettres-**consonnes** parce qu'elles servent ordinairement à noter les sons-consonnes.

Les signes *i, u, y* et *w* notent souvent des semi-voyelles. En général, l'*h* ne représente plus aucun son : cf. § 13, Rem. 2. L'*x* représente souvent une suite de deux sons : [ks] dans *Alexandre*, [gz] dans *examen*.

2. L'ORTHOGRAPHE

29   L'**orthographe** est l'ensemble des fonctions que l'on donne aux lettres et aux autres signes écrits.

On distingue, du point de vue de la correction, l'orthographe **d'usage,** qui concerne les mots pris isolément, et l'orthographe **de règle,** qui concerne les modifications que subissent les mots à cause de leur fonction dans la phrase, et notamment à cause de l'accord (§ 151).

On appelle **graphie** une façon d'écrire particulière : *eau* est une graphie de [o] dans *beau.*

30   L'orthographe française ne reproduit pas exactement la prononciation.

L'alphabet a moins de lettres (vingt-six) que le français n'a de phonèmes (trente-six). L'orthographe est influencée par l'origine et par les états anciens de la langue ; elle n'a pas évolué en même temps que la prononciation. On a souvent introduit des lettres pour rapprocher les mots français des mots latins d'où ils viennent (ou bien d'où on croyait qu'ils viennent).

a) Certains phonèmes sont représentés nécessairement par une combinaison de deux lettres, un **digramme :** [œ], [ø], [u], les voyelles nasales, [ʃ], [ɲ] :

Heure, eux, bouche, ruban, injure, ânon, brun, chat, agneau.

On appelle *digramme* la combinaison de deux lettres pour noter un seul son.

Dans d'autres cas, les digrammes font concurrence à d'autres graphies, même à des lettres simples ; par exemple, *ph* à *f : **ph**ilosophie.*
Il y a même des **trigrammes :** *beau, bain, oignon.*
La lettre *q* fait toujours partie du digramme *qu* (**qu**and), sauf à la finale *(coq, cinq)* et dans *piqûre.*

b) Une même lettre ou un même digramme peut représenter des phonèmes différents :

Cage, cire ; — gare, gêne ; — nation, partie ;
tache, orchestre ; — ville, béquille.

Remarques. — 1. Notons particulièrement l'*e* dans l'*o* (*œ*), qui a diverses prononciations :

— [e] dans des mots d'origine grecque : *œcuménique, œdème, œnologie. œsophage, Œdipe...* ; [ε] dans *œstre* ;

— [ø] dans des noms d'origine germanique (certains auteurs séparent *e* de *o*) : *Gœthe, Malmœ* ;

— [œ] dans *œil*.

Il fait aussi partie du groupe *œu*, prononcé [œ] ou [ø] : *bœuf* [bœf], *bœufs* [bø].

À distinguer des cas où la suite *oe* doit être séparée parce qu'elle représente deux sons distincts : *moelle* [mwal], *Noël*, *poète*, *poêle* [pwal].

2. Certaines suites de lettres ont une prononciation sans rapport avec la prononciation de ces lettres prises isolément : *roi* [Rwa].

c) Un même phonème est, selon les mots, représenté par différentes graphies ; par exemple :

[o] : *trône, autre, beau, Saône ;*
[a] : *cage, femme ;*
[ɛ̃] : *vin, étain, simple, symbole, syntaxe, Reims ;*
[k] : *képi, car, quand, orchestre.*

Remarque. — Notons ici que devant une consonne labiale (*b*, *p*, *m*), on a *m* et non *n* :

Imbuvable, emporter, emmener.

Exceptions : *bonbon, bonbonne, embonpoint, mainmise, mainmorte, néanmoins, (poudre de) perlimpinpin, (nous) tînmes, (nous) vînmes.*

d) Beaucoup de mots contiennent des lettres muettes, c'est-à-dire qui ne se prononcent pas, soit qu'elles aient cessé de se prononcer, soit qu'elles ne se soient jamais prononcées (c'est le cas des lettres introduites à l'imitation du latin) :

Ils aiment, petit, les chevaux, baptême, corps.

Remarques. — 1. Pour *e* muet, cf. § 11.

2. Il y a beaucoup d'hésitations dans l'usage, surtout pour les consonnes finales : *cerf* par exemple se prononce [sɛ:R] ou [sɛRf].

3. Certaines consonnes muettes finales reparaissent en liaison (§ 22) : *petit enfant.*

Elles apparaissent aussi dans les variations morphologiques ou dans les dérivés : *petite, petitesse.*

31 **La lettre C.**

a) Cette lettre a deux valeurs principales :

— [k] devant *a, o, u* ou une consonne, ainsi qu'à la finale [2] :

Canif, cou, curé, cravate, bec.

— [s] devant *e, i, y :*

Cela, citerne, cygne.

___

2. Quand le *c* se prononce, évidemment. Il est muet dans *franc, croc, un broc*, etc. — Le *c* se prononce [g] dans *zinc*, d'où le dérivé *zingueur.*

b) Pour indiquer la valeur [k] devant *e, i :*

1° On utilise le digramme *qu :*

> **Qu***eue* à côté de *c*audal.
> *Tur***qu***e, Tur***qu***ie* à côté de *tur***c**.
> *Bibliothè***que** à côté de *bibliothé***c***aire.*
> *Communi***quer** à côté de *communi***c***ation.*

Remarques. — 1. Le digramme *qu* est maintenu dans toute la conjugaison des verbes en -*quer :*

> *Nous communi***quons***. En le provo***quant***.*
> De même : *remar***quable***, imman***quable***.*

Mais les adjectifs (ou les noms) en -*able* et -*ant* s'écrivent par un *c* quand il existe un dérivé en -*ation :*

> *Les vases communi***c***ants.   Une attitude provo***c***ante.*
> *Un fabri***c***ant de chaussettes.*
> *Une réaction expli***c***able, inexpli***c***able.*

Remarquez la conjugaison de *vaincre, convaincre :*

> *Nous vain***quons***.   En convain***quant***.*
> (Mais l'adjectif est en -*cant* : un argument convain***c***ant.)

2. Le digramme *qu* est fréquemment usité devant *a* et *o* pour des raisons étymologiques : *reliquat, qualité, quotient, quoi...* — On écrit aussi *moustiquaire* et *disquaire* (parfois *discaire,* qui est meilleur).

2° On intervertit *e* et *u* du digramme *eu* [œ] dans *cerc***ue***il, c***ue***illir* et sa famille, *éc***ue***il.*

c) Pour indiquer la valeur [s] devant *a, o, u :*

1° On met une cédille sous le *c :*

> **Ç***a* à côté de *c***e***la.*
> *Nous per***çons***, un cri per***çant** à côté de *per***c***er.*
> *Aper***çu** à côté d'*aper***c***evoir.*

2° L'Académie a maintenu un ancien procédé dans *douceâtre.*

32   La lettre **G.**

a) Cette lettre a deux valeurs principales :

— [g] devant *a, o, u* ou une consonne, ainsi qu'à la finale [3] :

> *Gamin, gosse, aigu, aigre, grog.*

— [ʒ] devant *e, i, y :*

> *Genre, gifle, gypse.*

----

3. Quand le *g* se prononce, évidemment. Il est muet dans *long*, etc.

b) Pour indiquer la valeur [g] devant *e, i, y,* on utilise le digramme *gu :*

> Lon**gu**e, lon**gu**eur.
> Navi**gu**er à côté de navi**g**ation.
> **Gu**i, **Gu**y.

Remarques. — 1. Le digramme *gu* est maintenu dans toute la conjugaison des verbes en *-guer :*

> Nous navi**gu**ons.   En navi**gu**ant.

Les adjectifs (ou les noms) en *-able* et *-ant* s'écrivent par un *g :*

> Le personnel navi**g**ant.   Un voyage fati**g**ant.
> Un intri**g**ant.
> Un homme infati**g**able.

2. Dans *orgueil* et sa famille, l'utilisation du digramme *gu* entraîne la permutation de *e* et *u* du digramme *eu* [œ].

3. Il y a plusieurs cas où on peut se demander si *gu* doit se dire [g] ou bien [gy] ou [gч]. Un tréma indique traditionnellement la prononciation correcte dans *ambiguë, ambiguïté, ciguë,* etc. (cf. § 37). — La prononciation est définitivement altérée pour *aiguiser* [egize]. Elle se maintient bien dans *aiguille* [egчijj]. L'Académie a décidé de mettre un tréma sur *argüer* [aRgчe], cf. § 37.

c) Pour indiquer la valeur [ʒ] devant *a, o, u,* on utilise le digramme *ge :*

> Ven**ge**ance, **ge**ôle, nous na**ge**ons, une ga**ge**ure [gaʒy:R].

Pour ce dernier mot, l'Académie a décidé de mettre un tréma sur *u : gageüre.* Cf. § 37.

33   L'emploi des majuscules.

a) Quelle que soit la nature du mot, il commence par une majuscule :

1° Au début d'un texte.

2° Après un point :

> On s'assit à deux heures. **À** huit heures on mangeait encore. **Les** hommes déboutonnés, en bras de chemise, la face rougie, engloutissaient comme des gouffres. (Maupassant.)

Il s'agit du point comme signe de ponctuation. Le point qui indique une abréviation (§ 42, *a*) n'a aucune influence sur l'emploi des majuscules : *M. le directeur.*

3° Au début d'une phrase citée ou reproduite après un double point :

> Habituellement, de tels regards font dire à l'interlocuteur :
> « **À** quoi pensez-vous donc ? » (Proust.)

En dehors de ce cas, il ne faut pas de majuscule après un double point :

> Les amis de mes parents encourageaient ma vanité :
> **ils** me flattaient poliment, me cajolaient. (S. de Beauvoir.)

4° Au début de chaque vers :

> **Le** passeur d'eau, les mains aux rames,
> **À** contre-flot, depuis longtemps,
> **Luttait,** un roseau vert entre les dents. (Verhaeren.)

Les poètes du XXe siècle ont souvent renoncé à cet usage.

Remarques. — 1. Les points de suspension, les points d'interrogation ou d'exclamation ne sont suivis d'une majuscule que s'ils terminent une phrase :

> *Je les ai ramenés, les deux autres...* **Tu** *iras les voir dans leur maison.* (Alain-Fournier.)
> *Était-il possible que Napoléon gagnât cette bataille ?* **Nous** *répondons non.* (Hugo.)

Si le mot qui suit est écrit sans majuscule, les points de suspension, d'interrogation, d'exclamation équivalent à des virgules :

> *Un empereur...* **je** *voudrais bien en voir un...* (Zola.)
> *Que cherchez-vous ?* **demanda** *le professeur.* (Flaubert.)
> *Hélas !* **quel** *malheur !* **que** *je vous plains !* (Acad.)

2. Si l'on va à la ligne, par exemple après un double point ou après un point-virgule (notamment dans le cas d'énumérations complexes), on met généralement une majuscule au premier mot de la nouvelle ligne :

> *Quatre conditions sont essentielles pour la validité d'une convention :*
>
> **Le** *consentement de la partie qui s'oblige ;*
> **Sa** *capacité de contracter ;*
> **Un** *objet certain qui forme la matière de l'engagement ;*
> **Une** *cause licite dans l'obligation.* (Code civil.)

b) Quelle que soit leur place, certains noms prennent la majuscule :

1° Les noms propres (§ 154), notamment noms de personnes et noms de lieux :

> *J'ai rencontré* **Jean Dupont** *à* **Paris.**

On met généralement la majuscule aux noms des fêtes chrétiennes : *la* **Noël**, *à* **Pâques**, *la* **Toussaint.**

Les noms des jours et des mois ne prennent pas la majuscule : *Il est venu un* **lundi** *en* **janvier.**

2° Certains noms assimilables aux noms propres, spécialement les noms de dynasties et les noms d'habitants :

> *Les* **Capétiens** *ont régné longtemps en France.*
> *J'ai rencontré une* **Française,** *exactement une* **Parisienne.**

Les noms de langues ne prennent pas la majuscule : *Il connaît bien l'*allemand.
Les adjectifs correspondant aux noms propres et aux noms assimilables ne prennent pas non plus la majuscule : *Un général* **allemand.** *Un drame* **cornélien.**

3° Les mots employés occasionnellement comme noms propres, tels les titres de livres, d'œuvres d'art, les noms de rues, de monuments, de bateaux, etc. :

> *Une représentation de la* **Grammaire** *de Labiche.* (On écrit aussi : *... de* **La Grammaire**... ou
> *... de* **La grammaire**...)
> *J'ai vu à Rome la* **Mise au tombeau** *du Caravage.*
> *Habiter rue de l'*Estrapade, *non loin du* **Panthéon.**
> *La* **Perle** *avait été jeter l'ancre sous les rochers blancs.* (Maupassant.)

De même, les noms de sociétés ou d'institutions :

> *Le pape est le chef de l'*Église *catholique.* (Mais : *Visiter une* église.)
> *Un discours du chef de l'*État.
> *Une réception à l'*Académie.

De même, les noms des points cardinaux quand ils s'emploient sans complément pour désigner une région :

Habiter dans le **Midi.**   *Un voyage dans le* **Nord.**
(Mais : *Visiter le* **nord** *de la France.*   *Le vent du* **nord.**)

De même, les noms des titres et des dignités quand on s'adresse aux personnes qui les portent :

Veuillez agréer, **Monsieur** *le* **Directeur,** *l'expression de mes sentiments distingués.*

c) Les adjectifs prennent la majuscule quand ils précèdent le nom dans le titre d'un livre, d'une œuvre d'art, le nom d'un monument, d'un bateau, etc. :

*Dans l'***Ancien** *Testament.* (Mais : *Le Code* **civil.**)
Loger à l'hôtel du **Nouveau** *Monde.* (Mais : ... *à l'hôtel du Mouton* **blanc.**)
*Le marquis de Santa Cruz devait commander l'***Invincible** *Armada.*

En particulier, l'adjectif *saint* prend la majuscule dans les noms de villes, de rues, d'églises, de fêtes (il faut aussi un trait d'union.) :

Habiter **Saint-Étienne,** *rue* **Saint-Étienne.**   *Fêter la* **Saint-Nicolas.**

Mais *saint* s'écrit avec une minuscule quand on désigne le saint lui-même :

Prier **saint** *Nicolas.* (Pas de trait d'union.)

Quand il suit le nom, l'adjectif prend la majuscule s'il est joint au nom par un trait d'union : *les États-*Unis, *la Comédie-*Française (mais : *les Nations* unies, *l'Académie* française, *l'École* normale supérieure) ; — si l'adjectif sert de surnom : *Philippe le Bon ;* — s'il accompagne, comme terme caractéristique, un nom commun géographique : *le mont* Blanc, *le lac* Majeur, *la mer* Rouge.   (Mais on écrit : *le Pays* basque, *le Quartier* latin.)

3. LES SIGNES AUXILIAIRES

34   Les signes graphiques auxiliaires sont les accents (l'accent aigu, l'accent grave, l'accent circonflexe), le tréma, la cédille, l'apostrophe et le trait d'union.

Certains dictionnaires utilisent aussi des signes appartenant à des langues étrangères.

Citons ici le tilde (˜), que l'on trouve notamment dans des mots espagnols *(cañon)* et qui a été repris pour indiquer les voyelles nasales dans l'alphabet de l'Association phonétique internationale : *pension* [pɑ̃sjɔ̃].

35   L'**accent aigu** (´) et l'**accent grave** (`).

a) L'accent aigu et l'accent grave se mettent sur la lettre *e* pour indiquer la prononciation : *é* pour [e], *è* pour [ɛ].

è est utilisé seulement devant un *s* final ou devant une syllabe contenant un *e* muet :

Procès, près, dès ; — frère, règlement.

é est utilisé à la finale, ou devant un *e* muet final, ou devant *s* final, mais aussi à l'intérieur du mot :

> *Charité ; — journée ; — prés, dés, charités.*
> *Ménage, léger, réussir.*

Remarques. — 1. Sauf devant *s* final, on ne met jamais d'accent aigu ou grave sur un *e* qui ne termine pas la syllabe graphique (§ 17) :

> *Fer, fermer, descendre, terrible, peste, gemme, effrayer.*

Mais : *cèdre, écrire, régner*, parce que les voyelles terminent une syllabe. Cf. § 17, *c*.

2. On ne met pas d'accent sur l'*e* qui précède *x*, car phonétiquement la syllabe se termine par une consonne (cf. § 17, *b*) : *texte, examen, expert*.

3. On trouve parfois *é* devant une syllabe contenant un *e* muet : *médecin, célèbrerai* (cf. § 315, *b*, 2º), *puissé-je* (§ 300, Rem.).

4. Il n'y a pas d'accent sur les déterminants *des, les* (aussi pronom personnel), *mes, tes, ses, ces*.

b) L'accent grave se met aussi sur *a, u, e*, dans certains mots pour les distinguer des mots homonymes :

> *là, la ; — à, a ; — çà, ça ; — où, ou ; — dès, des.*

En outre dans *deçà, delà, holà, voilà* (mais non dans *cela*), — ainsi que dans *déjà*.

36 L'**accent circonflexe** (^) se met sur les voyelles *a, e, i, o, u*.

Il a surtout une justification historique, indiquant la chute d'un *s* ou d'une voyelle de l'ancienne orthographe :

> *Bâtir* (autrefois *bastir*), *tête* (autrefois *teste*), *abîme* (autrefois *abisme*).
> *Bâiller* (autrefois *baailler*), *âge* (autrefois *aage, eage*).

Dans quelques mots, il indique que la voyelle est longue :

> *Cône, infâme, extrême...*

Dans *piqûre*, il montre que l'on n'a pas le digramme *qu* [k], mais deux phonèmes [ky].

Remarques. — 1. L'accent circonflexe disparaît ordinairement dans les dérivés des mots où l'accent indique la longueur de la voyelle :

> *Conique, infamie, extrémité.*

2. L'accent circonflexe permet de distinguer des homonymes, comme :

dû (participe passé de *devoir*), — *du* (article contracté) ;
crû (participe passé de *croître*), — *cru* (participe passé de *croire*) et d'autres formes de ces verbes (§ 325, *e*, Rem.) ;
mûr (adjectif), — *mur* (nom) ;
le nôtre (pronom), — *notre* (déterminant) ;
fît (subjonctif imparfait de *faire*), — *fit* (passé simple de *faire*), ceci valant pour tous les verbes dont l'infinitif n'est pas en -*er* (*fût, fut*, etc.).
sûr (adjectif, « certain »), — *sur* (préposition ; adjectif, « aigre »).

3. On ne met pas d'accent circonflexe sur un *e* qui ne termine pas la syllabe (cf. § 35, *a*, Rem. 1), sauf dans quelques mots terminés par -*êt* : *forêt, intérêt, arrêt*, etc.

37   Le **tréma** (¨) se met sur les voyelles *e, i, u,* le plus souvent pour indiquer qu'on n'a pas affaire à un digramme :

> *Maïs* [mais] s'oppose à *mais* [mɛ].
> *Saül/* [sayl] s'oppose à *Saul* [sol].
> *Ciguë* [sigy] s'oppose à *ligue* [lig].

Parfois pour distinguer [ɔi] de [wa], [ɔɛ̃] de [wɛ̃] :

> *Héro**ïs**me* à côté de *ro*i.   *Co**ïn**cidence* à côté de *co*in.

Le tréma se place sur la deuxième des voyelles qui se suivent, sauf dans *ïambe*, où l'Académie maintient le tréma sans justification.

L'Académie a décidé en 1975 de placer le tréma sur la voyelle *u* qui doit être prononcée
après un *g* : *aigüe, ambigüe, ambigüité, cigüe, exigüe,* etc. (Cette réforme n'a pas encore été
appliquée dans le présent ouvrage.)
D'autre part, elle a décidé d'ajouter un tréma dans les mots suivants pour écarter une
mauvaise prononciation : *argüer* [aRgɥe] ; *gageüre, mangeüre, rongeüre, vergeüre* [-ʒy:R].

38   **La cédille** (¸) se place sous le *c* devant *a, o, u,* pour indiquer que le *c*
doit être prononcé [s] (cf. § 31, *c*) :

> *Avança, leçon, reçu.*

39   **L'apostrophe** (') se place en haut et à droite d'une consonne pour
indiquer l'élision de *a, e, i* après cette consonne :

> *L'arme, d'abord, s'il pleut.*

Certaines élisions de *e* ne sont pas marquées dans l'écriture ; voir les règles au § 24.

40   **Le trait d'union** (-) sert à :

a) Relier les parties d'un mot qu'on a dû couper au bout de la ligne,
faute de place ; voir les règles au § 17.

b) Lier plusieurs mots, notamment :

1° Dans certains mots composés : *Arc-en-ciel, vis-à-vis, après-midi,* etc.

L'usage est assez difficile à ramener à des règles. Souvent il y a trait d'union :
— Lorsqu'on pourrait confondre avec un syntagme : *petite-fille* par rapport à *petite fille,*
pot-de-vin par rapport à *pot de vin, sur-le-champ* par rapport à *sur le champ.* (Mais : *chemin de*
fer, tout de suite, tout à fait.)
— Lorsque le composé a une structure qui n'est pas celle d'un syntagme normal : *pêle-*
mêle, attrape-nigaud.

Pour *saint,* voir § 33, *c*. — Pour *non, presque, quasi,* voir § 77, *a*. — Pour *demi, mi, semi,*
voir § 201, *a*.

2° Entre le verbe et le pronom personnel sujet (ainsi que *ce, on*) placé après
celui-ci :

> *Dis-je, dit-il, voit-on.   Est-ce vrai ?   Votre père vient-il ?*

De même avant et après le *t*, consonne analogique (§ 302, Rem.) joignant les pronoms *il*, *elle, on* au verbe :

Répliqua-t-il, chante-t-elle, convainc-t-on ?

3° Entre le verbe à l'impératif et les pronoms personnels compléments formant avec le verbe un seul groupe phonétique, sans la moindre pause possible :

Crois-moi. Prends-le. Vas-y.
Dites-le-moi. Faites-le-moi savoir.
(Mais sans trait d'union : *Veuille me suivre.*
Viens me le raconter — Va t'en.)   [Cf. § 255, *c,* Rem. 2 et 3.]

4° Dans les numéraux composés, entre les termes qui sont l'un et l'autre moindres que *cent* (s'il n'y a pas de *et*) :

Quatre-vingt-dix-huit, cinq cent vingt-cinq.

5° Devant *ci* et *là* joints aux diverses formes du pronom *celui* ou à un nom précédé d'un déterminant démonstratif :

Celui-ci, ceux-là, cette personne-ci, ces choses-là.

On emploie aussi le trait d'union dans ces locutions adverbiales, où entrent *ci* et *là : Ci-contre, ci-joint, là-haut, là-bas, là-dessus, jusque-là, par-ci par-là, de-ci de-là,* etc. (Mais on écrit souvent *là contre.*)

6° Entre le pronom personnel et l'adjectif *même :*

Moi-même, nous-mêmes, etc.
(Mais : *ceux même, ici même,* etc.)

4. ABRÉVIATIONS ET SYMBOLES

41   **L'abréviation** consiste à écrire un mot en n'utilisant qu'une partie de ses lettres :

M. pour *Monsieur ;* **etc.** pour *et caetera.*

Remarques. — 1. Il n'y a pas de prononciation particulière pour l'abréviation : **M.** et **etc.** se prononcent comme *Monsieur* et *et caetera.*

L'abréviation est donc à distinguer [4] de la **réduction** (§ 79), laquelle donne naissance à un mot nouveau aussi bien dans la langue parlée que dans l'écrit : **photo,** tiré de *photographie.*

Dans le cas des sigles, ce qui était à l'origine une abréviation graphique est devenu un mot : **O.N.U.,** abréviation de *Organisation des Nations unies,* se prononce : soit [ɔɛny], en utilisant le nom des lettres ; soit, plus couramment [ɔny], en utilisant la prononciation ordinaire des lettres.

---

4. À distinguer aussi des **diminutifs** : ce procédé consiste à créer un mot nouveau *(maisonnette)* en ajoutant à un mot existant *(maison)* un suffixe *(-ette)* indiquant la petitesse.

2. La fréquence des abréviations varie selon la nature de l'écrit. Dans un texte suivi destiné à autrui, seules sont admises les abréviations comme *etc.* et celles qui concernent les titres *Monsieur, Madame, Mademoiselle, Monseigneur, Docteur, Maître* (pour un avocat ou un notaire) [voir § 42].

Quand on s'adresse aux personnes qui portent ces titres, l'abréviation n'est pas admise. On ne commence pas une lettre par *Cher M.

42   L'abréviation suit deux procédés principaux :

a) Le mot est réduit à son début, et l'abréviation se termine par un point :

1° Le mot est réduit à sa lettre initiale :

M. pour *Monsieur ;* **p.** pour *page.*

Pour une locution on abrège chacun des mots, avec autant de points qu'il y a de mots abrégés (voir cependant la remarque ci-dessous) :

P.-S. pour *post-scriptum.*
Mais : **c.-à-d.** (sans point après *à*) pour *c'est-à-dire.*

2° Le mot conserve plusieurs lettres :

— Soit pour ne pas couper un digramme :

Ch. pour *Charles ;* **Ph.** pour *Philippe.*
(Pourtant, on écrit **J.-C.** pour *Jésus-Christ.*)

— Soit pour des abréviations moins usuelles :

hab. pour *habitants.*
(Dans *etc.* pour *et caetera,* on n'abrège pas un mot de deux lettres comme *et.*)

Cas particulier : **Cf.** pour *confer.* On écrit aussi **cfr,** selon le *b)* ci-dessous.

Remarques. — 1. Pour les sigles, on a normalement un point après chacune des lettres : **U.R.S.S.** pour *Union des républiques socialistes soviétiques.*
Toutefois, lorsque le sigle est prononcé avec la valeur ordinaire des lettres, on supprime souvent les points : *l'***ONU** [ɔny] pour l'Organisation des Nations unies ; *l'***OTAN** [ɔtã] pour l'Organisation du traité de l'Atlantique nord. — Parfois même on considère qu'il s'agit d'un mot comme un autre et on ne l'écrit pas en capitales : *l'***Unesco** pour l'organisation appelée en anglais *United Nations Educational, Scientific, and Cultural Organization ; un* **igame** pour un *inspecteur général de l'Administration en mission extraordinaire.*

2. Certaines abréviations constituées par la lettre initiale font leur pluriel en redoublant cette lettre : **MM.** pour *Messieurs ;* **pp.** pour *pages.*

b) Le mot est réduit à son début et à sa fin, et dans ce cas il n'y a pas de point. La fin est écrite au-dessus de la ligne dans un caractère plus petit :

M^e pour *Maître ;* **Mme** pour *Madame ;* **Mlle** pour *Mademoiselle ;*
Mgr pour *Monseigneur ;* **D^r** pour *Docteur.*
Cie pour *compagnie ;* **n^o** pour *numéro.*

Dans un texte manuscrit, on écrit souvent la deuxième partie de l'abréviation sur la même ligne que la première : **Mme, Mlle, Mgr, Dr** ; cela est exclu lorsque la deuxième partie est constituée seulement par des voyelles : **Me, *no* risqueraient d'être mal compris.

Remarques. — 1. Les mots abrégés conservant la dernière partie du mot entier prennent la marque du pluriel : **n**[os] pour *numéros* ; **M**[lles] pour *Mesdemoiselles* ; **M**[mes] pour *Mesdames*.

2. Pour la façon dont on écrit les numéraux ordinaux, voir § 44, Rem.

43   Le **symbole.** — Au lieu d'écrire un mot au moyen de lettres, on le représente parfois par un symbole, qui est le même quelle que soit la langue : **&** est pour *et* dans un texte français, pour *and* dans un texte anglais, etc.

Autre symbole de la langue courante : § pour *paragraphe* (§§ pour *paragraphes*).

On peut ranger aussi parmi les symboles l'**astérisque,** signe en forme d'étoile qui sert à indiquer un renvoi, par exemple à une note, ou qui tient lieu d'un nom propre que l'on ne veut pas faire connaître, sinon par la simple initiale (l'astérisque est alors le plus souvent triple) :

Au couvent de ***. (Musset.)   *Chez madame de B* ***. (Musset.)
(On écrit plus couramment aujourd'hui : *Chez madame de* **B...**)

Dans le présent livre, nous avons fait précéder d'un astérisque les phrases ou les constructions considérées comme incorrectes : **Si j'***aurais** *su, je ne serais pas venu.*

Les langues techniques utilisent souvent des symboles ; par exemple, en économie : **£** = *livre sterling ;* **$** = *dollar.*

C'est particulièrement le cas en mathématiques : **+, =, π,** etc. Les chiffres sont aussi des symboles ; cf. § 44.

Les noms de mesures, qui à l'origine ont été souvent des abréviations de mots français, ont cessé d'être considérés comme tels ; par conséquent, ils s'écrivent sans point et ne prennent pas la marque du pluriel :

200 **F** *pour deux cents francs.*
200 **kg** *pour deux cents kilos* (ou *kilogrammes*).

44   **Chiffres arabes** et **chiffres romains.**

a) Les chiffres arabes appartiennent au langage mathématique. Lorsqu'il s'agit d'un texte ordinaire destiné à autrui, on ne les utilise que dans des cas particuliers, notamment pour indiquer les dates, les heures (sauf midi et minuit), les numéros de pages, d'immeubles, et aussi pour transcrire des nombres complexes :

Il est mort le **21** *janvier* **1936,** *à* **9** *heures.*
J'habite rue de l'Observatoire, au numéro **42.** — *Page* **232.**
La ville de Montréal compte **1 200 000** *habitants.*

b) Les chiffres romains ont été abandonnés par les mathématiciens. Ils sont fondés sur sept signes :

I = 1	X = 10	C = 100	M = 1 000
V = 5	L = 50	D = 500	

Les autres nombres sont formés par addition et/ou soustraction ; un chiffre placé à la gauche d'un chiffre qui lui est supérieur indique la soustraction :

$$III\ =3\quad (I+I+I).$$
$$LX\ =60\quad (L+X).$$
$$XL\ =40\quad (L-X).$$
$$XCII=92\quad (C-X+II).$$

Les chiffres romains s'emploient notamment pour les divisions des livres, pour la numérotation des siècles, des souverains :

L'acte **III** *de* Phèdre.   *Le chapitre* **X.**
Au **XXe** *siècle* (voir remarque ci-dessous).
Napoléon **III.**   *Louis* **XIV.**

Remarque. — Les numéraux ordinaux s'abrègent de la façon suivante : **1er** ou **Ier** *(premier)*, **1re** ou **Ire** *(première)*, **2e** ou **IIe** *(deuxième)*, **3e** ou **IIIe** *(troisième)*, etc. — Mais : **n^{ième}.**

À ne pas confondre avec l'abréviation des mots latins *primo, secundo, tertio...* : **1°, 2°, 3°...**
Dans tous les cas, la dernière lettre du mot abrégé est la dernière lettre du mot écrit en entier (cf. § 42, *b*).

5. LA PONCTUATION

45 La **ponctuation** est l'ensemble des signes conventionnels servant à indiquer, dans l'écrit, des faits de la langue orale comme les pauses et l'intonation, ou à marquer certaines coupures et certains liens logiques.

Les signes de ponctuation sont : le point (.), le point d'interrogation (?), le point d'exclamation (!), la virgule (,), le point-virgule (;), les deux points (:), les points de suspension (...), les parenthèses ( ), les crochets [ ], les guillemets (« »), le tiret (—), la barre oblique (/).

Remarque. — Quand on rédige, on doit aussi être attentif aux grandes divisions du texte, notamment aux alinéas.
L'**alinéa** est la séparation que l'on établit en *allant à la ligne,* c'est-à-dire en laissant incomplète la ligne en cours, et en commençant la nouvelle par un retrait ; ainsi, la présente *Remarque* comprend trois alinéas.
L'alinéa, qui correspond à une pause très marquée, s'emploie surtout quand on passe d'un groupe d'idées à un autre. Il marque aussi le changement d'interlocuteur dans les dialogues : voir l'exemple de Ramuz au § 56. Pour rendre claire une énumération complexe, on divise parfois une phrase en alinéas : voir l'exemple du Code civil au § 33, *a*, Rem. 2.

46 Le **point** marque la fin d'une phrase :

Le lendemain était le jour de la rentrée des classes. À sept heures, il y avait déjà deux ou trois gamins dans la cour. J'hésitai longuement à descendre, à me montrer. (Alain-Fournier.)

Remarques. — 1. Certains auteurs modernes mettent en évidence un élément de phrase en le séparant de ce qui précède par un point :

> *La guerre est une maladie. Comme le typhus.* (Saint Exupéry.)

Dans l'usage ordinaire, il vaut mieux ne pas recourir à cette façon de faire.

2. Si la phrase se termine par un point d'interrogation, ou par un point d'exclamation, ou par des points de suspension, ces signes tiennent lieu de point ordinaire.

3. Le point a une autre fonction, celle de marquer qu'un mot est abrégé : voir § 42.

Lorsqu'une phrase se termine par un mot abrégé accompagné d'un point, celui-ci se confond avec le point qui marque la fin de la phrase :

> *Les communistes se sont nécessairement rangés*
> *dans le même camp que l'U.R.S.S.* (S. de Beauvoir.)

47 Le **point d'interrogation** s'emploie à la fin d'une phrase interrogative :

> *Qu'est-il devenu ? — Où est-il ? — Comment faire ?*

Remarques. — 1. La phrase interrogative peut se trouver insérée dans une autre phrase :

> *Un soir, t'en souvient-il ? nous voguions en silence.* (Lamartine.)
> *Tu viens déjeuner demain ? lui demanda-t-elle à mi-voix.* (Colette.)

2. Lorsque l'interrogation est indirecte, on n'a pas une phrase interrogative et il ne faut pas de point d'interrogation :

> *Je me demande où il se cache.*

48 Le **point d'exclamation** se met à la fin d'une phrase exclamative ; il est aussi employé à la fin d'une phrase optative, ainsi qu'après une phrase impérative prononcée avec une force particulière :

> *Que je suis content ! — Puisse-t-il réussir !*
> *Furieux, il cria : « Va-t'en ! »*

La phrase exclamative peut ne comporter qu'un mot : *Bravo !*

Elle peut être insérée dans une autre phrase :

> *Eh bien ! qu'attendez-vous pour me donner votre nom ?* (J. Cayrol.)

49 La **virgule** marque une pause de peu de durée à l'intérieur de la phrase.

a) Termes coordonnés.

1° La virgule s'emploie obligatoirement entre les termes coordonnés sans conjonction (mots, syntagmes, propositions, ainsi que des phrases unies par un rapport étroit) :

> *Voici des fruits, des fleurs, des feuilles et des branches.* (Verlaine.)
> *Mais si je me laisse distraire, si je rêve, si je te parle,*
> *l'auto fait ce qui lui plaît.* (G. Duhamel.)
> *Plus on est de fous, plus on rit.*

On ne met pas de virgule entre les différentes parties d'une somme :

> *Vingt francs cinquante centimes.*
> *Il part tous les jours à huit heures dix.* (M. Butor.)

2° La virgule s'emploie généralement quand les termes sont coordonnés par une autre conjonction que *et, ou, ni* :

Il est riche, mais avare. (Acad.)
Rien ne dompte la conscience de l'homme, car la conscience de l'homme,
c'est la pensée de Dieu. (Hugo.)

Remarque. — Avant *et, ou, ni,* normalement il n'y a pas de virgule :

En moisson et en vendange, il n'y a ni fête ni dimanche. (Proverbe.)

Cependant, une virgule peut apparaître lorsqu'il y a une raison particulière, par exemple quand la conjonction unit des phrases dont les sujets sont différents :

La tempête s'éloigne, et les vents sont calmés. (Musset.)

On met assez souvent une virgule devant les conjonctions *et, ou,* quand elles sont répétées (et devant *ni* quand il est répété plus de deux fois) :

La terre était belle, et riche, et féconde. (Lamennais.)

On met une virgule devant *etc.* terminant une énumération :

Il y a dans son laboratoire toutes sortes d'ustensiles, des fourneaux,
des cornues, des creusets, etc. (Acad.)

b) Termes subordonnés.

Lorsque les termes subordonnés ont une valeur explicative, ils sont générale-ment séparés par des virgules de ce qui les entoure (sauf s'il y a un autre signe de ponctuation). C'est le cas de l'apposition et de l'épithète détachées :

Mon père, homme de pensée, de culture, de tradition,
était imprégné du sentiment de la dignité de la France. (De Gaulle.)
Les gamins, vêtus pareillement à leurs papas,
semblaient incommodés par leurs habits neufs. (Flaubert.)

Parmi les propositions relatives, la virgule permet de distinguer celles qui sont détermina-tives et celles qui sont explicatives (cf. § 417, *b*) :

Je n'aime pas les chiens qui sont turbulents.
(= Parmi les chiens, je n'aime pas ceux qui sont turbulents.)
Je n'aime pas les chiens, qui sont turbulents.
(= Je n'aime pas les chiens, parce qu'ils sont turbulents.)

Remarques. — 1. Le complément absolu (§ 119) est presque toujours séparé, par des virgules, de ce qui l'entoure (sauf s'il y a un autre signe de ponctuation) :

L'âne riait si fort qu'il se roulait dans l'herbe, les quatre fers en l'air. (M. Aymé.)
Elle mangeait délicatement, le petit doigt écarté. (Simenon.)

2. Le complément non essentiel (§ 113, *a*) placé en tête de la phrase peut être suivi d'une virgule, spécialement lorsqu'il a une certaine longueur ou lorsqu'il a la forme d'une proposi-tion :

Dans les champs, c'était une terrible fusillade. À chaque coup, je fermais les yeux. (A. Daudet.)
Quand les riches se font la guerre, ce sont les pauvres qui meurent. (Sartre.)

La virgule manque s'il y a inversion du sujet :

De chaque branche
Part une voix
Sous la ramée. (Verlaine.)

À sa place ordinaire, le complément non essentiel n'est pas, normalement, précédé d'une virgule. Toutefois, lorsque le complément est une proposition à valeur explicative, celle-ci est souvent précédée d'une virgule parce qu'il y a une pause :

Partez donc, puisque vous êtes si pressé.

3. Entre le sujet et le verbe, entre le verbe et ses compléments essentiels, entre la copule et l'attribut, il n'y a pas de pause et donc pas de virgule, sauf raison particulière.

Lorsque le sujet est formé de plusieurs termes coordonnés sans conjonction, plus d'un auteur met une virgule entre le dernier terme et le verbe :

Une conférence, un souvenir, une simple allusion,
ouvrait des perspectives insoupçonnées. (R. Martin du Gard.)

Il est permis de marquer par une virgule l'omission du verbe dans une phrase coordonnée à celle où il est exprimé :

Le sportif parle sans cesse de matches et de records ; le financier, de Bourse et de capitaux.
Mais : *Tu seras dame, et moi comte.* (Hugo.)

c) Termes libres (§ 132).

Ils sont généralement encadrés de virgules (sauf s'il y a une autre ponctuation). C'est le cas des mots mis en apostrophe, des éléments incidents et des incises, ainsi que des termes redondants (§ 131) :

Sois sage, ô ma Douleur, et tiens-toi plus tranquille. (Baudelaire.)
Cela n'est pas général, bien entendu, mais cela se produit fréquemment. (H. Malot.)
J'irai, m'a-t-il répondu, si vous m'accompagnez.
J'ai cherché partout, partout. — Je vous assure, moi, que cela se fera.

Pour les éléments incidents, on peut recourir aux parenthèses (§ 53) et aux tirets (§ 56).

50   Le **point-virgule** marque une pause de moyenne durée.

Tantôt, dans une phrase, il joue le rôle d'une virgule, pour séparer des parties d'une certaine étendue, surtout lorsqu'une de ces parties au moins est déjà subdivisée par une virgule :

Les registres seront cotés et paraphés, dans chaque corps, par l'officier qui le commande ;
et à l'état-major, par le chef de l'état-major général. (Code civil.)

Tantôt il unit des phrases grammaticalement complètes, mais logiquement associées :

Un paysage pourra être beau, gracieux, sublime, insignifiant ou laid ; il ne sera jamais risible.
(Bergson.)

51   Les **deux points** s'emploient :

a) Pour annoncer la citation d'un texte, la reproduction des paroles ou des pensées de quelqu'un (sans conjonction de subordination) :

Tout le monde aussitôt se demandait : « Une visite, qui cela peut-il être ? » (Proust.)

b) Pour annoncer le développement d'un terme, à l'intérieur d'une phrase :

J'avais déjà manifesté ma pensée par quelques publications : La Discorde chez l'ennemi,
Le Fil de l'épée, *un certain nombre d'articles de revue.* (De Gaulle.)

c) Pour établir entre des phrases un lien de conséquence ou de cause :

> *Le professorat fit l'affaire : Charles choisit d'enseigner l'allemand.* (Sartre.)

Pour l'usage de la majuscule après les deux points, cf. § 33, *a*, 3°.

52   Les **points de suspension,** qui vont par trois, indiquent qu'une phrase est laissée inachevée, volontairement ou à la suite d'une interruption due à une cause extérieure :

> *Mon bracelet-montre, qui étincelle, répond pour moi. Mme Colu*
> *me happe le poignet, reste sidérée.*
> *— Il est fou, dit-elle. Ça vaut au moins...*
> *Le chiffre est trop gros pour lui sortir de la bouche.* (H. Bazin.)

Ils marquent aussi des pauses non grammaticales, par exemple lorsqu'on veut reproduire l'hésitation d'un locuteur ou bien lorsqu'on veut détacher un terme et le mettre en valeur :

> *Je tiens quand même à vous dire que je regrette d'avoir soutenu...*
> *avec acharnement, avec entêtement... avec colère...* (Ionesco.)
> *L'abbé Martin était curé... de Cucugnan.* (A. Daudet.)

Remarques. — 1. Les points de suspension sont superflus après *etc.* (sauf raison particulière) : voir l'exemple du § 49, *a*, Rem.

2. Parfois les points de suspension indiquent une sorte de prolongement inexprimé de la pensée :

> *J'ai rêvé dans la Grotte où nage la Sirène...* (Nerval.)

3. Les points de suspension se mettent à la place d'un mot omis ou réduit à l'initiale, parce qu'on ne veut pas le donner en entier :

> *Marceau enfourchait sa bicyclette et retournait à ...,*
> *lorsqu'il avisa un morceau de fer à cheval sur la route.* (A. Gide.)
> *J'apprends qu'il était l'ami de Tony B..., mort en 1942.* (J. Green.)

L'astérisque sert au même usage (§ 43).

53   Les **parenthèses** s'emploient pour intercaler dans une phrase quelque indication accessoire :

> *C'était au fond de petites gens, et la ruse (ou l'apparence de la ruse)*
> *ne manquait jamais de les rassurer.* (J. Dutourd.)

Ce qui est entre parenthèses peut être grammaticalement indépendant :

> *Soudain elle pousse un cri. « Là (me montrant le haut de la glace de la portière) il y a quel-*
> *qu'un. »* (A. Breton.)
> *Madeleine et Henri, seuls à table avec vous (Thomas et Jacqueline avaient dîné à la cuisine*
> *et s'étaient couchés), regardaient la dame.* (M. Butor.)

On appelle *parenthèse* le texte mis entre parenthèses.

54   Les **crochets** servent au même usage que les parenthèses, mais ils sont moins usités. On les emploie surtout pour éviter une succession de parenthèses :

Chateaubriand s'est fait l'apologiste du christianisme (cf. Génie du Christianisme [*1802*]).

Dans les ouvrages de linguistique, on place entre crochets les transcriptions phonétiques.

Les crochets servent aussi pour encadrer, à l'intérieur d'une citation, des mots qui n'en font pas partie :

Fernand Cazenave dégagea le bras où s'était agrippé [sic [5]*] sa mère.* (Fr. Mauriac.)

55   Les **guillemets** s'emploient pour encadrer un texte cité ou des paroles reproduites telles quelles :

« Non, Monsieur, c'est à la carte », répondit le maître d'hôtel à Fernand qui demandait « le prix fixe ». (Fr. Mauriac.)

Pour noter les dialogues, on se contente généralement de faire commencer chaque réplique par un alinéa et un tiret : voir l'exemple de Ramuz au § 56, *a*.

Remarques. — 1. Dans l'écriture manuscrite, qui ne connaît pas les italiques, on encadre souvent de guillemets ce que l'on met en italiques (§ 27) dans un texte imprimé.

2. Dans les écrits qui concernent la langue, le sens des mots ou des expressions est souvent présenté entre guillemets.

3. Si le passage entre guillemets est une phrase interrogative (ou se termine par une phrase interrogative), le point d'interrogation se met avant les guillemets fermants : voir l'exemple de Proust au § 51. Même chose pour le point d'exclamation. On met aussi le point avant les guillemets quand la citation forme une phrase complète : exemple de Breton au § 53.

56   Le **tiret** s'emploie :

a) Dans un dialogue, pour indiquer un changement d'interlocuteur :

— Louisa, es-tu fâchée ?
Elle secoua la tête.
— Alors pourquoi ne dis-tu rien ?
— C'est que je n'ai rien à dire. (Ramuz.)

b) Comme les parenthèses (§ 53), pour isoler de la phrase certains éléments :

Voici les photos des travaux du haut barrage — dix-sept fois la pyramide de Chéops — qui va faire naître un lac de cinq cents kilomètres. (Malraux.)
Élevé dans l'esprit de la secte des Quakers — à laquelle appartenait sa mère —, il n'avait jamais été un grand lecteur des textes sacrés. (M. Tournier.)

Devant le point qui termine la phrase, le second tiret disparaît :

Si vous restez sourds aux avertissements des saints, nous écopons avec vous, comme vous, plus que vous — s'il est permis d'employer cette expression familière. (Bernanos.)

_____

5. Ce mot latin s'emploie pour confirmer l'exactitude de la citation, lorsque celle-ci pourrait surprendre.

Le tiret (mais non la parenthèse) peut se combiner avec une virgule, un point-virgule, un point, pour les renforcer :

Le vin de paille lui délia la langue, — résultat auquel eût suffi un simple verre d'eau. (Colette.)

57   La **barre oblique** s'est introduite récemment pour remplacer une conjonction de coordination, en particulier dans des expressions elliptiques :

Voilà pour la différence artisan/bourgeois. (E. Le Roy Ladurie.)
(= la différence entre l'artisan et le bourgeois.)

Notez la formule (traduite de l'anglais et critiquée à ce titre) *et/ou* indiquant que ces conjonctions sont justifiées toutes deux :

Il y a des phrases pour la compréhension desquelles
tout recours au contexte et/ou à la situation est inutile. (G. Mounin.)

CHAPITRE III

Les mots

1. GÉNÉRALITÉS

58   On définit le **mot** comme une suite de sons (ou de lettres, si on envisage la langue écrite) qui a une fonction [1] dans une phrase donnée, et qui ne peut se diviser en unités plus petites répondant à la même définition :

Le téléphone est une invention parfois ennuyeuse est une phrase composée de sept mots.

Le mot peut aussi constituer une phrase à lui seul (§ 87).
Le syntagme a lui aussi une fonction dans la phrase, mais on distingue d'habitude plusieurs mots dans un syntagme.

Le mot peut être considéré d'une façon plus abstraite : comme une suite de sons (ou de lettres) qui *peut* avoir une fonction dans une phrase. Il fait (ou pourrait faire) l'objet d'un article dans le dictionnaire.

Dans le dictionnaire, on regroupe en un seul article un certain nombre de formes considérées comme des variantes d'un même mot, que l'on désigne par l'infinitif s'il s'agit d'un verbe, par le masculin singulier s'il s'agit d'un adjectif, etc. : *a, ont, avais, eu,* etc. sont des formes du verbe *avoir.*

Remarque. — Il n'est pas toujours facile d'identifier le mot dans la réalité. Si on prend la langue écrite, on considère généralement le mot comme caractérisé par la présence d'un blanc avant et après [2]. Cependant il y a des suites que l'on est amené à considérer comme formant un mot, bien qu'elles contiennent des blancs : ce sont les mots composés ou les locutions (§ 77), comme *chemin de fer,* que l'on oppose à *chemin de terre,* qui n'est qu'un syntagme. De même, dans *Jean* **a dormi** *longtemps, a dormi* est une forme verbale constituée de deux mots. — Inversement, *au* est un mot qui résulte de la jonction de deux mots dont les fonctions (préposition et déterminant) restent présentes dans le combiné : *Jean est resté très tard* **au** *lit.*

---

1. L'inventaire des fonctions dans la phrase est donné dans la deuxième partie de cet ouvrage.
2. L'apostrophe et le trait d'union tantôt équivalent à un blanc : *l'espoir, prends-le ;* tantôt suppriment le blanc : *quelqu'un, arc-en-ciel.*

Si on prend la langue parlée, le mot n'est pas facile à isoler ; dans une phrase, les sons se groupent, non en mots, mais en syntagmes (unifiés par l'accent tonique, ainsi que par la liaison, l'élision, etc.) :

[lekɔsɛjœ:R nǝsɔpɑlepɛjœ:R]
Les conseilleurs ne sont pas les payeurs.

Quoique peu de linguistes renoncent tout à fait à se servir de *mot,* on a tenté des analyses plus rigoureuses, en distinguant, entre le phonème et le syntagme, ce que les uns appellent le *monème* et les autres le *morphème.* Dans *Nous chantons,* il y a trois monèmes (ou morphèmes) : [nu], [ʃɑ̃t] et [ɔ̃]. Nous n'avons pas cru devoir appliquer dans le présent ouvrage ce type d'analyse.

59 L'ensemble des mots d'une langue est le **lexique.**

Les linguistes distinguent le lexique du **vocabulaire,** qui est l'ensemble des mots employés dans une réalisation orale ou écrite : *Le vocabulaire du Code civil.*

La **lexicologie** est l'étude du lexique. La **lexicographie** est la technique utilisée pour la confection d'un dictionnaire.

2. CLASSEMENT DES MOTS

60 On divise les mots en catégories, qu'on appelle traditionnellement **parties du discours.** Les critères qui paraissent les plus sûrs sont morphologiques et syntaxiques.

Le critère morphologique est essentiellement la variabilité ou l'invariabilité : il y a des mots qui ont plusieurs formes et des mots à forme unique.

Le critère syntaxique est la fonction que le mot est susceptible de recevoir dans la phrase.

Selon ces critères, nous avons distingué onze espèces de mots (cinq espèces de mots variables et six espèces de mots invariables).

Pour certaines catégories, on propose aussi des définitions fondées sur la sémantique ; nous rappelons ces définitions dans la troisième partie.

Remarques. — 1. Un mot peut appartenir à plusieurs catégories : cf. § 81.

2. La variabilité concerne la catégorie dans son ensemble. Il y a des mots qui appartiennent à une catégorie variable et qui pourtant ne varient pas (ou ne varient que partiellement) : *précis* ne varie pas en nombre, mais c'est un adjectif comme *bon,* qui varie en genre et en nombre ; *qui* ne varie ni en genre ni en nombre, mais c'est un pronom comme *lequel (laquelle, lesquels...).*

Cependant, s'il ne porte pas extérieurement les marques du genre et du nombre, *qui* les contient implicitement, puisqu'il peut transmettre un genre, un nombre et aussi une personne aux mots qui s'accordent avec lui :

Les femmes qui **sont venues** *à sa rencontre.*
Toi qui **pâlis** *au nom de Vancouver.* (M. Thiry.)

3. La variabilité se manifeste ordinairement dans la finale des mots. Cette finale variable est appelée **désinence** et s'oppose au **radical :** par exemple, le verbe *chanter* a le radical *chant-* [ʃɑ̃t] et prend diverses désinences ; certaines sont purement graphiques comme *-ent ;* d'autres, à la fois graphiques et phonétiques, comme *-ons* [ɔ̃].

Dans un certain nombre de mots, que l'on appelle irréguliers, il est difficile de distinguer le radical et la désinence : par exemple, dans *œil* [œj] et *yeux* [jø] ; dans *ai* [e], *a* [a], *avons* [avɔ̃], *ont* [ɔ̃], *eu* [y], etc.

Souvent dans l'oral, parfois dans l'écrit, les indications morphologiques ne sont pas portées par le nom, mais par le déterminant : *la femme* [la fam], *les femmes* [le fam] ; *le prix, les prix*. Celles du verbe sont portées éventuellement par le pronom sujet : *j'aime* [ʒ ɛm], *il aime* [il ɛm].

61 Mots variables :

a) Le **nom** ou **substantif** est porteur d'un genre, varie en nombre (parfois en genre), est susceptible d'être accompagné d'un déterminant ; — il est apte à servir de sujet, de complément d'objet direct ou indirect, d'attribut, etc.

On réunit parfois sous l'appellation de *nom* à la fois le substantif et l'adjectif.

b) L'**adjectif** varie en genre et en nombre (genre et nombre qu'il reçoit du nom auquel il se rapporte) ; — il est apte à servir d'épithète et d'attribut.

c) Le **déterminant** varie en genre et en nombre (genre et nombre qu'il reçoit du nom auquel il se rapporte) ; — il se joint à un nom pour lui permettre de se réaliser dans une phrase.

Le déterminant possessif varie aussi en personne.

d) Le **pronom** varie en genre et en nombre (les pronoms personnels et possessifs varient aussi en personne ; les pronoms personnels, les relatifs et les interrogatifs varient aussi d'après leur fonction) ; — il est susceptible d'avoir les diverses fonctions du nom.

Par rapport aux noms, les pronoms constituent une catégorie finie, c'est-à-dire que le nombre des pronoms est limité, alors que la catégorie des noms s'accroît sans cesse. D'autre part, les noms ont une véritable définition, ce qui n'est pas le cas des pronoms.

Sur la distinction des pronoms en *nominaux* et en *représentants*, cf. § 248.

e) Le **verbe** varie en personne, en nombre, en temps, en mode et en voix (au participe, il varie parfois en genre) ; — il est susceptible de servir de prédicat.

Sous la forme du participe, le verbe est susceptible d'avoir les fonctions de l'adjectif. Sous la forme de l'infinitif, il est susceptible d'avoir les fonctions du nom.

62 Mots invariables :

a) L'**adverbe** sert de complément à un verbe, à un adjectif ou à un autre adverbe.

b) La **préposition** établit un rapport de subordination entre des mots ou des syntagmes.

c) La **conjonction de subordination** établit un rapport de subordination entre un mot et une proposition.

d) La **conjonction de coordination** unit des mots ou d'autres éléments de même fonction.

e) L'**introducteur** sert à introduire un mot, un syntagme ou une phrase.

Nous avons réuni (§ 393) la préposition, les conjonctions et l'introducteur dans un même chapitre, sous l'appellation de **mots-outils.**

On désigne sous le nom de **mots grammaticaux** ces mots-outils, les déterminants et les pronoms, ou, d'une façon plus générale, tous les mots dont le rôle est plus grammatical que sémantique. — La préposition et les conjonctions sont des **mots de liaison.**

f) Le **mot-phrase** (dont l'*interjection* est une espèce) est apte à former une phrase à lui seul.

3. ORIGINE DES MOTS

63   La langue est perpétuellement en évolution, spécialement dans son lexique.

a) Des mots ou des emplois disparaissent : *goupil* « renard » et *geline* « poule », par exemple ; *imbécile* est bien vivant, mais non plus comme équivalent de *faible.*

Remarque. — On appelle **archaïsme** le fait d'utiliser un élément qui a cessé d'appartenir à la langue commune.

Tantôt il s'agit d'un mot qu'un écrivain ressuscite occasionnellement : *Je t'embrasse* **moult** [= beaucoup]. (Flaubert.) — Tantôt il s'agit de mots qui ne subsistent que dans des constructions particulières, figées : comme *fur* (synonyme de *mesure*) dans *au fur et à mesure.* — Tantôt il s'agit de mots ou d'emplois dont une partie seulement des usagers continue à se servir : dans certains langages techniques, comme *icelui* pour *celui* chez les juristes ; dans des usages régionaux, comme **en rue* pour *dans la rue* en français de Belgique.

b) Des mots ou des emplois nouveaux apparaissent, soit à partir d'éléments existant dans la langue, soit sous l'influence des langues étrangères, plus rarement à partir de bruits (onomatopées). Voir les précisions plus loin.

On appelle **néologisme** toute innovation dans la langue.

Le néologisme est le plus souvent un mot. Mais il y a des néologismes de sens (comme *bébé* dans *bébé phoque*), de prononciation (*mœurs* prononcé [mœRs] au lieu de [mœ:R]), etc.

Héliport est un néologisme de l'année 1952 ; il a cessé aujourd'hui d'être senti comme tel. Ce n'est pas le cas de mots que des écrivains ont employés, mais que l'usage général n'a pas accueillis : par exemple *automobilisable*, créé par André Gide en 1927.

64   Une **famille de mots** est l'ensemble des mots issus d'un même mot, quelles que soient les différences que l'on trouve dans leur histoire :

Arme, armer, armée, armement, armure, armurier, armoire, armoiries, armorier, armorial, armateur, armature, désarmer, désarmement, réarmer, réarmement, surarmé, gendarme, alarme, alarmer, alarmant, alarmiste, armistice.

Le latin *arma* est la souche de cette famille. *Arme* en provient directement. Les dérivés latins *armare, armarium* ont donné *armer* et *armoire*. *Armement* est un dérivé formé en français sur *armer. Alarme* est un emprunt à l'italien *All'arme !* « Aux armes ! » *Armistice* est un emprunt au latin médiéval *armistitium. Gendarme* est un composé français *(gens d'armes).* Etc.

L'évolution phonétique du français, les circonstances historiques dans la transmission des mots font que des mots ayant un ancêtre commun ont abouti à des formes différentes, parfois si dissemblables que le locuteur ne les sent pas spontanément comme appartenant à la même famille : par exemple *auguste* et *août, douane* et *divan*. On appelle ces couples des **doublets**.

À l'inverse, des mots d'origines différentes sont mis en relation les uns avec les autres par les locuteurs : *échec* et *échouer, forain* et *foire*, etc. C'est ce qu'on appelle **étymologie populaire**.

A. LE FONDS PRIMITIF

65   Le français étant une langue romane (§ 3), c'est-à-dire résultant de l'évolution du latin, son lexique essentiel est d'origine latine. C'est le cas de la grande majorité des termes grammaticaux (déterminants, pronoms, prépositions, conjonctions, auxiliaires, etc.), des mots les plus fréquents et de ceux qui concernent les réalités les plus fondamentales.

Les vingt mots les plus fréquents du lexique français actuel sont tous venus du fonds primitif latin. C'est aussi le cas de 82 des cent mots les plus fréquents, les autres étant pour la plupart (14) formés en français de mots venus du latin (*oui, alors, dans*, articles contractés, etc.) ; restent les trois onomatopées *ah, oh, hein*, et le cas complexe de *petit*.

Ces mots venus du latin ont été profondément modifiés à la suite de l'évolution phonétique.

Un des faits qui ont le plus contribué à cette transformation est la disparition des syllabes qui n'étaient pas toniques : *augustum* → anc. fr. *aost* → fr. mod. *août* [u]. Comparez *agosto* en italien et en espagnol.

66   Ont été assimilés à des mots latins et ont participé aux mêmes évolutions phonétiques :

a) Les mots **gaulois** que le latin a adoptés : *bercer, charrue, soc, tan...*, ainsi que beaucoup de noms de lieux.

Certains de ces mots conservés par le latin étaient des restes de langues antérieures au gaulois : *patte, pot...*

b) Les mots **germaniques** empruntés par le latin : soit par le latin commun, avant les invasions germaniques ; soit par le latin de la Gaule (surtout à la langue des Francs ou *francique*), à l'époque de ces invasions : *banc, bande, bannir, héron...*

B. LES EMPRUNTS

67   On appelle **emprunts** les éléments qu'une langue, au cours de son histoire, a pris à d'autres langues.

Ce que l'on emprunte le plus facilement, ce sont des mots (surtout des noms, mais aussi des verbes et des adjectifs). Cependant, des langues dont le prestige est grand et auxquelles on prend beaucoup de mots donnent aussi d'autres éléments : mots grammaticaux, suffixes et procédés de formation, tours syntaxiques, graphies, plus rarement des phonèmes.

Les mots d'origine anglaise comme *parking* ont introduit en français un suffixe nouveau (*-ing*) et un son nouveau [ŋ], mais ni l'un ni l'autre ne sont vraiment intégrés, puisqu'ils n'existent pas en dehors de ces mots. Au contraire, *-ade,* tiré de mots italiens et provençaux, s'ajoute à des verbes français *(bousculade).*

Tantôt les mots étrangers sont gardés à peu près tels quels (*football* [futbo:l]). Tantôt ils sont adaptés, soit dans la prononciation (*shampooing* [ʃãpwɛ̃]), soit dans la prononciation et l'écriture (*redingote,* de l'anglais *riding-coat).* Les locuteurs hésitent sur la prononciation de certains mots (*sandwich* [sã-] ou [san-], [-itʃ] ou [-iʃ]).

Un type particulier d'adaptation est le **calque,** ou traduction littérale : *gratte-ciel,* de l'anglais d'Amérique *sky-scraper.*

Remarques. — 1. Les mots empruntés gardent parfois certains traits morphologiques de la langue d'origine (par exemple, le pluriel : cf. § 185). Généralement, les mots tout à fait intégrés perdent ces particularités. Les verbes adoptent nécessairement la conjugaison française.

2. Le prestige de certaines langues est tel que l'on fabrique parfois des mots ayant l'apparence de mots empruntés : faux anglicismes comme *footing* « marche », faux latinismes comme **vulgum pecus.*

68   Les langues classiques.

a) Le latin.

Dès les premiers textes français, on trouve des mots (dits **savants**) qui sont d'origine latine, mais qui n'ont pas suivi l'évolution phonétique des mots (dits **populaires**) qui constituent le fonds primitif (§ 65).

Cette opposition apparaît clairement dans les doublets : *naviguer* (savant) et *nager* (populaire), de *navigare* ; *fragile* (savant) et *frêle* (populaire), de *fragilis*.

L'influence du latin ne s'est jamais interrompue, par exemple dans les sciences. En effet, le français et les autres langues occidentales ont puisé dans le latin surtout pour les domaines où le lexique de tous les jours était insuffisant. Mais, au XVe et au XVIe siècle, le prestige du latin a été si grand qu'il a amené la concurrence des mots latins même dans le français de la vie courante.

Par ces mots d'emprunt, des suffixes et des préfixes ont été intégrés au français : *-al, -ation, -ateur, in-*, etc. On a aussi fabriqué des mots sur des radicaux latins, notamment dans les sciences :

Par exemple, *gallicisme* « construction propre au français » est fait sur *gallicus* « gaulois », pris dans le sens de « français ».

À l'époque où le prestige du latin a été considérable, l'orthographe de beaucoup de mots français a été refaite d'après les mots latins : *advenir, heure, sept, pauvre* ont remplacé *avenir* (verbe), *eure, set, povre*, etc. L'orthographe nouvelle a parfois influencé la prononciation.

b) Le grec.

Il y a déjà des mots d'origine grecque dans le français du moyen âge, mais ils étaient passés en français par l'intermédiaire des textes latins [3] : *scandale, philosophe, machine...* De là aussi des suffixes comme *-iser, -ique*, etc.

À partir du XVIe siècle, le grec a influencé directement le français, qui lui a emprunté nombre de mots : *anagramme, athée, enthousiasme...* C'est particulièrement dans le domaine des sciences que cela se produit, aussi bien en français que dans les autres langues occidentales. Le grec a fourni, non seulement des mots, mais surtout des éléments de formation : *-logie, -graphie, -phobie, -phage, phil-, paléo-, néo-, céphal-, chrono-, phono-, photo-, télé-, thermo-, biblio-*, etc.

Par exemple, *margarine* a été fait sur le grec *margaron* « perle », *dynamite* sur le grec *dynamis* « force ».

69   Les langues vivantes. — Parmi les langues vivantes, l'italien et l'anglais ont influencé le français d'une manière particulière.

---

3. Quelques mots grecs, qui ont été assimilés par le latin parlé, appartiennent au fonds primitif du français : *baume, beurre, prêtre...*

L'**italien** a été à la mode au XVIᵉ siècle : *balcon, moustache, carnaval, manquer...* Le français lui doit les suffixes *-ade* (qui se trouve aussi dans des mots provençaux) et *-esque*.

L'**anglais** n'a pas donné grand-chose avant le XVIIIᵉ siècle, mais, à partir de cette époque, il n'a pas cessé de fournir des mots au français, grâce au prestige de l'Angleterre, puis des États-Unis. Cela concerne les domaines les plus variés : politique *(vote)*, finances et commerce *(chèque)*, marine *(steamer)*, chemins de fer *(rail)*, sports *(handicap)*, mode *(pull-over)*, etc.

Le français a été influencé aussi par les autres langues avec lesquelles il se trouve naturellement en contact :

L'**allemand,** notamment dans le domaine militaire : *sabre, hallebarde ; choucroute, trinquer... ;* — le **flamand** et le **néerlandais :** *boulevard, matelot, kermesse... ;* — l'**espagnol :** *adjudant, hâbler, guitare... ;* — l'**occitan :** *auberge, badaud, pastis... ;* — les **dialectes d'oïl :** *houille* du wallon, *rescapé* du picard, etc. ; — l'**argot :** *cambrioleur, maquiller...*

Quelques mots **scandinaves** sont dus à l'implantation des Normands en Normandie : *cingler, la vague...*

D'autres langues ont exercé leur influence surtout par des intermédiaires :

L'**arabe,** par l'espagnol, le latin, l'italien : *alcool, alcôve, chiffre...* (quelques mots sont venus directement d'Afrique du Nord, au XIXᵉ et au XXᵉ siècle) ; — les langues indigènes de l'**Amérique,** par l'espagnol surtout : *tomate, tabac, caoutchouc...* (le français du Canada a subi des influences directes) ; — l'**hébreu,** par le grec et le latin : *chérubin, géhenne, abbé... ;* — etc.

C. LES FORMATIONS FRANÇAISES

a. La dérivation

70   La **dérivation**[4] consiste à créer un nouveau mot en ajoutant à un mot existant un élément non autonome (c'est-à-dire qui n'est pas un mot). On appelle cet élément **suffixe** lorsqu'il se place à la fin du mot et **préfixe** lorsqu'il se place au début.

Il arrive que le mot nouveau soit obtenu par l'addition simultanée d'un préfixe et d'un suffixe (formation **parasynthétique**) : *éborgner.*

On appelle dérivation **régressive** le fait de former un mot nouveau en supprimant un suffixe : *marcher, marche ; voler, vol.* Dans d'autres cas, il y a substitution

---

4. Ce que l'on appelle *dérivation impropre* est traité dans le § 81.

de finales : *exploser*, tiré de *explosion* ; — plus rarement de syllabes initiales : *démarrer*, tiré de *amarrer*.

71 **La suffixation.** — Les suffixes servent à changer la catégorie du mot de base, transforment un nom en verbe *(téléphone, téléphoner)*, en adjectif *(courage, courageux)* ; — un verbe en nom *(fumer, fumeur)*, en adjectif *(critiquer, critiquable)* ; — un adjectif en nom *(fier, fierté)*, en verbe *(grand, grandir)*, en adverbe *(poli, poliment)* ; — un numéral cardinal en numéral ordinal *(deux, deuxième)*.

D'autres suffixes ne changent pas la catégorie, mais ajoutent une nuance sémantique, par exemple l'idée de collection *(colonne, colonnade)*, de petitesse (suffixe diminutif : *maison, maisonnette)* ; — ou une nuance stylistique, affectueuse *(sœur, sœurette)* ou péjorative *(rouge, rougeaud)*.

Remarques. — 1. Le suffixe s'ajoute au radical du mot *(chanter, chantage)* ou à un de ses radicaux *(punir,* **puniss***able ; boire,* **buv***able)*. Il arrive que le radical soit différent dans le mot simple et dans le dérivé, soit pour des raisons de phonétique historique lorsque le dérivé est ancien *(bœuf, bouvier ; sel, saler)*, soit parce que le dérivé est fait sur le radical latin *(bœuf, bovin)*.

Certains dérivés sont faits sur des syntagmes : *atterrir, atterrer* sur *à terre*.

2. Certains suffixes ont cessé de donner des mots nouveaux, par exemple *-ail (épouvantail)*. Dans les tableaux ci-dessous, nous avons retenu de préférence les suffixes qui restent productifs.

3. Les suffixes ont souvent plusieurs valeurs. Dans les tableaux ci-dessous, les indications ne peuvent être considérées comme complètes.

4. Un suffixe peut avoir des variantes, qui s'expliquent notamment par la combinaison de plusieurs suffixes *(-elet [=-eau + -et]* à côté de *-et : porcelet)*, par la présence de consonnes de liaison *(-tier* à côté de *-ier : bijoutier)*.

Il y a aussi l'existence de formes populaires *(-el)* et de formes savantes *(-al)*. Cf. § 68, *a*.

72   **Principaux suffixes formant des noms et des adjectifs.**

1° Noms

	SENS	EXEMPLES
-ade	action, produit, collection	*glissade, citronnade, colonnade*
-age	action, état, collection	*lavage, veuvage, rouage*
-aie	lieu où croissent (des végétaux)	*chênaie*
-aille	action, collection, péjoratif	*trouvaille, pierraille, ferraille*
-aison, -ation	action ou son résultat	*crevaison, adaptation*
-ance, -ence	action ou son résultat	*alliance, adhérence*
-asse	collection (péjoratif)	*paperasse*
-at	action ou son résultat, fonction	*assassinat, crachat, professorat*
-eau	diminutif	*pigeonneau*

	SENS	EXEMPLES
-ée	contenu, action, rapports divers	*cuillerée, plongée, soirée, onglée*
-ement	action ou son résultat	*lancement, logement*
-esse	qualité	*finesse*
-esse	féminin	*ânesse* (§ 170, *a*)
-eur	qualité	*grandeur*
-ie, -erie	qualité, action, lieu	*fourberie, causerie, Wallonie*
-ine	produit	*caféine*
-ine	féminin	*speakerine* (cf. § 170, *b*)
-is	action ou son résultat	*éboulis*
-ise	qualité	*sottise*
-isme	activité, doctrine, etc.	*héroïsme, communisme*
-oir, -oire, -atoire	instrument, lieu	*mouchoir, baignoire, observatoire*
-on	diminutif	*ânon*
-té, -eté, -ité	qualité	*fierté, brièveté, créativité*
-ure	action ou son résultat, collection	*piqûre, chevelure*

2° Noms et adjectifs

-aire	rapports divers	*moustiquaire, légendaire*
-ais, -ois	habitant	*Marseillais, Québécois*
-an	habitant	*Persan*
-ard	rapports divers, péjoratif	*montagnard, pleurard*
-et, -ette, -ot(te)	diminutif, rapports divers	*jardinet, fourchette, sifflet, pâlot, culotte*
-eur, -ateur	agent, instrument	*chercheur, batteur, animateur*
-ien, -(é)en	habitant, rapports divers	*Parisien, lycéen*
-ier, -er, -(i)ère	rapports divers : professions, etc.	*fruitier, gaufrier, rancunier, bananier, pêcher, lingère*
-in	diminutif, rapports divers	*tambourin, alpin*
-iste	profession, doctrine, etc.	*dentiste, communiste*

3° Adjectifs

-able, -ible	qui peut, qui peut être	*louable, nuisible*
-al, -el	qui a le caractère de	*accidentel, caricatural*
-âtre	qui est un peu	*verdâtre*
-é	qui a la caractère de	*azuré*
-esque	qui a le caractère de	*livresque*
-eux, -ueux	qui a le caractère de	*boueux, luxueux*
-if	qui a le caractère de	*sportif*
-ique	qui a rapport à	*touristique*
-issime	très	*richissime* (§ 206, *b*)
-u	qui a	*bossu*

73   **Suffixes formant des verbes.** La grande majorité des verbes nouveaux est formée au moyen du suffixe *-er : téléphoner, tester.* Quelques-uns sont en *-ir : alunir.* Cf. § 312.

Il y a aussi des suffixes complexes, comme *-iser* et *-(i)fier*, qui expriment l'idée d'une transformation : *pasteuriser, momifier,* — ou comme *-ailler, -asser, -eter, -iller, -iner, -onner, -oter,* qui marquent des nuances diminutives, fréquentatives (répétition) ou péjoratives : *voleter, mordiller, criailler, rêvasser, mâchonner...*

74   Le suffixe servant à former **des adverbes** est *-ment.* Cf. § 382.

75   La **préfixation.** — Les préfixes sont des éléments non autonomes qu'on ajoute au début d'un mot pour en modifier la signification, mais non pour en changer la nature : *porter, reporter ; amical, inamical.*

Ils présentent parfois des variantes phonétiques, soit à cause de la coexistence de formes savantes (*ré-*) et de formes populaires (*re-*), — soit à cause du son qui se trouve au début du mot simple : *re-* devient *r-* devant voyelle ; *in-* devient *il-, im-, ir-* devant *l, m, r.*

76   **Principaux préfixes :**

a-   avec des adjectifs et des substantifs, indique la privation, la négation : *amoral, apesanteur.*

co-   avec des substantifs et des verbes, marque la réunion, la simultanéité : *codirecteur, coexister.*

dé-   (**dés-** devant voyelle) et **dis-** marquent la séparation avec des verbes, la négation avec des adjectifs et des noms : *décharger, désamorcer, disparaître, dissemblable, disparité.*

é-   indique une certaine idée d'extraction, surtout dans des verbes de formation parasynthétique (§ 70) : *éreinter, écorner.*

in-   (**il-, im-, ir-**) avec des substantifs et des adjectifs marque la négation : *insuccès, irrespect, impensable, illogique.* (Mais : *inlassable,* admis par l'usage malgré son irrégularité.)

mé-   (**més-** devant voyelle) avec des verbes, des substantifs, parfois des adjectifs, marque la négation ou un aspect péjoratif : *mésestimer, mévente, mécontent.*

pré-   avec des verbes et des substantifs, exprime l'antériorité : *préétablir, préavis.*

re-   (**r-** devant voyelle, **res-** devant *s ;* aussi **ré-** et **ra-**) avec des verbes, parfois avec des substantifs, marque la répétition, le retour à un état ancien, le renforcement : *recommencer, rhabiller, ressouder, réassortir, rafraîchir, reluire, recoin.*

Des formations verbales comme *abaisser, attirer, amener* contiennent, historiquement, la préposition *à* et sont donc des composés, comme *surestimer* ou *sous-estimer* (§ 77). Mais, si l'on considère que *a-* n'est plus perçu comme identique à la préposition, on aurait affaire à un préfixe.

Des éléments comme ceux que l'on observe dans **archi***fou,* **hyper***sensible,* **extra-***fort,* **super***marché,* **ultra-***chic* sont assez proches des préfixes, puisqu'ils ne changent pas la nature du mot simple et qu'ils en renforcent seulement le sens, mais certains sont des mots en français (*extra, super*) et tous le sont dans la langue d'origine. De même, **vice-***roi,* **ex-***empereur,* **auto***collant, (une église)* **pseudo-***gothique,* **mini***jupe,* etc.

En revanche, la fonction du premier élément est assez différente dans *(une salle)* **omni***sports, (un avion)* **quadri***moteur, (un dispositif)* **anti***vol,* etc. : le résultat est (ou fut d'abord) un mot d'une autre nature que le mot simple ; d'autre part, le premier élément équivaut à un déterminant dans les deux premiers exemples et à une préposition dans le dernier. Nous avons là plutôt des faits de composition (§ 78).

b. La composition

77   On appelle **composition** le fait de former un mot nouveau en mettant ensemble plusieurs mots existants *(a)* ; mais souvent le composé résulte de l'évolution d'un syntagme *(b et c)*.

a) Certains mots composés le sont dès l'origine, parce que ces agencements se distinguent des syntagmes ordinaires en ceci qu'ils ne suivent pas les règles de la syntaxe :

> *Un appuie-tête, un essuie-mains* ne sont manifestement plus des syntagmes verbaux ; comparez : *il appuie la tête, il essuie les mains.* — *Timbre-poste* ne présente pas la structure normale d'un nom suivi de son complément déterminatif. — Dans *sous-estimer,* l'ordre des mots n'est pas celui d'un syntagme verbal formé d'un verbe et d'un adverbe. — D'habitude un adverbe ne se rapporte pas à un nom : on a donc des composés dans *la presque-totalité, la quasi-totalité, le non-moi, la non-ingérence.* (Remarquez le trait d'union. Comparez : *presque total, quasi total, non content de.*) — Dans *(l'alliance) franco-russe,* le premier adjectif reçoit une forme propre à la composition.

b) D'autres noms composés résultent (souvent par réduction : § 79, *b*) d'un changement de catégorie, de la nominalisation de syntagmes : *l'après-midi, un sans-cœur, une deux-chevaux.*

c) Dans d'autres cas, un syntagme de forme normale devient un mot composé parce qu'il cesse d'être analysé par les locuteurs ; autrement dit, le sens du composé n'est plus la simple addition des sens des mots qui le composent : *pomme de terre, chemin de fer, avoir lieu, tout de suite, parce que, s'en aller.*

> Les composés des types *a)* et *b)* ont généralement un trait d'union ; ceux du type *c)* n'en ont que lorsqu'il existe en même temps un syntagme non figé : *pot-de-vin, sur-le-champ.* Cf. § 40, *b*, 1°.
> Dans les trois cas, il peut y avoir un tel figement que les éléments sont agglutinés dans l'écriture : *un portefeuille, une affaire, du vinaigre, dorénavant, un gendarme, s'enfuir.* Ce ne sont des composés que pour celui qui fait de l'étymologie ; ils fonctionnent dans la langue d'aujourd'hui exactement comme des mots simples, ainsi que le montre leur pluriel : *des portefeuilles, des affaires.* Il y a pourtant des exceptions : *monsieur, madame, mademoiselle, monseigneur, gentilhomme, bonhomme,* dont le premier élément continue de varier en nombre (§ 184, *a*) ; *lequel* (§ 269, *b*) et *ledit* (§ 354, Rem. 2), dont le premier élément varie en genre et en nombre.

Il est commode de distinguer les **mots composés** et les **locutions** d'après l'écriture : dans les locutions les éléments sont séparés par des blancs.

> Ce critère n'est pas si arbitraire qu'il paraît : dans des locutions nominales comme *pomme de terre,* l'usage habituel est de faire varier *pomme* en nombre, du moins dans l'écriture (on dit aussi *pomme* tout court : *des pommes frites*) ; — dans les locutions verbales, l'élément verbal est toujours variable, phonétiquement et graphiquement, et il peut toujours être séparé du reste de la locution : *Ces pommes* **ont** *l'air pourries, Ces pommes* **n'ont pas** *l'air pourries ;* — des locutions prépositives ou conjonctives comme *avant de, avant que* peuvent aussi être dissociées : *avant* **même** *de, avant* **même** *que.*

Remarques. — 1. Certaines locutions contiennent des mots sortis de l'usage en dehors de cet emploi : *au fur et à mesure, avoir* **maille** à **partir** (littéralement, « avoir un sou à partager »). Cela n'est pas gênant, parce qu'on donne à la locution un sens global. Mais des erreurs d'interprétation peuvent s'introduire : dans *Il y a péril en la* **demeure** (exactement : « dans le retard »), certains croient voir le mot *demeure* « habitation ».

2. Les **proverbes** sont des espèces de locutions, mais qui constituent une phrase : *A beau mentir qui vient de loin.*

78   On appelle **composition savante** le fait de former des mots français en combinant des mots grecs ou des mots latins :

> *Aérolithe* du grec *aêr* « air » et *lithos* « pierre ».
> *Vermifuge* du latin *vermis* « ver » et *fugare* « éloigner ».

Cela est du ressort de l'emprunt (§ 68). Mais ces éléments grecs ou latins sont parfois unis à des mots français :

> **Cocaïnomane,** de *cocaïne,* qui reçoit la finale *-o* qui caractérise les éléments grecs.
> (Comparez *aérolithe, bibliomane...*)
> *Le* **post**-*gaullisme* = l'après-gaullisme (= la période après de Gaulle).
> *Une salle* **omni**-*sports,* etc. : cf. § 76.

c. Autres procédés

79   Les **réductions.**

a) La langue parlée tend à réduire les mots trop longs, surtout les noms, notamment les mots empruntés au grec et les composés savants signalés dans le § 78. Certaines de ces formes réduites appartiennent à l'usage tout à fait général :

> *Dactylo(graphe), métro(politain), auto(mobile), moto(cyclette),*
> *photo(graphie), cinéma(tographe), micro(phone), kilo(gramme).*

D'habitude, la forme réduite retient le premier élément du composé savant. Mais il arrive que la coupure soit indépendante de la formation : *vélo(cipède)* et non **véloci(pède).*

On ne confondra pas ces réductions avec celles que l'on pratique dans les argots : *colon(el), fan(atique).* Il s'agit là d'expressivité plus que d'efficacité, et la réduction n'est qu'une forme de l'altération (§ 80). D'autre part, on réduit parfois le mot à sa dernière partie : *(auto)bus.*

b) Un autre type de réduction porte sur des locutions et des syntagmes : *une ondulation permanente* → *une permanente, une voiture de deux chevaux* → *une deux-chevaux.* Cela aboutit à des changements de catégorie (§ 81).

c) Il faut distinguer la réduction de l'**abréviation** (§ 41), qui est un procédé purement graphique : *M.* pour *Monsieur.* Cependant les abréviations qu'on appelle des **sigles** et qui sont constituées d'initiales sont devenues des mots ; tantôt on donne aux lettres leur nom : *un S.O.S.* [εsoεs] ; tantôt on leur donne leur valeur habituelle : *l'OTAN* [ɔtã].

Sur l'utilisation des points, cf. § 42, *a,* Rem. 1.

La prolifération des sigles ne favorise pas la clarté de la communication. Avant de les utiliser, il est bon de s'assurer que l'interlocuteur ou le lecteur les connaît.

Les sigles peuvent donner naissance à des dérivés : *les cégétistes* (de *C.G.T.*).

80   Altérations diverses.

a) Redoublements, dans la langue que l'on parle avec les petits enfants et dans le langage de la tendresse : *bonbon, loulou.* Cela peut se combiner avec d'autres altérations : *Émile → Mimile.*

b) Modifications arbitraires dans l'argot : *Paris → Paname ; fromage → frometon ; fou → loufoque ; Italien → Rital.*

c) Croisements (dits parfois *mots-valises*) : *foultitude* (familier), de *foule + multitude.*

Il y a aussi des altérations involontaires dues à des analogies, à l'**étymologie populaire** (§ 64) : l'allemand d'Alsace *sûrkrût* devenu *choucroute,* sous l'influence de *chou.*

81   Changements de catégorie. — Cette évolution (qu'on appelle souvent *dérivation impropre*) consiste à faire changer les mots de catégorie grammaticale sans que leur forme soit modifiée.

La nominalisation est particulièrement fréquente : *un malade, le repentir, le savoir-vivre, un raccourci, un passant, le moi, un rendez-vous, le bien, les devants.*

Elle se pratique même pour des lettres, des phonèmes, etc. : *l'**h** muet ; il y a deux **a** en français.*

Le changement est parfois total, — soit que la valeur primitive ait disparu de l'usage :

Loisir, manoir sont des noms et non des infinitifs. — *Cependant* est un adverbe, et non plus un complément absolu *(ce pendant) ;*

— soit que dans sa valeur nouvelle le mot soit tout à fait distinct de ce qu'il était dans sa valeur ancienne :

Pendant préposition : *Il travaille pendant la nuit ; — pendant* participe présent : *J'ai cueilli un fruit pendant à l'arbre du voisin.*

Cette transformation est aussi morphologique :

Loisir varie en nombre, de même que *rire : Des rires éclatants.*

Pourpre s'accorde avec le nom dans *des fleurs pourpres* (c'est devenu un autre mot que *la pourpre*).

Inversement, *pendant* préposition est invariable : *Pendant la nuit,* de même que *hardi* comme mot-phrase : *Hardi, les gars !*

Tiens ! mot-phrase s'emploie même lorsqu'on s'adresse à quelqu'un que l'on vouvoie : *Tiens ! vous êtes là !*

La plupart des faits qui précèdent appartiennent à l'histoire, à l'étymologie. Mais il arrive aussi que la valeur ancienne et la valeur nouvelle coexistent sans que le lien entre les deux soit coupé, ou totalement coupé. Cela entraîne le maintien de caractères morphologiques justifiés seulement dans l'état ancien :

Tendance à l'invariabilité des noms propres employés comme noms communs : *On a volé deux Picasso* (§ 183, *a*, Rem. 1). Voir aussi § 185.

Invariabilité des noms employés comme adjectifs de couleur : *Une robe marron* (§ 197, *b* ; voir aussi § 200).

Debout employé adjectivement ne varie pas : *Une femme debout.*

Tout adverbe varie dans certains cas : *Elle est toute honteuse* (§ 25, *e*).

Vive dans *Vive(nt) les vacances* est tantôt traité comme un verbe, et tantôt n'est qu'une sorte d'introducteur (§ 409, *b*).

Remarque. — On ne considérera pas comme un changement de catégorie le fait qu'une épithète soit employée sans nom dans : *Quelle robe mettras-tu ? la* **bleue** *ou la* **rouge ?** Le mot *robe* reste sous-entendu : on ne le répète pas, par économie.

82   Les **onomatopées** sont des mots censés reproduire des bruits : mots-phrases comme *clac !* noms comme *le tic-tac,* verbes comme *miauler, chuchoter.*

Des animaux et des objets sont désignés par les sons qu'ils produisent : *coq, cricri, crincrin. Cochon* viendrait du cri par lequel on appelle l'animal.

À côté des onomatopées, il y a des mots expressifs, qui représentent non plus des sons, mais des mouvements, des formes, etc. : *dandiner, tomber, dondon, chatouiller.* Les interjections sont aussi parfois des sortes de cris traduisant des sensations, des sentiments : *ah ! oh ! hein ! ouille !*

4. LE SENS

83   Le **sens** ou la **signification** d'un mot n'est pas la réalité qu'il désigne, mais l'idée que l'on se fait de cette réalité.

Les linguistes ont essayé d'établir les composantes d'un sens ou **sèmes.** Par exemple, *chaise* contient les sèmes « avec dossier » + « sur pieds » + « pour une seule personne » + « pour s'asseoir ».

On appelle **extension** d'un mot, et spécialement d'un nom, l'ensemble des êtres ou des choses auxquels il s'applique : *mammifère* a plus d'extension que *vache.*

84   **Homonymie** et **polysémie.** — On appelle *homonymes* deux mots de même prononciation, mais différant par le sens.

L'orthographe peut être semblable : *page* nom masculin et *page* nom féminin ; — ou différente : *pair, paire, père, pers, perd, perds.*

La *polysémie* est le fait pour un mot d'avoir plusieurs sens ou **accep-tions :** *pont* désigne une partie du navire et une construction entre les deux rives d'un cours d'eau. Si on considère les sens comme devenus indépendants l'un de l'autre, on a aussi affaire à des homonymes, bien que du point de vue étymologique il n'y ait qu'un seul mot.

Les **paronymes** sont des mots proches l'un de l'autre par la forme : *acception, acceptation ; précepteur, percepteur ; amnistie, armistice ; collision, collusion.*

85   Les **synonymes** sont des mots ayant à peu près la même signification :

Châtier et *punir.* — *Casser, rompre* et *briser.*

Cela ne veut pas dire que ces mots puissent s'employer indifféremment l'un pour l'autre. Même *second* et *deuxième*, qui ont exactement le même sens, ont leurs emplois propres : *Vingt-deuxième. Un brillant second* (= collaborateur).

Les **antonymes** ou **contraires** s'opposent directement par le sens : *riche-pauvre.*

86   L'**évolution sémantique.** — Le vocabulaire français s'enrichit non seulement de mots nouveaux (par emprunts, par dérivation, par composition), de formes nouvelles (par réduction ou altération), d'emplois nouveaux (changements de catégorie), mais aussi de **sens nouveaux.** Ces sens nouveaux sont obtenus principalement de quatre manières :

— **Restriction** de sens, par l'introduction d'un sème supplémentaire : *pondre* « déposer » → « déposer **des œufs** ».

— **Extension** de sens, par la suppression d'un sème : *panier* « corbeille **pour le pain** » → « corbeille ».

— **Métonymie,** lorsque le premier sens devient un sème du nouveau sens : *moutarde* « plante herbacée à fleurs jaunes... » → « condiment préparé avec des graines **de cette plante** ».

— **Métaphore,** lorsqu'il y a passage d'un sens à un autre simplement par la présence d'un sème commun : *lion* « animal **courageux** » → « homme **courageux** ». C'est ce qu'on appelle aussi **sens figuré.**

D'autres évolutions sémantiques sont des accidents particuliers : influence du contexte : *rien* « chose » → « nulle chose » (*C'est tout ou* **rien**), à force de s'employer dans un contexte négatif avec *ne : Il* **n'a rien** *fait* (à l'origine, « il n'a pas fait quelque chose, quoi que ce soit ») ; — étymologie populaire (comp. § 64) : *jour ouvrable* « jour où l'on **travaille** » (de l'ancien verbe *ouvrer* « travailler »), souvent compris aujourd'hui « jour où l'on **ouvre** (les magasins) » ; — contresens divers : *achalandé* « qui a de nombreux *chalands*, c'est-à-dire **clients »,** souvent compris aujourd'hui « qui est bien pourvu en marchandises ».

DEUXIÈME PARTIE

La phrase

CHAPITRE I

Généralités

87   La **phrase** est l'unité de communication linguistique : c'est la suite de sons minimum par laquelle un locuteur adresse un message à un auditeur.

Le plus souvent, la communication comprend plusieurs phrases. Chacune de celles-ci a son intonation propre et est suivie d'une pause importante.

Dans la langue écrite, cette pause importante est généralement exprimée par un point. Mais d'autres signes de ponctuation peuvent marquer la fin d'une phrase : les points de suspension, le point d'interrogation, le point d'exclamation, le point-virgule. Il arrive aussi que le point ne coïncide pas avec la fin d'une phrase : cf. § 46, Rem. 1.

Le début d'une phrase s'écrit d'habitude par une majuscule : § 33, *a*.

La phrase est le plus souvent constituée de plusieurs mots. Ceux-ci doivent être organisés d'une certaine façon : **Terre la du autour soleil tourne* n'est pas une phrase française.

Il y a aussi des phrases constituées d'un seul mot :

> *Venez. — Sauvé ! — Oui. — Bravo ! — Zut !*

Un mot comme *sauvé* ne devient une phrase que s'il est prononcé avec une certaine intonation.

Remarques. — 1. Certains grammairiens considèrent que la phrase se caractérise par son autonomie ou par le fait qu'elle présente un sens complet. Cela est vrai pour une phrase comme *Napoléon est mort à Sainte-Hélène*. Mais le plus souvent la communication se fait par une suite de phrases, dont certaines ne prennent vraiment un sens que grâce à cet entourage. C'est le cas de la deuxième et de la troisième phrase dans ce début d'une chronique :

> *On a dit de Picasso que ses œuvres témoignaient d'un désenchantement précoce.*
> *Je pense* **le contraire.**
> *Tout l'enchante et* **son** *talent incontestable me paraît au service d'une fantaisie qui mêle justement le délicieux et l'horrible, l'abject et le délicat.* (Apollinaire.)

Dans la langue parlée, la phrase se réfère souvent à des données qui ne sont pas exprimées par le langage, mais qui font partie de la situation, des circonstances : *C'est affreux !* concerne, selon les cas, une manière d'agir, quelque chose que l'on regarde, etc.

2. Une phrase absurde ou fausse reste une phrase si elle suit les règles de la syntaxe française :

> *L'homme est un insectivore.*

De même, une phrase qui contient des mots absents du lexique français et impossibles à définir ; ainsi, dans certaines recherches de la poésie contemporaine :

> *Il l'emparouille et l'endosque contre terre ;*
> *Il le rague et le roupète jusqu'à son drâle ;*
> *Il le pratèle et le libucque et lui barufle les ouillais.* (H. Michaux.)

88 D'après les éléments que les phrases contiennent, on distingue la phrase **simple** et la phrase **complexe ;** la phrase **verbale** et la phrase **averbale.**

a) La phrase **simple** est **averbale** quand elle ne contient pas de verbe conjugué :

> *À chacun son métier. — Bravo !*

Elle est **verbale** quand elle contient un verbe conjugué :

> *Pierre est parti en vacances avec sa famille.*

b) La phrase **complexe** peut être considérée comme résultant de la réunion de plusieurs phrases simples. Elle contient ordinairement (voir Rem. 1) plusieurs verbes conjugués.

Les deux phrases simples *Jean est absent* et *Pierre se plaint* peuvent se trouver réunies.

Ou bien elles sont simplement rattachées l'une à l'autre sans changer de nature ; c'est le phénomène de la coordination (§ 105) :

> Jean est absent   et   Pierre se plaint

On peut parler de *phrases coordonnées* [1].

Ou bien elles sont unies plus étroitement et ne forment plus qu'une phrase, ce qui entraîne des changements : *Pierre se plaint que Jean soit absent.* On peut figurer ainsi la nouvelle organisation :

> Pierre   se plaint   que Jean soit absent

Que Jean soit absent fait partie de la phrase *Pierre se plaint que Jean soit absent* de la même façon que *de l'absence de Jean* fait partie de la phrase *Pierre se plaint de l'absence de Jean.* Les deux éléments (*que Jean soit absent* et *de l'absence de Jean*) ont la même fonction par rapport à *se plaint.* Mais ils diffèrent quant à la nature : *de l'absence de Jean* est un syntagme nominal, tandis que *que Jean soit absent* est une *proposition.*

Nous appelons **proposition** [2] un membre de phrase, une espèce de syntagme, comprenant un verbe conjugué ou, plus exactement, un prédicat (§ 99), ainsi

---

1. De même, la phrase incidente (§ 132, *b*) peut être considérée comme une phrase dans la phrase.

2. Nous avons renoncé aux notions de *proposition indépendante* (c'est la phrase simple), de *proposition principale* et de *proposition subordonnée.* Dans une phrase comme *Que Jean soit parti est bien triste,* quelle serait la principale ? Et peut-on dire que la proposition *que Jean soit parti* est subordonnée ? En effet, il est peu logique de dire qu'un élément ayant la fonction de sujet est « subordonné ».

qu'un sujet, ce syntagme ayant dans la phrase la fonction de sujet ou de complément.

Remarques. — 1. Une phrase complexe est averbale quand le ou les verbes conjugués se trouvent seulement dans la ou les propositions sujets ou compléments :

Heureux ceux qui sont morts pour la terre charnelle. (Péguy.)

| Heureux | ceux | qui **sont morts** pour la terre charnelle |

On peut aussi coordonner une phrase averbale et une phrase verbale :

Un pas de plus, et vous êtes mort !

2. Le verbe est dit *conjugué* quand il n'est pas à l'infinitif ou au participe. Cependant on admet généralement l'existence de *propositions infinitives* (§ 348, *b*) et de *propositions participes* (§ 351) quand l'infinitif et le participe y sont accompagnés d'un sujet.

D'autre part, certains infinitifs servant de prédicat (§ 348, *a*) équivalent à des verbes conjugués : *Pourquoi* **partir** *si tôt ?*

89 D'après la nature de la communication et l'intention du locuteur, on distingue quatre espèces de phrases :

a) La phrase **énonciative,** par laquelle on communique simplement une information à autrui :

Votre voisin est compétent.

b) La phrase **exclamative,** qui est, quant à la nature du message, une phrase énonciative, mais dans laquelle le locuteur exprime ses sentiments avec une force particulière :

Que votre sœur est intelligente !

c) La phrase **interrogative,** par laquelle on demande une information à l'interlocuteur :

Quel âge a votre sœur ?

d) La phrase **impérative,** par laquelle on demande ou on interdit un acte à autrui :

Sortez. — Ne sortez pas. — Qu'ils sortent !

On peut y joindre la phrase **optative,** dans laquelle la réalisation de l'acte ne dépend pas de la volonté humaine :

Soyez heureux ! — Qu'ils reposent en paix !

On peut y joindre aussi la phrase **interpellative,** par laquelle on établit simplement la communication avec autrui : *Allô !*

Les particularités formelles de ces divers types de phrases sont décrites plus loin (§§ 133 et suivants).

90   Selon la forme de la phrase, certains grammairiens distinguent :

a) La phrase **affirmative** (ou **positive**) : *Pierre travaille ;* et la phrase **néga-tive** : *Pierre ne travaille pas.*

On pourrait considérer que cette opposition concerne, non la phrase, mais le verbe quels que soient son mode et sa fonction : **Parler** *est dangereux,* **ne pas parler** *est lâche.* — La négation peut aussi porter sur un adjectif, sur un syntagme prépositionnel, etc. (cf. § 387).

b) La phrase **active** : *Pierre a retrouvé ma montre ;* et la phrase **passive** : *Ma montre a été retrouvée par Pierre.*

On peut remarquer que cette opposition concerne non seulement la phrase, mais tous les verbes, quels que soient leur mode et leur fonction, à condition qu'ils soient suscep-tibles d'être employés au passif : *Le père regrette d'*avoir puni *Pierre. Pierre se plaint d'*avoir été puni.

c) La phrase **neutre** : *Pierre a retrouvé ma montre ;* et la phrase **emphatique,** dans laquelle on met un élément en évidence : *C'est Pierre qui a retrouvé ma montre.*

Nous parlons de la mise en relief au § 152.

91   **Ellipse, pléonasme, inversion, anacoluthe.**

a) On appelle **ellipse** l'absence d'un ou de plusieurs mots qui seraient nécessaires pour la construction régulière de la phrase.

La véritable ellipse se réalise quand l'auditeur ou le lecteur doivent chercher dans le contexte ou la situation les éléments qui manquent et sans lesquels le message serait incompréhensible :

> *Quand pars-tu ? — Demain* (= Je pars demain).
> *Enchanté* (= Je suis enchanté), formule que le locuteur adresse à quelqu'un
> dont il fait la connaissance.

Mais, dans d'autres cas, le message est clair et complet, et il n'y a ellipse que par comparaison avec la phrase que l'on considère comme normale : *Loin des yeux, loin du cœur.*

Il est même parfois très difficile de reconstituer la phrase complète, par exemple pour *À père avare, fils prodigue* ou pour *Adieu.* Ou bien, en reconstituant la phrase complète, on aboutirait à une phrase contraire à l'usage, par exemple si l'on introduisait un sujet dans la phrase impérative : *Venez* est tout autre chose que *Vous venez.*

b) Le **pléonasme** est le fait d'exprimer plusieurs fois, volontairement ou non, la même information dans la phrase.

Le pléonasme peut être lexical : la même idée est exprimée par des mots de fonction différente. À moins qu'il ne soit justifié par des raisons d'insistance, il est généralement considéré comme **vicieux,** c'est-à-dire comme fautif : **Un petit nain. *Sortir dehors.*
Le pléonasme peut être grammatical, c'est-à-dire réalisé par des termes de même fonc-tion. Tantôt cela appartient à l'usage normal, sans nuance particulière : *Peut-être* **mon frère** *viendra-t-*il *avec moi.* — Tantôt le pléonasme marque l'insistance : **Moi, je** *le sais.* — Tantôt il est vicieux : **Une boîte* **où** j'**y** *ai mis ma pomme.*

Redondance est à peu près synonyme de *pléonasme*. Nous employons *redondance* surtout pour le pléonasme grammatical (§ 131).

c) **L'inversion** est un renversement de l'ordre habituel des mots :

> *Ce résultat est surprenant → Surprenant est ce résultat.*

d) **L'anacoluthe** est une construction brisée : la phrase, commencée d'une manière, s'achève d'une autre manière :

> *... Ce monde est un grand rêve,*
> *Et le peu de bonheur qui nous vient en chemin,*
> *Nous n'avons pas plus tôt ce roseau dans la main*
> *Que le vent nous l'enlève.*   (Musset.)

CHAPITRE II

Les éléments fondamentaux
de la phrase verbale

92   Nous partirons de la phrase que l'on peut considérer comme normale (parmi les types de phrases présentés dans les §§ 88 et 89), c'est-à-dire à la fois la plus fréquente et la plus neutre : la phrase verbale énonciative.

Si on prend ce type de phrase dans sa réalisation la plus réduite, on a une phrase constituée de deux mots :

Jean rougit. — Nous partons.

Ce sont les deux éléments fondamentaux que nous appelons [1] **sujet** et **prédicat** (celui-ci, dans les phrases verbales, est un verbe ou contient un verbe).

On appelle **prédication** la relation qui unit un prédicat (et, notamment, un verbe) à son sujet.

Remarque. — Les fonctions de sujet et de prédicat se réalisent aussi dans chacune des propositions d'une phrase complexe.

---

1. On appelle souvent aujourd'hui ces deux éléments *syntagme nominal* et *syntagme verbal.* Sans discuter les fondements de cette formulation, il faut constater que, du point de vue pédagogique, il y a des inconvénients à caractériser une fonction par un terme qui s'applique tout autant à d'autres fonctions (il y a des syntagmes nominaux subordonnés) et à appeler *syntagme nominal* un élément qui peut se présenter (« en surface ») sous d'autres formes que la forme nominale (cf. § 95).

La tradition scolaire disait simplement *verbe,* et non pas *prédicat.* Mais il paraît gênant de désigner par le même mot *verbe* à la fois une catégorie et une fonction, d'autant plus que cette fonction existe aussi dans la phrase averbale.

Nous avons adopté la conception selon laquelle la phrase est constituée par la relation entre deux termes. Mais des grammairiens restent fidèles à une autre façon de voir la phrase : comme centrée sur un verbe, lequel est accompagné de divers termes, principalement le sujet, le complément d'objet direct ou l'attribut, etc.

1. LE SUJET

93   Le **sujet** est le terme qui, normalement (voir Rem. 2), donne au prédicat ses marques de personne, de nombre et, dans certains cas, de genre :

Nous *dormons.* — **Marie** *est arrivée.*

En dehors des verbes impersonnels (§ 94), le sujet désigne ce dont on dit quelque chose, ce quelque chose étant le prédicat.

Pour trouver le sujet, on transforme la phrase en phrase interrogative, en plaçant avant le verbe les questions *qui est-ce qui ?* et *qu'est-ce qui ?* La première convient pour les personnes, la seconde pour ce qui n'est pas une personne.

Si la phrase est interrogative, on peut faire la même transformation, sauf si elle contient déjà *qui est-ce qui* ou *qu'est-ce qui,* lesquels sont, naturellement, les sujets.

On peut aussi considérer comme le sujet ce qu'on peut mettre en évidence en l'encadrant de l'introducteur *c'est ... qui.*

L'élève écrit.   Qui est-ce qui écrit ? **L'élève.**
La neige tombe.   Qu'est-ce qui tombe ? **La neige.**
Ou bien : *C'est* **l'élève** *qui écrit.*   *C'est* **la neige** *qui tombe.*

Ces deux procédés ne conviennent pas aux verbes impersonnels (§ 94).

Remarques. — 1. Ce ne sont pas seulement les phrases qui contiennent un sujet, mais aussi les propositions d'une phrase complexe :

Il partira quand **nous** *reviendrons.*
J'ai retrouvé le livre que **vous** *aviez perdu.*

Même l'infinitif peut avoir un sujet :

J'ai entendu **un enfant** *crier.*

On peut considérer qu'il y a aussi un sujet dans les compléments absolus (§ 119) :

La chance *aidant, nous y arriverons.*

2. Il arrive que le verbe s'accorde avec l'attribut et non avec le sujet : *C'est eux* à côté de *Ce* **sont** *eux.* Cf. § 361.

D'autre part, lorsque l'infinitif a un sujet, celui-ci ne peut donner au verbe ses marques de personne ou de nombre, puisque l'infinitif n'a pas de marque : *J'ai entendu les enfants crier.*

3. Si l'on considère la phrase :

Dans cette maison naquit Victor Hugo,

dans cette maison pourrait répondre à la définition donnée ci-dessus, « ce dont on dit quelque chose ». Mais la phrase a un contenu identique à *Victor Hugo naquit dans cette maison.* C'est pour des raisons d'expressivité que *dans cette maison* a été placé en tête, sans que les relations syntaxiques entre les termes soient modifiées.

On appelle souvent **thème** l'élément ainsi placé en tête, et **propos** le reste de la phrase.

94   **Sujet apparent** et **sujet réel**.

Dans les phrases où le verbe est impersonnel (§ 298), le pronom *il* ne représente rien de précis :

Il pleut

C'est simplement un indicateur de la troisième personne, puisque tout verbe conjugué (sauf à l'impératif) doit normalement être introduit par un pronom personnel à défaut d'un autre sujet.

Les verbes impersonnels ou employés impersonnellement sont souvent accompagnés d'une suite que l'on appelle ordinairement **sujet réel,** par opposition à *il,* appelé **sujet apparent :**

Il (sujet apparent) est arrivé un malheur (sujet réel).

On en rapprochera certaines constructions où les pronoms personnels ou démonstratifs sont redondants par rapport au sujet nominal (§ 98) : C'*est une belle fleur que* **la rose.**

Il faut noter que lorsque le sujet réel est un pronom personnel, un pronom relatif ou interrogatif, ceux-ci n'ont pas la forme d'un sujet :

Il le faut. Donne-moi ce qu'il te faut. Que faut-il ?

Lorsque le sujet réel est un infinitif, il est souvent introduit par *de :*

Il est honteux de partir ainsi.

95   **Nature du sujet.** — Le sujet peut être :

a) Un nom ou un pronom :

Pierre est parti.   Tout est perdu.

Remarques. — 1. Le sujet est un mot, si on considère que le sujet est ce qui donne au prédicat son nombre, sa personne, et parfois son genre : c'est le mot *gamins* dans cet exemple :

Des gamins qui volaient des pêches dans le jardin
s'étaient enfuis silencieusement par les trous de la haie. (Alain-Fournier.)

Mais, si le sujet est ce dont on dit quelque chose, le sujet est le plus souvent un syntagme ; dans l'exemple cité, c'est le syntagme nominal *des gamins qui volaient des pêches dans le jardin.* Le nom *gamins* est le **noyau** de ce syntagme ; il est accompagné de divers éléments qui lui sont subordonnés (§ 121).

2. Le nom sujet peut être un mot appartenant à une autre catégorie, mais employé occasionnellement comme nom (§ 81) : **Les pourquoi** *des enfants ne finissent pas.* (Acad.).

On considère qu'il y a aussi nominalisation occasionnelle dans des phrases comme : **Apercevoir** *ne prend qu'un* p. — **Trop** *est trop.* — **Demain** *est un jour de fête.* (Acad.).

Dans les deux derniers exemples, la langue ordinaire préfère reprendre le sujet par le démonstratif *ce* placé immédiatement devant le verbe : *Trop* **c'**est trop.

b) Un infinitif (il s'agit de l'infinitif qui n'est pas nominalisé) :

Aimer sans espoir *est encore un bonheur.* (Balzac.)

Cet infinitif est souvent introduit par la préposition *de,* surtout lorsqu'il s'agit d'un fait particulier et non d'une vérité générale :

De voir sa fille heureuse *le rajeunit.* (A. Gide.)

c) Une proposition :

Qui vivra *verra.* — **Que les dirigeants soviétiques aient ainsi évité de faire de Soljenitsyne un martyr** *n'est pas en soi un sujet d'indignation.* (P. Emmanuel.)

Remarques. — 1. Lorsque le sujet est un infinitif ou une proposition, on préfère souvent le reprendre devant le verbe par *ce, cela* ou un nom de sens vague :

Partir sur-le-champ, **c'***eût été compromettre sa réputation de voyageuse intrépide.* (Mérimée.)
Qu'il se soit trompé, **la chose** *est sûre.*

2. Il est très courant que le sujet réel d'un verbe impersonnel soit un infinitif ou une proposition :

Il est nécessaire **de se presser.** *— Il est nécessaire* **que nous nous pressions.**

96   Absence du sujet.

a) L'impératif s'emploie toujours sans sujet :

Venez. — *Ne partez pas sans m'avertir.*

b) On ne répète pas le sujet, d'ordinaire, quand deux phrases (ou deux propositions) coordonnées ont le même sujet :

La garde *meurt et ne se rend pas.* (Phrase attribuée à Cambronne.)
J'entendis **mon oncle** *grommeler, se fâcher.* (Proust.)

Devant un verbe conjugué, on peut reprendre le nom sujet par un pronom personnel :

Le loup *le quitte alors et puis* **il** *nous regarde.* (Vigny.)

Cela est obligatoire après *car* et *or : Pierre n'est pas venu, car* **il** *était malade. — Pierre n'est pas venu ; or* **il** *savait que nous l'attendions.*

Lorsque le sujet est un pronom personnel, ou *on,* ou *ce,* l'usage ordinaire est de les répéter : **J'**irai et **je** *le prendrai.* — **On** *ira et* **on** *le prendra.* [Cf. § 254, Rem.]
Cela est obligatoire quand ces sujets suivent le verbe dans le premier membre : *Peut-être viendra-t-***il** *et nous apportera-t-***on** *son aide.*

c) Le pronom sujet manque dans diverses expressions figées, comme :

À Dieu ne plaise !   Advienne que pourra !   Tant s'en faut.   N'importe.
Si bon vous semble.

d) Pour des raisons d'économie, on supprime souvent le pronom personnel sujet dans les télégrammes et les petites annonces : *Arriverons demain.*

On le supprime aussi parfois dans des notes rapides que l'on écrit pour soi-même, par exemple dans les journaux intimes : *Ne parviens pas à prendre sur moi de ne plus fumer.* (A. Gide.)

97   Place du sujet.

Le sujet précède généralement le verbe, aussi bien dans les phrases que dans les propositions. Cela est plus net encore dans la langue parlée que dans la langue écrite, par exemple dans les cas où celle-ci place régulièrement le verbe avant le sujet : notamment dans l'interrogation (§§ 139-140) et dans les incises (§ 132, *b*, Rem.).

> Divers cas où le sujet suit le verbe (ou le prédicat), soit de façon normale, soit par expressivité (surtout dans la langue littéraire), sont traités aux §§ 134 (phrase énonciative), 142, *b* (phrase exclamative), 146 (phrase averbale), 427, Rem. 1 (propositions adverbiales), 416, Rem. 1 (propositions relatives), 348, *b*, Rem. (propositions infinitives), 119, Rem. (complément absolu), 149, *b* (interrogation indirecte).

98   Reprise du sujet.

Le sujet peut se trouver exprimé deux fois, par redondance, tantôt sous la même forme, tantôt sous la forme d'un pronom ou d'un mot de sens vague.

a) Pour des raisons grammaticales :

— Sous la forme du pronom personnel : **Il** *manque deux francs* (§ 94). — *Peut-être le président ira-t-***il** *à Bordeaux* (§ 134, *b*, Rem.). — *Le président ira-t-***il** *à Bordeaux ?* (§ 138, *b*.)

— Sous la forme du pronom démonstratif (parfois d'un nom de sens vague) : *Partir,* **c'**est *compromettre sa réputation.* — *Qu'il se soit trompé,* **cela** (ou : **le fait**) *est certain* (§ 95, *c*, Rem. 1). — *Trop,* **c'**est *trop* (§ 95, *a*, Rem. 2).

b) Pour des raisons d'expressivité, notamment :

— Pour mettre en évidence le sujet, on le place au début ou à la fin de la phrase :

> **L'auteur de l'Adonis,** *il ne peut être qu'un esprit singulièrement attentif.* (Valéry.)
> *Est-ce bête,* **les convenances** ! (Flaubert.)
> *C'est un plaisir* **(que)** **de le voir.** — *C'est une belle fleur* **que la rose.**

— Pour insister sur le sujet, on le reprend sous la forme du pronom personnel disjoint (§ 256, *a*, 4°) :

> **Moi,** *je le sais.* — *Je le sais,* **moi.** — *Mon père le sait,* **lui.** — *Mon père,* **lui,** *le sait.*

Certaines de ces redondances ne sont pas propres à la fonction sujet. — Il y en a d'autres encore, notamment pour des raisons de clarté. Voir § 131.

2. LE PRÉDICAT

99   Le **prédicat** est ce que l'on dit du sujet :

Le jour **se lève.** — *Mon père* **est absent.**

Le prédicat peut se présenter sous deux formes :

a) Le prédicat est un verbe :

L'enfant **dort.**

b) Le prédicat est composé d'un élément verbal que l'on appelle **copule** et d'un élément nominal ou adjectival (cf. § 101) que l'on appelle **attribut :**

L'enfant **paraît malade.**   *Mon mari* **est médecin.**

Le verbe, dans les deux cas, reçoit généralement du sujet ses marques de nombre et de personne : cf. §§ 357 et suivants. — Pour l'accord de l'attribut, cf. § 103.

Remarques. — 1. Les propositions d'une phrase complexe contiennent aussi un prédicat :

Nous rentrerons | *quand le soleil* **sera couché.**

2. D'ordinaire, le prédicat est (type *a* ci-dessus) un verbe conjugué ou contient (type *b*) un verbe conjugué. Toutefois l'infinitif a ce rôle dans quelques constructions, même comme prédicat de phrase. Cf. § 348.

D'autre part, dans le type *b*, l'élément qui porte surtout le sens est l'attribut, et la copule peut manquer, notamment dans des phrases averbales (§ 146) et dans les compléments absolus (§ 119) :

Délicieux *vos gâteaux !* — *Se promener tête* **nue.**

3. Les exemples présentés ci-dessus sont des phrases très simples. Dans des phrases plus étendues, le prédicat peut former un groupe important : *Socrate* **a bu la ciguë.** *Le policier* **sait qui a fait le coup.** Dans les prédicats *a bu la ciguë* et *sait qui a fait le coup*, on reconnaît un **noyau,** qui est le verbe *(a bu ; sait)* et qui reçoit du sujet ses marques de nombre et de personne, — et un **élément subordonné** *(la ciguë ; qui a fait le coup)*. Sur les éléments subordonnés, cf. § 113.

4. Les deux phrases *Paris est la capitale de la France* et *La capitale de la France est Paris* sont synonymes. On identifie le sujet par les moyens donnés au § 93 :

Qu'est-ce qui est la capitale de la France ? C'est Paris.
C'est Paris qui est la capitale de la France.
(Mais : **Qu'est-ce qui est Paris ? *C'est la capitale de la France qui est Paris.*)

Dans la construction *La capitale de la France est Paris*, *la capitale de la France* est simplement le départ de l'énoncé, le *thème* (§ 93, Rem. 3). — Comparez : **Rares** *sont les jours sans nuage.*

Quant à l'attribut, on l'identifie en le remplaçant par un pronom personnel conjoint placé devant la copule : *Paris* l'*est.* (Mais : **La capitale de la France* l'*est.*)

5. À côté de l'attribut du sujet, on a des attributs du complément d'objet : cf. § 116.

100   Verbes introduisant un attribut du sujet.

a) Le verbe *être* est la copule par excellence ; c'est un pur lien, sans contenu sémantique.

Cet emploi de *être* n'est pas très différent de ceux qu'il a comme auxiliaire (§ 307).

b) D'autres verbes ajoutent une nuance particulière (commencement, durée, apparence, etc.) :

— *Devenir, redevenir, passer (Il* **est passé** *chef de bureau), se faire (Les bonnes affaires* **se font** *rares),* ainsi que *tomber* dans *tomber amoureux* et *tomber malade ;*
— *Rester, demeurer ;*
— *Sembler, paraître, avoir l'air* (§ 203, *c*), *s'annoncer (Les documents* **s'annonçaient** *plus nombreux qu'on ne l'aurait cru) ;*
— *Passer pour ;*
— *Apparaître (comme), se montrer (La médecine* **s'était montrée** *impuissante à le guérir), s'avérer* (souvent critiqué)*, s'affirmer (comme), se trouver.*

c) Des verbes au passif qui sont la transposition de tours actifs où l'attribut se rapporte au complément d'objet direct (§ 116) :

Il **est considéré comme** *responsable.*   *Il* **a été nommé** *capitaine.*

De même *être censé,* quoique ce verbe n'existe plus à l'actif.

On peut y joindre des verbes pronominaux à sens passif (§ 297, *b,* 2°) : *Je* **m'appelle** *Françoise. Il* **s'est transformé** *en agneau.*

Beaucoup de grammairiens voient aussi des attributs dans *Il part* **furieux.** *Il mourut* **en brave.** Cependant, le verbe a un sens précis, qui est son sens ordinaire, et qui ne change pas si l'on supprime ce qui suit. On pourrait reconnaître, soit des compléments (comparez : *Il mourut* **comme un brave**), soit une épithète (§ 123) ou une apposition (§ 111) détachées.

Remarque. — Comme on l'a vu ci-dessus, certains attributs sont joints au verbe par une préposition ou par *comme.* Notons les expressions : *Si j'étais de vous* (familier), *être à court de* (où *court* n'est plus senti comme un attribut), *c'est de ma faute* (même remarque) à côté de *c'est ma faute.*

Avec l'attribut d'un sujet réel, on peut dire : *Il y avait eu six mille Barbares* **de** *tués.* (Flaubert.) Mais le *de* n'est pas obligatoire.

On le met ordinairement quand le sujet est *quelqu'un, quelque chose, personne, rien, ceci, cela : Il y avait quelqu'un* **de** *malade. Il y a ceci* **d'**écrit.

101   Nature de l'attribut.

L'attribut peut être :

a) Un nom ou ses équivalents (pronom ; infinitif, surtout lorsque le sujet est lui aussi un infinitif) :

La Terre est **une planète.** — **Qui** *es-tu ?* — *Chanter n'est pas* **crier.**

b) Un adjectif ou ses équivalents (participe, adverbe employé adjective-ment, syntagme prépositionnel, complément absolu) :

L'homme est **mortel.** — *Il reste* **hésitant.** — *Votre travail est* **très bien.** — *Je suis* **en retard.** — *Ce jardin est* **à l'abandon.** — *Elle était* **pieds nus** *et* **en haillons.** (Hugo.)

Remarques. — 1. En réalité, l'attribut est souvent un syntagme, dont le noyau est un nom, un adjectif, etc. : *Le poète est* **un monde enfermé dans un homme.** (Hugo.)

2. D'ordinaire, on ne voit pas un attribut, mais un complément essentiel (§ 113, *a*) dans : *Je suis* **à Paris.** *Nous sommes* **le 24 août.**

102   Place de l'attribut.

a) L'attribut se place ordinairement après le verbe.

b) Le pronom personnel attribut se place avant le verbe :

Je **le** *suis.*

Avec redondance (§ 131) : *Nous, nous ne* **l'***étions pas, peut-être,* **fatigués ?** (E. Rostand.) — **Fatigués,** *nous* **le** *sommes.*

c) L'interrogatif attribut (§ 237, *a*) et l'attribut accompagné d'un détermi-nant interrogatif se placent en tête de la phrase (de la proposition dans l'inter-rogation indirecte) :

Quels *sont vos projets ?*   **Quel** *genre d'homme est votre ami ?*
Dites-moi **quels** *sont vos projets.*

Le pronom relatif attribut se met en tête de la proposition :

Le vieillard **que** *je suis devenu a peine*
à se représenter le furieux malade **que** *j'étais naguère.* (Fr. Mauriac.)

d) L'attribut peut se mettre en tête lorsqu'il a une fonction de liaison avec ce qui précède (c'est l'usage ordinaire pour *tel*) ou lorsqu'on veut le mettre en évidence :

Tel *est du moins le langage des poètes modernes*
qui vont jusqu'au bout de leur dessein. (R. Barthes.)
Tout autres *sont les rapports entre langues sur territoire continu.* (F. de Saussure.)
Grande *fut ma surprise quand...* — **Rares** *sont les hommes sans défaut.*
La capitale de la France *est Paris* (§ 99, Rem. 4).

Quand le sujet précède le verbe, l'attribut est repris par un pronom personnel devant le verbe : cf. *b* ci-dessus.
Pour les phrases exclamatives et notamment les phrases averbales, cf. § 146.

103   Accord de l'attribut (lorsqu'il est un mot variable).

a) L'adjectif attribut, comme l'adjectif épithète, s'accorde en genre et en nombre avec le mot auquel il se rapporte, c'est-à-dire le sujet (ou, plus exactement, son noyau : cf. § 95, *a*, Rem. 1) :

Plaie d'argent n'est pas **mortelle.**

Sur les cas particuliers, cf. §§ 202 et suivants. — Voir aussi l'accord du participe passé employé avec l'auxiliaire *être :* § 369.

Sur l'accord de l'attribut qui précède le sujet dans un complément absolu (*nu-tête*, etc.) et dans des phrases averbales, cf. §§ 119, Rem. et 370, *b*.

Remarques. — 1. Quand le sujet n'est pas exprimé, l'adjectif s'accorde avec le sujet implicite : *Soyez* **contents** *comme cela.* — *La récompense de ceux qui savent aimer est d'être* **aimés.** (A. Maurois.)

2. Quand le sujet est un infinitif ou une proposition autre que relative, l'attribut se met au masculin singulier : *Résister est* **vain.** — *Que vous ne l'ayez pas vu est tout à fait* **étonnant.**

b) Le **nom,** qui a un genre en soi, ne s'accorde pas en **genre** avec le sujet. Il y a tout au plus, dans certains cas, coïncidence entre le genre du nom attribut et le genre du sujet :

1° Quand le sujet et l'attribut sont tous deux des noms inanimés (§ 155, *a*), la coïncidence est purement fortuite :

> *L'Angleterre est une île. L'Asie est un continent.*

2° Quand le sujet et l'attribut sont tous deux des noms animés,

— Si le sujet et l'attribut ne sont pas l'un et l'autre des noms ayant un genre selon le sexe de l'être désigné, la coïncidence est fortuite :

> *L'âne est un animal têtu, ... est une bête têtue.*
> *Le professeur de sixième est la fille du directeur.*

— S'ils sont l'un et l'autre des noms ayant un genre en relation avec le sexe de l'être désigné, il y a généralement coïncidence :

> *Ma mère est la fille d'un pharmacien.*

Même dans ce cas, il n'y a pas toujours coïncidence :

> *Anna de Noailles était un grand poète*
> (je la range dans un groupe composé d'hommes et de femmes).
> *Ma voisine est un chameau* (le masculin a un sens figuré que n'a pas le féminin).

3° Quand l'attribut seul est un nom animé, appliqué par analogie ou métaphore à un sujet inanimé, on considère également que, là où c'est possible, l'attribut doit avoir le même genre que le sujet :

> *L'oisiveté est la mère de tous les vices.* (Proverbe.)

c) Le **nombre** du nom étant déterminé par le contexte, le nom attribut est souvent du même nombre que le nom sujet :

> *Les conseilleurs ne sont pas les payeurs.*
> (Mais : *Les yeux sont le miroir de l'âme.*)

d) Sur l'accord du **pronom personnel** attribut, cf. § 255, *b*, 3°.

CHAPITRE III

Coordination et subordination

104   Comme nous l'avons dit plus haut, le sujet et le prédicat sont assez rarement constitués par un mot unique, mais sont le plus souvent des syntagmes, des groupes de mots. Dans la phrase

> La **pipe** de Jean   est éteinte,

le sujet est *la pipe de Jean,* mais on distingue dans ce syntagme un élément particulièrement important, *pipe,* qu'il serait impossible de supprimer ; sinon, la phrase cesse d'être une phrase : **La de Jean est éteinte.* C'est aussi à ce mot *pipe* que le prédicat *est éteinte* doit sa forme (c'est l'accord : § 151). Les autres éléments (*la, de Jean*) sont dits **subordonnés.**

La suppression des éléments subordonnés est tantôt très facile (c'est le cas de *de Jean*), tantôt limitée à des situations particulières (c'est le cas des déterminants comme *la :* cf. § 210). Notons aussi que *la* dépend, pour sa forme, de *pipe,* s'accorde (§ 151) avec *pipe.*

Dans la phrase

> **Pierre et Jean**   sont venus,

le sujet est *Pierre et Jean,* mais il contient deux éléments d'égale importance qui, ensemble, donnent au prédicat *sont venus* sa forme. Ils sont dits **coordonnés.**

Il est possible de permuter ces deux éléments, et même de supprimer l'un d'eux, à condition de modifier la forme du verbe, qui n'est plus influencée que par le terme subsistant :

Jean et Pierre sont venus.   Jean est venu.   Pierre est venu.

Les termes coordonnés peuvent être accompagnés de termes qui leur sont subordonnés ; les termes subordonnés peuvent être accompagnés de termes qui leur sont coordonnés. Une phrase un peu longue est ainsi constituée d'éléments qui s'emboîtent les uns dans les autres :

*Le frère **de Jean** et la sœur **de Pierre** se sont mariés.*
*La sœur **de Jacques** et **de Léon** est déjà mariée.*
*La maison du frère **de Jean** n'est pas achevée.*

1. LA COORDINATION

105   La **coordination** est la relation qui unit des éléments de même fonction :

a) Soit des phrases :

Reste tranquille *et* tais-toi.

b) Soit, à l'intérieur d'une phrase, des éléments qui ont la même fonction par rapport au même mot :

Jean est **grand** *et* **blond.**

Dans cette phrase, *grand* et *blond* sont tous deux attributs par rapport au sujet *Jean*.

Ces éléments peuvent être :

— Des propositions :

Les petits enfants imaginent avec facilité les choses **qu'ils désirent** *et* **qu'ils n'ont pas.** (A. France.)

— Des syntagmes :

La fenêtre, en province, remplace **les théâtres** *et* **la promenade.** (Flaubert.)

— Des mots :

Je partirai **avec** *ou* **sans** *toi.*

— Parfois, des parties de mots :

Son pouvoir **bien** *ou* **mal***faisant...* (R. Rolland.)

106   Dans les exemples donnés ci-dessus, les éléments coordonnés ont, non seulement la même fonction, mais aussi la même nature. Cependant, il n'est pas rare que l'on coordonne des éléments de même fonction, mais de nature différente, notamment, dans la langue courante :

a) Un nom et un pronom :

Mon avocat *et* **moi** *sommes du même avis.* (Acad.)

b) Des éléments (adverbe, syntagme nominal, infinitif, gérondif, proposition) servant de compléments adverbiaux (cf. § 113, *c*) :

S'il était mort **naturellement** *et* **sans testament.** (Code civil.)
Il lui apprit à réciter des fables **en les détaillant** *et* **avec des effets.** (S. de Beauvoir.)

c) Des éléments (adjectif, participe, syntagme nominal, infinitif, proposition relative) servant de compléments de nom :

Poch s'arrêta en jetant un regard méfiant sur son compagnon de route, toujours **immobile** *et* **qui semblait dormir.** (J. Verne.)
C'est un homme **intelligent** *et* **de bon conseil.**

La langue écrite, surtout littéraire, coordonne d'autres éléments encore :

Tu sais **ma position** *et* **que je dois travailler comme si je n'avais rien pour vivre.** (Barrès.)
Il avait cru **s'être empoisonné** *et* **qu'il allait mourir.** (R. Vailland.)

107   La coordination dispense de répéter les éléments identiques, ce qui favorise l'économie dans l'expression :

> *J'irai avec ou sans* **toi.** — *Le XVIIe et le XVIIIe* **siècle.**   *Le XVIIe* **siècle** *et le XVIIIe.*
> (= *J'irai avec toi ou sans toi. Le XVIIe siècle et le XVIIIe siècle.*)

Lorsque l'on veut insister, on répète cet élément commun :

> *En agissant pour* **lui** *ou contre* **lui.** (Al. Dumas.)
> **Passent** *les jours et* **passent** *les semaines.* (Apollinaire.)

En général, on répète aujourd'hui les mots très courts comme les déterminants (§ 211), les pronoms personnels conjoints, sujets (§ 254, Rem.) ou compléments (§ 255, Rem. 4), les prépositions *à, de, en* (§ 398), la conjonction *que* et la conjonction *si* de l'interrogation indirecte (§ 404, *a*) :

> **Mon** *père et mon* **frère.**   **Je** *l'ai rencontré et* **je** *lui ai parlé.*   **Je les** *prends et* **je les** *garde.*
> *Le frère* **de** *Pierre et* **de** *Jean.*   *Je veux* **que** *tu t'en ailles et* **qu'**il reste.*
> *Je demande* **s'**il s'en va et* **si** *tu restes.*

Remarque. — On considère comme fautif de ne pas répéter (éventuellement sous la forme d'un pronom ou d'un synonyme) des éléments qui n'ont pas la même construction :

> **Cette modification nuit ou change* **le sens de la phrase.** **On le voyait entrer et sortir* **de la pièce.** **Les ravages et la lutte* **contre l'alcoolisme.** **Être prêt et avide* **de combattre.** **Il m'a pris la main et conduit jusqu'à la porte.*

> (On dira plutôt : *Cette modification nuit* **au sens de la phrase** *ou change* **celui-ci.** *On le voyait entrer* **dans la pièce** *et en sortir. Les ravages* **de l'alcoolisme** *et la lutte* **contre ce fléau.** *Être prêt* **à combattre** *et avide* **de le faire.** *Il* **m'**a pris la main et m'* *a conduit jusqu'à la porte.*)

108   La coordination peut être explicite ou implicite.

a) La coordination est **explicite** lorsqu'elle est marquée par des conjonctions de coordination placées, soit entre les éléments coordonnés, soit devant chacun d'eux (§ 407) :

> *Il faut qu'une porte soit ouverte* **ou** *fermée.*
> *Ils ne sont pas encore arrivés,* **mais** *il n'est que huit heures.*
> *Pierre n'aime* **ni** *le théâtre* **ni** *le cinéma.*

b) La coordination est **implicite** dans le cas contraire. C'est ce qu'on appelle **juxtaposition.** Les éléments coordonnés sont alors séparés par des virgules dans l'écrit :

> *Je vous donnerai un cahier, deux livres, trois crayons.*

Lorsqu'il y a plus que deux éléments coordonnés, on n'exprime d'ordinaire *et* et *ou* que devant le dernier élément :

> *J'ai rencontré Pierre, Jean* **et** *Paul.*   *Veux-tu une pomme, une poire* **ou** *une orange ?*

Sur l'emploi de la virgule dans la coordination, cf. § 49. On met parfois un point-virgule : cf. § 50.

Remarques. — 1. D'autres procédés que la conjonction de coordination montrent que les éléments sont coordonnés, notamment des termes qui se répondent (termes **corrélatifs**) :

> **Plus** *on est de fous,* **plus** *on rit.*

Sur les adverbes de liaison, cf. § 381, *c*.

Certaines conjonctions de subordination (notamment celles qui marquent la comparaison) et la préposition *avec* peuvent se dépouiller de leur valeur ordinaire et devenir des marques de coordination :

*Le français **ainsi** que l'italien dérivent du latin.* (Littré.)
*La chaloupe **avec** un canot seulement se trouvèrent en état de servir.* (Mérimée.)

2. En l'absence de conjonction de coordination ou des procédés signalés dans la Remarque 1, il est parfois difficile de dire si des phrases sont coordonnées ou non. Dans l'écrit, on peut considérer que l'auteur veut coordonner les phrases quand il les unit par des virgules :

Le ciel est noir, la terre est blanche. (Gautier.)

Cela est plus douteux quand il y a un point-virgule (§ 50).

2. LA SUBORDINATION

A. L'APPOSITION

109   L'**apposition** est un élément nominal (cf. § 110, Rem.) placé dans la dépendance d'un autre élément et qui a avec celui-ci la relation qu'a un attribut avec son sujet, mais sans copule.

L'apposition est à l'attribut nominal ce que l'épithète est à l'attribut adjectival. Elle exprime une prédication secondaire ou acquise ne faisant pas l'objet principal de la phrase.

Certains grammairiens appellent apposition la relation entre deux termes désignant la même réalité. Ils incluent notamment dans cette notion ce que nous décrivons sous le nom de redondance (§ 131).

110   L'apposition se joint le plus souvent à un nom ou à un syntagme nominal. Mais elle peut se rapporter aussi à :

— Un pronom : *Lui,* **un homme si fier,** *accepter cela !*
— Un infinitif : *Consoler,* **art délicat,** *n'est pas à la portée de tous.*
— Un mot ou un syntagme quelconque (adjectif, adverbe...) : *Cet homme ignorant et,* **chose plus grave,** *malhonnête a réussi à s'imposer.*
— Une phrase : *Des vagues énormes accourent,* **spectacle impressionnant.**

Remarque. — L'apposition est d'ordinaire, comme dans les exemples ci-dessus, un nom ou un syntagme nominal. Elle peut être aussi un pronom démonstratif accompagné d'une proposition relative, surtout lorsqu'elle se rapporte à un syntagme autre que nominal :

Elle avait relevé ses cheveux, **ce qui la rajeunissait.**

Dans les expressions figées *qui plus est, qui mieux est, qui pis est,* la relative est construite sans pronom démonstratif : *Il l'a fait tout seul,* **qui mieux est.**

111   **Construction de l'apposition.**

a) L'apposition se rapportant à un nom peut avoir diverses places.

1° L'apposition forme avec ce nom un seul groupe :

— Tantôt elle suit le nom :

> Charles **le Téméraire.**   *Une girafe* **mâle.**   *Un enfant* **prodige.**
> *C'est un secrétaire* **femme** *que l'on demande.* (G. Duhamel.)

Cet emploi est assez proche de l'épithète.

— Tantôt elle précède le nom :

> **Le roi** *Albert.*   **Le philosophe** *Platon.*   **Madame** *Durand.*   **Le mont** *Ventoux.*

— Parfois la construction inclut une préposition :

> **Le mois** *de mai.*   **La ville** *de Montréal.*
> **Quels amours** *de petits doigts !* (Flaubert.)

Selon la définition donnée au § 109, c'est le premier élément qui est l'apposition. Mais cette question est fort discutée par les grammairiens, certains considérant le second élément comme l'apposition, tandis que d'autres voient dans ce second élément un simple complément.

2° L'apposition est détachée du nom par une pause (par une virgule dans l'écrit) :

> *Kinshasa,* **la capitale du Zaïre,** *est au bord du fleuve.*

Cette apposition, qui a une simple valeur explicative, peut aussi ne pas être placée immédiatement après le nom :

> **Parente éloignée de la mère de Victorine,** *qui jadis était venue mourir de désespoir chez elle,*
> *Mme Couture prenait soin de l'orpheline comme de son enfant.* (Balzac.)
> *Pierre a quitté l'armée* **simple soldat.**
> *Tournant le dos au brasier, le charretier était debout,*
> **un vieillard vêtu d'un tricot de laine violette, coiffé d'une casquette en poil de lapin.** (Zola.)

b) L'apposition se rapportant à autre chose qu'un nom est toujours détachée :

> *Nous,* **préfet de la Seine,** *ordonnons...*
> *Il avait appris à peindre sur soie,* **art subtil.**
> *Pierre m'a montré sa collection de timbres,* **faveur exceptionnelle.**

L'apposition se rapportant à une phrase la précède souvent :

> **Spectacle charmant,** *ce sont les deux gendarmes qui,*
> *pleins de bon sens, calment le magistrat.* (Barrès.)

L'apposition se rapportant à un pronom personnel conjoint, sujet ou complément, ne peut le suivre immédiatement :

> **Témoin de l'accident,** *il a fait une déclaration précise.*
> *Je l'ai connue* **petite fille.**

Remarque. — Si l'on éloigne l'apposition du nom ou du pronom auxquels elle se rapporte, il faut prendre garde aux ambiguïtés : dans *Ma mère l'a connue petite fille, petite fille* se rapporte-t-il à *ma mère* ou à *l'* ?

112   **Accord du nom en apposition.** — Nous pouvons nous contenter de renvoyer à ce qui a été dit au § 103 sur l'accord de l'attribut nominal : le nom ayant son propre genre, il n'y a pas de véritable accord, mais une coïncidence, qui apparaît surtout lorsque les noms appartiennent tous deux à la catégorie des noms animés présentant un genre en relation avec le sexe des êtres désignés :

Avec coïncidence :

> *Sa mère,* **femme** *de grand mérite, avait élevé seule quatre enfants.*
> *La Déroute,* **géante** *à la face effarée...* (Hugo.)

Sans coïncidence :

> *La Mort,* **ce maraudeur...** (Ghelderode.)
> *Son frère,* **victime** *d'une crise cardiaque, a dû être hospitalisé.*
> *La Suisse, véritable* **carrefour,** *comprend quatre régions linguistiques.*

B. AUTRES ÉLÉMENTS SUBORDONNÉS

a. Les éléments subordonnés au verbe

113   Les éléments subordonnés au verbe ou **compléments** présentent une grande variété. Pour établir des distinctions, on prend surtout en considération les trois points de vue suivants : le caractère nécessaire [1] ou non du complément *(a)* ; la construction avec ou sans préposition *(b)* ; la commutation (ou substitution), notamment avec un adverbe *(c)*.

a) Compléments essentiels ou **non essentiels** [2].

Les verbes comme *dormir, voyager, pleurer* peuvent à eux seuls constituer le prédicat. Leurs compléments sont dits *non essentiels :*

Il a dormi **toute la journée.**   *Il voyage* **pour se consoler.**   *L'enfant pleure* **dans le noir.**

Au contraire, des verbes comme *voir, nuire, aller, peser* peuvent plus difficilement constituer le prédicat à eux seuls. Ils demandent un complément que l'on appelle *essentiel :*

Je vois **la scène.**   *Vous nuisez* **à votre santé.**   *Je vais* **à Paris.**   *Ce sac pèse* **vingt kilos.**

Il arrive cependant que la situation ou le contexte rendent superflue l'expression de ce complément et que celui-ci reste implicite, sous-entendu. On dit alors que le verbe est construit **absolument :**

J'ai essayé de l'empêcher de **boire**
(selon la situation : de boire n'importe quoi, ou de boire des boissons alcoolisées,
ou de boire la chose précise qu'il était sur le point de boire).

---

1. Il s'agit d'un point de vue grammatical et non des besoins de la communication particulière. Dans la phrase *Vous viendrez demain à six heures,* le complément *à six heures* se supprime sans que la phrase cesse d'être une phrase grammaticalement correcte ; mais le locuteur peut considérer cette précision comme une indication essentielle.

2. Cela correspond plus ou moins à la distinction que font certains grammairiens entre *complément de verbe* et *complément de phrase.* Cf. cependant *c,* à la fin.

Cette faculté est rarement réalisée pour certains verbes : *avoir, posséder, déchirer, rencontrer, persécuter...*

Les verbes ayant des compléments essentiels peuvent avoir en même temps des compléments non essentiels : *Je vais à Paris* **toutes les semaines.** — Un verbe avec complément essentiel implicite peut, naturellement, avoir des compléments non essentiels : *Je l'ai empêché de boire* **entre les repas.**

Un moyen commode de distinguer les compléments non essentiels est la dislocation :

Je vais à Paris, et cela **toutes les semaines.**
(Mais : **Je vais, et cela* **à Paris.**)

La construction des compléments essentiels (présence ou non d'une préposition [cf. *b*], choix de la préposition) dépend souvent du verbe lui-même, tandis que, pour les compléments non essentiels, elle dépend de la nature de ce complément. Mais il y a des exceptions : *Aller au jardin, derrière la haie, vers son père,* etc.

Remarque. — Quand un verbe a plusieurs sens, il arrive qu'un sens exige un complément essentiel et qu'un autre sens n'en exige pas ; par exemple, *pleurer* au sens propre ne demande pas de complément ; quand il est pris au figuré comme équivalent de *regretter,* il a un complément essentiel : *Pleurer ses fautes.*

b) **Compléments directs** ou **indirects.**

La construction est **indirecte** lorsque le complément est introduit par une préposition, et **directe** dans le cas contraire :

Je ne m'attendais pas **à sa réussite.** *Je doute* **de son honnêteté.**
J'attends **mon frère.**

Cette opposition est établie en fonction des syntagmes nominaux. En effet, l'infinitif est souvent construit avec préposition même quand le complément nominal correspondant est construit de façon directe :

Il craint **la mort.** — *Il craint* **de mourir.**

De même, le pronom personnel complément placé devant le verbe est construit sans préposition, même quand il correspond à un complément nominal construit avec préposition :

Il parle **à son frère.** — *Il* **lui** *parle.*
(Le relatif *dont* correspond aussi à un syntagme prépositionnel : *La chose* **dont** *je me souviens.*)

D'autre part, lorsque le complément est une proposition, il a ses propres mots de liaison, les conjonctions :

Je crains **qu'il ne parte.** (*Je crains* **son départ.**)
Je doute **qu'il parte.** (*Je doute* **de son départ.**)

Remarques. — 1. Il ne faut pas prendre pour des syntagmes prépositionnels les syntagmes nominaux contenant des articles partitifs ou indéfinis :

Je bois **du vin, de la bière, de l'eau.** *Je mange* **des épinards, des noix.** *Il n'a pas* **de pain.**

2. L'opposition *direct-indirect* est surtout utile pour les compléments d'objet : § 114.

c) Compléments adverbiaux ou non adverbiaux.

Certains compléments sont des adverbes ou peuvent être remplacés par des adverbes. On appelle ces compléments des compléments **adverbiaux** [3] :

> *Je vais* **à Paris.** — *Je vais* **ailleurs.**
> *Il partira* **dans la matinée.** — *Il partira* **bientôt.**
> *Je le vois* **malgré l'obscurité.** — *Je le vois* **cependant.**

On a parfois voulu caractériser les compléments non adverbiaux en disant qu'ils commutent avec un pronom personnel placé devant le verbe.
Cette pronominalisation est possible dans certains cas :

> *Je regarde* **la scène.** — *Je la regarde.*
> *Elle parle* **à sa voisine.** — *Elle* **lui** *parle.*

Mais le procédé ne fonctionne pas bien à cause de l'existence de *en* et de *y*, qui tantôt correspondent à un complément essentiel non adverbial, soit indirect *(J'en doute, J'y pense)*, soit direct (pour *en : J'en mange*), tantôt à un complément adverbial, essentiel *(J'y vais, J'en viens)* ou non *(La mésentente y règne)*, tantôt à un complément qui n'est ni essentiel ni adverbial (pour *en : Il en est aimé)*.

Beaucoup d'autres critères ont été proposés, notamment :

— La transformation passive et la transformation interrogative, qui seront utilisées au § 114, *a* (voir aussi § 120).

— Le sens, qui est peu pertinent :

Paris est un lieu, mais les compléments sont très différents dans : *Je visite Paris, Je vais à Paris* ou *Les maisons sont hautes à Paris*.
Il est utile de prendre le sens en considération pour établir certaines subdivisions à l'intérieur d'une catégorie elle-même fondée sur des critères syntaxiques : cf. § 118, *a*.

— La mobilité.

Certains grammairiens distinguent les **compléments de phrase,** qui peuvent être placés en tête de la phrase, et les **compléments de verbe** auxquels ce déplacement serait interdit (à moins qu'un pronom ne tienne leur place devant le verbe). Mais les besoins de la communication ou de l'expressivité amènent en tête de la phrase des compléments qui dépendent incontestablement d'un verbe : cf. § 117, *e*.

114   **Le complément d'objet** [4] est un complément essentiel (§ 113, *a*) non adverbial (§ 113, *c*).

Selon qu'il est introduit ou non par une préposition (du moins quand il est de nature nominale : cf. § 113, *b*), il est appelé **direct** ou **indirect.**

---

3. Cela correspond à la dénomination traditionnelle : *complément circonstanciel*. On pourrait l'admettre, à condition de reconnaître que *circonstanciel* ne veut pas dire « extérieur à l'action ». Les compléments adverbiaux ne sont pas nécessairement extérieurs à l'action : notamment, certains compléments de lieu (*aller* **à Paris**) et les compléments de manière (*aimer* **passionnément**).

4. On dit souvent que le complément d'objet représente ce sur quoi passe l'action du sujet. Mais cette définition sémantique n'est pas toujours satisfaisante : *J'ai reçu* **une gifle.** *J'ai* **la fièvre.**

a) Le **complément d'objet direct** devient le sujet quand la phrase est mise au passif au moyen de l'auxiliaire *être :*

> *Le maçon a achevé* **la maison.** → **La maison** *a été achevée par le maçon.*

La transformation passive n'est pas toujours possible, notamment pour le verbe *avoir* et pour des expressions figurées comme *prendre la fuite.*

D'autre part, les verbes *obéir, désobéir* et *pardonner* se sont construits jadis avec un complément d'objet direct et admettent pour cette raison la transformation passive (§ 294, *c*, Rem. 3) : *On a pardonné à l'enfant. L'enfant a été pardonné.*

On peut aussi reconnaître le complément d'objet direct par la transformation interrogative. Il commute avec *qui est-ce que ?* (si le complément représente une personne) ou *qu'est-ce que ?* (si ce n'est pas une personne) :

> *J'aime* **mon frère.** — **Qui est-ce que** *j'aime ?* **mon frère.**
> *Je récite* **ma leçon.** — **Qu'est-ce que** *je récite ?* **ma leçon.**

Il faut prendre garde au fait que la même transformation se fait pour le sujet réel des verbes impersonnels, pour certains attributs du sujet et pour certains compléments essentiels qui ne sont pas des objets directs :

> *Il manque* **cent francs.** — **Qu'est-ce qu'***il manque ?*
> *Il est* **médecin.** — **Qu'est-ce qu'***il est ?*
> *Cela coûte* **cent francs.** — **Qu'est-ce que** *cela coûte ?* (Ou : *Combien cela coûte-t-il ?*)

Remarque. — Certains verbes qui se construisent normalement sans complément d'objet reçoivent parfois un complément d'objet direct qui représente la même idée que le verbe. On appelle souvent ce complément **objet interne.** Tantôt on trouve dans le complément la forme même du verbe :

> *Vivre sa vie* (= faire ce que l'on veut).

Tantôt la parenté du verbe et du complément est sémantique, mais non formelle :

> **Pleurer** *toutes les* **larmes** *de son corps* (= pleurer beaucoup).

On rattache au même phénomène des constructions comme *parler le français.* Mais on peut aussi considérer que *parler* y a un autre sens que lorsqu'il est employé sans complément. Comp. § 113, *a*, Rem.

b) Le **complément d'objet indirect** peut être le seul complément essentiel :

> *Nuire* **à son prochain.** *Se souvenir* **de son enfance.**

Il peut aussi accompagner un complément d'objet direct :

> *Donner / quelque chose /* **à quelqu'un.** *Séparer / le bon grain /* **de l'ivraie.**

La préposition introduisant le complément d'objet indirect est le plus souvent *à* ou *de.* Autres prépositions :

> *Croire* **en Dieu.** *Je compte* **sur vous.** *Le travail consiste* **dans un simple relevé.**
> *J'ai voté* **pour Dupont.** *Se fâcher* **contre quelqu'un.** Etc.

La limite entre ce type de complément essentiel et les compléments non essentiels est assez floue.

115   **Nature du complément d'objet.** — Le complément d'objet peut être :

a) Un nom ou un syntagme nominal :

J'ai rencontré **Pierre.**   *J'ai vu* **sa maison.**
Il a pardonné **à son camarade.**

Le nom peut être un mot pris occasionnellement comme nom : *Il demande* **le comment** *et* **le pourquoi** *de tout.*

b) Un pronom :

Vous **me** *connaissez.*   **Prenez ceci.**
Je **lui** *obéirai.*   *Il doute* **de tout.**   *La chose* **dont** *il doute.*

c) Un infinitif :

Je veux **partir.**   *Il craint* **d'avoir froid.**
On l'exhorte **à travailler.**

Cet infinitif peut avoir un sujet. Plus exactement, le complément d'objet direct est alors une proposition infinitive (sujet et prédicat) :

J'ai vu **Pierre passer.**   *J'ai vu* **passer Pierre.**
Je l'ai vu **passer.**

d) Une proposition :

Prenez avec vous **qui vous voulez.**
Je veux **que tu l'acceptes.**   *Je me souviens* **qu'il est venu ce jour-là.**
Je ne sais **s'il viendra.**

116   **L'attribut du complément d'objet.**

Le complément d'objet (surtout d'objet direct), nom ou pronom, peut être accompagné d'un attribut :

On l'a appelée **Marie.**   *On l'a nommé* **contremaître.**
Paul a les yeux **bleus.**   *Je le crois* **malade.**

Après certains verbes, cet attribut est introduit par une préposition ; après d'autres, par *comme* :

Je l'ai pris **pour son frère.**   *Il m'a traité* **d'imbécile.**
On a transformé cette boîte **en cendrier.**
Je le considère **comme un incapable.**   *On l'a choisi* **comme chef.**
Il se sert de cette plante **comme remède.**

Quand la transformation passive est possible, l'attribut du complément d'objet direct devient l'attribut du sujet :

Les critiques ont jugé **très beau** *le nouveau film de Fellini.*
→ *Le nouveau film de Fellini a été jugé* **très beau** *par les critiques.*

Sur la nature de l'attribut, cf. § 101. Sur l'accord, cf. § 103.

117   **Place du complément d'objet.**

a) Lorsque le complément d'objet est un pronom personnel conjoint, il se met devant le verbe (sauf à l'impératif affirmatif) [cf. § 255] :

> *Je **les** regarde.   Je **lui** parle.   J'**y** pense.*
> (Mais : *Regarde-**les**.   Penses-**y**.*)

b) Lorsque le complément d'objet est un pronom relatif, il se met au début de la proposition (cf. § 270) :

> *La femme **que** j'ai rencontrée.   Les choses **qu'**il dit.*
> *La seule chose **dont** il se souvienne.*

c) Lorsque le complément d'objet est un pronom interrogatif ou lorsqu'il contient un déterminant interrogatif ou exclamatif, il se met au début de la phrase (ou de la proposition dans l'interrogation indirecte) :

> ***Qui** as-tu vu ?   **Qu'**as-tu fait ?   **Que** faire ?*
> *Il se demande **à qui** il doit s'adresser.*
> ***Quel train** prendras-tu ?   **Quelle belle robe** tu as !*

Pour la phrase interrogative, cet ordre n'est pas toujours respecté : cf. § 140.

d) Les autres compléments d'objet se mettent d'ordinaire après le verbe :

> *Je prendrai **le train**.   J'ai parlé **à sa sœur**.*
> *Il craint **de se tromper**.   Il craint **que je ne me trompe**.*

Dans quelques formules figées, le complément d'objet précède le verbe : *Sans **coup** férir.* À **Dieu** ne plaise ! À **tout** prendre. Sans **mot** dire.

Quand le verbe est à un temps composé, *rien* se met entre l'auxiliaire *avoir* et le participe : *Il n'a **rien** pris.* — Pour *tout*, on a le choix : *Il a **tout** pris. Il a pris **tout**.*

e) Quand on place le complément d'objet en tête de la phrase, pour le mettre en relief ou pour établir une liaison avec ce qui précède :

1° Le complément d'objet direct est généralement repris par un pronom personnel devant le verbe :

> ***Cette promesse**, je **la** tiendrai.*

Cependant, surtout dans la langue parlée très familière, on se dispense parfois de cette reprise (les auteurs mettent cela d'habitude dans la bouche de leurs personnages) :

> ***Un joli attrapage** vous allez voir.* (Zola.) — ***Soixante mille francs**, on avait.* (M. Aymé.)

2° Pour le complément d'objet indirect, on a trois possibilités :

— Dans l'usage ordinaire, il n'y a pas de reprise :

> ***À cela** non plus on ne s'attendait pas.* (Loti.)

— La reprise marque une insistance particulière :

> ***À ce suffrage universel-là**, soumettez-**lui** la paix ou la guerre.* (Hugo.)

Elle est plus fréquente par *y* ou par *en ;* elle est même ordinaire quand l'objet est une proposition :

> **De ceux-là,** *Monsieur, nous n'***en** *parlerons pas.* (Musset.)
> **Que je me sois trompé,** *j'***en** *conviens.*

— La reprise est obligatoire quand on supprime la préposition devant le complément placé en tête :

> **Cette loi sainte,** *il faut s'***y** *conformer.* (Hugo.)

Remarque. — Ce que nous avons dit du complément d'objet direct s'applique aux autres compléments directs essentiels :

> *Cela m'a coûté* **douze mille francs.**
> Très familier : **Douze mille francs** *ça m'a coûté.* (J. Anouilh.)

f) Quand le verbe est suivi de plusieurs compléments, l'objet direct précède souvent l'objet indirect, l'un et l'autre précédant les compléments non essentiels :

> *Je donnerai* **ce livre / à Paul / demain matin.**

Mais, lorsque les compléments sont de longueur différente, il est préférable, pour l'harmonie et parfois pour la clarté, de mettre les compléments courts en premier lieu :

> *J'ai pardonné* **à Pierre / toutes les sottises qu'il a dites.**
> (*J'ai pardonné toutes les sottises qu'il a dites* **à Pierre** aurait un autre sens.)

118   Les **compléments non essentiels** sont fort variés.

a) Du point de vue sémantique, on établit de nombreuses catégories. Les principales sont celles dont on a besoin pour l'étude des adverbes (§ 381) et des propositions (§ 428) :

Temps : *Il partira* **demain.**
Lieu : *Elle a rencontré Marie* **en ville.**
Manière : *Il marche* **à pas pressés.**
Opposition : *Je l'ai reconnu* **malgré l'obscurité.**
But : *Il s'écarta* **pour le laisser passer.**
Cause : *Il agit* **par jalousie.**
Condition : *Appelez-moi* **en cas de besoin.**

Une même phrase peut contenir plusieurs compléments non essentiels (alors qu'elle ne contient qu'un objet direct et qu'un objet indirect, sauf coordination) :

> *Il dormait* **profondément / sur le sol / malgré le froid.**

b) Le complément non essentiel peut être :

— Un syntagme nominal, souvent introduit par une préposition : *Il a travaillé* **toute sa vie.** *Il a travaillé* **pendant toute sa vie.**

— Un pronom introduit par une préposition : *C'est* **pour cela** *qu'il a été condamné.*

Pour *y* et *en,* cf. § 113, *c.*

— Un infinitif, généralement introduit par une préposition : *Il l'a salué* **avant de partir.**

— Un adverbe : *Il se lève* **tôt.**

— Une proposition : *Nous partirons* **quand il fera jour.**

— Un gérondif (§ 356) : *Il est tombé* **en courant.**

— Un complément absolu (cf. § 119).

c) Le complément non essentiel a souvent une grande mobilité dans la phrase :

> **À la nuit tombante,** *nous partirons. — Nous partirons* **à la nuit tombante.**
> *Mon frère,* **à la nuit tombante,** *est rentré chez lui.*

Sa place est déterminée par les intentions du locuteur (mise en relief) ou par le souci de l'harmonie (cf. § 117, *f*). Ce qui est dit au § 117, *a, b, c* s'applique aussi.

Lorsque le complément est un adverbe, sa place est déterminée par des règles particulières : cf. § 384.

Il est assez rare que le complément non essentiel placé en tête de la phrase soit repris par un pronom personnel (qui ne peut être que *y* ou *en*) devant le verbe : **Là,** *il* **y** *faisait moins chaud.* (Queneau.) [Ce pléonasme est généralement critiqué.]

119   **Le complément absolu** (qu'on pourrait appeler *proposition absolue*) est constitué d'un sujet et d'un prédicat. Tantôt le prédicat est un participe présent ou un participe passé composé :

> *Tu m'aideras,* **le cas échéant.**
> **Ma tâche étant terminée,** *je cède la place.*

Tantôt le prédicat est un participe passé ou un adjectif sans copule, un adverbe ou un syntagme prépositionnel sans verbe :

> **Ces lignes écrites,** *je me suis mis à genoux.* (Bernanos.)
> **Une fois la maison vide,** *on commencera les travaux.*
> **Aussitôt l'ennemi dehors,** *on respira.*
> **Les ducs hors de cause,** *il reste dans la noblesse trois catégories.* (La Varende.)

Le complément absolu a une grande mobilité dans la phrase.

Il peut servir aussi de complément à un nom ou à un pronom : cf. §§ 121, *b*, Rem. 2, et 124, *b*. Il est parfois attribut : cf. § 101, *b*.

Remarque. — Dans le complément absolu, le prédicat suit d'ordinaire le sujet. Quand il le précède, il y a une forte tendance à laisser l'attribut invariable : adjectifs dans *nu-tête, plein les poches,* etc. (§ 203, *a*), à côté de *tête nue, les poches pleines ;* participes dans *excepté cette maison, passé certaines limites,* etc. (§ 370, *a*), à côté de *cette maison exceptée, certaines limites passées.*

Les locuteurs ne comprennent sans doute plus le premier élément comme un attribut. *Sauf, hormis* et *durant* sont même devenus de véritables prépositions. Sentis comme prépositions, ces éléments donnent naissance à des conjonctions, *sauf que, vu que,* etc. : *Le fonds était à reprendre,* **vu que** *le chapelier était tombé malade.* (Aragon.)

120   Le **complément d'agent** est un complément qui n'est ni essentiel ni adverbial. Quand une phrase est mise au passif, le sujet de la phrase active devient le complément d'agent :

> **Le juge** *interroge l'accusé.* → *L'accusé est interrogé* **par le juge.**
> **La chaleur** *nous accablait.* → *Nous étions accablés* **par la chaleur.**

Il est introduit d'ordinaire par la préposition *par*. On emploie la préposition *de* surtout dans la langue littéraire, spécialement lorsqu'il s'agit de marquer le résultat d'une action : *Les maisons étaient ornées* **de drapeaux ;** — lorsque le verbe est pris au figuré : *Il était accablé* **de honte** (mais : *accablé* **par la chaleur**) ; — lorsque le verbe exprime un sentiment : *Il était aimé* **de tous.**

On observera que l'article partitif ou indéfini disparaît après *de* :

> **Des** *ennemis l'entouraient.* → *Il était entouré* **d'**ennemis.

Dans quelques tours figés, le complément d'agent est introduit par *à* : *mangé aux mites* (ou *aux vers*), *connu à* : *Un trophée vite mangé* **aux mites.** (J. Roy.) – *Cette construction est déjà connue* **à l'ancien français.** (L. Foulet.)

Remarque. — Le complément d'agent peut être représenté par le pronom *en* :

> *Pascal plaisait peut-être à quelques femmes, il* **en** *était admiré.* (Fr. Mauriac.)

b. Les éléments subordonnés au nom

121   Les éléments subordonnés au **nom** peuvent être :

a) Un **déterminant** (article, numéral, possessif, démonstratif, interrogatif, exclamatif, indéfini) placé devant le nom :

> **La** *porte.*   **Deux** *amis.*   **Tout** *homme.*   **Cette** *analyse.*
> **Quels** *livres avez-vous dans* **votre** *bibliothèque ?*

b) Une **épithète,** c'est-à-dire un adjectif ou un participe (éventuellement accompagnés de leurs éléments subordonnés) :

> *Les* **petits** *ruisseaux font les* **grandes** *rivières.*
> *Un homme* **averti** *en vaut deux.*
> *On laisse souvent invariable l'adjectif* **employé comme adverbe.**
> *Un triangle* **ayant les trois côtés égaux** *est dit équilatéral.*

L'épithète directement attachée au nom, comme dans les exemples ci-dessus, peut, selon les cas, le précéder ou le suivre : cf. § 122. Il y a aussi des épithètes détachées : cf. § 123.

Remarques. — 1. On doit distinguer parmi les adjectifs épithètes ceux qui correspondent à un attribut (mais sans la copule) :

> *Apportez la table* **ronde.**   (*La table est ronde.*)

Ceux qui ne correspondent pas à un attribut sont, soit des **épithètes de relation,** soit des **épithètes par transfert.**

Les épithètes de relation équivalent à des compléments nominaux :

J'apprends l'histoire **grecque** [= *de la Grèce.*]
On blâma la clémence **impériale** [= *de l'empereur*]. (J. Verne.)
(**L'histoire est grecque.* **La clémence est impériale.*)

Certaines épithètes sont transférées d'un nom à un autre nom de la même famille lexicale ou du même domaine sémantique :

Les malades **imaginaires** *ne sont pas les plus faciles à guérir.*
(On est passé de *maladie imaginaire* à *malade imaginaire.*)

2. On rapprochera des épithètes d'autres éléments qui correspondent à des attributs (§ 101) :

— Certains adverbes : *Elle prétend ne fréquenter que des gens* **bien.**
— Des syntagmes prépositionnels à valeur adjective : *Un homme* **à la page.** *Une armoire* **de style Louis XV.** — De tels syntagmes peuvent être détachés : **D'origine paysanne,** *Paumier est un maître-artisan qui a réussi.* (E. Le Roy Ladurie.)
— Des compléments absolus (§ 119), souvent détachés, parfois coordonnés à un adjectif : *Une gravure représentant un puissant navire,* **toutes voiles dehors...** (J. Green.). — *Camille Pierrotte s'encourt vite, toute confuse et* **le feu aux joues.** (A. Daudet.)
— Des propositions introduites par *comme*, souvent de forme réduite : *De solides études,* **comme on n'en fait plus maintenant,** *(...) lui ouvrirent toutes grandes les portes de l'École normale supérieure.* (A. Daudet.) — *Un homme* **comme ça,** *il n'y en a pas deux.*

c) Un syntagme prépositionnel (nom, pronom, infinitif, adverbe), que l'on appelle souvent **complément déterminatif :**

La maison **de mes parents.** *Une statue* **de** (ou **en**) **bronze.**
Une tasse **de lait.** *Une table* **à ouvrage.** *Un canon* **contre avions.**
Comprenez-vous l'importance **de cela ?**
La peur **de vivre.**
Les hommes **d'autrefois.** *Les gens* **d'ici.**

On observera que les noms correspondant à des verbes peuvent avoir des compléments aussi variés que ces verbes :

Rostopchine a décliné toute participation **à l'incendie de Moscou.** (Chateaubriand.)
Son séjour **aux États-Unis** *a duré plus d'un an.*
Notre départ **pour Londres** *est fixé à dix heures.*
Les voyageurs **pour Genève** *doivent remonter en voiture.*
L'infiltration **dans l'usage commun / de ces termes spéciaux,** *très lente d'abord, s'accéléra forcément à partir du XVIIIᵉ siècle.* (Acad.).
Le divorce **avec Clara** *n'était toujours pas intervenu.* (J. Lacouture.)
La conquête **de Constantinople / par les Turcs** *met fin au moyen âge.*

Les compléments différents ne peuvent pas être coordonnés : **La conquête de Constantinople et par les Turcs.*
Il est préférable, pour la clarté, de ne pas joindre à un nom trop de compléments différents et de recourir à une formule utilisant un verbe.

Remarques. — 1. Un complément introduit par *de* peut être représenté par le pronom personnel *en* (§ 257) ou par le pronom relatif *dont* (§ 274) :

Le titre de ce livre **en** *indique bien le contenu* (= le contenu **de ce livre**).
Sa main cueille et disperse une rose neigeuse,
Dont *les pétales font des cercles sur les eaux.* (Valéry.)
(= les pétales **de la rose**.)

2. Le complément du nom suit d'ordinaire le nom. Il le précède dans certains cas :

— Le pronom *en* est placé devant le verbe : cf. Rem. 1.

— Le pronom relatif est placé au début de la proposition : cf. Rem. 1.

On retrouve l'ordre normal quand le pronom relatif est complément d'un syntagme prépositionnel (*dont* est alors exclu : § 274, Rem. 1) : *Cherchez dans le dictionnaire les mots de l'orthographe* **desquels** *vous ne serez pas sûr.* (Stendhal.)

— Le pronom interrogatif et le nom accompagné d'un déterminant interrogatif ou exclamatif se mettent souvent (§ 140) en tête de la phrase :

De qui *faut-il demander l'avis ?*
De quelle chanson *connais-tu les paroles en entier ?*

— Le complément qui se réfère à la phrase précédente se met parfois au début de la phrase :

De ces textes, *quelle est la date ?*

Les poètes plaçaient souvent le complément avant le nom pour des raisons de rythme :

Quand la pluie étalant ses immenses traînées
D'une vaste prison *imite les barreaux...* (Baudelaire.)
(= imite les barreaux d'une vaste prison.)

3. La préposition introduisant le complément du nom est omise dans certains cas :

La rue **Bonaparte.**   *L'affaire* **Dreyfus.**   *Le côté* **nord.**   *La fin* **janvier.**

Dans plusieurs de ces exemples, le complément se rapproche de la fonction épithète.

d) Une **proposition.**

1° Soit une proposition relative, équivalant à une épithète et pouvant être coordonnée à celle-ci (§ 106, *c*) :

L'étrangère **qui aura épousé un Français** *suivra la condition de son mari.* (Code civil.)

Sur les espèces de relatives, cf. § 417, *b*.

2° Soit, pour les noms correspondant à des verbes (comp. *c*), une proposition introduite par une conjonction, notamment une proposition correspondant au complément d'objet d'un verbe :

L'espoir **qu'il guérira** *me soutient.*
Elle vivait dans une peur constante **qu'il ne tombât.** (Maupassant.)

122   Place de l'épithète.

Quand l'épithète est attachée directement au nom, elle peut, soit se placer devant le nom, après le déterminant, soit suivre le nom.

Nous n'envisagerons ici que la langue courante. Les écrivains s'en écartent souvent : *Comme une* **jaune** *maçonnerie persane.* (Proust.)

Il y a aussi des différences entre le français central et les usages régionaux.

a) On place ordinairement devant le nom :

1° Les adjectifs très courants, la plupart monosyllabiques, *beau, bon, grand, gros, jeune, joli, long, mauvais, petit, vieux :*

> Un **bel** *appartement.* Un **bon** *élève.* Une **grande** *usine.*

2° L'adjectif ordinal :

> *Le* **vingtième** *siècle.* *Leur* **troisième** *enfant.*

b) On place après le nom :

1° En général, l'adjectif polysyllabique qualifiant un nom monosyllabique :

> *Un vers* **harmonieux.**

2° Les adjectifs indiquant la forme ou la couleur :

> *Une ligne* **courbe.** *Un champ* **carré.** *Le drapeau* **blanc.**

3° Les adjectifs dérivés d'un nom propre et ceux qui indiquent une catégorie, religieuse, sociale, administrative, technique, etc. :

> *Une tragédie* **cornélienne.** *Le peuple* **juif.** *Les prérogatives* **royales.**
> *L'électricité* **statique.** *Le principe* **monarchique.**

C'est le cas des épithètes de relation (§ 121, *b*, Rem. 1).

4° La plupart des participes pris adjectivement :

> *Un adversaire* **redouté.** *Des sables* **mouvants.**

5° Les épithètes suivies d'un complément :

> *Une ouverture* **longue de trois centimètres.**

c) Certains adjectifs ont un sens différent, selon qu'ils suivent ou qu'ils précèdent le nom (quand ils précèdent, le sens est souvent figuré) :

Un brave homme, un homme brave	Un sale caractère, du linge sale
Un certain mépris, un mépris certain	Une seule femme, une femme seule
Un chic type, un type chic	Un simple soldat, un soldat simple
Une noble femme, une femme noble	Un triste personnage, un personnage triste
Un pauvre homme, un homme pauvre	Un vrai système, un système vrai
Son propre linge, du linge propre	Une verte réprimande, un fruit vert. Etc.
Un sacré culot, un devoir sacré	

Remarque. — L'adjectif *feu* peut se placer devant le déterminant : **Feu** *mon oncle.* Comparez *tout* (cf. § 239, *a*, 4°) : **Toute** *la maison.* **Tous** *les habitants.*

123 L'épithète détachée.

Quand l'épithète a la valeur d'une explication, elle est souvent détachée du nom par une pause (le cas est fréquent avec les participes employés comme épithètes) :

> *Le paysan,* **furieux,** *leva la main.* (Maupassant.)
> *Arnoux,* **attendri par tant d'affection,** *l'emmena cinq ou six fois dîner au restaurant.* (Flaubert.)

Elle peut aussi précéder le syntagme nominal ou s'en écarter davantage encore :

> **Tranquilles** *cependant, Charlemagne et ses preux*
> *Descendaient la montagne et se parlaient entre eux.* (Vigny.)
> **Encadré d'une chevelure blonde,** *son visage ressemble*
> *à celui du Bébé Cadum.* (Cl. Simon.)
> *Le soleil descend,* **calme** *et* **majestueux,** *à l'horizon.*
> *Il revit Cyprien dans la salle,* **occupé à laver le pied d'un enfant blessé.** (M. Yourcenar.)

Comparez l'emploi du gérondif : § 356.

L'épithète jointe au prédicat peut perdre le contact avec le nom et devenir un complément du verbe, c'est-à-dire un adverbe : *La neige tombe* **dru.** (À côté de : *La neige tombe,* **drue.**)

Remarques. — 1. L'épithète détachée peut inclure des idées de cause, d'opposition, de condition, etc. :

> **Honteux de son échec,** *Pierre n'ose plus se montrer.*

2. La clarté demande que l'épithète (notamment le participe) placée au commencement de la phrase se rapporte au sujet de cette phrase. On considère comme mal construites des phrases comme :

> ***Très distrait,** *le sens des réalités lui manque.*
> ***Connaissant votre générosité,** *ma demande ne saurait être mal reçue.*
> ***Étant tombé sur la tête,** *le médecin m'a donné un certificat.*
> Avec le gérondif : ***En attendant le plaisir de vous voir,**
> *veuillez agréer mes salutations distinguées.*

Il faut dire : *Très distrait, il n'a pas le sens des réalités. — Connaissant votre générosité, j'espère que vous ne repousserez pas ma demande. — Étant tombé sur la tête, j'ai reçu de mon médecin un certificat. — En attendant le plaisir de vous voir, je vous prie d'agréer mes salutations distinguées.*

c. Les éléments subordonnés au pronom

124 Le **pronom** peut être accompagné :

a) Parfois d'un déterminant :

> *Nous* **deux.** *Vous* **tous. Tout** *cela.*

Le déterminant n'a pas ici sa fonction ordinaire (§ 207) ; il se rapproche de l'épithète. Sa construction est souvent différente de celle qu'il a quand il se rapporte à un nom.

Dans certains cas, l'article peut être considéré comme faisant partie du pronom : *L'autre, les autres, un autre, d'autres. L'un, les uns. Un tel. Le même. —* Dans *lequel,* il y a soudure.

On a une variante *l'on,* surtout dans la langue écrite : § 289, Rem. 1.

Chacun a les variantes *un chacun, tout un chacun,* surtout dans l'usage familier, parfois dans la langue écrite : **Un chacun** *s'en doutait.* (M. Genevoix.) — **Tout un chacun** *s'entend pour ne pas en parler.* (R. Queneau.)

b) D'une épithète détachée :

> *Ils s'enhardissaient, encore un peu* **inquiets,** *pas tout à fait* **sûrs** *d'eux.* (N. Sarraute.)
> **Avertis** *par télégramme, tous étaient arrivés à temps.*
> *Je pensais à mon frère, qui,* **malade,** *n'avait pu venir.*

Même, autre et *seul* se joignent directement à certains pronoms : *Moi-même. Nous* **autres.** *Moi* **seul.** *Nul* **autre** *ne l'a dit.* — Pour l'épithète jointe au démonstratif, cf. § 266, *a.* — Avec la préposition : *Quelqu'un* **de haut placé** *me l'a dit.* — *Rien* **de nouveau.**

Notez la formule juridique : *Je* **soussigné** *Jean Dupont déclare que...*

Aux épithètes détachées on assimilera les compléments absolus (§ 119) : *Elle va* **la tête haute.** (A. Breton.)

c) D'un syntagme prépositionnel :

> *Chacun* **de vous** *a pu le voir.* — *Ceux* **de Paris.** — *Rien* **de tout cela** *n'est vrai.*

d) D'une proposition relative :

> *Ceux* **qui vivent,** *ce sont ceux* **qui luttent.** (Hugo.)
> *Réponds, toi* **qui sais tout.**
> *Celui-ci,* **qui attendait son tour...**

d. Les éléments subordonnés à l'adjectif

125   L'**adjectif** peut être accompagné :

a) D'un adverbe :

> *Une* **très** *belle maison.*   *Un homme* **toujours** *content.*

b) D'un syntagme prépositionnel :

> *Un vase plein* **d'eau.**   *Un individu capable* **de tout.**
> *Il paraissait désireux* **d'engager la conversation.**

c) D'une proposition :

> *Vos joues sont mouillées, reprit-il, stupéfait*
> **de ce qu'un grand garçon pouvait pleurer encore.** (Fr. Mauriac.)

e. Les éléments subordonnés aux mots invariables

126   L'**adverbe** peut être accompagné :

a) D'un autre adverbe :

> *Vous arrivez* **trop** *tard.* — *Tu t'en aperçois* **seulement** *aujourd'hui ?* (G. Duhamel.)
> *Tu t'en aperçois aujourd'hui* **seulement ?**

b) D'un complément prépositionnel :

> *Agir conformément* **à ses principes.**

Dans *trop de paroles, tant de paroles,* etc., *trop de, tant de* fonctionnent comme des déterminants indéfinis : § 239, *b.*

c) D'une proposition :

> *Il agit autrement* **qu'il ne parle.** — *On se moque de lui partout* **où il va.**

En particulier, les adverbes indiquant la comparaison ou l'intensité sont accompagnés d'une proposition :

Pierre est plus grand **que je ne l'étais à son âge.**
Pierre est si grand **qu'il passe difficilement sous cette porte.**

La proposition peut avoir une forme réduite : *Il est plus grand* **que moi.**

127 Certaines **prépositions** et certaines **conjonctions de subordination** peuvent être accompagnées d'un adverbe ou d'un complément nominal :

Il se tient **tout** *contre le mur.*
J'écrirai **aussitôt** *après votre départ.* — *J'écrirai* **deux jours** *après votre départ.*
Il part **bien** *avant que l'heure sonne.*
Il arrive **longtemps** *après que le spectacle est fini.*
Il arrive **une heure** *après que le spectacle est fini.*

128 On peut considérer que l'**introducteur** (§ 408) est accompagné d'un complément dans :

Voici **le jour.** — **Le** *voilà.* — *Voilà* **qu'une ondée vint à tomber.**

129 Certains **mots-phrases** (§ 411) peuvent être accompagnés d'un adverbe, d'un complément nominal, d'une proposition :

Merci **beaucoup.**
Bravo **pour votre réussite !**   *Merci* **de votre aide.**
Gare **que la glace ne cède !**

CHAPITRE IV

Autres termes de la phrase

130   **Les mots-outils.**

a) Mots de **liaison** :

— La **préposition** établit un lien de subordination entre des mots ou des syntagmes :

> *Je vais* **à** *Bruxelles.*   *Il luttait* **contre** *le sommeil.*
> *Je cherche un travail facile* **à** *faire.*   *La porte* **de** *la maison est ouverte.*

— La **conjonction de subordination** établit un lien de subordination entre des mots (ou des syntagmes) et des propositions :

> *Je partirai* **quand** *j'aurai fini de manger.*
> *Je veux* **que** *vous m'accompagniez.*

Le pronom relatif établit aussi un lien de subordination, mais il a en même temps une fonction dans la proposition qu'il introduit : *La personne* **que** *vous cherchez n'est pas ici.* (*Que* est complément d'objet direct.)

— La **conjonction de coordination** établit un lien de coordination entre des éléments de même fonction :

> *Mon père* **et** *ma mère sont en voyage.*
> *Mon verre n'est pas grand,* **mais** *je bois dans mon verre.* (Musset.)

b) Mots servant à **introduire,** comme *est-ce que* interrogatif, *c'est ... que* mettant en relief, etc. (cf. § 408) :

> **Est-ce que** *tu iras ?*

131   **Les éléments redondants.** — La redondance est le fait que la même fonction est exercée par deux termes apportant la même information. Tantôt ces termes sont identiques, tantôt l'un d'eux est un pronom (surtout un personnel ou un démonstratif), ou un synonyme, ou encore un terme de sens vague comme *chose*.

a) Certaines redondances du sujet appartiennent à l'usage normal et n'expriment donc pas de nuance particulière (cf. § 98, *a*) :

> *Votre frère a-t-il raison ? — Peut-être votre frère a-t-il raison.*
> **Il** *manque deux élèves.*
> *Trop* **c'est** *trop. — Qu'il se trompe,* **cela** *n'est pas douteux.*

b) D'autres redondances s'expliquent par un besoin de clarté :

— Reprise d'un terme trop éloigné :

> **Les clients,** *noble terme alors appliqué par les détaillants à leurs pratiques*
> *et dont César se servait malgré sa femme, qui avait fini par lui dire :*
> *« Nomme-les comme tu voudras, pourvu qu'ils paient ! »*
> **les clients** *donc étaient des personnes riches...* (Balzac.)

— Reprise d'un terme parce qu'on veut y ajouter un nouvel élément subordonné, notamment une relative :

> *Il avait trouvé* **l'occasion** *de partir pour l'Amérique,*
> **occasion** *qui ne devait plus se représenter.*

c) D'autres redondances s'expliquent par un besoin d'expressivité :

— Répétition du même mot ou du même syntagme :

> *Rien n'arrête leur course ;* **ils vont, ils vont, ils vont** *!* (Hugo.)
> *Tu n'es pas fâché, au moins ? — Si, dit Herbert. —* **Fâché-fâché,**
> *ou simplement fâché ?* (Colette.)

— Un terme est mis en évidence au début ou à la fin de la phrase, et un pronom personnel ou démonstratif occupe la place normale de ce terme :

Sujets (§ 98, *b*) : **Votre père,** il *le saura. —* **Il** *le saura,* **votre père.**
Attributs (§ 102, *b* et *d*) : **Malade,** *il* **l'**était vraiment.
Compléments du verbe (§ 117, *e*) : **Cette promesse,** *je* **la** *tiendrai. — Je* **la** *tiendrai,* **cette promesse.** — *Je le* **lui** *dirai,* **à votre père.**

— Un terme est repris sous la forme d'un pronom personnel disjoint :

> **Votre père** *le sait,* **lui.** *—* **Me** *faire cela,* **à moi !**

On peut aussi considérer comme une espèce de redondance le fait qu'une énumération est annoncée ou rappelée par un terme synthétique :

> *Mais* **rien,** *ni les rasoirs douteux, le blaireau jaune, l'odeur, les propos du barbier,*
> *ne peut me faire reculer.* (A. Gide.)
> *Un chapeau, un veston, une cravate,* **toutes ces choses** *me gênent pour conduire.*

Il y a aussi les corrections, qui substituent un terme à un autre, mais ceci ressemble à la coordination : *Je prendrai un taxi...,* **ma voiture** *plutôt.* (On dit aussi : *Je prendrai un taxi... ou plutôt* **ma voiture**).

Certaines redondances sont fautives : cf. § 91, *b*.

132   Les éléments libres. — Certains mots ou syntagmes n'ont pas de lien grammatical avec les autres mots de la phrase dans laquelle ils se trouvent. Ce sont :

a) Le mot mis en apostrophe. C'est un nom ou un pronom désignant l'être animé ou la chose personnifiée à qui on adresse la parole :

> **Monsieur,** *puis-je fermer la porte ?*
> *« Bonjour,* **tous ceux qui sont là ! »** *dit l'aveugle.* (J. Renard.)
> *Adieu,* **Meuse endormeuse et douce à mon enfance.** (Péguy.)

Dans la langue littéraire, le mot mis en apostrophe a un introducteur particulier, *ô :* **Ô mon maître !** *donnez-moi de ce pain à manger !* (Claudel.)
Le mot en apostrophe appartient à la deuxième personne grammaticale : cf. § 362, *a.*

On ne confondra pas l'apostrophe avec l'apposition. Dans **Monsieur,** *vous êtes un mufle,* quoique *Monsieur* représente la même réalité que *vous,* les deux mots ne sont pas en rapport grammatical l'un avec l'autre. L'apostrophe est une phrase interpellative (§ 89, *d*) insérée dans une autre phrase.

b) L'élément incident. C'est une espèce de parenthèse par laquelle celui qui parle ou écrit interrompt la phrase pour une intervention personnelle :

— Adverbes ou mots-phrases : *Aucun de nous,* **heureusement,** *n'a été blessé.* — *Vous n'avez eu,* **hélas !** *aucun succès.*

— Syntagmes, nominaux ou autres : *Nous avons,* **Dieu merci,** *échappé au danger.* — *Cet homme,* **à mon avis,** *se trompe.* — **À franchement parler,** *c'est une canaille.* — *La duchesse et sa fille firent leur entrée, sans un mot d'excuse,* **bien entendu.** (Montherlant.)

— Phrases : *C'est,* **excusez-moi,** *de votre faute.* — *C'était,* **je pense,** *un jour de fête.* — *Cette entreprise coûtera,* **on le devine,** *beaucoup d'argent.*

L'élément incident est généralement entre virgules, sauf s'il y a une autre ponctuation (cf. § 49, *c*). On peut aussi utiliser les parenthèses ou les tirets (§§ 53, 56). — Certains éléments incidents, à la fois brefs et très courants, se construisent souvent sans virgules : *peut-être, sans doute,* par exemple.

Remarques. — 1. On appelle **phrase incise** une incidente particulière indiquant qu'on rapporte les paroles ou les pensées de quelqu'un (le discours direct ainsi présenté tient lieu du complément essentiel dont le verbe incident a éventuellement besoin) :

> *Allons,* **s'écria-t-il,** *il faut partir.*
> *« Donne-lui tout de même à boire »,* **dit mon père.** (Hugo.)

Dans les incises, le sujet est placé après le verbe. De même, dans certaines autres phrases incidentes : *semble-t-il ;* notamment, dans celles qui étaient primitivement des interrogations : *n'est-ce pas ? savez-vous ?*

> *Vous devriez bien m'écrire,* **savez-vous ?** (Saint Exupéry.)

Sur le *t* analogique à la troisième personne *(s'écrie-t-il),* cf. § 302, Rem.
Sur la transformation de *e* en *é* dans la langue écrite *(m'écrié-je),* cf. § 300, Rem. La langue ordinaire doit recourir à un autre tour.

La langue populaire évite l'inversion et marque le lien avec le discours direct par une conjonction : *Siècle de vitesse !* **qu'ils disent.** (Céline.)

2. Le mot **explétif** n'est pas vraiment un terme libre ; c'est un terme qui ne joue pas le rôle qu'il a l'air de jouer, qui est, logiquement, inutile :

— Pronom personnel marquant l'intérêt (§ 251, Rem. 3) : *Goûtez*-**moi** *ce vin-là.* On peut y joindre certains pronoms réfléchis (§ 297, *b*) : **se** *moquer.*
— *Ne* non négatif (§ 391) : *Je crains qu'il* **ne** *parte.*
— *De* avec une épithète (§ 124, *b*), une apposition (§ 111, *a,* 1°), etc. : *Quelqu'un* **d'***honnête. La ville* **de** *Paris.*
— L'article dans *l'on* (§ 289, Rem. 1) : *Si* **l'***on veut.*
— *En* et *y* dans diverses expressions (§ 257, Rem. 3) : *S'***en** *aller. Il* **y** *va de l'honneur.*

CHAPITRE V

Particularités
des divers types de phrases

1. LA PHRASE ÉNONCIATIVE

133 Par la **phrase énonciative,** on communique simplement une information à autrui. Elle est prononcée avec une intonation d'abord ascendante, puis descendante :

Nous par-tons ce soir.

Elle se termine ordinairement par un point dans la langue écrite.

Quant au mode, le verbe de la phrase énonciative est ordinairement à l'indicatif (dans lequel on range le conditionnel), parfois à l'infinitif (§ 348, *a*) :

Aussitôt les ennemis de s'enfuir et de jeter leurs armes. (Acad.)

En outre, le subjonctif plus-que-parfait s'emploie avec la valeur du conditionnel passé dans la langue littéraire :

Je fusse tombée, s'il ne m'eût tenue. (Chr. Rochefort.)

134 **Place du sujet.** — Le sujet de la phrase verbale énonciative précède généralement le verbe. Cependant, surtout dans la langue écrite, une inversion du sujet se produit dans certains cas.

a) Le sujet est un pronom personnel, ou *ce*, ou *on*. Ce genre de sujet se met souvent après le verbe quand la phrase commence par *ainsi, à peine, aussi, aussi bien, au moins, du moins, en vain, peut-être, sans doute, tout au moins, tout au plus :*

À peine est-il hors de son lit, à peine il est hors de son lit. (Acad.)

L'inversion est obligatoire dans l'expression *toujours est-il que* (= en tout cas) et après *encore* signifiant « malgré cela » :

Toujours est-il que j'ai filé bien en douce. (Céline.)
La chose était constatée depuis longtemps (...) Encore fallait-il qu'elle fût dite. (Proust.)

Remarques. — 1. L'inversion de *je* est parfois interdite et parfois réservée à une langue très recherchée (§ 300, Rem.). — L'inversion de *ce* ne se fait pas quand ce pronom accompagne *être* aux temps composés (§ 267, *b*, Rem. 2).

2. La langue courante fait souvent suivre *peut-être* et *sans doute* d'un *que*, ce qui permet de garder l'ordre normal : **Peut-être qu'**il viendra.

b) Le sujet n'est ni un pronom personnel, ni *ce*, ni *on*.

1° Le sujet est placé après le verbe lorsque l'attribut est en tête :

> *Tel est* **mon souhait.** — *Rares sont chez nous* **les hivers sans neige.**

L'inversion ne se fait pas si l'attribut est repris par un pronom personnel : *Habile,* **Pierre** *l'est aussi.*

2° Le sujet suit le verbe dans certains tours figés (proverbes, etc.), et aussi quand le sujet est une énumération :

> *Rira bien* **qui rira le dernier.**
> *Ne peuvent être tuteurs, ni membres des conseils de famille,*
> 1° **Les mineurs,** *excepté le père ou la mère ;*
> 2° **Les interdits...** (Code civil.)

3° Quand la phrase commence par un adverbe (de temps, de lieu ou de manière, notamment *ainsi*), ou par des syntagmes nominaux équivalents, la langue écrite pratique souvent l'inversion :

> *Aussitôt s'établit* **un combat de générosité.** (Mérimée.)
> *Ainsi se précise* **la différence** *avec l'imparfait.* (F. Brunot.)
> *De la partie gauche du cadre, descend* **un cône de lumière vive et crue.** (A. Robbe-Grillet.)

Cela est fréquent dans les épitaphes et autres inscriptions : *Ici repose... Dans cette maison est né...*

L'inversion se fait souvent aussi après *seul* détaché en tête :

> *Seules restaient* **les difficultés professionnelles.** (R. Martin du Gard.)

Remarque. — Quand la phrase commence par *ainsi, à peine*, etc. (voir la liste dans *a*), le sujet placé avant le verbe est souvent repris par un pronom personnel placé après le verbe :

> *À peine* **le soleil** *était-***il** *levé, à peine* **le soleil** *était levé.* (Acad.)

Avec *peut-être que* et *sans doute que* (cf. *a*, Rem. 2), le sujet n'est pas repris par un pronom personnel : **Peut-être que** *votre sœur le connaît.*

2. LA PHRASE INTERROGATIVE

135   Par la **phrase interrogative,** on demande une information à l'interlocuteur :

> *Partez-vous en vacances ? — Quand partez-vous en vacances ?*

La phrase interrogative utilise plusieurs procédés, qui n'appartiennent pas au même niveau de langue. L'intonation dans l'oral et le point d'interrogation dans l'écrit (§ 137) peuvent se combiner avec un ordre des mots (§ 138) ou avec un introducteur spécial (*est-ce que,* § 139) ou être seuls à marquer l'interrogation (§ 140).

Quant au mode, le verbe de la phrase interrogative est ordinairement à l'indicatif (dans lequel on range le conditionnel), parfois à l'infinitif (§ 136).

En outre, le subjonctif plus-que-parfait s'emploie avec la valeur du conditionnel passé (§ 346, Rem. 1) dans la langue littéraire : *Qui l'***eût cru** ?

Remarques. — 1. Il s'agit ici de la phrase de forme interrogative ou interrogation **directe,** à distinguer de l'interrogation **indirecte.** Celle-ci est une phrase énonciative contenant une interrogation (cf. § 149, *a*) :

Je demande si tu pars. (Comparez : *Pars-tu ?*)

2. On appelle **interrogation oratoire** une interrogation purement formelle et qui équivaut à une exclamation, à un ordre :

Que ne m'a-t-il écouté ?
Allez-vous rester tranquilles ?

136   On distingue l'interrogation **globale,** qui porte sur le verbe ou sur l'ensemble de la phrase (on y répond par *oui* ou par *non*) :

Partez-vous ?   Partez-vous demain ?

et l'interrogation **partielle,** qui porte sur un élément particulier de la phrase, et qui a donc besoin d'un mot interrogatif :

— Pronom : **Qui** *partira le premier ?* — **Que** *mangez-vous ?* — **Lequel** *prenez-vous ?* — **À quoi** *pensez-vous ?*
— Déterminant : **Quel** *train prenez-vous ?*
— Adverbe : **Quand** *partez-vous ?* — **Où** *allez-vous ?* — **Comment** *cela se fait-il ?* — **Pourquoi** *a-t-il refusé cette récompense ?*

L'interrogation partielle est souvent exprimée par des phrases incomplètes. Tantôt le prédicat est un infinitif sans sujet :

Pourquoi partir si tôt ?   Comment faire ?

Tantôt la phrase est averbale, spécialement quand on demande une précision à propos d'une phrase que vient de dire l'interlocuteur :

Combien ce bijou ?
Je suis parti très tôt. — Pourquoi ?
J'ai lu un beau livre. — Lequel ? (Ou : *Quel livre ?*)
À quoi bon ?

Ces mots interrogatifs sont souvent placés en tête de la phrase. Voir cependant § 140.

137   La phrase interrogative se caractérise par une intonation montante :

Vien-drez-vous ?

Cependant, lorsque l'interrogation est marquée par un mot interrogatif placé en tête ou par *est-ce que*, la phrase interrogative peut avoir une intonation descendante :

Com-ment le sais-tu ?

Dans la langue écrite, la phrase interrogative se termine par un point d'interrogation.

138   Dans la langue soignée, surtout écrite :

   a) L'interrogation se marque par l'inversion du sujet quand celui-ci est un pronom personnel ou *ce* ou *on* :

*Partez-***vous** *?   Que veux-***tu** *?   Que faut-***il** *?   À quoi pense-t-***il** *?*
*Où est-***ce** *?   Quand part-***on** *?*

Si le verbe est à un temps composé, le pronom se met après l'auxiliaire :

*Quand aurez-***vous** *fini ?   Où est-***il** *tombé ?*

Dans certains cas, l'inversion appartient aussi à la langue courante : *N'est-ce pas ? Est-ce que... ? Plaît-il ?*

Remarques. — 1. Sur le *t* analogique dans *Pense-t-il ? Parlera-t-elle ? Vous convainc-t-il ?* cf. § 302, Rem.

2. Lorsque le pronom est *je*, si le verbe se termine par un *e* muet, *e* devient *é* : *Parlé-je ? Eussé-je réussi ?* Mais cela appartient à une langue recherchée (§ 300, Rem.).

3. À l'indicatif présent, quand le verbe ne se termine pas par *e*, l'inversion n'est admise que pour quelques verbes courants (§ 300, Rem., 2°) :

Ai-je... ? Suis-je... ? etc. (Mais : **Où cours-je ? *Pars-je ?* etc.)

4. Le verbe *être* aux temps composés ne s'accommode pas de l'inversion de *ce* : **A-ce été... ?* etc. On ne peut pas avoir non plus : **Furent-ce... ?* Cf. § 267, *b*, Rem. 2.

   b) Quand le sujet n'est pas un pronom personnel, ni *ce*, ni *on*,

1° Dans l'interrogation globale, le sujet reste devant le verbe, mais il est repris par un pronom personnel après le verbe :

Cet homme *dit-***il** *la vérité ? —* **Tout** *est-***il** *prêt ?*

2° Dans l'interrogation partielle,

— Si elle commence par *quel* interrogatif attribut ou par *que* complément essentiel ou attribut, il y a inversion du sujet :

Quel est **cet enfant** *?   Que dira* **votre père** *?   Que coûte* **ce vase** *?*
Que deviendra **cet élève** *?*

— Si elle commence par un pronom interrogatif sujet ou par un déterminant interrogatif se rapportant au sujet, le sujet n'est pas repris par un pronom personnel :

Qui *commencera la partie ? —* **Quel peuple** *a habité ce pays ?*

— En dehors de ces cas, on a le choix entre deux constructions pour le sujet : devant le verbe avec reprise par un pronom, ou après le verbe :

À qui succéda **ce roi ?**   Ou : *À qui* **ce roi** *succéda-t-il* **?**
Comment va **votre mère ?**   Ou : *Comment* **votre mère** *va-t-elle* **?**
Combien a coûté **ce vase ?**   Ou : *Combien* **ce vase** *a-t-il coûté* **?**

L'inversion du sujet n'est pas acceptable si l'interrogatif est *pourquoi* ou si le verbe est accompagné d'un complément d'objet direct (autre que *quel* + nom ou *combien de* + nom) :

Pourquoi **l'opium** *fait-il dormir ?*   (Mais non : **Pourquoi fait* **l'opium** *dormir ?*)
Quand **Hugo** *visita-t-il la Belgique ?*   (Mais non : **Quand visita* **Hugo** *la Belgique ?*)
Mais : *Quel âge a* **votre père ?**   Ou : *Quel âge* **votre père** *a-t-il ?*

Remarques. — 1. Il faut prendre garde aux ambiguïtés : dans *Qui aime Pierre ? qui* est-il sujet ou complément d'objet direct ? Il est préférable de choisir une construction plus claire : soit *Qui Pierre aime-t-il ?* soit *Qui est-ce qui aime Pierre ?*

2. L'interrogatif sujet ne peut être celui qui concerne l'inanimé : **Qu'est vrai ? *Quoi est vrai ?* — On doit recourir au procédé décrit dans le § suivant.

139   Dans la langue courante, surtout parlée, on emploie l'introducteur *est-ce que* (ou ... *qui*), en maintenant généralement le sujet à la place qu'il a dans la phrase énonciative.

a) Dans l'interrogation globale, *est-ce que* se met en tête de la phrase, et le sujet précède le verbe :

Est-ce que *tu viens ?* — **Est-ce que** *les enfants sont tous là ?*

b) Dans l'interrogation partielle, *est-ce que* (ou ... *qui*) se place après l'interrogatif.

1° Si l'interrogatif est sujet, on le fait suivre de *est-ce qui* :

*Qu'***est-ce qui** *est préférable ?* — *Qui* **est-ce qui** *est malade ?*

2° Si l'interrogatif n'est pas sujet, on le fait suivre de *est-ce que.*

— Quand le sujet est un pronom personnel ou *ce* ou *on,* le sujet est placé devant le verbe :

Qu'est-ce que **tu** *as vu ?* — *Qui est-ce que* **tu** *as vu ?*

— Les autres sujets peuvent être mis avant ou après le verbe :

Qu'est-ce que fait là **cet homme ?**   Ou : *Qu'est-ce que* **cet homme** *fait là ?*
Où est-ce que se trouve **la sortie ?**   Ou : *Où est-ce que* **la sortie** *se trouve ?*

Si le sujet est placé avant le verbe, il n'est pas repris par un pronom personnel.

Remarques. — 1. Ces tours se trouvent parfois aussi dans la langue littéraire :

Est-ce que *le Mont-Blanc ne va pas se lever ? (...)*
*Qu'***est-ce qu'***on va penser de vous, chênes, mélèzes,*
Lacs qui vous insurgez sous les rudes falaises,
Granits qui des géants semblez le dur talon ? (Hugo.)

Ces tours permettent de remédier aux interdits et aux ambiguïtés signalés plus haut (§ 138, *a*, Rem. 2 et 3, et *b*, Rem. 1 et 2) :

Est-ce que *je cède au temps avare, aux arbres nus, à l'hiver du monde ?* (A. Camus.)
Quand **est-ce que** *je pars ? —* **Est-ce que** *ç'a été possible ?*
Qu'est-ce qui *est arrivé ?*
Qui est-ce qui *aime Pierre ?*

2. Les tours suivants sont considérés comme incorrects :

*Où **c'est que** *tu vas ?   *Où* **que** *tu vas ?   *Où* **ce que** *tu vas ?*

140   La langue courante, surtout parlée, se contente souvent de marquer l'interrogation par l'intonation, en laissant le sujet à la place qu'il occupe dans la phrase énonciative :

Tu *viens avec moi ?*   **Votre père** *est absent ?*

Cette construction est admise dans la langue la plus soignée quand l'interrogative exprime l'étonnement plutôt qu'une véritable question :

Serait-il possible ? **Vous** *feriez vôtre l'amendement (...) ?* (Barrès.)

Dans l'interrogation partielle, la langue familière garde aussi le mot interrogatif à la place que son équivalent aurait dans une phrase énonciative :

Tu veux **combien ?** *— Tu viendras* **à quelle heure ?**
(Comp. : *Je veux* **mille francs.**   *Je viendrai* **à deux heures.**)

On considère comme peu correct le fait de laisser le sujet devant le verbe quand le mot interrogatif (non suivi de *est-ce que*) est en tête dans l'interrogation partielle :

*Où **tu** *vas ?   *Quand* **tu** *iras ?   *Quoi* **tu** *veux ?*
*Quand **votre père** *ira ?*

Cependant, avec *ça* on dit couramment : *Comment ça va ?*

3. LA PHRASE EXCLAMATIVE

141   La phrase **exclamative** est, quant à la nature du message, une phrase énonciative, mais dans laquelle le locuteur exprime ses sentiments avec une force particulière.

L'intonation est souvent descendante :

— — – ‾

Comme elle est pâle !

La phrase exclamative se termine par un point d'exclamation dans la langue écrite.

Du point de vue du mode, la phrase exclamative est ordinairement à l'indicatif (dans lequel on range le conditionnel), parfois à l'infinitif : *À votre âge, Monsieur, m'eût-elle dit,* **être** *si peu raisonnable !* (A. France.)

En outre, on peut avoir dans la langue littéraire le subjonctif plus-que-parfait avec la valeur du conditionnel passé : *Qu'il* **eût été** *heureux de voir cela !*

142   Souvent, la phrase exclamative n'a pas de marque grammaticale en dehors de l'intonation (et du point d'exclamation) :

> *C'est une chic idée !*

On peut cependant signaler les marques suivantes :

a) Mots exclamatifs, généralement placés en tête de la phrase :

— Adverbes : *comme, que ; combien*, plus recherché ; *ce que*, familier ; *qu'est-ce que*, très familier :

> **Comme** *il est beau ! —* **Qu'**il *est beau !*
> **Combien** *j'ai douce souvenance*
> *Du joli lieu de ma naissance !* (Chateaubriand.)
> **Ce que** *tu es bête ! —* **Qu'est-ce que** *tu es bête !*

Suivis de la préposition *de*, ces adverbes (sauf *comme*) ont la valeur d'un déterminant indéfini : **Que** *d'accidents ils ont eus !*

Combien s'emploie sans *de* comme pronom nominal indéfini : **Combien** *voudraient être à sa place !* (Acad.)

— Le déterminant *quel* (cf. § 237, *b*) :

> **Quelle** *bonne mine vous avez !*

b) Place du sujet.

1° Le pronom personnel, ainsi que *ce, on*, sont souvent placés après le verbe, quand il n'y a pas de mot exclamatif :

> *Est-***il** *bête, ce garçon !*

2° Le pronom personnel, *ce* et *on* sont nécessairement devant le verbe, quand il y a un mot exclamatif :

> *Que c'est beau !   Comme* **vous** *êtes jolie !*
> *Quelle femme* **il** *a épousée !*
> *(Comp. : Quelle femme a-t-***il** *épousée ?)*

De même, les autres sujets sont placés devant le verbe et ne sont pas repris par un pronom personnel :

> *Quelle femme* **votre frère** *a épousée !*
> *(Comp. : Quelle femme votre frère a-t-***il** *épousée ?)*

Remarque. — Avec un verbe négatif, qui équivaut en réalité à une affirmation, on a la même construction que dans l'interrogation :

> *Que de fois n'a-t-il pas couru des risques inutiles !*
> *Que de fois* **ce conducteur** *n'a-t-il pas couru des risques inutiles !*

c) L'exclamation, se caractérisant par son affectivité, a très souvent recours aux phrases averbales (§ 145) et aux mises en relief (§ 152) :

> *Quel idiot ! — Magnifique !*
> *Magnifique, ce paysage !*
> *Est-ce bête, les convenances !* (Flaubert.)

4. LA PHRASE IMPÉRATIVE ET LA PHRASE OPTATIVE

143   Par la phrase **impérative,** on demande ou on interdit un acte à autrui. Elle est marquée d'habitude par une intonation descendante :

— — _ —

Pre-nez ce livre.

Elle utilise deux procédés principaux :

a) L'impératif sans sujet :

Va-t'en. — Sortez.

La première personne du pluriel s'emploie quand le locuteur s'associe à l'interlocuteur :

Je lui ai dit : **« Partons ».**

Mais aussi quand on s'adresse à soi-même : **« Soyons courageux »,** *se disait-il.* — Dans ce cas, la deuxième personne du singulier est possible : **« Sois courageux »,** *se disait-il.*

La deuxième personne du pluriel s'emploie quand on s'adresse à plusieurs interlocuteurs, ou à un interlocuteur qu'on vouvoie :

Mesdemoiselles, **levez-vous.** *— Pierre,* **taisez-vous.**

Les phrases à l'impératif se terminent souvent par un point. On met un point d'exclamation quand elles sont prononcées avec une force particulière :

Le brocanteur me retint par le bras en criant : **« Attendez ! »** (M. Pagnol.)

b) Le subjonctif introduit par *que* lorsque la personne à qui on demande ou interdit un acte est distincte de l'interlocuteur :

Qu'il entre !   Qu'ils entrent !

Ces phrases au subjonctif se terminent généralement par un point d'exclamation.

Remarques. — 1. La phrase impérative peut utiliser d'autres procédés :

— L'infinitif sans sujet, dans des inscriptions ou des textes s'adressant à des lecteurs non précisés :

Ne pas **dépasser** *la dose indiquée* (sur les emballages de médicaments).
Ne pas **se pencher** *au-dehors* (dans les trains).
Mettre *vingt grammes de beurre dans la poêle* (recette de cuisine).

— Des phrases nominales, surtout dans les inscriptions :

Défense d'entrer. — Entrée interdite. — Prière de s'adresser au concierge.

— Dans la communication orale, des phrases averbales et des mots-phrases :

Garçon, un bock ! — Silence ! — Feu ! — Chut !

L'ordre peut aussi être donné par des phrases qui ne sont pas de forme impérative, mais qui sont des interrogatives ou des énonciatives : *Voulez-vous vous taire ? — Je vous prie de vous taire.*

2. Coordonnée à une phrase énonciative, la phrase impérative prend la valeur d'une proposition de condition ou d'opposition :

Faites un pas de plus, et vous êtes mort !

144   Dans la phrase **optative,** la réalisation de l'acte ne dépend pas de la volonté humaine. On utilise les mêmes procédés que dans la phrase impérative :

> *Dormez bien. — Qu'ils reposent en paix !*

Le *que* manque assez souvent devant le subjonctif optatif :

> *Vive la France ! (§ 409, b). — Ainsi soit-il.*
> *(Que) le diable l'emporte ! — Plaise au ciel qu'il réussisse.*
> *Maudit soit l'importun qui sonne à une heure pareille !*

Remarque. — On rapproche de la phrase impérative la phrase **interpellative,** par laquelle le locuteur établit le contact avec son interlocuteur.

Elle peut utiliser l'impératif : *Écoutez.*

Elle emploie aussi le mot en apostrophe, notamment le nom ou le titre de l'interlocuteur : *Garçon !* (Au café.)

Elle emploie aussi certains mots-phrases, par exemple *allô* dans les communications téléphoniques.

5. LA PHRASE AVERBALE

145   Une phrase **averbale** est une phrase simple qui ne contient pas de verbe conjugué ou une phrase complexe qui ne contient de verbe conjugué que dans les propositions sujets ou compléments :

> *À père avare fils prodigue.*
> *Tant pis / s'il se trompe.*

Remarques. — 1. On ne considère pas comme averbales les phrases dont le prédicat est un infinitif (§ 348, *a*) : *Pourquoi ne pas y aller ?*

2. Certaines phrases averbales sont plutôt des ellipses occasionnelles, le locuteur ne répétant pas certains éléments qui se trouvent dans une phrase qui précède :

> *Iras-tu à la réunion ? —* **Avec plaisir.**

3. La phrase averbale est surtout fréquente dans la langue parlée, notamment dans les communications chargées d'affectivité comme les exclamations.

Cependant, la phrase averbale peut se présenter dans l'écrit :

— Dans certains types de communication : inscriptions, notices, titres d'articles dans les journaux, titres de chapitres dans les livres, indications scéniques des pièces de théâtre, etc. :

> *Propriété privée. — Chien méchant.*
> *Nouvelle hausse du prix du pétrole.*

— Dans des tours figés, particulièrement dans les proverbes :

> *Heureux l'homme pensif*
> *Qui cherche la sagesse et qui suit la justice.* (Hugo.)
> *Autres temps, autres mœurs.*

— Dans des descriptions présentées comme des esquisses :

> *La nuit. La pluie. Un ciel blafard que déchiquette*
> *De flèches et de tours à jour la silhouette*
> *D'une ville gothique éteinte au lointain gris.*
> *La plaine. Un gibet plein de pendus rabougris (...).*
> *Quelques buissons d'épine épars, et quelques houx...* (Verlaine.)
> (Ce poème, *Effet de nuit,* fait partie d'une suite intitulée *Eaux-fortes.*)

146   Les phrases averbales peuvent contenir deux éléments. Dans ce cas, il ne manque que le verbe, souvent un verbe ayant un faible contenu sémantique, comme la copule :

> *Un chic type, ce François !* (Remarquez le prédicat en tête.)

Elles peuvent ne contenir qu'un élément, parfois le sujet, plus souvent le prédicat :

> *Pierre !* (Par exemple, avec un blâme implicite.)
> *Magnifique !*

Les mots-phrases sont des mots qui ont pour fonction ordinaire de servir de phrases à eux seuls (§ 411) :

> *Bonjour. — Merci. — Bravo ! — Zut !*

6. LA PHRASE COMPLEXE

Voir la quatrième partie.

CHAPITRE VI

Le style direct et le style indirect

147   Il y a plusieurs façons de rapporter les paroles (ou les pensées) de quelqu'un.

a) Le narrateur les rapporte telles quelles, sans les modifier. C'est le **style** (ou **discours**) **direct** :

> *Paul a dit :* « **Je suis content.** »
> « **Je suis content** », *a dit Paul.*

Ces paroles sont d'habitude encadrées de guillemets (§ 55). Mais il y a d'autres procédés : notamment le tiret dans les dialogues (§ 56, *a*).

b) Le narrateur rapporte les paroles selon son point de vue : dès lors, *je*, c'est le narrateur ; *tu*, la personne à qui il s'adresse ; *ici*, le lieu où il se trouve ; *maintenant*, le moment où il parle ou écrit. C'est le **style indirect**.

Le style indirect peut être **lié**, c'est-à-dire que les phrases reproduisant les paroles (ou les pensées) sont placées dans la dépendance grammaticale d'un verbe principal et sont transformées en propositions ou en infinitifs :

> *Paul a dit* **qu'il était content.**
> *Paul a dit* **être content.**

La langue écrite recourt aussi au style indirect **libre,** c'est-à-dire que les phrases reproduisant les paroles (ou les pensées) ne sont pas dans la dépendance grammaticale d'un verbe principal :

> *Brigitte ouvrit la porte du petit salon et nous appela :*
> **Ne voulions-nous pas un peu de thé ?**
> **Cela nous réchaufferait après cette course.** (Fr. Mauriac.)
> [Style direct : « *Ne* **voulez-vous** *pas un peu de thé ?*
> *Cela* **vous réchauffera** *après cette course.* »]

Le style indirect lié n'est pas encadré de guillemets, ni non plus, ordinairement, le style indirect libre.

148   La **transformation du style direct en style indirect** (lié ou libre) entraîne divers changements :

a) Concernant les personnes grammaticales (pronoms personnels, déterminants et pronoms possessifs, verbes) :

Les termes qui dans les paroles (ou pensées) rapportées concernent le narrateur restent ou passent à la première personne :

> *Je t'ai dit : « **Je** te rejoindrai. » → Je t'ai dit que **je** te rejoindrais.*
> *Il m'a dit : « **Je** te rejoindrai. » → Il m'a dit qu'il **me** rejoindrait.*

Les termes qui concernent l'interlocuteur du narrateur restent ou passent à la deuxième personne :

> *Je t'ai dit : « Je **te** rejoindrai. » → Je t'ai dit que je **te** rejoindrais.*
> *Tu lui as dit : « Je **te** rejoindrai. » → Tu lui as dit que **tu** le rejoindrais.*

Les termes qui ne concernent ni le narrateur ni son interlocuteur restent ou passent à la troisième personne :

> *Je t'ai dit : « Je **le** rejoindrai. » → Je t'ai dit que je **le** rejoindrais.*
> *Il lui a dit : « Je **te** rejoindrai. » → Il lui a dit qu'**il le** rejoindrait.*

Remarque. — Dans le style indirect, on peut avoir des termes à la troisième personne qui représentent des êtres différents : *Il lui a dit qu'**il le** rejoindrait* signifie que A a dit à B, soit que A rejoindrait B, soit que B rejoindrait A, ou encore que C rejoindrait A, etc. Il faut prendre garde à ces ambiguïtés.

b) Les indications de lieu et de temps sont considérées du point de vue du narrateur.

Si le lieu et le temps des paroles sont les mêmes que ceux du récit, il n'y a pas de changement :

> *Il m'a dit tout à l'heure : « Je partirai **demain**. » →*
> *Il m'a dit tout à l'heure qu'il partirait **demain**.*

Si le lieu et le temps ne sont pas les mêmes, on a notamment les changements suivants : *ici* (et *ci* dans les démonstratifs) → *là ; maintenant* → *alors ; aujourd'hui* → *ce jour-là ; hier* → *la veille ; avant-hier* → *l'avant-veille ; demain* → *le lendemain ; après-demain* → *le surlendemain ; dernier* → *précédent ; prochain* → *suivant*.

Il m'a dit (il y a quinze jours) *: « Je partirai **demain**. » → Il m'a dit qu'il partirait **le lendemain**.*
*Il m'a dit en me montrant une vieille table : « Je travaille **ici**. » → Il m'a dit... qu'il travaillait **là**.*

c) Les temps du verbe sont considérés aussi du point de vue du narrateur.

Si le verbe introducteur est au présent ou au futur, il n'y a pas de changement :

> *Il déclare : « Je t'**aiderai**. » → Il déclare qu'il l'**aidera**.*

Si le verbe introducteur est au passé, le présent devient un imparfait, le passé composé devient un plus-que-parfait, le futur devient un conditionnel :

> *Il déclara : « Je te* **vois.** *» → Il déclara qu'il le* **voyait.**
> *Il déclara : « Je t'***ai vu.** *» → Il déclara qu'il l'***avait vu.**
> *Il déclara : « Je te* **verrai.** *» → Il déclara qu'il le* **verrait.**

Quand les propositions sont au subjonctif, le présent passe à l'imparfait et le passé au plus-que-parfait, du moins dans la langue soutenue (§ 346) :

> *Il déclara : « J'irai avant que tu* **partes.** *» → Il déclara qu'il irait avant qu'il* **partît.**
> *Il déclara : « J'irai avant que tu* **sois parti.** *» → Il déclara qu'il irait avant qu'il* **fût parti.**

Remarques. — 1. Lorsque les paroles représentent une chose vraie au moment où le narrateur les rapporte, on garde les temps primitifs :

> *Nous disions que vous* **êtes** *l'orateur le plus éminent du diocèse.* (A. France.)

2. Lorsque les paroles sont mises à l'infinitif (ce qui n'est pas possible dans le style indirect libre), le temps reste celui du style direct :

> *Il déclara : « Je* **suis** *malade. » → Il déclara* **être** *malade.*
> *Il déclara : « J'***ai été** *malade. » → Il déclara* **avoir été** *malade.*

d) Le mot en apostrophe sort de la citation et est rattaché comme complément au verbe introducteur :

> *J'ai dit : «* **Jean,** *je suis fatigué. » → J'ai dit* **à Jean** *que j'étais fatigué.*

149   Le **style indirect lié** se caractérise par la perte de l'intonation qu'avaient les paroles en style direct. L'intonation devient celle d'une phrase énonciative.

Nous devons considérer en outre les paroles rapportées d'après le type de phrase auquel elles appartiennent.

a) L'**énonciative** indirecte liée prend ordinairement la forme d'une proposition introduite par la conjonction *que :*

> *Il a dit : « Je partirai demain. » → Il a dit* **qu'il partirait** *le lendemain.*

La langue populaire utilise la locution conjonctive *comme quoi,* surtout après les verbes *raconter* et *expliquer : Madame Lebleu et Philomène racontaient partout* **comme quoi** *la Compagnie allait renvoyer Roubaud, jugé compromettant.* (Zola.)

On peut avoir aussi un infinitif sans mot de liaison quand le sujet du verbe principal et celui du verbe subordonné sont identiques :

> *Il disait : « Je ne me rappelle rien » → Il disait ne rien* **se rappeler.**

Cette transformation n'est pas possible quand l'énonciative directe est au futur ou au conditionnel.

b) Dans l'**interrogation** indirecte liée, on observe la disparition des introducteurs *est-ce que, est-ce qui.*

L'interrogation globale est introduite par la conjonction *si :*

> *« Irez-vous ? » ou « Est-ce que vous irez ? » → Il me demande* **si** *j'irai.*

L'interrogation partielle garde les mots interrogatifs de l'interrogation directe (sans *est-ce que, est-ce qui*), à l'exception de *que* (et de *qu'est-ce que*) remplacé par *ce que* et de *qu'est-ce qui* remplacé par *ce qui* :

« **Qui** *êtes-vous ?* » ou « **Qui est-ce que** *vous êtes ?* » → *Il me demande* **qui** *je suis.*
« **Quand** *part-on ?* » ou « **Quand est-ce qu'**on part ? » → *Il me demande* **quand** *on part.*

Mais : « **Que** *voulez-vous ?* » ou
« **Qu'est-ce que** *vous voulez ?* » → *Il me demande* **ce que** *je veux.*
« **Qu'est-ce qui** *se passe ?* » → *Il me demande* **ce qui** *se passe.*

Comme on le voit par les exemples ci-dessus, l'interrogation indirecte liée n'admet pas l'inversion du pronom personnel, de *on* et de *ce*.

Les autres sujets peuvent suivre le verbe dans l'interrogation partielle :

« *Que fait* **votre père** *?* » → *Il demande ce que fait* **votre père** ou *Il demande ce que* **votre père** *fait.*
(Mais, dans l'interrogation globale : « **Votre père** *partira-t-il ? »* →
Il demande si **votre père** *partira,* et non **Il demande si partira* **votre père**.)

Quand ces sujets précèdent le verbe, ils ne sont pas repris par un pronom personnel placé après le verbe.

Remarques. — 1. Le verbe dont dépend l'interrogation indirecte liée peut contenir l'idée d'interrogation d'une façon explicite *(demander)* ou d'une façon implicite *(dire, savoir, ignorer,* etc.) : **Dis-***moi si tu viens.* — *J'***ignore** *s'il vient.*

2. La langue populaire maintient *est-ce que, est-ce qui* dans l'interrogation indirecte : **Je sais* **qui est-ce qui** *a fait cela.* — *C'est que, c'est qui* sont plus incorrects encore : **Je sais* **qui c'est qui** *a fait cela.*

c) Pour l'**exclamation** indirecte liée, notons seulement :

— L'impossibilité de ce tour avec des phrases averbales, et notamment des mots-phrases :

Il a crié : « Bravo ! » → **Il a crié que bravo.*

Mais *oui, non, si* (qui ne sont pas exclamatifs) peuvent se maintenir dans le style indirect lié : *Il a répondu que oui.*

— Le maintien des mots exclamatifs, sauf *que,* remplacé par *combien* :

*Il m'a dit : « **Que** tu es beau ! »* → *Il m'a dit* **combien** *j'étais beau.*
(*Il m'a dit que j'étais beau* correspond à une énonciative.)

d) Dans l'**impérative** indirecte liée, le mode impératif devient un subjonctif introduit par la conjonction *que* ou un infinitif introduit par la préposition *de* :

*Il ordonne : « **Prenez-le**. »* → *Il ordonne* **qu'on** *le* **prenne** ou *Il ordonne* **de** *le* **prendre**.
*Il ordonna : « **Prenez-le**. »* → *Il ordonna* **qu'on** *le* **prît** (langue soutenue)
ou *Il ordonna* **qu'on** *le* **prenne** (langue courante : cf. §§ 345-346)
ou *Il ordonna* **de** *le* **prendre**.

Remarquez le déplacement du pronom personnel complément. Avec certains pronoms personnels, on aurait aussi un changement de forme : cf. §§ 255-256.

150   Le **style indirect libre** ne connaît que les transformations décrites dans le § 148, et non celles qui résultent de la subordination (§ 149).

En particulier :

— Il exclut les conjonctions de subordination, notamment *que* pour les énonciatives (§ 149, *a*) et *si* pour les interrogatives (§ 149, *b*).

— Il exclut l'infinitif subordonné (§ 149, *a* et *d*).

Mais l'infinitif de l'interrogation directe peut être conservé : « *Que* **répondre** *à mon père ? »* → *Il s'interrogeait : que* **répondre** *à son père ?*

— Dans l'interrogation, il garde de l'interrogation directe : les interrogatifs, l'introducteur *est-ce que* et l'ordre des mots (comp. § 149, *b*) :

> *Aussi, en bas, l'émotion grandissait-elle.* **Quoi donc ?** *est-ce qu'on allait*
> *le laisser en route, pendu dans le noir ?* (Zola.)
> *Le récit d'Armand l'avait surpris. (...)* **Qu'est-ce qu'***il voulait, pratiquement, le petit ?* (Aragon.)
> *Tous les matins, c'était la même question : quelle cravate allait-il mettre ?*

— Il garde de l'exclamation directe : les exclamatifs, les mots-phrases et les phrases averbales :

> *Je me regardais avec satisfaction dans la glace :* **que** *ma robe m'allait bien !*

— D'une façon générale, il garde le ton et la ponctuation du style direct.

— Pour les phrases impératives, seul le subjonctif avec *que* est possible :

> *Je lui ai envoyé un télégramme :* **qu'il revienne** *tout de suite !*

CHAPITRE VII

L'accord

151   On appelle **accord** le fait qu'un mot reçoit d'un autre mot de la même phrase ses marques de genre, de nombre, de personne.

— L'adjectif (épithète et attribut) et le déterminant reçoivent du nom dont ils dépendent leurs marques de genre et de nombre :

> Une *robe* **verte.**   **Ma** *robe est* **verte.**   *Je croyais* **ma** *robe* **démodée.**
> Une *robe.*   **Toutes les** *robes.*

Pour les règles particulières, cf. §§ 202 et suiv. — On peut ranger ici le participe passé conjugué avec l'auxiliaire *être* (§ 369). — Pour le participe présent, cf. §§ 352-353.

— Le verbe (ou son auxiliaire quand le verbe est à un temps composé) reçoit de son sujet [1] ses marques de nombre et de personne :

> *Je* **prendrai.**   *Nous* **prendrons.**   *Ils* **prendront.**   *Ils* **ont** *pris.*

Pour les règles particulières, cf. §§ 357 et suiv.

— Le participe passé conjugué avec l'auxiliaire *avoir* reçoit ses marques de genre et de nombre du complément d'objet direct si celui-ci précède :

> *Cette porte, je* **l'**ai **ouverte.**

Pour les règles particulières, cf. §§ 371 et suiv.

On peut considérer comme un phénomène de la même espèce le fait que le pronom représentant reçoit ses marques de genre, de nombre et de personne du nom qu'il représente (cf. § 249) et que l'on appelle **antécédent** [2] :

> *J'ai rangé mes robes :* **elles** *étaient trop chaudes.*

On peut parler aussi d'antécédent à propos du déterminant possessif : cf. § 227, *a.*

---

1. Du mot qui forme le noyau du syntagme sujet : cf. § 95, Rem. 1.
2. Nous prenons *antécédent* dans un sens large, et nous ne l'employons pas seulement à propos des pronoms relatifs. — D'autre part, il arrive que le terme auquel renvoie le pronom soit placé après celui-ci : *Elle est bien bonne,* **cette histoire.** Il ne paraît pas utile de recourir pour cela à une dénomination spéciale.

Remarques. — 1. Le mot qui donne ses marques est dans tous les cas cités jusqu'ici un nom ou un pronom. Un élément appartenant à une autre catégorie peut parfois déterminer l'accord, mais la marque est normalement celle du masculin singulier :

> *Être roi est* **idiot** *; ce qui compte, c'est de faire un royaume.* (Malraux.)

2. On appelle accord par **syllepse** le fait qu'un mot s'accorde, non avec le terme auquel il se rapporte, mais d'après un autre terme que le sens éveille dans la pensée :

> *La plupart* **sont attentifs.**

(*La plupart* est par sa forme un féminin singulier, mais il évoque une notion de pluriel, et il n'évoque pas, sauf situation spéciale, une idée de genre.)

3. Il ne convient pas de parler d'accord à propos du nom attribut ou apposition : cf. §§ 103, *b ;* 112.

4. Un mot peut déterminer le genre, le nombre et la personne d'un autre mot sans porter lui-même explicitement les marques de ce genre, de ce nombre et de cette personne :

> **Je** *suis contente.*
> (C'est la situation qui permet de voir que l'être qui parle est du sexe féminin.)
> *Dors, pauvre enfant malade,*
> **Qui** *rêves sérénade...* (Nerval.)
> (*Qui* est de la deuxième personne du singulier,
> comme son antécédent, qui est un mot en apostrophe.)

CHAPITRE VIII

La mise en relief

152   La **mise en relief** (qu'on appelle aussi *emphase*) est le fait d'insister particulièrement sur un des éléments de la phrase. Cela se fait notamment par :

a) La redondance (§ 131, *c*) :

— Répétition du même mot ou du même syntagme :

Il est **très, très** *malade.*

— Addition d'un pronom disjoint :

Mon père le sait, **lui.** — *Mon père,* **lui,** *le sait.*

b) Le détachement et le déplacement :

Elles parlèrent de la chère femme, **interminablement...** (Zola.)
Par ta sottise, *tu gâches les plus belles occasions.*

Dans le cas des sujets, des compléments essentiels du verbe et des attributs, ces détachements et ces déplacements entraînent ordinairement la redondance, c'est-à-dire la présence d'un pronom devant le verbe :

Ce livre, *il est admirable.* — **Ils** *arrivèrent, en effet,* **ces fameux Comices.** (Flaubert.)
Cette personne, *je la connais bien.* — **Compétents,** *ils le sont tous.*

Pour le complément essentiel, voir au § 117, *e* les détails et les exceptions. — Pour l'attribut, voir § 102, *d.*

c) Le détachement en tête au moyen de l'introducteur **c'est ... qui,** lorsque le sujet est mis en relief, — **c'est ... que,** lorsqu'un autre terme que le sujet est mis en relief :

C'est *votre frère* **qui** *avait raison.*
C'est *demain* **que** *je pars.* — **C'est** *malade* **qu'**il est.

Le détachement avec l'introducteur exclut la redondance.
Sur la variation de *c'est* en temps et en nombre, cf. §§ 361 et 409, *b.*

Remarques. — 1. Les pronoms personnels conjoints sont remplacés par les pronoms disjoints (§ 256) lorsqu'ils sont ainsi mis en relief :

Je *le ferai.* → *C'est* **moi** *qui le ferai.*
Il te *réclame.* → *C'est* **toi** *qu'il réclame.*

De même, *ce* sujet et *le* neutre deviennent *cela* (ou *ça*) :

> **C'**est inadmissible. → C'est **cela** qui est inadmissible.
> Je le veux. → C'est **cela** que je veux.

Il impersonnel et *on* ne peuvent être mis en relief par l'introducteur. La négation non plus.

2. La préposition reparaît dans le complément d'objet indirect mis en relief :

> Je **te** parle. → C'est **à toi** que je parle.

De même, *en* devient *de cela* (ou *ça*) ou *de là*, *y* devient *à cela* (*ça*) ou *là* :

> Il **en** parle. → C'est **de cela** qu'il parle.
> Il **en** vient. → C'est **de là** qu'il vient.
> Il **y** va. → C'est **là** qu'il va.

3. La préposition reste normalement attachée au syntagme prépositionnel mis en relief par *c'est ... que* :

> Je ferai cela **pour toi**. → C'est **pour toi** que je ferai cela.

Tours archaïques : *Ce n'est pas cela* **dont** *j'ai besoin.* (Bernanos.) [La préposition est intégrée au relatif.] — *C'est* **de** *dynamomètres* **dont** *le graveur a besoin.* (G. Bachelard.) [La préposition est présente deux fois : avec le complément et dans le relatif.]

d) Il y a encore d'autres façons de mettre en relief, notamment :

— La phrase exclamative, notamment avec mot exclamatif : *Que tu es beau !*

— Le sous-entendu : *Il est d'une avarice !*

— Les diverses expressions d'un haut degré (§ 385, *a*, 2°) : *Il est abominablement laid.*

— Les mots hyperboliques : *affreux, formidable...*

— Les procédés phonétiques, comme l'accent d'insistance (§ 20, Rem. 2) : *C'est* **scanda-**leux ! — le détachement des syllabes : *C'est pro-di-gieux !* — le redoublement des consonnes :

> « Toujours aussi bête... » Il prononce : **bb**ête, *avec dégoût.* (Malraux.)

TROISIÈME PARTIE

Les parties du discours

CHAPITRE I

Le nom

1. GÉNÉRALITÉS

153 Le **nom** ou **substantif** est un mot qui est porteur d'un genre (§ 156),
qui varie en nombre (§ 175), parfois en genre (§ 163), qui, dans la phrase,
est accompagné ordinairement d'un déterminant, éventuellement d'un
adjectif. Il est apte à servir de sujet, d'attribut, d'apposition, de complément :

> *Pierre, Marie. — Cheval, chevaux. — Jean, Jeanne.*
> *Le* **roi**, *deux* **rois**, *ce* **roi**. *— Les anciens* **Gaulois.**
> **Louis** *IX,* **roi** *de* **France**, *fut le* **chef** *de la huitième* **croisade.**

Lorsque le sujet, l'attribut, l'apposition, le complément sont des syntagmes
nominaux, le nom en est le noyau :

> | *Les petits* **ruisseaux** | *font* | *les grandes* **rivières** |

Par l'adjonction d'un déterminant, tout mot ou même tout élément de la
langue peut devenir un nom (§ 81) :

> *Le* **passé.** *Le* **rire.** *Le* **pour** *et le* **contre.**
> *Ces trois* **que** *alourdissent la phrase.*
> *L'e* **muet.** *— Un* **tiens** *vaut mieux que deux* **tu l'auras.**

Si l'on essaie de le définir du point de vue sémantique, le nom désigne des êtres, des
choses, des actions, des qualités, etc. : *Un chien, une fenêtre, un changement, la bonté.*

Mais cette définition a deux défauts : 1° elle est nécessairement incomplète ; — 2° le verbe
(changer) exprime aussi une action ; l'adjectif *(bon)* exprime aussi une qualité.

Remarque. — Du point de vue de sa forme, un nom peut être simple, c'est-à-dire constitué d'un seul mot, — ou **composé**, c'est-à-dire constitué de plusieurs mots (cf. § 77) :

> *Arc. — Arc-en-ciel.*

154   **Nom propre, nom commun.**

Le nom **commun** est pourvu d'une signification, d'une définition, et il est utilisé en fonction de cette signification.

Entrant dans une maison où je ne suis jamais allé, je puis dire : *Voici une table, une chaise,* parce que les objets que je désigne ainsi correspondent à la signification, à la définition que j'ai dans l'esprit.

Le nom **propre** n'a pas de signification, de définition ; il se rattache à ce qu'il désigne par un lien qui n'est pas sémantique, mais par une convention qui lui est particulière.

Il n'est pas possible de deviner que telle personne s'appelle *Claude.* Il n'y a, entre les diverses personnes portant ce prénom, d'autre caractère commun que ce prénom. — Comparez aussi *Boulanger* nom de famille et *boulanger* nom commun.

Les noms propres s'écrivent par une majuscule (§ 33, *b*) ; ils sont généralement invariables en nombre (§ 183) ; ils se passent souvent de déterminant (§ 210, *b*).

Sont de véritables noms propres :

— Les noms de lieux : villes, villages, rues, monuments, régions, pays, îles, montagnes, cours d'eau, mers, étoiles et astres (excepté *la lune* et *le soleil*) ;

— Les noms de personnes : noms de familles, prénoms, pseudonymes (et aussi les sobriquets, mais, pour ceux-ci, la signification n'est pas toujours absente).

Certains animaux, certains objets peuvent recevoir un nom propre : *Bucéphale,* cheval d'Alexandre ; *Durendal,* épée de Roland ; *le Nautilus,* sous-marin imaginé par Jules Verne.
Des mots ayant une signification deviennent des noms propres lorsqu'on les emploie pour désigner, en faisant abstraction de leur signification : c'est le cas des titres de livres *(le Code civil, l'Éducation sentimentale)*, de revues *(la Nouvelle revue française)*, etc.

Remarques. — 1. Les mots appartenant aux catégories suivantes ne sont pas de vrais noms propres parce qu'ils ont une définition (qui est en rapport avec un vrai nom propre : *Mérovingien* = descendant de *Mérovée ; Parisien* = habitant de *Paris*) :

— Les dérivés désignant des dynasties (avec majuscule) : *Les Capétiens, les Mérovingiens ;*

— Les noms d'habitants (avec majuscule) : *Les Africains, les Parisiens ;*

— Les noms désignant les membres des ordres religieux, les adeptes d'une religion, d'une doctrine, etc. (d'ordinaire, avec une minuscule) : *Les jésuites, les mahométans, les gaullistes.*

2. Les noms propres peuvent avoir été des noms communs à l'origine : *Boulanger, Le Havre, Marguerite* (« perle » en grec et en latin).
Les noms propres peuvent devenir des noms communs, en acquérant une signification : *une bougie* (de *Bougie,* nom d'une ville d'Algérie), *un gavroche* (de *Gavroche,* personnage d'un roman de Hugo).

Dans ces deux exemples, la transformation est entrée dans l'usage ; le mot perd alors sa majuscule et prend la marque du pluriel. Mais il y a des cas où la valeur originaire reste perçue ; sur le pluriel, cf. § 183, *a*, Rem. 1.

155   Du point de vue de leur signification, on peut distinguer :

a) Les noms **animés** et les noms **inanimés.**

Les noms animés désignent des êtres, perceptibles par les sens (humains, animaux) ou non (la divinité, les anges, les démons, etc.) :

Soldat, fourmi, Dieu, Vénus, diable, centaure.

Les autres noms, désignant des choses, des qualités, des actions, etc., sont inanimés :

Auto, chaise, pommier, maladie, arrivée.

Cette distinction est importante pour le genre : cf. §§ 157 et 161.

b) Les noms **collectifs** et les noms **individuels.**

Un nom collectif désigne un ensemble d'êtres ou de choses :

Foule, troupeau, tas.

Un nom individuel désigne un seul être ou une seule chose :

Homme, vache, pierre.

2. LE GENRE

156   Le **genre** est une propriété du nom, qui le communique, par le phéno-mène de l'accord (§ 151), au déterminant, à l'adjectif, parfois au participe passé, ainsi qu'au pronom représentant le nom.

Il y a deux genres en français : le **masculin,** auquel appartiennent les noms qui peuvent être précédés de *le* ou de *un :*

Le veston.   Un homme.

et le **féminin,** auquel appartiennent les noms qui peuvent être précédés de *la* ou de *une :*

La veste.   Une femme.

A. LES NOMS INANIMÉS

157   Le genre des **noms inanimés** est arbitraire, c'est-à-dire qu'il n'est pas déterminé par le sens de ces noms.

Par exemple, si les noms d'arbres sont souvent masculins, il y a des exceptions : *une aubépine, une yeuse, la vigne...*

Le genre des noms inanimés est dû à leur origine et aux influences qu'ils ont subies. Beaucoup de noms ont changé de genre au cours de leur histoire.

Un certain nombre de noms peuvent avoir les deux genres en même temps. Cela permet de distinguer des homonymes : *le page, la page ; le livre, la livre ; le vase, la vase ; le poêle, la poêle.*

158   Quelques noms peuvent avoir les deux genres sans distinction de sens : *un* ou *une après-midi ; un* ou *une interview.*

Parfois, c'est une question de niveau de langue.

Les noms de villes, par exemple, sont masculins dans l'usage ordinaire, mais souvent féminins dans la langue littéraire : *Amsterdam était* **désert** *à cette heure-là.* — *Amsterdam* **endormie** *dans la nuit blanche.* (A. Camus.)

Parfois, le genre ancien subsiste dans certaines expressions :

Foudre, ordinairement féminin, est masculin dans l'expression **un** *foudre de guerre*. (*Foudre* « grand tonneau » est un autre mot, emprunté à l'allemand : **Un** *foudre de vin*.)

Noël, ordinairement masculin, est féminin quand il est employé avec l'article défini comme complément adverbial : *À* **la** *Noël. Vers* **la** *Noël.*

Orge, d'ordinaire féminin, est masculin dans *orge* **perlé**, *orge* **mondé**.

159   **Amour** au sens « passion », **délice** et **orgue** (désignant un seul instrument) sont masculins au singulier et féminins au pluriel :

Un *amour* **ardent.** — *Des amours* **ardentes.**

Manger des mûres est **un** *délice.* (H. Bosco.)

L'imagination m'apportait des délices **infinies.** (Nerval.)

Un *orgue* **portatif.** — *Des orgues* **portatives.**

Amour « passion » est parfois féminin au singulier dans une langue assez recherchée. Inversement, il est tout à fait correct de l'employer au masculin pluriel :

Sa *très* **grande** *et très* **puissante** *amour.* (H. Cixous.)

L'inconséquence est (...) le propre de **tous** *les amours* **humains.** (G. Sand.)

Dans d'autres sens, *amour* reste au masculin, spécialement comme terme de peinture ou de sculpture (il s'agit alors d'un nom animé) :

Peindre, sculpter de **petits** *Amours.* (Acad.)

Orgue est masculin au pluriel quand il désigne plusieurs instruments :

Les deux orgues de cette église sont **excellents.**

160   Pour certains mots, le genre varie selon le sens.

Hymne, ordinairement masculin, est féminin dans le sens de « cantique latin qui se chantait à l'église » :

Toutes *les hymnes de cet admirable office.* (Fr. Mauriac.)

Mémoire est féminin quand le mot désigne la faculté de se souvenir :

Avoir **une excellente** *mémoire.*

Le mot est masculin quand il désigne un document écrit :

> *Il a publié* **un excellent** *mémoire sur cette question.* (Acad.)
> *Il a laissé de* **curieux, de piquants** *mémoires.* (Acad.)

Mode est féminin quand le mot désigne un usage passager dans la manière de s'habiller, etc. :

> **La** *mode est* **capricieuse.**

Il est masculin dans le sens de « méthode », ainsi que comme terme de grammaire :

> **Le** *mode d'emploi.* — **Un** *mode de cuisson.*
> *Le conditionnel a été souvent considéré comme* **un** *mode.*

Œuvre, ordinairement féminin, est masculin quand il désigne, soit l'ensemble de la bâtisse, surtout dans l'expression *le gros œuvre,* — soit la transmutation des métaux en or *(le grand œuvre),* — soit l'ensemble des œuvres d'un artiste :

> **Le gros** *œuvre est* **achevé.** — *Travailler* **au grand** *œuvre.*
> *L'œuvre* **entier** *de Rembrandt.* (Acad.) [On admet aussi : *L'œuvre* **entière** *de Rembrandt.*]

Pâques (avec *s* final), désignant la fête chrétienne, est masculin et singulier ; il prend la majuscule et rejette l'article :

> *Pâques était* **venu.** (R. Martin du Gard.) — *À Pâques* **prochain.** (Teilhard de Chardin.)

Pâques est féminin pluriel dans quelques expressions : *Pâques fleuries, Pâques closes, Joyeuses Pâques,* — ainsi que dans *faire ses pâques* (avec minuscule).

Pâque (sans *s*), désignant la fête juive, est féminin et demande l'article et la minuscule :

> *Les Juifs célèbrent* **la** *pâque en mémoire de leur sortie d'Égypte.*

Parallèle est féminin en termes de géométrie. Il est masculin en termes de géographie et aussi dans le sens de « comparaison » :

> *Tracer* **une** *parallèle à une droite.*
> *La Patagonie est-elle traversée par* **le** *37ᵉ parallèle ?* (J. Verne.)
> *Faire* **un** *parallèle entre César et Alexandre.*

Période, ordinairement féminin, est masculin dans les expressions littéraires *le plus haut période, le dernier période,* où *période* signifie « degré, point » :

> *Un couple,* **au** *plus* **haut** *période de son bonheur...* (Valéry.)

Solde. Il y a deux mots *solde,* d'origines différentes, mais qui se sont influencés : un mot féminin signifiant « paie (d'un militaire) » et employé aussi dans l'expression figurée *être à la solde de ;* — un mot masculin signifiant « ce qui reste à payer » et « marchandises vendues au rabais » :

> *Percevoir* **sa** *solde.*
> **Le** *solde de son compte.* — *Ce magasin offre des soldes* **avantageux.**

B. LES NOMS ANIMÉS

161   **Les noms animés** ont assez souvent un genre en relation avec le sexe de l'être désigné :

a) Les noms qui désignent des hommes sont souvent masculins et ceux qui désignent des femmes sont souvent féminins :

> *Le roi, le père, le menteur. — La reine, la mère, la menteuse.*

Cependant, il n'est pas rare que des noms masculins ou féminins désignent indifféremment des hommes ou des femmes. (C'est le cas aussi des noms de familles.)

Masculins : *assassin, conjoint, écrivain, filou, goinfre, maire, professeur, successeur, témoin, vainqueur...*
Féminins : *canaille, dupe, personne, recrue, star, vedette, victime...*

Les mots variables se rapportant à ces noms s'accordent selon le genre grammatical :

> *Cette femme est* **un excellent** *professeur.*
> *Paul a été* **la** *victime que ses amis ont* **sacrifiée** *à leur ambition.*

Ces noms peuvent recevoir une apposition qui, elle, a un genre conforme au sexe de la personne (cf. § 112) : *Madame le professeur, Madame le juge.*

Il arrive même que des noms désignant seulement des hommes soient féminins : *une ordonnance, une sentinelle, une vigie ; —* et que des noms désignant seulement des femmes soient masculins : *un mannequin, un laideron.*

b) Pour les noms d'animaux, seuls quelques-uns ont un genre en rapport avec le sexe de l'animal :

> *Le taureau, le cerf. — La vache, la biche.*

Pour le plus grand nombre, ils s'emploient avec un seul genre quel que soit le sexe :

Masculins : *brochet, canari, hanneton, hérisson, hippopotame, orvet, puma...*
Féminins : *baleine, couleuvre, girafe, grive, loutre, mouche, panthère, truite...*

Linot et *linotte* désignent le même oiseau, aussi bien la femelle que le mâle.

On notera en particulier que sont employés à un seul genre (presque toujours le masculin) les noms des petits des animaux et les noms génériques :

> *Chaton, chevreau, marcassin, poussin, veau...*
> *Bovidé, bovin, insecte, mammifère, serpent...*

162   **Gens,** nom pluriel, signifiant « personnes ».

a) Il est ordinairement du masculin :

> **Tous** *les gens* **âgés** *que j'ai* **connus.** *— Ces gens ne sont pas* **gais.**

b) Cependant, s'il est précédé **immédiatement** d'un adjectif ou d'un déterminant ayant une terminaison différente pour chaque genre,

1° On met au féminin cet adjectif et ce déterminant ainsi que tout adjectif ou
déterminant placé **avant** lui (sauf l'adjectif détaché) ;

2° Mais on laisse au masculin les adjectifs, participes et pronoms qui **suivent**
gens (et qui sont en rapport avec lui), de même que les adjectifs **détachés** qui le
précèdent :

> **Toutes** *les* **vieilles** *gens.* (Acad.)
> **Quelles** *honnêtes et* **bonnes** *gens !* (Mais : **Quels bons** *et honnêtes gens !*)
> *Ce sont les* **meilleures** *gens que j'ai* **connus.**
> *J'écris pour ces* **petites** *gens d'entre* **lesquels** *je suis sorti.* (Duhamel.)
> **Instruits** *par l'expérience, les* **vieilles** *gens sont* **soupçonneux.** (Acad.)

Lorsque le déterminant qui précède immédiatement *gens* est *tout*, l'usage est hésitant :
Tous *gens de même farine.* (Bernanos.) — **Toutes** *gens qui (...) en remontreraient au curé et au
notaire.* (Bernanos.)

Gens, dans des expressions telles que *gens de robe, gens de guerre, gens d'épée, gens de loi,
gens de lettres,* etc., veut toujours au masculin les mots variables qui s'y rapportent :

> *De* **nombreux** *gens de lettres.*   **Certains** *gens d'affaires.* (Acad.)

Remarque. — *Gent*, qui signifie « nation, race », est féminin. Il appartient à la langue
littéraire, surtout plaisante : *La gent masculine* (= les hommes). *La gent canine* (= les chiens).
— *La gent gazetière* [= les journalistes]. (Musset.)

163   Beaucoup de noms désignant des êtres humains et certains noms
désignant des animaux (surtout ceux que l'homme élève ou chasse)
connaissent une variation en genre d'après le sexe de la personne ou de
l'animal désignés (voir §§ 165 et suivants) :

> *Jean, Jeanne.* — *Un chien, une chienne.*

Remarques. — 1. Quant au sens, le masculin et le féminin des noms de
personnes ne se distinguent pas toujours par la seule présence de la notion
« homme » ou « femme ».

Monsieur a deux féminins : *Madame* ou *Mademoiselle,* selon que la femme est mariée ou
non. — En outre, avec un déterminant, on dit : *un monsieur,* mais *une dame* (parfois *une
madame* en langage populaire ou avec une nuance ironique), *une demoiselle.*
Femme sert de féminin à la fois à *homme* et à *mari.*
Hôte a deux sens au masculin : celui qui reçoit et celui qui est reçu. Au féminin, on a
hôtesse dans le premier cas et *hôte* dans le second : *Une bonne* **hôtesse** *doit faire parler ses
invités.* — *La reine d'Angleterre pendant cinq jours* **hôte** *de la France.* (Titre dans le *Figaro.*)
Les noms de professions ont souvent désigné au féminin, non celle qui exerce la profes-
sion, mais la femme de celui qui l'exerce (c'est encore le cas de *reine* en Belgique) : *La* **maré-
chale** *Lefebvre a été surnommée* Mme *Sans-Gêne.*

2. La variation en genre n'existe pas pour des noms qui s'appliquent uniquement à des hommes ou uniquement à des femmes :

— *Le curé, l'évêque, le cardinal, le chapelain, le page, le benêt, le fat, le preux...*

— *La douairière, la lavandière, la ballerine, la matrone, la nonne, la nourrice, la nurse, la virago, la dentellière, la modiste, la midinette, la pimbêche...*

On peut y ajouter les noms cités dans le § 173.

164   Les noms qui connaissent la variation en genre d'après le sexe de la personne désignée sont employés au masculin dans les circonstances où ils visent aussi bien des êtres masculins que des êtres féminins, ou même, quand désignant une personne particulière, on veut la ranger dans une catégorie où il y a des hommes aussi bien que des femmes. En effet, le genre masculin n'est pas seulement le genre des êtres mâles, mais aussi le genre indifférencié, le genre asexué :

Il a quatre **beaux** *enfants : deux garçons et deux filles.*
L''**héritier** *qui renonce est* **censé** *n'avoir jamais été* **héritier.** (Code civil.)
Le grand poète *Anna de Noailles.* (J. Rostand.)

De même pour des animaux :

Nous élevons des **chiens** (même s'il y a des mâles et des femelles).
J'aperçois **un chien** (c'est peut-être une femelle).

On peut avoir le féminin au pluriel comme genre indifférencié, quand l'animal femelle est plus important pour l'élevage que le mâle : *Des poules, des vaches, des abeilles.*

LES MARQUES DU FÉMININ

N. B. — La tradition veut que l'on parte du masculin pour donner le féminin, le masculin singulier étant, pour le nom, la forme indifférenciée, neutralisée, comme l'infinitif pour le verbe. Cependant, du point de vue historique, il arrive que le masculin soit tiré du féminin ou que le féminin soit tout à fait indépendant du masculin (§ 173).

a. Addition d'un *e* et faits annexes

165   **Règle générale.** — Dans l'écriture, on obtient souvent le féminin en ajoutant un **e** à la fin de la forme masculine :

*Ami, ami***e**. — *Aïeul, aïeul***e**. — *Marchand, marchand***e**.

Remarque. — Du point de vue phonétique, il est fréquent que le féminin n'ait pas de marque ou qu'il ait des marques différentes de celles qu'il a dans l'écriture.

L'*e* final ne se prononce pas, sauf pour des raisons de phonétique syntaxique : cf. § 11.

Les noms terminés au masculin par une voyelle dans l'écriture ne varient donc pas en genre : [ami] représente *ami* et *amie.*

Cependant, dans certaines régions, la voyelle finale s'allonge au féminin : [ami:].

Les noms terminés au masculin par une consonne dans l'écriture ne varient pas si cette consonne est articulée : [ajœl] représente *aïeul* et *aïeule*. — Si cette consonne est muette au masculin, le féminin se caractérise par l'addition d'une consonne [1] : [maRʃɑ̃] → [maRʃɑ̃d].

Ces derniers faits s'observent aussi dans les féminins étudiés ci-dessous. Nous n'attirerons l'attention que sur des cas particuliers.

166 À moins qu'ils n'aient un féminin particulier (notamment en *-esse :* § 170), les noms terminés par un *e* ne varient pas quand ils sont employés au féminin :

Un artiste, une artiste. Un élève, une élève. Un Russe, une Russe.
De même : *Un enfant, une enfant. Un soprano, une soprano. Un snob, une snob.*

Remarque. — *Aigle*, ordinairement masculin, s'emploie parfois au féminin pour la femelle : *L'aigle est furieuse quand on lui ravit ses aiglons.* (Acad.) — Le féminin s'est maintenu aussi pour des étendards, des armoiries : *Les aigles romaines. L'aigle impériale.*

167 En même temps que par l'addition d'un *e*, certains féminins se caractérisent dans l'écriture par le **redoublement** de la consonne finale du masculin.

a) Redoublement de **l** pour les noms en **-el** : *Colonel, colone**ll**e. Gabriel, Gabrie**ll**e.*

On écrit : *Michelle* ou *Michèle ; Danielle* ou parfois *Danièle ; Emmanuelle* ou parfois *Emmanuèle.*

b) Redoublement de **n** :

1° Pour les noms en **-en, -on** : *Gardien, gardie**nn**e. Baron, baro**nn**e.*

Exception : *Un mormon, une mormone.* — On écrit plus souvent *Lapon**e**, Letton**e**, Nippon**e**, Simon**e** que Lapo**nn**e*, etc.

2° Pour *chouan, Jean, paysan, Valaisan, Veveysan : Jean, Jea**nn**e.*

Les autres noms en *-an*, les noms en *-in* et *-ain* ne redoublent pas l'*n : Gitan, git**an**e. Orphelin, orphel**in**e. Châtelain, châtel**ain**e.* (Remarquez : *daim, dai**n**e*.)

Remarque. — Du point de vue de la prononciation, ces noms terminés au masculin par une voyelle nasale subissent deux modifications au féminin : apparition d'une consonne nasale [n] et dénasalisation de la voyelle :

[ɑ̃] → [a] : *sultan* [syltɑ̃], *sultane* [syltan].
[ɔ̃] → [ɔ] : *lion* [ljɔ̃], *lionne* [ljɔn].

---

1. Cette consonne peut être considérée comme latente au masculin, puisqu'on la retrouve dans les mots de la même famille : *marchander, marchandise.*

[ɛ] a deux aboutissements :

— [ɛ] dans les mots terminés par -ain, -en (et dans daim) : Africain (afRikɛ̃), Africaine [afRikɛn], chien [ʃjɛ̃], chienne [ʃjɛn], daim [dɛ̃], daine [dɛn] ;

— [i] dans les mots terminés par -in : voisin [vwazɛ̃], voisine [vwazin].

Pour sacristain et copain, il y a eu confusion des finales, et les féminins sont sacristine (parfois : sacristaine) et copine (langue familière).

c) Redoublement de **t :**

1° Pour les noms en **-et** (sauf préfet, sous-préfet) : Cadet, cade**tte**. (Mais préfet, préf**ète**.)

2° Dans : chat, cha**tte** ; sot, so**tte**.

Les autres noms en -at, -ot ne redoublent pas le t : Avocat, avoca**te**. Idiot, idio**te**.
Du point de vue phonétique, notons que [o] du masculin s'ouvre au féminin dans les mots en -ot : [so], [sɔt] ; [idjo], [idjɔt].

d) Redoublement de l's dans : métis [metis], méti**sse** [metis] ; gros [gRo], gro**sse** [gRo:s] ; profès [pRɔfɛ], prof**esse** [pRɔfɛs], avec disparition de l'accent.

168   En même temps que par l'addition d'un e, certains féminins se carac-térisent dans l'écriture par le **remplacement** de la consonne finale du masculin :

— f → v : Veuf, veu**ve**.

Cela concerne aussi la prononciation.

— c → qu (cf. § 31, b) dans : Franc (nom de peuple), Franq**ue** ; laïc (parfois : laïque), laïq**ue** ; Frédéric, Frédériq**ue** ; Turc, Turq**ue**. (En outre : Grec, Grecq**ue**.)

Le c est muet dans Franc. Il se prononce [k] dans les autres masculins.

— x → s pour les noms en -eux (sauf vieux : § 169) et pour époux et jaloux : Ambitieux, ambitieu**se**. Époux, épou**se**.
x → ss dans : roux, rou**sse**.

Le x est muet. Le féminin se caractérise phonétiquement par l'addition de [z] (se) ou de [s] (sse).

— Fils [fis] → fille [fij]. — Loup [lu] → louve [lu:v].

169   En même temps que par l'addition d'un e, certains féminins se carac-térisent par des phénomènes divers :

— Addition d'une consonne (aussi dans la prononciation) dans : favori, favo-ri**te** ; Andalou, Andalou**se**.
— Remplacement de -er [e] par -ère [ɛ:R] : Berger, berg**ère**.
— Remplacement de -eau [o] par -elle [ɛl] : Chameau, cham**elle**.
En outre : Fou → folle. — Vieux [vjø] → vieille [vjɛj].

b. Addition et modification de suffixes

170   Addition de suffixes.

a)   Le suffixe *-esse* s'ajoute aux mots suivants :

— Sans modification du masculin (sauf la chute de l'*e* final) :

âne	comte	ivrogne	pauvre	tigre
borgne	diable	maître	prêtre	traître
bougre	drôle	mulâtre	prince	vicomte.
chanoine	faune	ogre	sauvage	
clown	hôte (§ 163, Rem. 1)	pape	Suisse	

Un âne, une ânesse ; un clown, une clownesse.

On dit parfois : *Une borgne, une ivrogne, une mulâtre, une pauvre, une sauvage, une Suisse.*

— Avec modifications du masculin :

abbé, abbesse	dieu, déesse	poète, poétesse
devin, devineresse	duc, duchesse	prophète, prophétesse.
diacre, diaconesse	nègre, négresse	

b)   Autres suffixes :

-ine dans : *héros, héroïne* ; *speaker* [spikœ:R], *speakerine* [2] [spikRin] ; *tsar, tsarine* ; *Victor, Victorine* et quelques autres prénoms.
-ette dans des prénoms : *Yves, Yvette,* etc.
-ie dans des prénoms : *Léon, Léonie,* etc.
-taine dans : *chef, cheftaine* (vocabulaire du scoutisme).
-aise dans : *Basque, Basquaise.* (On dit aussi : *une Basque.*)

171   Substitution ou suppression de suffixes.

— Suppression dans : *canard, cane* ; *compagnon, compagne* ; *dindon, dinde* ; *mulet, mule.*

— Substitution dans : *chevreuil, chevrette* ; *gouverneur, gouvernante* ; *lévrier, levrette* ; *serviteur, servante.*

On peut y joindre : *neveu, nièce ; perroquet, perruche* (qui désigne aussi un autre oiseau) ; *roi, reine.*
Notons aussi les anglicismes comme : *un sportsman* [spɔRtsman], *une sportswoman* [spɔRts-wuman], etc. ; — *un barman, une barmaid* [baRmɛd].

---

2. On recommande de se servir plutôt d'*annonceur, annonceuse,* ou de *présentateur, présentatrice.*

172   **Noms en -*eur*.**

a) Les noms en -*eur* [œ:R] qui dérivent d'un verbe français font leur féminin en -*euse* [ø:z] :

*Menteur, ment**euse**. Enquêteur, enquêt**euse**.*

Ce féminin s'applique aux noms auxquels on peut faire correspondre un participe présent en remplaçant -*eur* par -*ant*. **Exceptions :** *Exécuteur, inspecteur, inventeur, persécuteur,* qui changent -*teur* en -*trice* (cf. *b*) : *Exécutrice,* etc. ; — certains féminins en -*eresse* (cf. *c*).

b) Les noms en -*teur* qui ne dérivent pas d'un verbe français font leur féminin en -*trice* :

*Directeur, direc**trice**.*

En outre : *Ambassadeur, ambassadrice ; empereur, impératrice.*
Débiteur (« qui débite »), *débit**euse*** (cf. *a*) ; *débiteur* (« qui doit »), *débit**rice**.*
Chanteur fait ordinairement *chant**euse*** ; *cantatrice* se dit d'une chanteuse professionnelle spécialisée dans l'opéra.

c) *Enchanteur, pécheur, vengeur* changent -*eur* en -*eresse* : *Enchanteresse,* etc.

De même, *bailleur, défendeur, demandeur* et *vendeur* dans la langue juridique, *charmeur* et *chasseur* dans la langue poétique. — Dans l'usage courant, on a les féminins *demandeuse, vendeuse, charmeuse, chasseuse.*
En outre, la langue familière emploie *doctoresse* comme féminin de *docteur* (en médecine).

d) *Inférieur, mineur, prieur, supérieur* forment leur féminin par l'addition d'un *e : Inférieur**e**,* etc.

c. Deux mots de radical différent

173   Un certain nombre de noms ne s'appliquant qu'à un sexe n'ont pas de variation véritable (comp. § 163, Rem. 2). On peut citer des correspondances lexicales comme les suivantes :

Bélier, brebis	Homme, femme	Papa, maman
Bouc, chèvre	Jars, oie	Parrain, marraine
Cerf, biche	Jeune homme, jeune fille	Père, mère
Coq, poule	Lièvre, hase	Sanglier, laie
Étalon, jument	Mâle, femelle	Scout, guide
Frère, sœur	Mari, femme	Seigneur, dame
Garçon, fille	Matou, chatte	Singe, guenon
Gendre, bru	Monsieur, § 163, Rem. 1	Taureau, vache
Hébreu, Juive	Oncle, tante	Verrat, truie.

d. Mots n'ayant qu'un genre

174   Certains noms ne possèdent qu'un genre alors qu'ils peuvent désigner des hommes ou des mâles aussi bien que des femmes ou des femelles (cf. § 161). Lorsqu'on veut préciser le sexe de l'être désigné, on doit donc ajouter au nom des mots comme *masculin, féminin, homme, femme* (pour les êtres humains), *mâle, femelle* (pour les animaux, sauf par plaisanterie) :

> *La vedette* **masculine** *de ce film était...*
> *On apprend la mort de dame Laura Knight,*
> *doyenne des* **femmes**-*peintres britanniques.* (Dans le *Monde*.)
> *Jamais, avant cet hiver, on n'avait vu (...) tant de peintres* **femmes**
> *prouver qu'elles ne le cèdent point aux hommes en tant qu'artistes.* (Apollinaire.)
> *Un hippopotame* **femelle**. — *Une souris* **mâle**.
> **La femelle** *du moustique suce le sang.*

Remarque. — Les déterminants, les adjectifs, les participes qui se rapportent à des syntagmes comme *femme professeur* et *professeur femme* (plus rare) s'accordent avec le premier terme de ces syntagmes :

> **Une** *femme professeur a été* **assassinée**. — **Un** *professeur femme a été* **assassiné**.

N. B. — On ne met pas de trait d'union ordinairement dans les formules comme *femme peintre* ou *peintre femme*.

3. LE NOMBRE

175   Au contraire du genre, le **nombre** n'est pas un caractère du nom considéré en soi, mais il correspond aux besoins de la communication.

Il y a deux nombres en français : le **singulier** et le **pluriel**.

a) Le plus souvent, ils s'emploient à propos d'êtres ou de choses qui peuvent être comptés. On utilise le singulier, quand on désigne un seul être ou une seule chose, ou, pour les noms collectifs (§ 155, *b*), un seul ensemble :

> *Un cheval.   Une pomme.* — *Un essaim.*

On utilise le pluriel quand on désigne plus d'un être ou plus d'une chose, ou, pour les noms collectifs, plus d'un ensemble :

> *Trois chevaux.   Toutes les pommes.* — *Deux essaims.*

Remarque. — Le singulier peut avoir une valeur générique, c'est-à-dire qu'il peut concerner tous les représentants de la catégorie envisagée : **Le Parisien** *se croit souvent supérieur au* **provincial**. — **Chaque** âge *a ses plaisirs.*

b) Le pluriel s'emploie parfois à propos de choses qui ne peuvent être comptées, notamment pour donner une impression de grandeur :

Manger des épinards, des confitures.
Des sables mouvants.   Dans les airs.   Les neiges éternelles.
Les eaux d'un fleuve.   Les cieux (cf. § 182, *c*).

Un déterminant pluriel se joint même à un syntagme nominal au singulier pour exprimer une nuance emphatique ou lorsqu'il s'agit d'approximation : *Marius rentre à présent à* **des une heure** *du matin !* (Hugo.) — *La messe à la mode finie vers* **les une heure**... (Stendhal.)

La langue littéraire emploie emphatiquement un déterminant pluriel avec un nom propre désignant une personne déterminée (cf. § 183, *a*, Rem. 2) : **Les Foch** *et* **les Pétain** *ont gagné la guerre de 1914.*

176   Noms ayant un seul nombre.

a) Certains noms se trouvent ordinairement au singulier, notamment :

— Noms de sciences : *La botanique.* (Mais : *Les mathématiques*, cf. *b*, Rem. 2.)
— Noms désignant des qualités : *La solidité, la fragilité.*
— Noms de sens : *L'odorat.*
— Noms de points cardinaux : *Le nord.*
— Certains infinitifs et adjectifs employés comme noms : *Le boire et le manger. L'utile et l'agréable.*

Des noms qui s'emploient surtout au singulier peuvent avoir un pluriel dans certains cas, éventuellement avec un autre sens : *La bonté. Avoir des bontés pour quelqu'un.* — *Pratiquer la peinture. Des peintures abstraites.* — *Le fer rouille. Un marchand de fers.*

b) Certains noms ne s'emploient qu'au pluriel : *Alentours, annales, armoiries, arrhes, bestiaux, doléances, environs, frais* (« dépenses »), *funérailles, mœurs, obsèques, pierreries, sévices, vêpres, victuailles*, etc.

De même, les noms désignant des chaînes de montagnes, des archipels, et certains noms de constellations ou de régions : *Les Alpes, les Antilles, les Gémeaux, les Cévennes.*

Certains de ces noms désignent une pluralité de choses *(bestiaux...)*, tandis que d'autres concernent des ensembles vagues *(alentours...)*.

Remarques. — 1. Certains noms ne s'emploient qu'au pluriel dans une de leurs significations :

Les **assises** *d'un parti.*   (Mais : **L'assise** *d'un bâtiment.*)
Les **ciseaux** *de la couturière.*   (Mais : **Un ciseau** *de sculpteur.*)
Mettre **ses lunettes.**   (Mais : **Une lunette** *d'approche.*)
Un écolier en **vacances.**   (Mais : **La vacance** *du trône.*)

Lorsqu'on a besoin d'exprimer l'idée de nombre pour le sens qui est propre au pluriel, on doit recourir à des périphrases : *Deux* **paires** *de ciseaux* ou *de lunettes. Deux* **périodes** *de vacances.*

2. Quelques noms s'emploient au singulier ou au pluriel sans distinction de sens :

Il tirait sur **ses longues moustaches** *(...). Tous les poils de* **sa moustache** *hérissés...* (G. Duhamel.)
La mathématique, les mathématiques. — *Un orgue, des orgues* (cf. § 159).

MARQUES DU PLURIEL

a. Marques écrites

177   **Règle générale.** — La plupart des noms forment leur pluriel par l'adjonction d'un *s* à la forme du singulier :

> *Homme, homme*s. *Femme, femme*s. *Banc, banc*s. *Cité, cité*s.

Remarque. — Du point de vue phonétique, le pluriel en -*s* n'est distinct du singulier que dans *œuf* [œf], *œufs* [ø] ; *bœuf* [bœf], *bœufs* [bø].

Sinon, *s* est purement graphique, sauf éventuellement en liaison avec le mot suivant commençant par une voyelle : *Les jours ouvrables.*

Lorsque le nom commence par une voyelle, on a aussi souvent une liaison entre le mot et ce qui le précède : *Un air* [œ̃ n ɛ:R], *des airs* [de z ɛ:R].

Prenez garde de ne pas ajouter [z] dans : *quatre hommes*, etc. — Pour la locution *entre quatre yeux*, « on prononce ordinairement, par plaisanterie, *Entre quatre-z-yeux* » (Acad.).

En dehors de cela, le pluriel est marqué seulement par les déterminants : **Des** *femmes*, **mes** *sœurs*, **ces** *murs*.

178   Certains noms font leur pluriel par l'addition d'un *x* à la forme du singulier.

a) Les noms en -*au, -eu :*

> *Un tuyau, des tuyau*x. *Un tonneau, des tonneau*x. *Un cheveu, des cheveu*x.

Exceptions : *Landau, sarrau, bleu, pneu, émeu, lieu* (nom de poisson) : *des landau*s, etc.

b) Sept noms en -*ou : bijou, caillou, chou, genou, hibou, joujou* et *pou :*

> *Un bijou, des bijou*x.

Les autres noms en -*ou* prennent *s : des clou*s, *des voyou*s.

L'*x* est une marque purement écrite.

En cas de liaison, on ajoute [z] : *des choux énormes* [ʃu z enɔRm].

179   Les noms terminés par -*s*, -*x* ou -*z* ne changent pas au pluriel :

> *Un pois, des pois.* — *Une croix, des croix.* — *Un nez, des nez.*

Pour le mot *os*, il y a une prononciation différente : [os] au singulier, [o] au pluriel.

En outre, les liaisons ne se font qu'au pluriel (en [z]) : *Les bras étendus. À bras ouverts. Des prix élevés. Couper bras et jambes,* etc.

b. Marques orales et écrites

180   Beaucoup de noms en **-al,** surtout parmi les plus courants, changent *-al* en **-aux** [o] au pluriel :

Un bocal, des bocaux. — Un mal, des maux.

Exceptions : *Bal, cal, carnaval, chacal, festival, récital, régal* prennent simplement *s : Des bals,* etc.

Il en est de même pour des noms moins usités ou moins courants au pluriel : *bancal, caracal, cérémonial, choral, corral, mistral, narval, nopal, pal, serval...* — En outre, *des Ritals* (« des Italiens »), mot argotique.

Pour *val,* on dit *vals,* sauf dans l'expression *par monts et par vaux.* — Pour *étal, idéal,* l'usage hésite entre *étals* et *étaux, idéals* et *idéaux.*

181   Neuf noms en **-ail** [aj] changent *-ail* en **-aux** [o] : *bail, corail, émail, fermail, soupirail, travail, vantail, ventail, vitrail :*

Un bail, des baux.

On a le pluriel *travails* quand le nom désigne la machine où l'on assujettit les chevaux pour les ferrer, les panser, etc.

Les autres noms en *-ail* prennent *s : Des éventails, des rails.*
Pour le mot *ail,* on dit : *des ails ;* parfois : *des aulx* [o].

182   Cas spéciaux.

a) *Un* **œil** [œj], *des yeux* [jø].

Le pluriel *œils* est utilisé pour certains noms composés (cf. § 184, *b*) : *Des œils-de-bœuf, des œils-de-perdrix, des œils-de-chat, des œils-de-tigre,* etc.

b) Aïeul fait au pluriel *aïeux* au sens d'« ancêtres », — mais *aïeuls* au sens « grands-pères » ou « grands-parents » :

*Chaque ville (...) a d'abord célébré ses **aïeux** illustres.* (Barrès.)
Le consentement des pères et mères, aïeuls et aïeules. (Code civil.)
*Ses **aïeuls** paternels ont célébré leurs noces d'or.*

Régulièrement, on dit : *les bisaïeuls, les trisaïeuls.*

c) Ciel fait *ciels* au pluriel, quand on envisage une pluralité réelle :

*L'ignoble intensité d'azur perruquier des **ciels** d'Orient.* (Bloy.)
*Les sept **ciels** de la physique chrétienne.* (Proust.)
*Ce peintre fait bien les **ciels.*** (Acad.) *— Des **ciels** de lit.*

Cieux est, dans le langage soutenu, un synonyme emphatique (cf. § 175, *b*) de *ciel,* pour désigner la voûte céleste et l'espace indéfini où se meuvent les astres, ou encore le paradis chrétien :

*On n'entendait au loin, sur l'onde et sous les **cieux**,
Que le bruit des rameurs...* (Lamartine.)
*Notre Père, qui es aux **Cieux**...* (Pater.)

c. Catégories particulières

183 **Les noms propres.**

a) Les noms propres de **personnes** ne varient pas au pluriel :

> *Les Hohenzollern. Les Bonaparte. Les Goncourt. Les deux Corneille.*
> *Les Rougon et les Macquart. Les Dupont.*
> *Il y a trois Jean dans cette classe.*

Quelques noms ont gardé d'anciens pluriels : *Les trois Horaces. Les trois Curiaces. Les deux Gracques. Les sept frères Maccabées.* — Spécialement des noms de familles, surtout régnantes, dont la gloire est ancienne : *Les Ptolémées, les Tarquins, les Césars, les Flaviens, les Antonins, les Sévères, les Plantagenets, les Bourbons, les Stuarts, les Tudors.*

Il y a de l'hésitation pour certains noms ; on écrit parfois : *Les Habsbourgs.*

Remarques. — 1. Même quand les noms propres de personnes sont employés comme des noms communs, pour désigner, soit des individus ayant les caractéristiques des personnes en question, — soit des œuvres produites par ces personnes, — soit des œuvres représentant ces personnages, l'usage hésite souvent à mettre la marque du pluriel :

> *Combien de* **Mozarts** *naissent chaque jour en des îles sauvages !* (J. Rostand.)
> *Répondre, par avance, à tous les* **Caïn** *du monde.* (A. Camus.)
> *Trois ou quatre* **Titiens.** (Taine.) — *Des* **Murillo** *de la plus grande beauté.* (Gautier.)
> *Des statues en plâtre,* **Hébés** *ou* **Cupidons.** (Flaubert.)
> *Cet étonnant Cranach dont les* **Adam** *sont des* **Apollon** *barbus.* (Huysmans.)

Il est d'ailleurs à peu près impossible de mettre la marque du pluriel à des noms comme *Van Eyck, La Fontaine*, etc.

Si le nom propre est devenu tout à fait un nom commun et si on l'écrit par une minuscule, il prend la marque du pluriel : *des mécènes, des gavroches, des cicérones,* etc.

Les noms de marques commerciales sont souvent laissés invariables : *Boire deux* **Martini.** — *Une collision entre deux* **Citroën.** (Légalement, ils doivent s'écrire par une majuscule.)

2. On ne met naturellement pas la marque du pluriel quand on désigne une personne déterminée en utilisant par emphase un déterminant pluriel : *Les* **Corneille,** *les* **Racine,** *les* **Molière** *ont fait la gloire du théâtre français au XVIIᵉ siècle.*

3. Les noms d'habitants, de dynasties et les autres noms en relation avec les noms propres (cf. § 154, Rem. 1) prennent la marque du pluriel : *Les Capétiens, les Carolingiens, les Suisses, les Russes, les franciscains,* etc.

b) Les noms propres de **lieux** dont l'emploi au pluriel appartient à l'usage ordinaire prennent la marque du pluriel : *Les Indes, les Flandres, les Gaules, les Deux-Siciles, les Guyanes.*

Certains noms propres de lieux sont toujours au pluriel : cf. § 176, *b.*

Pour les noms propres de lieux dont l'emploi au pluriel n'est pas traditionnel, l'usage est hésitant : *Le dialogue (...) entre les deux* **Corées**. (Dans le *Monde*.) — *Les deux* **Savoie**. (R. Vailland.)

Avec un nom de ville ou de village, on met plus rarement la marque du pluriel : *Il y a deux* **Villeneuve**. *Ici c'est Villeneuve-sur-Claine*. (A. France.)

c) Les titres d'ouvrages, de revues, etc. sont généralement laissés invariables :

Posséder deux **Énéide**. — *Un paquet de* **Nouvelle revue française**.

184   Les noms composés.

a) Les composés dont les éléments sont soudés dans l'écriture forment leur pluriel comme les noms ordinaires :

*Des bonjour***s**. *Des entresol***s**. *Des pourboire***s**. *Des portemanteau***x**.

Exceptions : Dans *bonhomme* [bɔnɔm], *gentilhomme* [ʒɑ̃tijɔm], *madame, mademoiselle, monseigneur* et *monsieur* [məsjø], les deux éléments varient au pluriel : *bon***s***homme***s**, *gentil***s***homme***s**, **mes***dame***s**, **mes***demoiselle***s**, **mes***seigneur***s** (ou **nos***seigneur***s**) et **mes***sieur***s**.

Le pluriel de ces mots est distinct du singulier au point de vue phonétique : [bɔzɔm], [ʒɑ̃tizɔm], [medam], [medmwazɛl], [mesɛɲœ:R], [nosɛɲœ:R], [mesjø].
Madame, comme équivalent familier, souvent ironique, de *dame*, a comme pluriel : *des madames*. — On dit aussi, familièrement : *des monseigneurs*.

b) Lorsque les éléments ne sont pas soudés, l'usage oral ne marque pas d'habitude le pluriel : cf. *des œils-de-bœuf* [œjdəbœf], etc. (§ 182, *a*), *des arcs-en-ciel* (aRkɑ̃sjɛl].

Dans la langue écrite, on s'est efforcé d'établir des règles fondées sur la logique, seuls les adjectifs et les noms pouvant varier.

1° Nom + nom en apposition et **nom + adjectif,** les deux éléments varient :

*Des chef***s***-lieu***x**, *des oiseau***x***-mouche***s**. — *Des coffre***s***-fort***s**, *des arc***s***-boutant***s**.

L'Académie écrit : *des guet***s***-apens* [gɛtapɑ̃], *des porc***s***-épic***s** [pɔRkepik], *des reine***s***-claude***s**, *des compère***s***-loriot*, *des chevau-léger***s** (singulier : *un chevau-léger*), *des sauf-conduit***s**, *des terre-plein***s** (lieux pleins de terre). — On écrit généralement : *des pur sang*.
Pour le pluriel de *grand-mère*, cf. § 201, *d*.
Quand le premier élément présente la terminaison *-o*, il reste invariable : *Les Gallo-Romain***s**, *des électro-aimant***s**. — De même : *des tragi-comédie***s**.

2° Nom + nom complément, le premier élément seul varie :

*Des arc***s***-en-ciel, des chef***s***-d'œuvre, des timbre***s***-poste*.

On écrit : *des pot-au-feu, des pied-à-terre, des tête-à-tête*.

3° Mot invariable + nom, le second élément seul varie :

*Des arrière-garde***s**, *des haut-parleur***s**, *des en-tête***s**. (Mais : *des après-midi*.)

4° **Verbe + nom complément d'objet direct,** le second élément seul varie (si le sens s'y prête) :

*Des bouche-trou**s**, des couvre-lit**s**, des pique-nique**s**.*
(Mais : des abat-jour, des perce-neige.)

S'il s'agit d'un complément prépositionnel ou d'un adverbe, rien ne varie : *des meurt-de-faim, des pince-sans-rire, des passe-partout.*

Remarques. — 1. Dans certains cas, le nom complément a la marque du pluriel même au singulier : *Un casse-noisette**s**, un compte-goutte**s**, un presse-papier**s**.*

2. Dans les noms composés à l'aide du mot *garde*, ce mot varie au pluriel quand le composé désigne une personne : *des garde**s**-chasse, des garde**s**-malade**s** ;* — il reste invariable quand le composé désigne une chose : *des garde-fou**s**, des garde-robe**s**.*

3. Selon un ancien usage (§ 352, *a*), on écrit : *des ayant**s** droit, des ayant**s** cause.*

5° **Verbe + verbe, phrases,** rien ne varie :

Des laissez-passer, des manque à gagner, des on-dit, des sot-l'y-laisse.

On laisse aussi invariables des noms qui sont des locutions ou syntagmes étrangers comme : *des ex-voto, des post-scriptum, des mea-culpa, des nota-bene, des vade-mecum, des pick-up, des volte-face,* etc. (Mais : *des fac-similé**s**.*)

185   Les mots d'emprunt.

a) S'ils sont vraiment francisés, on leur donne la marque écrite du pluriel :

*Des accessit**s**, des agenda**s**, des imbroglio**s**, des toast**s**.*

b) On laisse invariables les noms des prières catholiques :

Des Avé, des Credo, des Gloria, des Pater.

L'Académie écrit toutefois : *Des Alléluia**s**, des bénédicité**s**.*

c) On garde parfois des pluriels étrangers :

1° Pluriels latins : *Un minimum* [-ɔm], *des minim**a** ; un maximum, des maxim**a*** (dans la langue ordinaire : *des minimum**s**, des maximum**s**)* ; — *un sanatorium, des sanatori**a*** (ou mieux : *des sanatorium**s**).*

2° Pluriels italiens : *Un carbonaro, des carbonar**i** ; un soprano, des sopran**i*** (ou mieux : *des soprano**s*** [sɔpRano]) ; *un impresario* [ɛ̃pResaRjo], *des impresar**i**i* (ou mieux : *des impresario**s**).*

3° Pluriels anglais :
— *-man* → *-men* : *Un barman* [baRman], *des barmen* [baRmɛn] (ou mieux : *des barman**s*** [baRman]) ;
— *-y* → *-ies* (prononcé [i] à la française) : *Un whisky* [wiski], *des whiskies* [wiski] (ou : *des whisky**s**)* ;
— Les noms terminés par deux consonnes (du point de vue phonétique ou graphique) font leur pluriel par l'addition de *-es* (mais cela ne se marque pas dans la prononciation) : *match, match**es*** (ou *match**s**)* ; *box, box**es*** ; *sandwich, sandwich**es*** (ou mieux : *sandwich**s**)* [sur la prononciation de ce mot, cf. § 67].

4° Pluriels allemands : *Un lied* [lid], parfois *des lied*er [lidœ:R] ; ordinairement *des lied*s [lid] ; — *un leitmotiv* [lajtmɔti:v] ou [lɛt-], [-if], *des leitmoti*ve (Acad.) [Mais on trouve d'autres formes : *-ivs*, ou même *-ifs* ou *-iv* invariable.]

186   **Les noms accidentels.** — Les mots pris occasionnellement comme noms (cf. § 81), ainsi que les noms des lettres de l'alphabet ou des phonèmes, des chiffres, des notes de musique, ne changent pas au pluriel :

Avec des **si**, *on mettrait Paris en bouteille.*
Deux **que**. — *Deux* **a**.
Écrire deux **sept**. — *Les quatre* **huit** *d'un jeu de cartes.*

Lorsque la nominalisation est entrée dans l'usage, les mots prennent la marque du pluriel :

*Les rire*s. — *Les attendu*s *d'un jugement.*
*Des merci*s.   *Des bravo*s.   *Des adieu*x.
*Prendre les devant*s. — *Les avant*s (au football).

CHAPITRE II

L'adjectif

187 L'**adjectif** est un mot qui varie en genre et en nombre, genre et nombre qu'il reçoit, par le phénomène de l'accord (§ 202), du nom auquel il se rapporte. Il est apte à servir d'épithète et d'attribut :

Un veston **brun.** *Une veste* **brune.** *Des vestons* **bruns.**
Cette veste est **brune.** *Je trouve cette veste vraiment trop* **étroite.**

Sur la place de l'adjectif épithète, cf. §§ 122 et 123 (épithète détachée). — Sur la place de l'adjectif attribut du sujet, cf. § 102, *d.* — Sur les espèces d'adjectifs épithètes, cf. § 121, *b,* Rem. 1.

Du point de vue sémantique, l'adjectif exprime une manière d'être, une qualité de l'être ou de la chose désignés par le nom auquel il se rapporte.

Il est fréquent que l'on unisse, dans la même catégorie de l'adjectif, l'adjectif *qualificatif* (qui est le seul que nous retenions ici) et l'adjectif *déterminatif* (que nous traitons dans le chapitre suivant, sous le nom de *déterminant*). Leur rôle syntaxique les différencie.

Remarques. — 1. Du point de vue de sa forme, un adjectif peut être **composé,** c'est-à-dire constitué de plusieurs mots (§ 77) : *Clairsemé, aigre-doux.*

2. On appelle **adjectif verbal** le participe présent employé adjectivement (cf. § 351) : *Une nouvelle* **étonnante.**

1. LES MARQUES DU FÉMININ

N.B. — Le masculin singulier est, pour l'adjectif, la forme indifférenciée, neutralisée, et celle qui représente l'adjectif (comme l'infinitif représente le verbe) en dehors de ses réalisations dans la phrase, par exemple dans un dictionnaire.

188 **Règle générale.** — Dans l'écriture, on obtient souvent le féminin en ajoutant un *e* à la forme du masculin :

Un manteau bleu. Une robe **bleue.** — *Un conseil banal. Une remarque banal***e.**
*Un haut mur. Une haut***e** *muraille.*

Remarque. — Sur le féminin du point de vue phonétique, voir ce qui a été dit du nom au § 165, Rem.

Notons que la consonne qui apparaît au féminin (*petit* [p(ǝ)ti], *petite* [p(ǝ)tit]) est souvent présente au masculin devant un nom commençant par une voyelle : *un petit homme* [pti t ɔm]. Mais il arrive aussi que la consonne du féminin et celle de la liaison ne soient pas identiques : cf. § 22, Rem. 2.

189   Les adjectifs terminés par un *e* au masculin ne varient ni dans l'écriture ni dans la prononciation quand ils sont employés au féminin :

Un livre utile.   Une chose **utile.**

Exceptions : *Maître* et *traître*, cf. § 194, *a*.

Sur les autres adjectifs invariables, cf. §§ 197 et suivants.

190   En même temps que par l'addition d'un *e*, certains féminins se caractérisent dans l'écriture par le **redoublement** de la consonne finale du masculin.

a) Redoublement de *l :*

1° Pour les adjectifs en *-el* [ɛl] et en *-eil* [ɛj] : *Cruel, cru***elle.** *Pareil, parei***lle.**

Dans la prononciation, ces adjectifs ont la même forme au masculin et au féminin. — Il en est de même pour *nul, nulle* (adjectif ou déterminant).

2° Dans : *gentil* [ʒãti], *genti***lle** [ʒãtij].

b) Redoublement de *n :*

1° Pour les adjectifs en *-en, -on : Ancien, ancie***nne.** *Bon, bo***nne.**

Exception : *mormon, mormon*e. — On écrit plus souvent *lapon*e, *letton*e, *nippon*e, que *lapo***nne,** etc.

2° Pour *paysan, rouan, valaisan, veveysan : Paysan, paysa***nne.**

Les autres adjectifs en *-an*, les adjectifs en *-in* (pour *bénin, malin*, cf. § 192), *-ain, -ein, -un* ne redoublent pas l'*n : Persan, persan*e ; *voisin, voisin*e ; *hautain, hautain*e ; *plein, plein*e ; *commun, commun*e.

Remarque. — Du point de vue de la prononciation, les adjectifs terminés au masculin par une voyelle nasale subissent deux modifications au féminin : apparition d'une consonne nasale [n] et dénasalisation de la voyelle :

[ã] → [a] : *persan* [pɛRsã], *persane* [pɛRsan] ;
[ɔ̃] → [ɔ] : *bon* [bɔ̃], *bonne* [bɔn] ;
[œ̃]→ [y] : *commun* [kɔmœ̃], *commune* [kɔmyn].

[ɛ̃] a deux aboutissements :
— [ɛ] dans les adjectifs terminés par *-ain, -ein, -en : hautain* [otɛ̃], *hautaine* [otɛn] ; *plein* [plɛ̃], *pleine* [plɛn] ; *ancien* [ãsjɛ̃], *ancienne* [ãsjɛn] ;
— [i] dans les adjectifs terminés par *-in : voisin* [vwazɛ̃], *voisine* [vwazin].

c) Redoublement de *t* :

1° Pour les adjectifs en **-et** : *Muet, mu***ette**.

Exceptions : Les neuf adjectifs *complet, incomplet, concret, désuet, discret, indiscret, inquiet, replet, secret* (qui n'ont pas étymologiquement le suffixe *-et*) ont un féminin en *-ète* (avec accent grave) : *Complet, compl***ète**.

2° Pour les adjectifs *boulot, maigriot, pâlot, sot, vieillot* : *Boulot, boulo***tte**.

Les autres adjectifs en *-ot* et les adjectifs en *-at* ne redoublent pas le *t* : *Idiot, idiot*e ; *délicat, délicat*e.

Remarque. — Du point de vue phonétique, ces féminins se caractérisent par l'addition d'une consonne au féminin : *Muet* [myɛ], *muette* [myɛt]. En outre, dans les adjectifs en *-ot*, il y a ouverture de la voyelle : *Sot* [so], *sotte* [sɔt].

Mat [mat] et *fat* [fat] ont la même prononciation pour les deux genres. — Le féminin *fate* est d'ailleurs peu courant : *Une attitude à la fois très* **fate** *et très gênée.* (Alain-Fournier.)

d) Redoublement de *s* pour *bas, gras, las, épais, gros, métis* : *Bas, ba***sse**.

De même dans *exprès, profès* (où l'accent disparaît au féminin) : *Expresse, professe.*

Remarque. — Sauf dans *métis* [metis], ces mots se caractérisent dans la prononciation par l'addition d'une consonne au féminin, avec allongement du [ɑ] et du [o] : *bas* [bɑ], *basse* [bɑːs] ; *gros* [gRo], *grosse* [gRoːs].

191   En même temps que par l'addition d'un *e*, certains féminins se caractérisent dans l'écriture par le **remplacement** de la consonne finale du masculin :

a) *f → v* : *Naïf, naï***ve**. (Avec addition d'un accent grave : *Bref → br***ève**.)

Cela concerne aussi la prononciation.

b) *x → s* pour les adjectifs en *-eux* (sauf *vieux* : § 192) et pour *jaloux* : *Heureux, heureu***se** ; *jaloux, jalou***se** ;

x → ss dans : *faux, fau***sse** ; *roux, rou***sse** ;

x → c dans : *doux, dou***ce**.

Le *x* étant muet, ces féminins se caractérisent dans la prononciation par l'addition d'une consonne : [z] ou [s].

c) *s → c* dans : *tiers, tier***ce** ;

s → ch dans : *frais, fra***îche** (avec accent circonflexe).

Ces féminins se caractérisent dans la prononciation par l'addition d'une consonne : [s] ou [ʃ].

d) *c → ch* pour *blanc, franc* (« qui a de la franchise ») : *Blanc, blan***che**. (En outre, *sec → s***èche**.)

c → qu (cf. § 31, *b*) pour *ammoniac, caduc, franc* (peuple), *public, turc* : *Caduc, cadu***que**. (En outre, *grec, gre***cque**.)

Le *c* est muet dans *blanc* et *franc* (dans les deux sens). Il se prononce dans les autres adjectifs, qui ne varient donc pas en genre dans l'oral.

192   En même temps que par l'addition d'un *e*, certains féminins se caractérisent par des phénomènes divers :

— Addition d'une consonne (aussi dans la prononciation) dans : *Coi, coi***te** ; *favori, favori***te** ; *rigolo* [-o] (très familier), *rigolo***te** [-ɔt] ; *andalou, andalou***se.**

— Remplacement de *-er* par *-ère* (avec accent grave) : *Léger, lég***ère.**

Dans la plupart de ces adjectifs, *r* est muet au masculin et apparaît au féminin : *léger* [leʒe], *légère* [leʒɛːR]. Il est articulé dans *amer, cher, fier*, qui ont donc une seule prononciation pour les deux genres : [amɛːR].

— Remplacement de *-eau* [o] par *-elle* [ɛl] dans *beau, nouveau, jumeau* : *Beau,* **b****elle.**

En outre, *fou* [fu] → *f***olle** [fɔl] ; *mou* [mu] → *m***olle** [mɔl] ; *vieux* [vjø] → *vi***eille** [vjɛj].
Les cinq adjectifs *beau, nouveau, fou, mou, vieux* ont gardé devant un nom commençant phonétiquement par une voyelle les anciens masculins *bel, nouvel, fol, mol, vieil*, qui se prononcent comme les féminins : *Un* **bel** *appartement. Un* **vieil** *habit.* Cf. § 25, *a*.
Les masculins normaux reparaissent quand il y a disjonction : *Un* **vieux** *Hollandais.* Cf. § 26.

— Remplacement de *-gu* [gy] par *-guë* [gy] (cf. § 32, *b* et Rem. 3) : *Aigu, aig***uë.**

L'Académie a décidé en 1975 que dans les mots de cette espèce le tréma serait dorénavant sur le *u* (cf. § 37) : *Aigüe, contigüe.* — Cette réforme n'a pas encore été appliquée dans notre ouvrage.

— Remplacement de *-g* par *-gue* (cf. § 32, *b*) dans : *Long* [lɔ̃], *lon***gue** [lɔ̃ːg] ; *oblong, oblon***gue.**

— Remplacement de *-n* par *-gne* dans : *Bénin* [benɛ̃], *béni***gne** [beniɲ] ; *malin,* **m****ali****gne.**

193   **Adjectifs en *-eur.***

a) Les adjectifs en *-eur* [œːR] qui dérivent d'un verbe français font leur féminin en *-euse* [øːz] :

*Menteur, ment***euse.**

Ce féminin s'applique aux adjectifs auxquels on peut faire correspondre un participe présent en remplaçant *-eur* par *-ant*. Exceptions : *Exécuteur, exécut***rice** ; *persécuteur, persécu-* *t***rice** (cf. *b*) ; — *enchanteur, enchant***eresse** ; *vengeur, veng***eresse.**

b) Les adjectifs en *-teur* qui ne dérivent pas d'un verbe français font leur féminin en *-trice :*

*Protecteur, protec***trice.**

c) Le comparatif *meilleur* et dix adjectifs empruntés au latin (où ils étaient des comparatifs) font leur féminin selon la règle générale : *anté-*

rieur, postérieur ; citérieur, ultérieur ; extérieur, intérieur ; majeur, mineur ; supérieur, inférieur :

Meilleur, meilleure.

194 Cas spéciaux.

a) *Maître* et *traître* empruntent leur féminin aux noms correspondants (§ 170, *a*) : *La maîtresse branche. Une manœuvre traîtresse.*

b) Certains adjectifs ne s'emploient qu'avec des noms d'un seul genre et ne connaissent donc pas la variation en genre :

Sont inusités au masculin : (bouche) *bée*, (ignorance) *crasse*, (œuvre) *pie*, (rose) *trémière*.
Sont inusités au féminin : (nez) *aquilin, benêt*, (pied) *bot*, (vent) *coulis*, (feu) *grégeois, (pont-) levis*, (yeux) *pers, preux*, (hareng) *saur*, (papier) *vélin*.

De même *sauveur, vainqueur* et *hébreu*, pour lesquels on recourt à d'autres adjectifs si l'on a besoin d'un féminin : *salvatrice, victorieuse, juive* ou *hébraïque* (qui ne se dit que pour des choses) : *La religion juive, la langue hébraïque.*

c) On donne parfois à *maximum, minimum, optimum* [-ɔm] leur féminin latin : *La température* **maxima** (ou même au pluriel : *Les températures* **maxima**). Il est préférable de considérer que ces adjectifs ne varient qu'en nombre : *La température* **maximum.** *Les températures* **maximums.**

d) D'autres adjectifs sont invariables en genre et en nombre, cf. §§ 197 et suiv.

2. LES MARQUES DU PLURIEL

195 Marques écrites.

a) Règle générale. On forme le pluriel en ajoutant *s* à la forme du singulier :

Un vin pur, des vins purs. L'eau pure, les eaux pures.

Cette règle s'applique notamment à tous les adjectifs féminins.
Cet *s* est muet. On entend [z] en liaison : *Les petits enfants* [pti z ãfã].

b) *Beau, nouveau, jumeau, hébreu* prennent un *x* au pluriel :

De beaux sentiments. Des textes hébreux.

Cet *x* est muet. On entend [z] en liaison : *De beaux enfants* [bo z ãfã].

c) Les adjectifs terminés au singulier par *-s* ou *-x* ne varient pas au pluriel :

Un mot bas et haineux. Des mots bas et haineux.

Au pluriel, il y a liaison dans la langue soignée : [bɑ z e ɛnø].

196   Marques orales et écrites.

La plupart des adjectifs en **-al** [al] changent au pluriel masculin cette finale en *-aux* [o] :

*Un homme loyal, des hommes loy***aux.**

Exceptions : *Bancal, fatal, natal* et *naval* ont leur pluriel en *-als : Des combats nav***als.**

On préfère *finals* à *finaux.* — Il y a de l'hésitation pour d'autres adjectifs, mais *-aux* semble prévaloir en général.
Banal, terme de droit féodal, fait au pluriel *banaux : Des fours ban***aux.** — Dans le sens ordinaire, on préfère *banals* à *banaux : Des compliments ban***als.** (De Gaulle.) [Mais : *Quelques mots ban***aux.** (R. Rolland.)]

3. LES ADJECTIFS INVARIABLES

197   Les adjectifs de couleur sont invariables :

a) Quand ce sont des syntagmes adjectivaux : adjectif + adjectif subordonné, adjectif subordonné + adjectif, adjectif (+ *de*) + nom :

Des yeux **bleu clair.** — *Le pavement est de carreaux* **vert jaune.** (Pieyre de Mandiargues.)
Une redingote **gros bleu.** (Audiberti.)
Soie **gris de lin.** (Balzac.) — *Des gants* **jaune paille.**

Quand le syntagme est constitué d'un adjectif + *et* + un adjectif (ou nom employé adjectivement), on peut considérer qu'il s'agit, soit d'une seule indication, et on laisse les mots invariables, — soit de deux indications distinctes, que l'on rapporte indépendamment au nom, et les adjectifs varient :

Un de ces grands papillons **bleu** *et* **noir.** (J. Green.)
Les gros bouquins **rouge** *et or.* (R. Martin du Gard.)
Les vaches **blanches** *et* **noires.** (J. Gracq.) — *Une salle de bains* **noire** *et or.* (Colette.)

b) Quand ce sont des noms ou des syntagmes nominaux employés adjectivement (comp. § 200, *b*) :

Longs filets **orange.** (B. Vian.)
Des rubans **cerise, jonquille.** — *Des vestes* **ventre de biche.**

Écarlate, mauve, pourpre, rose, devenus adjectifs, varient : *Des rubans* **mauves.** — Sur *kaki,* cf. § 201, *e.*

Remarque. — *Châtain,* masculin tiré de *châtaigne,* s'emploie aussi avec des noms féminins : *Une épaisse moustache* **châtain.** (Pagnol.) — Mais *châtaine* est courant : *Une paire de moustaches* **châtaines.** (Gide.)

198   Dans les **adjectifs composés** de deux adjectifs, le premier élément est invariable :

a) Quand il reçoit par la finale -*o*, parfois -*i*, une forme propre à la composition :

> *Les populations* **anglo-saxonnes.**   *Des poèmes* **héroï-comiques.**

b) Quand l'adjectif composé est un dérivé d'un nom composé :

> *La cour* **grand-ducale.**   *Les civilisations* **extrême-orientales.**   *Les théories* **libre-échangistes.**
> *La population* **franc-comtoise.**

De même, on dit : *Une association* **franc-maçonne.** — Mais au masculin pluriel, on écrit souvent : *Les paysans* **francs-comtois.** (Stendhal.) — *Des journaux* **francs-maçons.**

c) Quand le premier adjectif équivaut à un adverbe (comp. § 199, *a*) :

> *Une fille* **nouveau-née.**   *Des personnes* **haut** *placées.*   *Des fillettes* **court-vêtues.**
> (De même : *Une fille* **mort-née.**)

Nouveau devant un participe passé pris nominalement varie, sauf dans *nouveau-né : Des* **nouveaux** *mariés. Les* **nouveaux** *venus.* (Mais : *Des* **nouveau-nés.**)

Remarques. — 1. Selon un ancien usage, on fait souvent varier le premier terme dans *large ouvert, grand ouvert, raide mort, bon premier, premier-né, dernier-né*, ainsi que *frais* précédant un participe :

> *Des fenêtres* **larges** *ouvertes.* — *Une escadrille (...)* **fraîche** *arrivée d'Italie.* (Malraux.)
> [Mais l'usage est hésitant : *La fenêtre et les persiennes* **grand** *ouvertes.* (M. Butor.)]

Tout-puissant suit la règle ordinaire de *tout* : cf. § 245, *e*.

2. Si les adjectifs sont dans un rapport de coordination, ils varient tous deux : *Des paroles* **aigres-douces.** — Si le premier élément est un mot invariable, l'adjectif seul varie : *L'*avant-dernière *page.*

199   Les **adjectifs employés adverbialement** avec un verbe restent invariables (comp. § 198, *c*) :

> *Ces étoffes coûtent* **cher.** — *Ces personnes voient* **clair.**

De même : *voler* **bas,** *sentir* **bon,** *marcher* **droit,** *chanter* **faux,** *parler* **franc,** *viser* **juste,** etc.

Tout court est invariable aussi dans le sens de « sans autre précision » : *Là n'est peut-être pas la « vérité dramatique », mais la vérité* **tout court.** (Montherlant.)
Haut et *bas* sont aussi des adverbes dans : *Haut les mains ! Haut les cœurs ! Bas les armes ! Bas les pattes !*

200   Les **adjectifs occasionnels** sont souvent laissés invariables :

a) Adverbes employés adjectivement :

> *Une femme* **bien,** *les gens* **bien.**   *Les portières* **avant.**

b) Noms ou syntagmes nominaux employés adjectivement (comp. § 197, *b*) :

La porte **sud.** *Des airs* **bonhomme.** *Une voiture* **bon marché.**
Des fauteuils **Empire.** *Des manières* **bon enfant.**

L'adjectivation peut être complète et dans ce cas les mots varient : *Moissons* **géantes.** (Zola.)
— *Des fêtes* **monstres.**

c) Éléments de composition, comme *extra, maxi, mini, super, ultra :*

Des dîners **extra.** (Maupassant.) *Des poudriers* **mini.**

201   Cas particuliers.

a) Demi et **semi,** placés devant un nom, sont invariables (ils sont suivis d'un trait d'union) :

Une **demi**-*heure.* *Deux* **demi**-*douzaines.* *Les* **semi**-*voyelles.*
(De même : *La* **mi**-*carême, la* **mi**-*janvier.*)

Demi placé après le nom, auquel il est joint par *et*, s'accorde en genre avec ce nom (mais il reste naturellement au singulier) :

Deux heures et **demie.**

On écrit : *midi et demi, minuit et demi,* ou *midi et demie, minuit et demie.*

Demi, semi et *mi,* placés devant un adjectif, sont invariables en tant qu'adverbes (cf. § 199) ; ils sont suivis d'un trait d'union :

Les bras **demi**-*tendus.* (Bernanos.) *Des armes* **semi**-*automatiques.* *Les yeux* **mi**-*clos.*

Demi dans cet emploi est surtout littéraire. La langue ordinaire emploie la locution adverbiale *à demi,* qui reste invariable et qui ne prend pas le trait d'union : *La statue était* **à demi** *voilée.* (À distinguer du cas où *à* introduit un syntagme nominal contenant *demi* adjectif : *À demi-mot.*)
Demi nom masculin et *demie* nom féminin varient en nombre régulièrement : *Boire deux* **demis.** *Une horloge qui ne sonne pas les* **demies.**

b) Feu, signifiant « défunt », varie s'il est entre un déterminant et un nom :

La **feue** *reine.* — *Toute votre* **feue** *famille.* (Sartre.)

Dans les autres cas, il est invariable :

Feu *Mme Jory.* (Barrès.) — **Feu** *les trois maris de Mme Polin.* (H. Bazin.)

c) Fort ne varie pas dans l'expression *se faire fort de :*

Elle se faisait **fort** *de l'éclairer.* (Fr. Mauriac.)
Ils se firent **fort** *de sauver l'honneur du roi.* (Michelet.)

L'invariabilité en nombre, qui n'est pas justifiée du point de vue historique, n'est pas toujours respectée.

d) Grand est invariable en genre dans certaines expressions anciennes, où il se trouve devant un nom féminin, auquel il est joint par un trait d'union :

Une **grand**-*mère, la* **grand**-*messe, la* **grand**-*route,* etc.

On recommande souvent de laisser *grand* invariable aussi en nombre dans ces expressions. Mais la *Grammaire de l'Académie* [1] conseille d'écrire **grands**-*mères,* **grands**-*routes.*

---

1. Dans son dictionnaire, l'Académie écrit *des arrière-grand-mères* et (au mot *introït*) *des grand-messes.* Mais elle n'indique rien au mot *grand.*

e) Les adjectifs *angora, bémol, chic, express, intestat, kaki, mastoc, pop,* (édition) *princeps, rococo, rosat, snob,* (livre) *sterling* sont généralement laissés invariables :

> *Chèvres* **angora.** (Giraudoux.) — *Les clients vraiment* **chic.** (Proust.)
> *Ils sont morts* **intestat.** — *Des musiciens* **pop.** — *Des pommades* **rosat.**
> *Ces gens sont un peu* **snob.** (Pagnol.)

Il en est de même des termes de jeu : *capot, échec, mat, pat ;* — des anglicismes comme : *auburn, open, standard ;* — des mots, appartenant à la langue familière ou très familière, voire argotique : *baba, bath, gnangnan, raplaplat, sympa,* etc.

Du point de vue de l'origine, ces mots invariables sont, soit des noms employés adjectivement (cf. § 200, *b*), soit des réductions (§ 79, *a*), soit des onomatopées ou des mots expressifs (§ 82).

L'invariabilité de ces mots est aussi phonétique. Mais, comme le pluriel est purement graphique en français, il n'est pas rare qu'on mette l'*s* dans l'écrit : *Chattes* **angoras.** (Claudel.) — *De* **chics** *lettres.* (Léautaud.) — *Les filles (...) toutes un peu* **snobs.** (Hériat.)

4. L'ACCORD DE L'ADJECTIF

202   L'adjectif **se rapportant à un seul terme** s'accorde avec celui-ci en genre et en nombre : avec le nom ou le pronom auxquels il sert d'épithète ; avec le sujet ou avec le complément d'objet direct auxquels il sert d'attribut.

a) Le plus souvent, c'est avec un nom ou un pronom que s'accorde l'adjectif :

> *La terre* **entière.** — *Ces paroles sont* **superflues.**
> *Je considère ces paroles comme* **superflues.**
> *Elle* **seule** *connaît l'endroit.* — *Ils sont* **intelligents.** — *Je la crois* **innocente.**

Remarques. — 1. Quand l'adjectif suit un complément déterminatif, il faut prendre garde qu'il peut, selon le sens, se rapporter au complément ou au nom complété :

> *Du poisson de mer* **frais.** — *Un groupe de soldats* **italiens.**

2. Lorsque l'adjectif se rapporte à un pronom, on constate que celui-ci ne porte pas toujours explicitement les marques de genre et de nombre. On doit alors chercher ces indications dans le contexte ou dans la réalité désignée :

> *Les personnes* **qui** *sont* **délicates.**
> *Je* *suis* **grand** ou **grande** (selon que le locuteur est un homme ou une femme).

Nous *sommes* **contents** ou **contentes,** ou parfois **content** ou **contente** (selon que *nous* représente une pluralité d'hommes [ou d'hommes et de femmes], ou de femmes, ou selon que *nous* représente un seul locuteur masculin ou féminin : cf. § 251).

Vous *êtes* **contents** ou **contentes** ou **content** ou **contente** (même observation).

b) Quand le sujet n'est pas exprimé, l'adjectif attribut s'accorde avec un nom ou un pronom qu'il faut chercher dans le contexte ou dans la situation :

Soyez **contents** *ou* **contentes** (selon que je m'adresse à des hommes
[ou à des hommes et des femmes] ou à des femmes).
Soyez **content** *ou* **contente** (selon que je m'adresse à un homme ou à une femme).
Ma tante m'a appris qu'il fallait être **polie** *avant tout* [dit Albertine]. (Proust.)

c) Quand l'adjectif sert d'attribut à un infinitif ou à une proposition, il se met au genre et au nombre indifférenciés, c'est-à-dire au masculin singulier :

Se tromper est **aisé**. — *Je trouve* **bon** *que vous alliez le voir.*

203 Cas particuliers.

a) Dans un complément absolu (§ 119) constitué par un sujet et un adjectif attribut, l'adjectif reste invariable quand il précède :

Haut dans *haut la main : Réussir* **haut** *la main.*

Nu dans *nu-tête, nu-pieds,* parfois avec d'autres noms : *Ils se mirent à travailler* **nu**-*bras.* (Flaubert.) — Mais : *pieds nus, tête nue : Marcher pieds nus* ou *les pieds nus.* (Notons les expressions juridiques : *la* **nue**-*propriété, les* **nus**-*propriétaires.*)

Plein précédant un déterminant suivi d'un nom : *Avoir de l'argent* **plein** *ses poches.* — *J'avais des fleurs* **plein** *mes corbeilles.* (Hugo.)

Sauf précédant un nom ou un syntagme nominal est senti comme une préposition : *J'ai tout perdu,* **sauf** *ma réputation.*

b) L'adjectif en rapport avec un nom de fraction suivi de son complément s'accorde souvent avec ce complément :

Une partie du linge est **blanc**.

c) Avoir l'air joue souvent le rôle d'une copule et signifie alors « paraître » ; l'adjectif qui suit s'accorde avec le sujet :

La lumière a l'air **noire**. (Hugo.) — *Ils avaient l'air* **malades**.

Mais l'accord avec *air* est possible quand celui-ci signifie « aspect, mine » ; cela ne se produit que si le sujet est un nom animé (ou un équivalent) :

Leurs statues avaient l'air **féroce**. (Stendhal.) [Comp. : *... un air féroce.*]

d) L'adjectif précédé de **des plus, des moins,** ainsi que le participe passé précédé de **des mieux** se mettent au pluriel parce que ces expressions équivalent à « parmi les plus », etc. (superlatif relatif : § 205, *b*) :

Le cas est des plus **intéressants**. (J. Romains.)

Cependant, ces expressions sont assez souvent prises comme exprimant un haut degré (« très », « très peu », « très bien » ; superlatif absolu : § 205, *a*), et l'adjectif s'accorde alors avec le nom, c'est-à-dire qu'il reste au singulier quand le nom est au singulier :

La situation était des plus **embarrassante**. (G. Duhamel.)

Le singulier est tout à fait logique lorsque l'adjectif se rapporte à un pronom neutre : *Ce n'est pas des plus* **facile.**

L'adverbe construit avec *des plus, des moins* est évidemment invariable : *Il ne voit pas des plus* **clair.**

e) Possible est invariable après *le plus, le moins,* lorsqu'il se rapporte à l'adverbe :

Faites le moins d'erreurs **possible** (= le moins possible, le moins qu'il est possible).

Il est variable en dehors de ce cas : *Vous pouvez tirer sur tous les gibiers* **possibles.** (Mérimée.)

f) Lasse est toujours au féminin singulier dans la locution figée *de guerre lasse :*

De guerre **lasse,** *il y a consenti.* (Acad.)

204   L'adjectif **se rapportant à plusieurs noms ou pronoms** coordonnés se met au pluriel. Si les noms ou pronoms sont de même genre, l'adjectif prend ce genre. Si les noms ou pronoms sont de genres différents, l'adjectif prend le genre indifférencié, c'est-à-dire le masculin :

Un livre et un cahier **neufs.** — *Une jupe et une blouse* **neuves.**
Une chemise et un pantalon **neufs.**

Quand l'adjectif a pour les deux genres des prononciations différentes, on considère comme plus élégant de rapprocher le nom masculin de l'adjectif :

Une tête et un buste **humains.** (A. France.)

Si l'adjectif se rapporte à un seul nom, il ne s'accorde évidemment qu'avec celui-ci : *Venez avec votre père et votre frère* **aîné.**

Remarques. — 1. Quand les noms sont coordonnés par *ou,* il arrive que l'on accorde l'adjectif avec le dernier nom :

Nous reprenions notre partie ou notre conversation **interrompue.** (Proust.)

Mais le pluriel est préférable pour distinguer du cas où l'adjectif ne se rapporte qu'au dernier nom : *Une statue de marbre ou de bronze* **doré.**

2. Quand les noms sont coordonnés sans conjonction, si ces noms sont synonymes ou forment une gradation, le dernier remplace en quelque sorte les autres et détermine seul l'accord de l'adjectif :

Un courage, une énergie peu **commune.**

3. Quand les noms sont joints par une conjonction de subordination indiquant la comparaison, cette conjonction peut perdre sa valeur et prendre le sens de *et.* Dans ce cas, l'adjectif s'accorde avec l'ensemble des noms :

Il a la main ainsi que l'avant-bras **noirs** *de poussière.*

Si la conjonction conserve sa valeur pleine (elle est alors généralement précédée d'une virgule), l'adjectif s'accorde avec le premier nom :

L'aigle a le bec, ainsi que les serres, **puissant** *et* **acéré.**

5. LES DEGRÉS

205   Une qualité peut apparaître à un degré plus ou moins élevé,

a) Soit sans comparaison explicite ; c'est le degré **absolu :**

> *Jean est* **un peu malade, assez malade, très malade.**

Le haut degré *(très malade)* est souvent appelé **superlatif absolu.**

b) Soit avec une comparaison explicite ; c'est le degré **relatif** ou **comparatif,** qui peut marquer l'égalité, l'infériorité, la supériorité :

> *Paul est* **aussi grand** *que Pierre.* — *Anne est* **moins malade** *qu'hier.*
> *Anne est* **moins malade** *que je ne le craignais.* — *Il est* **plus bête** *que méchant.*

La comparaison peut se faire avec un *ensemble* d'êtres ou de choses ou, pour le même être ou la même chose, avec un ensemble de circonstances ; c'est le **superlatif relatif :**

> *Jean est* **le moins grand** *de sa classe.*
> *C'est à ce moment-là qu'il a été* **le plus triste.**

Le superlatif a la même forme que le comparatif de supériorité ou d'infériorité. Il s'en distingue seulement par la présence de l'article défini : *Il est* **plus** *savant* → *Il est* **le plus** *savant.*

Lorsque le superlatif relatif précède le nom, il n'a pas de marque qui le distingue du comparatif : *C'est le* **plus** *beau film que j'aie vu* (l'article est celui qui détermine le nom). *Mon* **plus** *grand souhait.* — Il n'y a pas de marque non plus dans : *Ce qu'il y a de* **plus** *beau.*

Remarques. — 1. Dans le superlatif relatif, l'article varie quand on compare plusieurs êtres ou choses :

> *C'est* **la** *plus heureuse des femmes, c'est la femme* **la** *plus heureuse*
> (= la plus heureuse de toutes).

L'article ne varie pas quand on compare l'état d'un seul être ou d'une seule chose dans des circonstances ou des moments différents :

> *C'est en vacances qu'elle est* **le** *plus heureuse*
> (= surtout heureuse, heureuse le plus possible).

Cette règle n'est pas toujours respectée dans l'usage courant. Mais, lorsque *le plus* se rapporte à un adverbe, l'invariabilité de l'article s'impose : *Ce sont eux qui sont venus* **le** *plus tôt.*

2. Certains adjectifs n'ont pas de degré : *carré, circulaire, équestre,* etc. C'est notamment le cas des épithètes de relation (§ 121, *b*, Rem. 1) : *Une grammaire* **grecque.** C'est aussi le cas des adjectifs contenant déjà une idée comparative : *aîné, principal, supérieur,* etc.

206   Les degrés s'expriment ordinairement au moyen d'adverbes, comme on l'a vu dans les exemples ci-dessus. Le même procédé est utilisé pour des adverbes *(***très** *souvent,* **plus** *souvent),* ou pour des verbes *(bavarder* **un peu,** *bavarder* **plus que...).** Cf. §§ 385-386.

Cependant, dans d'autres langues et notamment en latin, certains degrés des adjectifs (et des adverbes : § 383) sont exprimés par des désinences ou des formes spéciales. Il y en a quelques traces en français [2] :

a) Le comparatif de supériorité et le superlatif relatif de supériorité de *bon, petit, mauvais* ont des formes spéciales, *meilleur, moindre* et *pire :*

> Ce vin est **meilleur.** — Mon **meilleur** ami.
> Son mal n'est pas **moindre** que le vôtre. (Acad.)
> Le **moindre** bruit l'effraie. — Le remède est **pire** que le mal.

Moindre et *pire* ne s'emploient que dans des cas limités et surtout dans la langue soignée. On dit ordinairement *plus petit* (surtout pour ce qui est mesurable) et *plus mauvais : Cette chambre est* **plus petite.** — *Sa santé est* **plus mauvaise** *que jamais.*

Sur les rapports de *pire* et de *pis,* cf. § 383, Rem. 1.

b) Le haut degré (superlatif absolu) se marque parfois par le suffixe *-issime.*

En dehors de *rarissime,* de *richissime,* et de certaines épithètes honorifiques *(illustrissime,* etc.), *-issime* appartient à la langue littéraire, où il sert notamment à des effets plaisants :

> Un gros monocle, pour gens **myopissimes.** (A. Allais.)

Le haut degré se marque aussi par des éléments de composition : *surfin, archifou,* etc. Le degré nul, par des préfixes : **a**normal, **in**capable (ou par la négation : § 387).

---

2. Les comparatifs *meilleur, moindre* et *pire* continuent les comparatifs latins *meliorem* (accusatif de *melior), minor* et *pejor.* — Le suffixe *-issime* est emprunté au latin *-issimus* et à l'italien *-issimo.*

Le français a emprunté aussi des comparatifs latins comme *supérieur, inférieur,* etc. (§ 193, *c*), mais ils ne se construisent pas comme des comparatifs français (comp. *plus grand* **que** *lui* et *supérieur* **à** *lui*). — Des superlatifs ont été aussi empruntés au latin : *minime, infime,* etc.

CHAPITRE III

Le déterminant

1. GÉNÉRALITÉS

207 Le **déterminant** est un mot qui varie en genre et en nombre, genre et nombre qu'il reçoit, par le phénomène de l'accord (§ 212), du nom auquel il se rapporte. (Le déterminant possessif varie en outre en personne.) — Le déterminant se joint à un nom pour le concrétiser, pour lui permettre de se réaliser dans une phrase :

> *Voici venir* **les** *temps où vibrant sur* **sa** *tige*
> **Chaque** *fleur s'évapore ainsi qu'***un** *encensoir.* (Baudelaire.)

Certains déterminants peuvent accompagner un pronom (§ 124, *a*) ; ils n'ont pas alors la fonction qui est indiquée ci-dessus.

Le déterminant transforme n'importe quel mot, n'importe quel élément (syntagme, phonème, lettre, etc.) en nom :

> *On a compté* **les peut-être** *de Renan.*
> **Vos g** *ressemblent à des têtards.*
> **Trois que** *dans une petite phrase, c'est trop.*

Le déterminant permet de distinguer le genre et le nombre des noms qui ne varient pas en genre et en nombre : *Un élève, une élève. Un cours, des cours.* — Ce rôle est très important dans la langue parlée, où le genre et surtout le nombre des noms souvent ne s'entendent pas.

On appelle aussi les déterminants *adjectifs déterminatifs*. Avec les adjectifs, les déterminants ont en commun de s'accorder avec le nom. Mais la fonction est différente : le déterminant ne peut être attribut, et il est nécessaire pour que la phrase soit correcte (sauf dans des cas particuliers : § 210).

Soit la phrase : *Les petits cadeaux entretiennent l'amitié ;* je puis dire : *Les cadeaux entretiennent l'amitié,* mais non : **Cadeaux entretiennent amitié, *Petits cadeaux entretiennent amitié.*

208 Le déterminant minimal est l'**article.** Les autres déterminants ajoutent une autre indication : une localisation (**démonstratif**), un rapport avec un être ou une chose (**possessif**), un nombre (**numéral**), une quantité imprécise, etc. (**indéfini**), le fait que l'on pose une question portant sur le nom (**interrogatif**) ou qu'on manifeste un sentiment vif à propos de la réalité désignée par le nom (**exclamatif**) ou que le nom a déjà été mentionné dans la phrase (**relatif**).

Les classes des déterminants sont les mêmes que celles des pronoms, à l'exception de l'article, qui n'est que déterminant, et du pronom personnel. Un certain nombre de mots appartiennent aux deux catégories. Il y a d'autres parentés encore du point de vue étymologique.

On n'emploie pas simultanément deux déterminants appartenant à la catégorie de l'article, du possessif, du démonstratif, de l'interrogatif, de l'exclamatif et du relatif. (Toutefois, le relatif contient l'article agglutiné.)

Les numéraux et certains indéfinis peuvent s'employer sans autre déterminant, mais ils peuvent aussi être accompagnés d'un article, d'un possessif, d'un démonstratif :

Les deux *femmes.*   **Ces quelques** *erreurs.*   **Mes trois** *amis.*

Ces syntagmes restent corrects si l'on supprime l'un ou l'autre des deux déterminants (sauf avec *tout*). Chacun des deux suffit donc à concrétiser les noms. Mais on a besoin à la fois des indications particulières à chacune des deux catégories.

209   **Place du déterminant.** — Le déterminant est placé avant le nom, et avant l'épithète, s'il y en a une devant le nom :

Trois *enfants.*   **Trois** *jeunes enfants.*
(Exception : *Feu* **la** *reine* [§ 122, Rem.])

Lorsqu'un déterminant numéral ou indéfini est accompagné d'un article, d'un possessif ou d'un démonstratif (§ 208), le numéral ou l'indéfini sont placés immédiatement devant le nom, à l'exception de *tous* :

Mes **trois** *frères.*   *Ces* **quelques** *volumes.*
(Mais : **Tous** *les enfants,* **toute** *la maison.*)

Les surnoms traditionnels suivent le nom, l'article se mettant entre le nom et l'adjectif : *Charles* **le** *Chauve. Alexandre* **le** *Grand.* — Certains noms de villes sont construits de la même façon (mais avec traits d'union) : *Mantes-***la-***Jolie.*

210   **Absence de déterminant.**

a) Avec les noms communs.

1° Ordinairement, devant le nom apposé ou attribut exprimant simplement une qualité (comme le fait l'adjectif) :

Louis XIV, **roi de France.**   *Je suis* **pharmacien.**

On met l'article si le nom apposé ou attribut exprime une identification nettement soulignée : *Chio,* **l'***île des vins.* (Hugo.). — *Êtes-vous* **le** *pharmacien* (= un pharmacien bien déterminé) ?

2° Souvent, devant le nom mis en apostrophe :

Ami, *je t'aime pour ton caractère sérieux.* (Vigny.)

Le possessif est normal aussi : *Il faut partir,* **mes** *amis.* — Il est agglutiné dans *madame,* etc. (§ 228, Rem. 1).

L'article défini se trouve surtout dans le style familier : *Il faut partir,* **les** *amis !* (Acad.)

3° Ordinairement, devant le complément déterminatif servant à caractériser, comme le ferait un adjectif :

Un poète de **génie.**   *Une chaîne d'*or.

4° Généralement, devant les noms de jours, de mois, ainsi que devant *midi, minuit* :

Venez **mardi.** — **Décembre** *est passé.* — **Midi** *est sonné.*

On met l'article quand ces noms sont accompagnés d'éléments subordonnés : *Le riant avril.* **Le** *premier lundi du mois.* — On met aussi l'article devant les noms de jours quand il s'agit d'un fait qui se répète : *Venez* **le** *mardi.*

Pâques, désignant la fête chrétienne, rejette l'article : cf. § 160. — Pour *Noël,* on a souvent le choix : *À Noël, à la Noël.*

5° Dans un grand nombre d'expressions figées, surtout des syntagmes verbaux ou des syntagmes prépositionnels :

Avoir peur, faire peur, prendre peur, rendre justice, imposer silence, prendre patience ; — *avoir à cœur, aller à cheval ;* — *avec soin, sans gêne, par hasard, sous clef,* etc.

On notera, en particulier, que la préposition *en* se construit souvent sans déterminant, notamment sans article : comp. **en** *hiver* et **au** *printemps.*

L'article reparaît généralement quand le nom est accompagné d'éléments subordonnés : *Imposer* **un** *silence absolu.*

6° Souvent, dans le style proverbial (proverbes, comparaisons et autres expressions traditionnelles et sentencieuses) :

Noblesse *oblige.* — **Pierre** *qui roule n'amasse pas* **mousse.**
Blanc comme **neige.** — *Il y a* **anguille** *sous* **roche.**

7° Assez souvent, dans les énumérations :

Hommes, femmes, enfants, *tout le monde dut sortir.*

La langue littéraire supprime même parfois les déterminants lorsqu'il n'y a que deux éléments coordonnés : *On vendit donc maison et champs.* (Cl. Simon.)

8° Devant les mots ou n'importe quel élément linguistique considérés pour eux-mêmes, ainsi que devant les notes de musique et les nombres :

i est une voyelle antérieure. — *N'oubliez pas l'accent de* **bât.**
Le carré de **quatre** *est* **seize.** — *La première note de la gamme est* **do.**

Mais si l'on désigne une réalisation particulière, le déterminant devient nécessaire :

Mettre les points sur **les i.** — *Il y a* **deux a** *en français.*
Ce quatre *est mal dessiné.* — *J'ai perdu* **le do** *de ma clarinette.*

Remarque. — Les spécialistes emploient sans déterminant les désignations scientifiques des plantes, des animaux, etc : **Rhinœstrus purpureus** *est un parasite du cheval et du mulet.* (Grand Larousse encyclopédique.)

9° Dans les titres, les inscriptions, les adresses :

Maison *à vendre.* — **Précis** *d'arithmétique.*
20, **rue** *du Commerce.*

b) Avec les noms propres, qui sont définis par eux-mêmes (cf. § 154), le déterminant manque souvent :

1° Les noms propres de personnes s'emploient sans déterminant :

> **Dupont** *est venu me voir.* — **Pierre** *est malade.*

Le déterminant apparaît s'il s'agit de distinguer une ou des personnes parmi celles qui portent ce nom ou de distinguer un aspect d'une seule personne : *Il y a* **deux Dupont** *dans ma classe.* — *Je ne reconnais pas dans ce livre* **le Mauriac** *que j'aime.*

Les parlers populaires, notamment à la campagne, emploient l'article devant les noms de personnes : *Tout est sur la table, dit* **l'Adélaïde.** (M. Aymé.) — *Tu as vu* **le Boromé ?** (Giono.)

Sur le modèle de l'italien, on met l'article devant certains noms de familles italiens, devant le nom de certaines cantatrices : **Le** *Tasse,* **La** *Callas.* — Cela s'est fait aussi avec des noms d'actrices françaises : **La** *Champmeslé.*

L'article peut aussi avoir une valeur stylistique, méprisante : *La nullité de* **la Noailles** (Étiemble) ; — ou emphatique (article au pluriel : § 175, *b*).

Le déterminant s'introduit quand le nom propre est employé comme nom commun : *C'est* **un Don Quichotte.** Cf. aussi § 183, *a*, Rem. 1.

Inversement, certains noms propres ont gardé l'article qu'ils avaient comme noms communs : *Lebègue.*

Les noms d'habitants, etc., qui sont des noms en rapport avec des noms propres (§ 154, Rem. 1), suivent l'usage des noms communs : **Le Parisien** *est volontiers moqueur.*

2° Les noms de villes et certains noms d'îles (les noms des petites îles d'Europe et les noms masculins d'îles lointaines) s'emploient sans déterminant :

> *J'ai visité* **Paris.** — *Il séjourne à* **Madagascar.**

Le déterminant apparaît s'il s'agit de distinguer un aspect d'une ville : **Le** *vieux Paris,* **le** *Paris de la rive gauche.*

Certains noms de villes (ou de villages) contiennent un déterminant parce qu'ils viennent de noms communs : *Le Havre, Trois-Rivières.*

Les noms de pays (sauf *Israël*), de régions, de montagnes, de mers, de cours d'eau et beaucoup de noms d'îles demandent l'article défini : *J'ai visité* **le Portugal.** *Je regarde* **les Alpes.** *Il va pêcher dans* **le Saint-Laurent** (Mais : *J'ai visité* **Israël.**)

211   **Répétition du déterminant.**

D'ordinaire, le déterminant se répète devant chacun des noms coordonnés :

> *Voici* **des** *fruits,* **des** *fleurs,* **des** *feuilles et* **des** *branches.* (Verlaine.)
> *En vertu de* **quel** *principe, de* **quelle** *autorité et de* **quels** *raisonnements ?* (Maupassant.)

Mais le déterminant ne se répète pas :

— Quand les noms désignent un seul être ou objet : **Ce** *collègue et ami.* *J'ai rencontré* **deux** *collègues et amis.* **Mon** *seigneur et maître* (= mon mari, par plaisanterie).

— Quand le second nom est l'explication du premier : **L'***onagre ou âne sauvage.*

— Quand les noms forment un tout étroitement uni, surtout dans des expressions traditionnelles : **Les** *officiers, sous-officiers et soldats.* **Leurs** *amis et connaissances.* **Les** *arts et métiers.* **Les** *us et coutumes.* **Plusieurs** *allées et venues.* **Un** *aller et retour.*

La répétition est obligatoire si l'énumération ne contient aucune conjonction de coordination : **J'ai* **trois** *frères, sœurs.*
Sur l'accord du déterminant, cf. § 212.

Remarque. — La coordination peut porter sur des adjectifs. Si l'on a affaire à un seul nom accompagné de plusieurs qualifications, le déterminant ne se répète pas :

Ces *belles et bonnes personnes* (= ces personnes sont à la fois belles et bonnes).
Ces *murs épais et hauts.*

(S'il n'y a pas de conjonction de coordination, on répète ordinairement le déterminant : **cette** *grande,* **cette** *belle ville de Paris.*)

Mais s'il y a plusieurs réalités distinctes, dont chacune a sa propre qualification (le nom n'étant pas répété, par économie), le déterminant se répète :

Mon *deuxième et* **mon** *troisième cheval.*
(Ou, sans répétition, mais avec le déterminant au pluriel :
Mes *deuxième et troisième chevaux.*)

Lorsque les adjectifs suivent le nom, on répète souvent le nom et son déterminant : **Mon** *costume bleu et* **mon** *costume brun.* Mais on peut avoir aussi : **Mon** *costume bleu et* **mon** *brun.* Lorsque le déterminant est l'article défini, une construction comme **la** *langue latine et* **la** *grecque* est assez littéraire ; on préfère : **les** *langues latine et grecque,* — ou même, malgré son ambiguïté, **la** *langue latine et grecque.*

212 Accord du déterminant.

Le déterminant s'accorde en genre et en nombre avec le nom qu'il détermine :

Ma *sœur.* **Mes** *frères.*
(Sur **Mon** *amie,* cf. § 228.)

Très souvent, les déterminants pluriels (articles, possessifs, démonstratifs, numéraux, *plusieurs, quelques,* etc.) ont la même forme pour les deux genres.

Il est assez rare (cf. § 211) qu'un seul déterminant s'emploie pour plusieurs noms. Dans ce cas, il se met d'ordinaire au pluriel ; pour le genre, dans la mesure où il se marque, il est déterminé par les mêmes règles que celles de l'adjectif (§ 204) :

Mes *père et mère.* *Décliner* **ses** *nom, prénoms et qualités.*
Tous *les us et coutumes.*

Lorsque les noms désignent un seul être ou objet, le déterminant s'accorde avec le premier nom : **Un** *collègue et ami.* **La** *renoncule âcre, ou bouton d'or.*

On a aussi l'accord avec le nom le plus rapproché dans quelques locutions traditionnelles, où souvent les noms sont synonymes : *En* **mon** *âme et conscience.* — **Au** *lieu et place de ce sous-lieutenant.* (H. Bazin.)

Lorsque l'énumération contient la conjonction *ou*, on a souvent l'accord avec le premier nom : **Tout** *parent, ami ou allié.* (Code civil.)

2. LES ARTICLES

213   Comme nous l'avons dit au § 208, l'**article** est le déterminant minimal, le mot qui permet à un nom de se réaliser dans une phrase, si le sens ne rend pas nécessaire un autre déterminant.

On distingue trois classes : l'article *défini*, l'article *indéfini* et l'article *partitif*.

A. L'ARTICLE DÉFINI

214   L'article **défini** s'emploie devant le nom qui désigne un être ou une chose connus du locuteur et de l'interlocuteur :

> **Le** *soleil* *luit pour tout le monde* (réalité faisant partie de l'expérience commune).

> **Le** *jeune ouvrier* *reconnut la maison qu'on lui avait indiquée.* (Balzac.)

> [Le personnage a été présenté plus haut :
> **Un** *jeune homme âgé d'environ seize ans, et dont la mise annonçait
> ce que la phraséologie moderne appelle si insolemment un prolétaire,
> s'arrêta sur une petite place...*]

> *J'ai pris* **la** *route qui conduit à Lille*

> (le complément du nom, ici une relative, permet d'identifier la réalité).

Dans le second exemple, l'article défini est assez proche du démonstratif. De même quand on désigne une réalité présente : *Oh !* **le** *beau papillon !* — ou un moment proche de celui où l'on parle : *Nous partons à* **l'***instant.*

Sur le choix entre l'article défini et le possessif, cf. § 229.
Sur l'article défini comme marque du superlatif relatif, cf. § 205, *b.*

L'article défini singulier peut aussi désigner une espèce, une catégorie, et non seulement un individu :

> **Le** *moineau est très sociable.*

215   **Formes** de l'article défini.

a) Formes **simples :**

Le, avec un nom masculin singulier : **Le** *père.*
La, avec un nom féminin singulier : **La** *mère.*

Les [le], en liaison [lez], avec un nom pluriel : **Les** *parents*. **Les** *mères*. **Les** *enfants*. (Parfois avec plusieurs noms singuliers [§ 212] : **Les** *père et mère*.)

Au singulier, l'article s'élide devant un mot commençant phonétiquement par une voyelle :

L'*or*, l'*heure*, l'*humble fleur*.

Lorsqu'il y a disjonction (§ 26), l'article a sa forme pleine :

Le *hangar*. **La** *hernie*. **Le** *huit*.

L'*e* muet peut disparaître aussi dans la prononciation devant consonne (§ 11) : *Après le départ* [apRɛ l depa:R].

b) Formes **contractées :** lorsqu'ils sont précédés des prépositions *à* et *de*, les articles *le* et *les* se contractent en *au* (= *à le*), *aux* (= *à les*) ; *du* (= *de le*), *des* (= *de les*) :

Appeler **au** *secours*.   *Parler* **aux** *enfants*, **aux** *voisines*.
Le repas **du** *soir*.   *Le sommet* **des** *arbres*.   *Les toits* **des** *maisons*.

Au pluriel, la liaison est en [z].

Du et *des* articles définis contractés doivent être distingués de *du* article partitif et de *des* article indéfini et partitif (§§ 217 et 219).

Il reste quelques traces de l'ancien article contracté *ès* (= *en + les*) : *Docteur* **ès** [ɛs] *lettres*.

B. L'ARTICLE INDÉFINI

216   L'article **indéfini** s'emploie devant un nom désignant un être ou une chose (ou des êtres et des choses) dont il n'a pas encore été question, qui ne sont pas présentés comme connus, comme identifiés :

Une *personne demande à vous voir*. — **Des** *gens demandent à vous voir*.
*Il est d'***une** *bêtise incroyable*.
(Dans : *Il est d'***une** *bêtise !* l'adjectif est laissé implicite.)

Il peut avoir aussi une valeur générale : **Un** *triangle équilatéral a les trois côtés égaux* (= n'importe quel triangle équilatéral).

Un est aussi numéral (§ 221). Quand il est article, on n'insiste pas sur le nombre (par opposition à *deux*, etc.), mais sur le fait que la réalité est imprécise.

Le pluriel *des* est assez proche des déterminants indéfinis *quelques, certains*.

217   **Formes** de l'article indéfini.

Un [œ̃], en liaison [œ̃n], devant un nom masculin : **Un** *mur*, **un** *homme*.
Une, devant un nom féminin : **Une** *femme*.
Des [de], en liaison [dez], devant un nom pluriel : **Des** *hommes*, **des** *femmes*.

Des a une variante : *de* ; voir les conditions d'emploi au § 219, Rem. 1 et 2.
Des est aussi article partitif : pour des choses non nombrables (§ 219).
À distinguer de *des* article défini contracté (§ 215, *b*).

Remarque. — Lorsqu'il est coordonné à *l'autre, un* est remplacé par *l'un : Sur* **l'une** *et l'autre rive.* (M. Arland.) — *Dans* **l'une** *ou l'autre maison.* (Mauriac.) — *Ni* **l'un** *ni l'autre escadron n'arriva.* (Michelet.)

C. L'ARTICLE PARTITIF

218 L'article **partitif** s'emploie devant un nom désignant une chose non nombrable, pour indiquer qu'il s'agit d'une quantité indéfinie de cette chose :

Boire **du** *vin.*

Remarque. — L'article partitif combine *de* et l'article défini. *De* n'est pas ici la préposition dans son emploi ordinaire de liaison, mais un mot introducteur (§ 409, *a*) qui se joint, non seulement à l'article, comme dans le cas envisagé ici, mais à d'autres déterminants et à des pronoms. Le syntagme ainsi construit peut être sujet, sujet réel, complément d'objet :

De nos *camarades viennent en voisins.* (P. Morand.)
De quel *vin prenez-vous ? Je prendrai* **de celui-là.** — *Y mettre* **du sien.**

219 **Formes** de l'article partitif.

Avec un nom masculin, **du** devant consonne, **de l'** devant voyelle (cf. § 215, *a*) : *Boire* **du** *vin,* **de l'**alcool, **de l'**hydromel.

Avec un nom féminin, **de la** devant consonne, **de l'** devant voyelle (cf. § 215, *a*) : *Boire* **de la** *bière,* **de l'**eau.

Avec un nom pluriel, **des** [de], [dez] en liaison : *Manger* **des** *épinards. Consulter* **des** *archives* (nom sans singulier).

On distingue *des* article partitif de *des* article indéfini (§ 217), qui concerne des choses nombrables : **Des** *pommes.* — À ne pas confondre avec *des* article défini contracté (§ 215, *b*), dans lequel on a à la fois un article défini et une préposition introduisant un complément déterminatif, un complément indirect du verbe, etc. : *La cueillette* **des** *fruits.* La distinction vaut aussi pour *du, de la, de l'.*

Remarques. — 1. Devant des noms précédés d'un adjectif, *des* (partitif ou indéfini) est remplacé par *de* dans la langue soignée :

J'avais **de** *grands espoirs.*

La langue familière emploie *des* dans ce cas. Inversement, la langue littéraire recherchée emploie encore *de* pour *du, de la, de l' : Pour entendre* **de** *bonne musique.* (Sartre.)

La réduction de *des* à *de* ne se fait pas quand l'adjectif forme avec le nom un mot composé, qu'il y ait un trait d'union ou non : **Des** *grands-pères.* **Des** *jeunes gens.* **Des** *petits pois.*

2. Lorsqu'on passe de l'affirmative à la négative, on remplace par *de* les articles indéfinis ou partitifs accompagnant un complément d'objet direct ou un sujet réel :

Il boit **du** *vin* → *Il ne boit pas* **de** *vin* (ou : ... *jamais* **de** *vin.*)
Il y a **un** *enfant* → *Il n'y a pas* **d'**enfant.
Il a **des** *amis* → *Il n'a guère* **d'**amis (ou : ... *pas* **d'**amis).

Les articles indéfinis ou partitifs se maintiennent :

— Si la phrase a un *sens* affirmatif : *Il n'a que* **du** *vin.* (= Il a seulement du vin.) — *N'avez-vous pas* **des** *amis pour vous défendre ?* (= Vos amis devraient vous défendre.)

— Si la négation ne porte pas réellement sur le nom : *Je n'ai pas* **de** *l'argent pour le gaspiller* (= J'ai de l'argent, mais non pour le gaspiller).

— Si le syntagme nié s'oppose à un autre syntagme de même fonction : *Je n'ai pas demandé* **du** *vin, mais de la bière.*

3. La préposition *de* ne peut être suivie des articles *du, de la, de l', des.* Ceux-ci doivent s'effacer :

Du *sable couvre le sol* → *Le sol est couvert* **de** *sable.*
Rencontrer **des** *amis est agréable* → *La rencontre* **d'**amis *est agréable.*
Tu t'intéresses à **des** *bêtises* → *Tu t'occupes* **de** *bêtises.*

4. Les adverbes de quantité jouant le rôle de déterminants indéfinis (§ 239, *b*) sont suivis de *de* seul :

Peu **de** *gens, beaucoup* **d'**enfants, trop **de** *personnes.*

Bien fait exception : *Bien* **des** *gens l'ont dit avant moi.* — *Je vous souhaite bien* **du** *bonheur, bien* **de la** *chance.*

3. LES DÉTERMINANTS NUMÉRAUX

220   Le déterminant **numéral** exprime d'une façon précise le nombre des êtres ou des choses désignés par le nom :

Il y a **trois** *maisons dans cette rue.*

On l'appelle **cardinal** pour le distinguer de l'*adjectif* **ordinal,** qui indique le rang (§ 224). Nous verrons au § 223 que le cardinal fait souvent concurrence à l'ordinal.

Les numéraux cardinaux suffisent à déterminer le nom (comme dans l'exemple ci-dessus), mais ils peuvent aussi être précédés d'un autre déterminant (article défini, possessif, démonstratif) :

Les quatre *points cardinaux.*   **Mes deux** *enfants.*   **Ces trois** *maisons.*

Les déterminants numéraux sont aussi employés comme pronoms : **Trois** *seulement sont venus* (§ 258) ; — comme noms (sans déterminant : § 210, *a*, 8°), surtout dans le langage mathématique : **Deux** *et* **deux** *font* **quatre.** — Ils peuvent aussi être des noms avec déterminants, mais invariables (§ 186) : *Dessiner deux* **quatre** (c'est le chiffre). Par ellipse d'un nom : *Les* **Quarante** (= les quarante membres de l'Académie française). Autres exemples au § 223.

Sur la représentation des numéraux cardinaux par des symboles, les chiffres arabes et les chiffres romains, cf. § 44.

Remarques. — 1. Les numéraux perdent quelquefois leur valeur précise et marquent un nombre approximatif, indéterminé : *J'ai* **deux** *mots à vous dire.* — *On vous l'a dit* **cent** *fois.* — *Voir* **trente-six** *chandelles.*

2. Aux numéraux cardinaux, on peut rattacher certains déterminants qu'on range parmi les indéfinis (§ 240) : *aucun, quelques, plusieurs,* etc. ; et parmi les interrogatifs et exclamatifs (§ 238, Rem.) : *combien de, que de.*

La langue ordinaire emprunte parfois le terme mathématique *zéro* pour marquer l'absence : **Zéro** *faute.* **Zéro** *franc,* **zéro** *centime.* (Cf. *nul, aucun* au § 240, *a.*)

221 Formes simples :

Un (féminin : *une*), *deux, trois, quatre, cinq, six, sept, huit, neuf, dix, onze, douze, treize, quatorze, quinze, seize ; — vingt, trente, quarante, cinquante, soixante* [swasɑ̃:t] ; — *cent, mille* (parfois *mil :* § 223, Rem. 1).

Il faut y ajouter : *septante* [sɛptɑ̃:t] (= 70), *huitante* ou *octante* (80), *nonante* (90).

Septante et *nonante* sont officiels en Belgique et en Suisse ; *huitante,* en Suisse seulement, où on dit aussi *octante. Septante* et *nonante* sont en outre usuels dans le sud et l'est de la France : *Un mètre* **nonante-huit.** (Giono.) — *Septante* s'emploie encore dans des formules inspirées de la Bible : *Il leur ordonne de pardonner non pas sept fois, mais* **septante** *fois sept fois.* (Fr. Mauriac.) [En outre : *les Septante,* pour désigner les auteurs d'une traduction de la Bible.]

Remarques. — 1. À l'exception de *un,* qui varie en genre, les numéraux ne s'accordent pas avec le nom auquel ils se rapportent, et ils n'ont qu'une forme dans l'écrit (mis à part le cas où *vingt* et *cent* sont multipliés : § 222, *b,* — et celui de *mil :* § 223, Rem. 1).

Cependant, les numéraux terminés par une consonne dans l'écrit ont une prononciation différente, selon qu'ils sont pris isolément (c'est-à-dire non déterminants : *J'en ai* **six,** *la page* **six,** etc.), — ou, comme déterminants, selon qu'ils sont devant une consonne ou devant une voyelle du point de vue phonétique (liaison ; cf. § 22) :

— *Sept* n'a qu'une prononciation : [sɛt].

— *Un* [œ̃], *deux* [dø], *trois* [tRwa], *cent* [sɑ̃] ont une forme spéciale comme déterminants devant voyelle : [œ̃n], [døz], [tRwɑz], [sɑ̃t] : *Deux hommes.*

Neuf [nœf] prend la forme [nœv] seulement devant *ans, heures, hommes.*

— *Vingt* [vɛ̃] a la forme [vɛ̃t] comme déterminant devant voyelle et dans les numéraux complexes : *Vingt hommes, vingt-six* [vɛ̃tsis]. (Mais on dit [vɛ̃] quand *vingt* est multiplié : *quatre-vingt-six,* etc.)

— *Cinq* [sɛ̃k] et *huit* [ɥit] perdent ordinairement leur consonne quand ils sont employés comme déterminants devant consonne ou lorsqu'il y a disjonction (§ 26) : *Cinq* [sɛ̃] *maisons, huit* [ɥi] *Hollandais.*

— *Six* [sis] et *dix* [dis] ont deux autres formes : [si] et [di] comme déterminants devant consonne (ou lorsqu'il y a disjonction) : *Six femmes ; —* [siz] et [diz] comme déterminants devant voyelle : *Six hommes* (en outre : *dix-neuf* [diznœf]).

2. Au-delà de *mille,* il n'existe plus de déterminants simples. *Million, milliard* (ainsi que, moins usités, *billion, trillion, quadrillion* ou *quatrillion,* etc.) sont des noms : ils ont besoin d'un déterminant, et le nom qu'ils accompagnent est introduit par la préposition *de :* **Un million de** *francs.*

Ils n'empêchent pas la variation de *vingt* et de *cent* (§ 222, *b*) : *Deux* **cents** *millions. Quatre-***vingts** *milliards.*

Lorsque *million, milliard,* etc. sont suivis d'un déterminant numéral, le nom sur lequel porte l'indication numérique s'introduit sans préposition : *Un million deux cent mille habitants.*

222 Les **formes complexes** sont composées par addition : *Vingt-deux ;* — par multiplication de *cent* et de *mille (Deux mille. Trois cents),* ainsi que de *vingt* dans *quatre-vingts ;* — par multiplication et addition à la fois : *Deux mille trente.*

a) Lorsqu'il y a addition :

— On met un trait d'union entre les éléments qui sont l'un et l'autre moindres que *cent,* sauf s'ils sont joints par *et :*

Vingt-huit. Soixante-dix. (Mais : *Vingt et un.*)

Les unités ajoutées aux dizaines vont de *un* à *neuf,* sauf avec *soixante* et *quatre-vingts,* où les unités vont de *un* à *dix-neuf* (excepté dans les régions où on emploie *septante* et *nonante*) : *Soixante-treize.*

— On met *et* uniquement pour joindre *un* aux dizaines (sauf *quatre-vingt-un*) et dans *soixante et onze.* (Mais : *quatre-vingt-onze.*)

On dira donc : *cent un, cent deux..., mille un, mille deux,* etc. — Toutefois on dit *mille et un* (parfois *cent et un*), pour donner l'idée d'un grand nombre approximatif : *Il ne s'agit pas ici des* **mille et une** *démarches de l'humble vie quotidienne.* (Duhamel.) — En outre, *Les mille et une nuits,* titre d'un recueil de contes arabes.

— Dans les autres cas, il n'y a aucune marque :

Trente mille six cent soixante.

b) Lorsqu'il y a multiplication :

— On met toujours un trait d'union dans *quatre-vingt(s).*

— **Vingt** et **cent** prennent un *s* quand ils terminent le numéral :

*Quatre-***vingts** *francs. Nous étions cinq* **cents.**
(Mais : *Quatre-***vingt**-*deux francs. Nous étions six* **cent** *trente.*)

Vingt et *cent* employés comme ordinaux (§ 223) ne varient pas : *Page quatre-***vingt.** *L'an huit* **cent.**

Pour *quatre-***vingts** *millions, huit* **cents** *milliards,* cf. § 221, Rem. 2.

— **Mille** ne varie pas [1] :

Deux **mille** *francs. Trois dizaines de* **mille.**

Million, milliard, etc., qui sont des noms, varient comme des noms : *Trois* **milliards** *huit cent mille.*

---

1. *Mille,* mesure itinéraire, est un nom qui varie : *Soixante-dix* **milles** *après avoir doublé le cap Gregory.* (J. Verne.)

223 Il est assez fréquent que le numéral cardinal soit employé pour indiquer l'ordre, le rang, au lieu du numéral ordinal (§ 224) :

Louis **quatorze.** — *Le* **quatre** *août.* — *Chapitre* **cinq,** *page* **dix.**
En l'an **trois cent quarante.** — *À* **trois** *heures* (cf. § 225, *a*).

Avec suppression du nom : *En* **mil neuf cent vingt.** — *J'irai vous voir le* **trois.** — *À la* **une** *des quotidiens* (= première page).

On dit toujours *premier* et non *un* avec les noms des souverains *(François premier)* et pour le quantième du mois *(le premier janvier).* — On peut dire *chapitre premier* ou *chapitre un* (de même pour un acte ou une scène dans une pièce de théâtre, pour le tome d'un ouvrage). — En parlant d'une page, d'une note, d'une remarque, on dit d'ordinaire, en laissant *un* invariable : *page un.*

Remarques. — 1. Dans l'indication des années, on écrit *mil* au lieu de *mille* quand le numéral n'est pas multiplié : *En* **mil** *neuf cent quarante* (mais : *En deux* **mille**).

Il y a de l'hésitation pour *L'an mil* (ou *l'an mille*). — On exige aussi *mille* pour les dates antérieures ou étrangères à l'ère chrétienne *(L'an* **mille** *cinq cent avant Jésus-Christ) ;* mais cela n'a pas de fondement.

2. On écrit : *L'an huit cent.* Cf. § 222, *b.*

L'ADJECTIF ORDINAL

224 L'**adjectif ordinal,** qui indique l'ordre, le rang, n'est pas un déterminant, mais il a des relations privilégiées avec le déterminant cardinal. Celui-ci s'emploie souvent à la place de l'ordinal (§ 223).

a) L'ordinal est généralement formé par l'addition du suffixe *-ième* aux cardinaux correspondants (ainsi qu'à *million* et à *milliard*) :

Deux → *deux***ième** ; *trois* → *trois***ième** ; *vingt* → *vingt***ième** ;
vingt et un → *vingt et un***ième.**

Du point de vue graphique (outre la chute des *e* muets finals des cardinaux), on notera l'addition d'un *u* dans *cinquième* (cf. § 30, *a*) ; le remplacement de *f* par *v*, comme dans la prononciation, pour *neuvième.*
Pour l'emploi de *et* et du trait d'union, on a les mêmes règles que pour les cardinaux : cf. § 222, *a.*
Du point de vue phonétique, on constate la réapparition de la consonne latente qui termine le cardinal ; elle apparaît d'ailleurs au féminin pour *un*, dans les liaisons pour d'autres (cf. § 221, Rem. 1).

b) Deux ordinaux ne viennent pas de cardinaux :

Premier, qui s'emploie d'ordinaire, *unième* ne servant que dans des ordinaux complexes : *Vingt et* **unième.**

Second s'emploie dans la langue soignée, mais *deuxième* peut toujours lui faire concurrence. En outre, *deuxième* est seul à former les ordinaux complexes : *La* **deuxième** *partie de l'année* [à propos de juillet]. (Claudel.) — *Tous les* **seconds** *jours du mois*. (Acad.) — *Vingt-***deuxième.**

Remarques. — 1. Sur l'utilisation des chiffres romains et des chiffres arabes, cf. § 44 et la Remarque.

2. On supprime parfois les noms : *Voyager en* **seconde** [classe]. *J'habite au* **troisième** [étage].

3. Lorsque deux ordinaux en *-ième* sont coordonnés, on supprime souvent le suffixe du premier : *Le* **sept** *ou huitième*. (Littré.)

4. On trouve quelques traces d'anciens ordinaux : *Une* **tierce** *personne* (= troisième). *Charles* **Quint** (= cinquième).

Dans une énumération, *l'un* ou *un* est parfois mis pour *le premier*, et *l'autre* pour *le deuxième : On construisit trois pavillons :* **un** *pour le corps de Whitman ;* **l'autre** *pour faire le* barbacue [sic] (...) ; **le troisième** *pour les boissons*. (Apollinaire.)

Signalons aussi les ordinaux indéfinis empruntés aux mathématiques, *énième* (ou *ennième* ou $n^{ième}$), $x^{ième}$: *Pour la* **énième** *fois*. (Michel Droit.)

*Combientième n'est pas correct. On dit familièrement : *Le* **combien** *es-tu ?* — *Quantième* ne s'emploie plus en France que pour le jour du mois : *Indiquez sur le procès-verbal le* **quantième** *du mois*. (Dict. du franç. contemporain.)

5. Pour les fractions, en dehors de l'adjectif spécialisé *demi* (cf. § 201, *a*) et du nom *moitié*, on emploie nominalement des ordinaux : les anciens ordinaux *tiers* et *quart* et les ordinaux vivants *cinquième, sixième*, etc. :

> *Le* **quart,** *le* **cinquième** *de la bouteille.* *Un* **quart,** *un* **cinquième** *de bouteille.*
> (Mais : *Une* **demi**-*bouteille. La* **moitié** *de la bouteille.*)

L'INDICATION DE L'HEURE

225   Dans l'usage courant :

a) On répartit les vingt-quatre heures d'une journée en deux séries de douze heures, que l'on numérote de *une heure* à *onze heures* (avec *s*, quoiqu'il s'agisse d'un rang et non d'un nombre), en achevant la première série par *midi*, la seconde par *minuit :*

> *De* **onze heures** *à* **midi.**   *Entre* **minuit** *et* **une heure.**

Lorsqu'il est utile de distinguer, on ajoute, pour la première série, *du matin ;* — pour la seconde, selon la partie de la journée, *de l'après-midi* ou *du soir :*

> *À trois heures* **du matin.**   *À trois heures* **de l'après-midi.**
> *À six heures* **du soir.**

Dans la langue administrative ou juridique et parfois dans la langue littéraire, on emploie *de relevée* pour *de l'après-midi : À deux heures* **de relevée.** (J. Dutourd.)

b) On indique les divisions de l'heure, soit par addition soit par soustraction, en donnant le nombre des minutes (le mot *minutes* est généralement supprimé) ou une fraction de l'heure *(demi, quart)* :

> *Six heures* **dix.** *Cinq heures* **cinquante** ou *six heures* **moins dix.**
> *Six heures* **et demie.** [Sur *midi* **et demi(e),** *minuit* **et demi(e),** cf. § 201, *a.*]
> *Six heures* **et quart** ou *six heures* **un quart.** (*Six heures* **et un quart** est vieilli.)
> *Six heures* **moins le quart** (ordinairement) ou *six heures* **moins un quart.**
> *Six heures* **trois quarts.**

Dans des expressions comme : *La grande pendule sonne* **la demie** *de sept heures* (M. Butor) et **Le quart** *de six heures avait sonné* (Fr. Mauriac), il faut comprendre : « sept heures et demie » et « six heures et quart ».

Remarque. — Dans les horaires des transports internationaux et, à la suite de cela, souvent dans la langue administrative, on numérote les heures d'une journée d'une façon continue de *zéro* (= minuit) à *vingt-trois*, parfois de *une* à *vingt-quatre* (= minuit). On indique les subdivisions par addition, en donnant le nombre des minutes. On utilise d'habitude les chiffres arabes et on abrège *heures* (sans point) :

> *Le train qui part de Bâle à* **0 h 27** *arrive à Bruxelles à* **8 h 18.**

4. LES DÉTERMINANTS POSSESSIFS

226   Le déterminant **possessif** indique que les choses ou les êtres désignés par le nom ont une relation avec une *personne* grammaticale : celui qui parle, celui à qui l'on parle, celui ou ce dont on parle.

Cette relation peut être celle de la possession ou de l'appartenance, mais aussi n'importe quel type de rapport qu'exprime le complément déterminatif du nom ; le possessif peut aussi marquer l'affection, le mépris, etc. :

> *Prenez* **vos** *cahiers.* — *On s'élança à* **sa** *poursuite.* — **Son** *ennemi.*
> *Je prends* **mon** *métro vers midi.* (Ph. Hériat.)
> *Fermez* **votre** *porte !* — *Oui,* **mon** *capitaine.*
> **Mon** *chéri.* — **Mon** *cher Monsieur.* — *Je vous y prends,* **mon** *gaillard !*
> *Tu penses, Gringoire, si* **notre** *chèvre était heureuse !* (A. Daudet.)
> [C'est la chèvre de M. Seguin.]

227   Le déterminant possessif **varie :**

a) En personne, par référence à la situation (1re et 2e personne) ou au contexte (3e personne).

La première personne du singulier renvoie au locuteur : *J'ai enlevé* **mon** *veston.*
La première personne du pluriel renvoie d'habitude à un ensemble de personnes dont le locuteur fait partie : *Pierre et moi, nous avons apporté* **nos** *livres.*

Elle peut aussi renvoyer à un ensemble de locuteurs (par exemple dans les prières ou les chants en commun) : *Donne-nous aujourd'hui* **notre** *pain de ce jour* (Pater) ; — ou au locuteur seul (pluriels dits de majesté ou de modestie) : *Tel est* **notre** *bon plaisir* (disait le roi). — *La première partie de* **notre** *livre...* (écrit un auteur dans son avant-propos).

La deuxième personne du singulier renvoie à l'interlocuteur : *Tu as enlevé* **ton** *veston.*

La deuxième personne du pluriel renvoie, soit à un ensemble d'interlocuteurs, soit à un interlocuteur que l'on vouvoie : *Pierre et François, prenez* **vos** *cahiers.* — *Pierre, prenez* **votre** *cahier.*

La troisième personne renvoie à une personne ou à une chose (3ᵉ personne du singulier), à des personnes ou à des choses (3ᵉ personne du pluriel) dont on parle : *Il a enlevé* **son** *veston.* — *La France et* **son** *armée* (titre d'un livre de Ch. de Gaulle). — *Pierre et François ont pris* **leurs** *cahiers.*

Par cette variation en personne, le déterminant possessif [2] est apparenté au pronom personnel : comme celui-ci, il se réfère à la situation (pour la 1ʳᵉ et la 2ᵉ personne) ou au contexte (pour la 3ᵉ personne), c'est-à-dire que, dans ce dernier cas, il a, comme le pronom, une espèce d'**antécédent**.

On constate en outre que, là où le déterminant possessif n'est pas admis, on recourt au pronom personnel construit comme complément déterminatif du nom : *Un ami* **à moi**. (Une autre possibilité est l'**adjectif** possessif : *Un* **mien** *ami*. Cf. § 228, Rem. 2.)

Remarque. — Il arrive que l'on se serve de la troisième personne pour parler de soi ou pour s'adresser à quelqu'un : cf. § 295, *c*. C'est notamment le cas dans les formules que l'on emploie sur une carte de visite. On veillera à éviter l'ambiguïté : **Pierre Dupont envoie à Monsieur Jean Dubois* **ses** *félicitations chaleureuses pour* **sa** *nomination.*

En règle générale, on évitera aussi d'employer dans la même phrase des possessifs de la troisième personne qui renvoient à des antécédents différents : **Pierre a dit à Paul que* **son** *frère connaissait bien* **sa** *sœur.*

b) En genre et en nombre, par accord avec le nom (cf. § 212) :

Son *veston et* **sa** *cravate.* — **Ses** *vêtements.*

Le genre se marque seulement : 1° avec un nom au singulier ; — 2° aux trois personnes du singulier.

---

2. On pourrait l'appeler *déterminant personnel*, mais on supprimerait ainsi le parallélisme, qui est évident, avec le *pronom possessif*, lequel doit être distingué du *pronom personnel*.

228   **Formes** des déterminants possessifs :

	Nom singulier		Nom pluriel
	nom masculin	nom féminin	
1re pers. du sing.	mon	ma	mes
2e pers. du sing.	ton	ta	tes
3e pers. du sing.	son	sa	ses
1re pers. du plur.	notre		nos
2e pers. du plur.	votre		vos
3e pers. du plur.	leur		leurs

Les formes *mon, ton, son* ne s'emploient pas seulement avec un nom masculin, mais aussi avec un nom féminin lorsque le mot qui suit le déterminant commence par une voyelle du point de vue phonétique — sauf s'il y a disjonction (cf. § 26) :

> **Mon** *erreur,* **son** *aimable sœur.*
> (Mais : **Ma** *hernie,* **sa** *huitième victoire.*)

Remarques. — 1. Le possessif agglutiné dans *monsieur, madame, mademoiselle, monseigneur* varie au pluriel : cf. § 184, *a.*

2. Dans la langue écrite, on emploie les **adjectifs** possessifs *mien, tien, sien* comme épithètes ou attributs, *nôtre, vôtre, leur* comme attributs : *On l'avait fiancée sur le tard à un* **sien** *cousin.* (M. Yourcenar.) — *Je fais volontiers* **mienne** *l'émotion du musicien que j'interprète.* (A. Gide.) — *Les chères mains qui furent* **miennes.** (Verlaine.)

La langue ordinaire dirait, si le possessif est épithète ou attribut du sujet : *... à un cousin* **à elle** *; ... qui furent* **à moi.**

229   En général, on remplace le déterminant possessif par l'article défini quand le rapport de possession est assez nettement marqué par le contexte, notamment devant les noms désignant les parties du corps, les facultés intellectuelles :

> *Il ferme* **les** *yeux. — J'ai mal à* **la** *tête. — Il a* **le** *pied dans l'étrier.*
> *Il perd* **la** *mémoire.*

Mais on met le possessif quand il faut éviter l'équivoque, quand on parle d'une chose habituelle, ou quand le nom est accompagné d'un complément ou d'une épithète :

> *Donnez-moi* **votre** *bras* (dit le médecin). — *Elle a* **sa** *migraine.*
> *Un Saxon étendu,* **sa** *tête blonde hors de l'eau.* (A. Daudet.)

Dans d'autres cas, le rapport de possession doit être indiqué, mais il est plus élégant de le marquer par un pronom personnel complément du verbe que par un possessif attaché au nom :

> Essuyez-vous **les** pieds. — Il me prit **la** main.
> (Dans une langue plus familière : Essuyez **vos** pieds. Il prit **ma** main.
> Très négligé : *Il **me** prit **ma** main. *Il **me** tira par **ma** manche.)

230   Surtout dans la langue écrite, le déterminant possessif de la 3e personne qui a pour antécédent un nom inanimé est souvent remplacé par l'article, et l'antécédent est représenté par le pronom en :

> J'aime beaucoup Paris et j'**en** admire les monuments. (Acad.)
> (On peut dire aussi : ...et j'admire **ses** monuments ;
> mais non : *et j'**en** admire **ses** monuments.)

Les deux constructions se trouvent réunies dans les vers suivants :

> Mes chers amis, quand je mourrai,
> Plantez un saule au cimetière.
> J'aime **son** feuillage éploré,
> La pâleur m'**en** est douce et chère,
> Et **son** ombre sera légère
> À la terre où je dormirai. (Musset.)

Cet usage de en n'est pas admis et le possessif est obligatoire :

1° Quand le possessif attaché à un complément a pour antécédent le sujet de la phrase : *La Meuse a **sa** source près de Langres.*

2° Avec un syntagme prépositionnel : *Je revoyais (...) l'antique château (...), la rivière qui baignait le pied de **ses** murailles.* (B. Constant.)

3° Avec le sujet d'un verbe ayant un complément d'objet direct : *Le soleil se leva ; **ses** rayons caressèrent la cime de la montagne.*

231   Quand **chacun** explicite un pronom personnel de la 1re ou de la 2e personne du pluriel, c'est le pronom personnel qui sert d'antécédent au possessif, et celui-ci se met à la 1re ou à la 2e personne du pluriel :

> Nous suivions chacun **notre** chemin. (Lamartine.)

Quand *chacun* explicite un pluriel de la 3e personne (pronom personnel, autre pronom, nom), on peut donner comme antécédent au possessif, soit *chacun*, qui implique le possessif de la 3e personne du singulier ; — soit ce pluriel, qui implique le possessif de la 3e personne du pluriel :

> Quand ils reprirent chacun **sa** route... (Barrès.)
> Ils gagnèrent chacun **leur** place. (Hugo.)

232   Lorsqu'un nom désigne une réalité dont plusieurs possesseurs possèdent [3] chacun un exemplaire, ce nom et le possessif qui le détermine
peuvent se mettre au singulier ou au pluriel (selon que l'on considère
l'exemplaire de chacun des possesseurs ou l'ensemble des objets) :

Les alouettes font **leur nid** *ou* **leurs nids** *dans les blés.*

Le choix n'existe pas quand il s'agit de noms n'ayant pas de singulier ou pas de
pluriel, — quand il y a un seul objet pour l'ensemble des possesseurs, ou plusieurs
objets pour chaque possesseur, — ou encore quand le contexte impose l'idée de
pluriel :

Vous préparez **votre avenir.** — *Ils ont cassé* **leurs lunettes.**
Les Parisiens regagnent **leur ville** *à la fin d'août.*
Les poules étaient suivies de **leurs poussins.**
Nous avons échangé **nos cartes.**

5. LES DÉTERMINANTS DÉMONSTRATIFS

233   Le déterminant **démonstratif** détermine le nom en indiquant la situation dans l'espace (avec un geste éventuellement) de l'être ou de la chose
désignés, ou parfois en les situant dans le temps ou dans le contexte :

Donnez-moi **ce** *livre.*
Les moissons sont belles **cette** *année.*
Il posa **cette** *simple question :* « *Le connaissez-vous, le voleur ?* » (Maupassant.)

L'idée démonstrative est fort atténuée dans certains cas : *J'ai une de* **ces** *faims !* (Troyat.)

234   **Formes** du déterminant démonstratif.

Avec un nom masculin singulier, **ce** : **Ce** *garçon.*

La forme *cet* [sɛt] s'emploie devant un mot commençant phonétiquement par une voyelle
(sauf s'il y a disjonction : § 26) : **Cet** *arbre,* **cet** *honneur.* (Mais : **Ce** *héros,* **ce** *ouistiti.*)

Avec un nom féminin singulier, **cette** : **Cette** *maison.*
Avec un nom pluriel, **ces** : **Ces** *enfants,* **ces** *tables.*

Remarque. — Le démonstratif est souvent renforcé au moyen des adverbes *ci* et *là,* qui se
placent après le nom, auquel ils sont joints par un trait d'union :

*Ce livre-***ci** (démonstratif prochain) ; *ce livre-***là** (démonstratif lointain).

Sur l'emploi de *ci* et de *là,* voir des indications plus précises au § 265.

---

3. *Posséder* doit être pris dans un sens large : cf. § 226.

6. LES DÉTERMINANTS RELATIFS

235   Le déterminant **relatif** détermine le nom en indiquant que l'on met en relation avec ce même nom déjà exprimé ou suggéré dans la phrase la proposition qui suit. Il n'appartient qu'à la langue écrite, surtout juridique et parfois littéraire :

> *... dans le délai de trois jours, à partir de la notification qui lui aura été faite de sa nomination,* **lequel** *délai sera augmenté d'un jour...* (Code civil.)
> *On vous donnera le n° de son domicile de la rue de Seine,* **lequel** *n° j'ai oublié.* (G. Sand.)

Le syntagme formé par le déterminant relatif et le nom équivaut à un pronom relatif, mais on renonce à celui-ci pour des raisons de clarté (notamment lorsque le nom antécédent est assez éloigné) ou d'insistance. On pourrait aussi remplacer le déterminant relatif par un démonstratif et commencer une nouvelle phrase.

On notera à ce propos que la formule, assez courante, *auquel cas* est parfois précédée d'un point et donc n'est plus alors considérée vraiment comme contenant un relatif : *L'auteur (...) ne s'interdit même pas de chercher la ressemblance au-delà du fameux mur de la vie privée.* **Auquel** *cas c'est un pamphlétaire.* (É. Henriot.)

236   Les **formes** sont celles de l'interrogatif *quel* précédé de l'article agglutiné, article qui se contracte avec les prépositions *à* et *de* au masculin singulier et au pluriel.

> Avec un nom masculin singulier : **lequel, auquel, duquel** ;
> Avec un nom féminin singulier : **laquelle** *(à laquelle, de laquelle)* ;
> Avec un nom masculin pluriel : **lesquels, auxquels, desquels** ;
> Avec un nom féminin pluriel : **lesquelles, auxquelles, desquelles.**

7. LES DÉTERMINANTS INTERROGATIFS ET EXCLAMATIFS

237   **a)** Le déterminant **interrogatif** s'emploie quand on pose une question à propos du nom qu'il détermine :

> **Quelle** *heure est-il ?*   **Quels** *livres avez-vous choisis ?*

L'interrogatif *quel* s'emploie aussi comme attribut. Il n'a pas alors le rôle de déterminant, à moins que l'on ne considère qu'il se rapporte à un nom sous-entendu :

> **Quels** *sont les invités ?* (= Quels [invités]...)

Il ne serait pas illogique de le considérer comme un pronom : cf. *Qui sont les invités ?*

b) Le déterminant **exclamatif** s'emploie quand on exprime un sentiment vif (admiration, étonnement, indignation, etc.) à propos de la réalité désignée par le nom que détermine l'exclamatif :

Quelles *bêtises il a faites !*
Dans des phrases averbales : **Quelle** *belle ville !*

Comme l'interrogatif (cf. *a*), l'exclamatif s'emploie aussi comme attribut :

Quelle *ne fut pas ma surprise quand il m'annonça son mariage !*

238   Les **formes** du déterminant interrogatif et du déterminant exclamatif sont identiques :

Avec un nom masculin singulier : **quel ;**
Avec un nom féminin singulier : **quelle ;**
Avec un nom masculin pluriel : **quels ;**
Avec un nom féminin pluriel : **quelles.**

Remarque. — On peut ranger aussi parmi les déterminants interrogatifs et exclamatifs *combien de*, qui, formé d'un adverbe et d'une préposition, ne connaît pas de variation :

Combien de *truites avez-vous pêchées ?*
À **combien de** *tentations n'est-il pas exposé !* (Acad.)

Que de, qui est formé de la même façon, est uniquement exclamatif :

Que de *fois je suis passé par là !*

8. LES DÉTERMINANTS INDÉFINIS

239   On range sous la dénomination de déterminants **indéfinis** des mots variés indiquant, soit une quantité non chiffrée (§ 240), soit une identification imprécise ou même un refus d'identification (§ 241).

a) Déterminants proprement dits :

1° **Aucun, chaque, maint, nul, plusieurs, tel** s'emploient à l'exclusion de tout autre déterminant :

Elle n'a eu **aucune** *peine à le convaincre.*

Remarques. — 1. *Tel* et *nul* sont adjectifs dans certains de leurs emplois : cf. § 243, *c*.

2. *Aucun*, au contraire des autres déterminants, peut se placer après le nom, dans la langue écrite, sans changer de valeur. Cela se produit uniquement quand le syntagme est introduit par la préposition *sans : Qu'allaient-ils devenir, sans ressources* **aucunes ?** (Zola.)

2° **Quelques, divers, différents** peuvent, comme les déterminants numéraux, être précédés d'un article défini, d'un démonstratif ou d'un possessif :

Il avait **quelques** *livres.* — *Les* **quelques** *livres qu'il avait laissés.*

Divers et *différents* sont adjectifs dans certains de leurs emplois : cf. § 243, *c*.

3° **Certain** peut être précédé ou non d'un article indéfini. Au singulier, la construction sans article appartient à la langue littéraire. Par contre, au pluriel, c'est le tour avec l'article *de* qui est littéraire :

> *J'ai ouï dire à* **certain** *homme, à* **un certain** *homme.* (Acad.)
> *À* **de certains** *moments.* (Pompidou.) — *À* **certains** *moments.*

Certain peut aussi être adjectif : cf. § 243, *c*.

4° **Tout** a des constructions différentes selon les cas. Lorsqu'il est distributif (§ 240, *b*), il suffit comme déterminant :

> **Tout** *homme raisonnable sait cela.*

Lorsqu'il exprime la totalité (§ 240, *e*), il est ordinairement suivi d'un article, d'un démonstratif ou d'un possessif :

> *Il a mangé* **tout** *un gâteau,* **tout** *le gâteau,* **tous** *les gâteaux.*

Cette construction particulière le distingue des adjectifs (à l'exception de *feu* : § 122, Rem.). — Dans certaines locutions, *tout* marquant la totalité se construit sans autre déterminant : *donner* **toute** *satisfaction, à* **toute** *vitesse, en* **toutes** *lettres,* **toutes** *proportions gardées,* **toutes** *sortes de,* etc.

b) Déterminants occasionnels :

— Des locutions formées d'un adverbe de quantité (*peu, beaucoup, tant, trop, plus,* etc.) suivi de la préposition *de* : *J'y ai trouvé* **beaucoup de** *satisfaction.*
En outre, **bien** accompagné de l'article partitif (cf. § 219, Rem. 4) : *Je vous souhaite* **bien du** *bonheur.*
— **Quantité de** et **nombre de** (ainsi que **bon nombre de**), locutions formées d'un nom sans article suivi de la préposition *de* : *Il a* **quantité d'***amis.*
— **Force** construit sans article et sans préposition : *Il a bu* **force** *bouteilles.*
— **La plupart de** + déterminant, locution nominale, dans laquelle le nom a cessé d'être senti comme tel : *Il a neigé* **la plupart** *du temps.*
— **Plein de** (et **tout plein de**), locution contenant un adjectif invariable (style familier) : *Il y a* **plein de** *gens.*
— **Pas un** et **plus d'un,** qui contiennent le numéral *un* : *Il a* **plus d'un** *tour dans son sac.*
— Des locutions à noyau verbal (*n'importe, je ne sais, on ne sait, Dieu sait,* etc.) contenant les interrogatifs *quel* (qui s'accorde avec le nom) et *combien de* : *Je ne sais* **quelle** *mouche l'a piqué.*
— Les symboles mathématiques x et n, le premier usité aussi dans la langue commune : *Après* **x** *années.*

Remarques. — 1. *Autre, même, quelconque* ont certains traits communs avec les déterminants indéfinis. Mais ils ne suffisent pas à déterminer le nom puisqu'ils ne s'emploient pas sans déterminant. Nous les considérons comme des *adjectifs* indéfinis. Cf. § 246.

2. Certains syntagmes nominaux suivis de la préposition *de* se rapprochent aussi des déterminants indéfinis, le nom se vidant plus ou moins de sa signification propre : *Un tas de, une masse de, une foule de, une flopée de* (populaire) ; *une espèce de, une sorte de* : *Il a* **un tas d'***amis.*

240   Indéfinis exprimant la **quantité.**

On les regroupe parfois avec les numéraux sous le nom de **quantifiants.** — Rappelons que certains cardinaux peuvent avoir une valeur imprécise analogue à celle des déterminants indéfinis (cf. § 220, Rem. 1) : *Je te l'ai dit* **trente-six** *fois.*

a) Quantité nulle (cf. *zéro* au § 220, Rem. 2).

Aucun, nul (surtout usité dans la langue écrite) et **pas un** (qui s'applique seulement aux choses nombrables) accompagnent d'ordinaire la négation *ne* :

> *Je n'ai **aucune** envie d'y aller. — Je n'ai **nulle** envie d'y aller.*
> ***Pas une** feuille ne bouge.*

Ils ont parfois un sens négatif sans être accompagné de *ne* :

> *Il avait toutes les vulgarités et **aucune** vertu.* (Barrès.)
> ***Nul** doute qu'ils en riraient.* (Bernanos.)
> *Et rien de vivant nulle part : **pas une** bête, **pas un** oiseau, **pas un** insecte.* (Loti.)

Sur le sens positif de *aucun* et parfois de *nul*, cf. ci-dessous, *b*).

b) Unité.

1° **Aucun** s'emploie dans la langue littéraire sans la valeur négative signalée dans le *a)* : *Comme si la raison pouvait mépriser **aucun** fait d'expérience !* (Barrès.) [Comp. : *... un seul fait...*]

Nul ne s'emploie de cette façon qu'avec *sans* : *Sans **nul** doute.* (Comp. : *Sans le moindre doute.*)

Pour **quelque, certain,** cf. § 241.

2° **Tout** et **chaque** s'emploient comme distributifs, c'est-à-dire en considérant en particulier les divers éléments d'un ensemble :

> *À **chaque** jour suffit sa peine. — **Toute** médaille a son revers.*

Du point de vue du sens, *chaque* et *tout* équivalent à des pluriels.

c) Pluralité.

— **Plus d'un** et son synonyme **plusieurs** : **Plus d'un** *criminel s'étonne d'avoir commis son crime.* (Valéry.) — *Il a **plusieurs** cordes à son arc.*

Plusieurs a parfois le sens « plus de deux » : *Deux ou **plusieurs** personnes.* (Code civil.)

— **Quelques** (cf. aussi § 244) et **certains** (cf. aussi § 241, *a*) : **Certaines** (ou **quelques**) *personnes y croient, d'autres non.*
— **Divers** et **différents** ajoutent une nuance de variété : *Il a rencontré **différentes** personnes,* ou **diverses** *personnes.*
— **N'importe combien de, je ne sais combien de, on ne sait combien de, Dieu sait combien de** marquent une pluralité vraiment indéterminée : *Je le lui ai dit* **je ne sais combien de** *fois.*
— **Tant de** s'emploie pour un nombre que l'on considère comme variable, comme indifférent : *Ce navire parcourt **tant de** milles à l'heure.* (Acad.) [Ne dites pas : **autant.*]
— **X** ou **x** [iks] est parfois emprunté aux mathématiques avec la même valeur : *Si 1940 avait été la reprise de 1914, (...) la Belgique, au bout de **X** années de guerre, eût terminé le conflit avec un gouvernement unanime derrière un nouveau Roi Chevalier.* (Rob. Aron.)

n [εn] n'est usité qu'en mathématiques : *Un polygone de **n** côtés.*

d) Petite ou grande quantité.

1° Faible quantité :
— **Peu de :** *Il a* **peu d'***amis.* — *Il a* **peu de** *patience.*
— **Guère de** en relation avec la négation *ne :* *Ils n'ont* **guère d'***amis.*
— **Un peu de,** surtout pour des choses non nombrables : *N'auriez-vous pas* **un peu de** *sel ?*

2° La notion de grande quantité s'exprime par des termes variés, qui s'appliquent pour la plupart aussi bien à des réalités nombrables qu'à des réalités non nombrables :
— **Maint,** usité seulement dans la langue écrite, a la particularité d'avoir le même sens (pour des réalités nombrables) au singulier et au pluriel : *Leur application se heurte en pratique à* **maints** *obstacles.* (R.-L. Wagner.) — *On y trouve* **maint** *détail technique.* (R.-L. Wagner.)
— **Beaucoup de, énormément de, pas mal de, assez de :** *Vous faites* **beaucoup de** *bruit pour rien.* — *Il gagne* **énormément d'***argent.* — *Cette personne a* **pas mal de** *petits côtés.* (Acad.) — *Cet ouvrage est fait avec* **assez de** *goût.* (Acad.)

Dans cet emploi, on dit en Belgique : **Cet ouvrage est fait avec* **assez bien de** *goût.*

— **Bien du, de la** ou **des** (cf. § 219, Rem. 4) : *Je vous souhaite* **bien du** *plaisir.* **Bien des** *gens vous le diront.*
— **Plein de** ou **tout plein de** (familiers) : *Il y avait* **plein de** *gens dans l'antichambre.* (Aragon.) — *Il y a* **tout plein de** *monde dans les rues.* (Acad.)
— **Force** (littéraire) : *Nous nous séparâmes à la porte de l'hôtel avec* **force** *poignées de main.* (A. Daudet.)
— **Quantité de** (langue ordinaire), **nombre de** et **bon nombre de** (langue soignée) : *Depuis* **nombre d'***années, on signale des abus dans ce service.* (Dict. du franç. contemp.)

3° **La plupart de : La plupart de** *ses collègues et de ses inspecteurs étaient en vacances.* (Simenon.) — **La plupart du** *temps, il rentre fort tard.*

e) Totalité.

Tout au singulier concerne la totalité d'une réalité partageable mais non nombrable, — et au pluriel la totalité d'une réalité nombrable : *Passer* **toute** *une journée dans son lit.* — *La nuit,* **tous** *les chats sont gris.*

f) Cas divers.

— **Trop de** marque l'excès ; **assez de, suffisamment de** marquent la suffisance : *Vous faites* **trop de** *fautes.* — *Vous avez bu* **assez de** *vin.* — *Il a* **suffisamment de** *bien pour vivre.* (Acad.)
— **Autant de, plus de, davantage de, moins de** marquent la comparaison : *Les hommes mettent dans leur voiture* **autant d'***amour-propre que d'essence.* (Daninos.) — *J'avais* **davantage d'***argent que maintenant.* (Sartre.)
— **Tant de** et **tellement de** (plus familier) impliquent une conséquence, parfois non exprimée (surtout dans des phrases exclamatives) : *Ils ont* **tant de** *tableaux qu'on ne voit plus les murs.* — *Nous avons* **tellement de** *dettes !* (Troyat.)

241   Autres indéfinis.

Certains indéfinis présentent les réalités désignées par les noms comme non identifiées. Au singulier, ils n'insistent pas sur l'unité et se rapprochent plus de *un* article indéfini que de *un* numéral.

— **Quelque,** surtout dans la langue écrite : *Si cela était,* **quelque** *historien en aurait parlé.* (Acad.)

Quand il s'agit d'une chose non nombrable, *quelque* se rapproche de l'article partitif : *J'ai* **quelque** *peine à vous comprendre.*

— **N'importe quel, je ne sais quel, on ne sait quel, Dieu sait quel :** *Il choisit* **n'importe quel** *livre.* — *Des brises chaudes montaient avec* **je ne sais quelles** *odeurs confuses.* (Fromentin.)

— **Certain** (littéraire au singulier) et **tel** s'emploient surtout parce qu'on ne veut pas préciser de quoi il s'agit : *Je l'avais obligé à sortir coiffé de* **certain** *chapeau de paille (...) qui ne lui plaît pas.* (Loti.) — *J'arriverai à* **telle** *époque,* **tel** *jour, à* **telle** *heure.* (Acad.) — *Il y a* **tel** *hôtel à Mons où, le samedi, les gens des petites villes voisines viennent exprès dîner pour faire un repas délicat.* (Taine.)

Au lieu de *certain,* la langue courante emploie *un certain* : *... coiffé d'***un certain** *chapeau de paille...*

Notons les formules coordonnées *tel et tel, tel ou tel : Dans* **telle et telle** *circonstance, les abeilles se conduisent envers leur reine de* **telle ou telle** *façon.* (Maeterlinck.)

L'un ou l'autre a aussi le sens de « tel ou tel » : *La jeune fille était souvent appelée dans* **l'une ou l'autre** *maison de la paroisse.* (Fr. Mauriac.) [Cet emploi est assez proche de *différents, divers :* § 240, *c.*]

242   Variabilité des déterminants indéfinis.

a) Les déterminants occasionnels (§ 239, *b*) ne varient pas, sauf ceux qui contiennent *un* et *quel* (cf. ci-dessous).

b) Déterminants ne s'employant qu'au singulier :

— **Chaque** ne varie pas en genre : **Chaque** *année.*
— **Plus d'un** et **pas un** varient en genre : **Plus d'une** *fois.*
— **Aucun** et **nul,** qui varient en genre, s'emploient généralement au singulier : *Je ne connais* **aucune** *personne de ce nom.* — Cependant, ils admettent le pluriel devant des noms qui n'ont pas de singulier ou qui n'ont pas de singulier dans une de leurs significations (§ 176, Rem. 1) : *... n'ordonnèrent* **aucunes** *représailles.* (Dans le *Monde.*)

La langue littéraire use parfois du pluriel en dehors de ce cas : **Aucunes** *choses ne méritent de détourner notre route.* (A. Gide.)

c) Déterminants ne s'employant qu'au pluriel :

— **Plusieurs** ne varie pas en genre : **Plusieurs** *écoles.*
— **Différents** et **divers** varient en genre : **Différentes** *solutions.*

d) Déterminants s'employant au singulier et au pluriel :

— **Quelque** ne varie pas en genre : **Quelques** *amies.*
— **Certain, maint** et **tout** varient aussi en genre : **Certaines** *personnes.* **Maintes**
fois. **Toutes** *les femmes.*
— Dans **n'importe quel, on ne sait quel,** etc., *quel* varie en genre et en nombre :
N'importe quelles *maisons.*

243   La plupart des déterminants indéfinis s'emploient aussi avec d'autres
valeurs.

a) C'est évidemment le cas des déterminants occasionnels signalés au § 239, *b.*

b) *Aucun, certain, nul, pas un, plus d'un, plusieurs, tel* et *tout* s'emploient aussi
comme pronoms indéfinis.

Chaque et *quelque* ont comme pronom correspondant *chacun* (voir cependant § 285, *a*) et
quelqu'un.
La plupart des déterminants occasionnels s'emploient aussi comme pronoms, mais souvent
avec des modifications, comme la suppression de la préposition *de,* le remplacement de *quel*
par *lequel.*

c) *Certain, différent, divers, nul, tel* et *tout* s'emploient aussi comme adjectifs :
J'en suis **certain.** — *Un résultat tout* **différent.** — *Des préoccupations fort* **diverses.**
— *Ce devoir est* **nul.** — *Un match* **nul.** — *Son envie de réussir est* **telle** *qu'il fera
n'importe quoi.*
Pour *tout,* cf. § 245.

Remarques. — 1. *Tel* est souvent employé, sans *que,* dans la langue littéraire, pour
exprimer une comparaison. Il s'accorde alors, tantôt avec le terme que l'on compare, tantôt
avec le terme auquel on compare : *Il bandait ses muscles,* **tel** *une bête qui va sauter.* (Saint
Exupéry.) — *La lune sur un paratonnerre,* **tel** *un clown.* (J. Renard.)

2. *Tel que* peut introduire une énumération développant un terme qui précède ; *tel*
s'accorde avec ce terme : *Plusieurs langues,* **telles** *que le grec, le latin, l'allemand, etc.* (Acad.)

3. Dans la locution adjective *tel quel* « sans changement », les deux mots s'accordent avec
le nom : *Laisser les choses* **telles quelles.** [Ne dites pas : **telles* **que.**]

d) *Quelque* et *tout* s'emploient aussi comme adverbes ; *tout* comme nom. Voir
ci-dessous, car il nous a paru utile de donner une vue d'ensemble sur les diverses
valeurs de ces mots.

244   Les diverses valeurs de **quelque.**

a) *Quelque* est **déterminant** indéfini et variable en nombre quand il se rapporte
à un nom (§§ 240, *c ;* 241) :

     J'ai reçu quelques *amis.* — *Il reste* **quelque** *espoir.*

Il en est de même dans *quelque ... que* introduisant une proposition d'opposition, si *quelque* précède un nom :

     Quelques *raisons que vous donniez, vous ne convaincrez personne.*

b) *Quelque* est un **adverbe** invariable :

1° Quand, devant un numéral, il signifie « environ » (surtout dans la langue écrite) :

Il y a **quelque** *vingt ans.* (Céline.)

2° Dans l'expression *quelque ... que*, si *quelque* précède un adjectif ou un adverbe (le sens est « si ... que ») :

Quelque *bonnes que soient vos raisons, vous ne convaincrez personne.*
Quelque *habilement que vous raisonniez, vous ne convaincrez personne.*

Si, dans cette expression, *quelque* précède un adjectif suivi d'un nom, *quelque* est adverbe et invariable quand le syntagme nominal est attribut (le verbe de la proposition est alors *être* ou un verbe similaire : § 100) :

Quelque *bonnes nageuses qu'elles soient, elles risquent de se noyer à cet endroit.*
(= Si bonnes nageuses...)

Sinon, *quelque* est déterminant et variable :

Quelques *bonnes raisons que vous donniez, vous ne convaincrez personne.*

Remarque. — **Quelque** en un mot doit être distingué de **quel que** (en deux mots), qui est suivi du verbe *être* au subjonctif ou d'un verbe similaire (parfois précédés de *devoir, pouvoir* et/ou d'un pronom personnel) ; *quel* peut alors être considéré comme un attribut détaché (cf. § 272, Rem.) s'accordant avec le sujet du verbe :

Quels *qu'en soient les dangers, l'eau me tente toujours.* (H. Bosco.)

S'il y a plusieurs sujets, on applique les règles d'accord de l'adjectif (cf. § 204). Notons en particulier que, quand les sujets sont unis par *ou*, l'accord se fait, soit avec le sujet le plus proche, soit avec l'ensemble des sujets :

Quelle *que fût la circonstance ou la personne.* (Jammes.)
Quels *que soient leur qualité ou leur mérite.* (Montherlant.)

245 Les diverses valeurs de **tout.**

a) *Tout* [tu], [tut] en liaison, féminin *toute* [tut], est **déterminant** indéfini dans le sens de « chaque » (§ 240, *b*) ; il s'emploie seulement au singulier :

Toute *faute est pardonnable.*

On le considère aussi comme déterminant indéfini quand il exprime la totalité (§ 240, *e ;* généralement suivi d'un autre déterminant : § 239, *a*, 4°). Au singulier, *tout* [tu], [tut] en liaison, féminin *toute* [tut] ; au pluriel, *tous* [tu], féminin *toutes* [tut] :

Elle a passé **toute** *son enfance au Québec. — Il a cueilli* **toutes** *les fleurs.*

b) Il est souvent considéré comme **adjectif** quand il signifie « unique » :

Pour **toute** *boisson, il prend de l'eau.*

La prononciation est la même que dans le *a)*. Dans ce sens, *tout* accompagne surtout des noms singuliers. Cependant, avec des noms n'ayant pas de singulier ou ayant un sens propre au pluriel, on trouve le pluriel : *Il n'avait pour* **toutes** *ressources qu'une maigre pension.*

c) Il est **pronom** indéfini (§ 286, *d*) :

— Au singulier, *tout* [tu] comme nominal neutre signifie « toutes les choses » :

> **Tout** *est à recommencer.*

— Au pluriel, *tous* [tus], féminin *toutes* [tut] est, soit représentant, soit nominal (« tous les hommes », ou « toutes les personnes d'une communauté ») :

> *Il a vérifié les billets :* **tous** *étaient faux.* — **Tous** *cherchent le bonheur.*

d) Il est **nom** quand, employé avec un déterminant, il signifie « la chose entière » ; *tout* [tu] fait alors *touts* [tu] au pluriel :

> *Le* **tout** *est plus grand que la partie.*
> *Plusieurs* **touts** *distincts les uns des autres.* (Acad.)

Dans la locution *tout ou partie*, on peut se demander si *tout* est un nom. Il paraît considéré comme tel dans cet exemple : *...prendre le commandement de* **tout ou partie** *des maquis du secteur.* (De Gaulle.)

e) *Tout* [tu], [tut] en liaison, est **adverbe** et invariable quand il signifie « entièrement, tout à fait » ; il modifie alors un adjectif, une locution adjective, un participe, un adverbe :

> *La ville* **tout** *entière.*
> *Les grands hommes ne meurent pas* **tout** *entiers.* — *Il sont* **tout** *seuls.*
> *Elles sont* **tout** *en larmes,* **tout** *étonnées,* **tout** *hébétées.*
> *Allons* **tout** *doucement.*

Tout est encore adverbe dans la locution *tout* (+ attribut) *que* signifiant « quelque ... que », et aussi devant un gérondif :

> **Tout** *habiles et* **tout** *vantés qu'ils sont, ils ne réussiront pas.*
> **Tout** *vieillards qu'ils soient, ils marchent vite.*
> **Tout** *en parlant ainsi, elle se mit à pleurer.*

Quoique adverbe, *tout* varie en genre et en nombre devant un mot féminin commençant phonétiquement par une consonne ou quand il y a disjonction (§ 26) :

> *Elles sont* **toutes** *confuses,* **toutes** *honteuses.*
> **Toutes** *raisonnables qu'elles sont, elles ont fort mal jugé.*
> **Toute** *femme qu'elle est, elle n'aime pas pouponner.*

Remarques. — 1. *Tout* peut servir à renforcer un nom. Dans *être tout yeux, tout oreilles,* et *être tout feu, tout flamme,* et dans les expressions commerciales *tout laine, tout soie,* etc., il est invariable comme adverbe (faisant partie d'une locution adjectivale).

Dans les autres cas, on peut le considérer :

— Soit comme un adverbe signifiant « entièrement » (le nom jouant le rôle d'une épithète) :

> *Un front* **tout** *innocence et des yeux* **tout** *azur.* (Hugo.)

— Soit comme un adjectif s'accordant avec le nom qui suit :

Cet homme était **toute** *sagesse et* **toute** *prudence.* (Montherlant.)

2. *Tout* suivi de *autre* est adjectif et variable s'il se rapporte au nom qui suit *autre ;* il peut alors être rapproché immédiatement de ce nom :

Toute *autre vue* (= toute vue autre) *eût été mesquine.* (J. Bainville.)

Il est adverbe et invariable s'il modifie *autre ;* il signifie alors « entièrement », et on ne peut le séparer de *autre :*

Les villes et les villages ont ici une **tout** *autre apparence.* (Chateaubriand.)
(= Une apparence entièrement autre.)

3. Il importe parfois de consulter le sens pour reconnaître la valeur de *tout :*

Elles exprimaient **toute** *leur joie* (= leur joie entière).
Elles exprimaient **toutes** *leur joie* (= toutes exprimaient leur joie).
Demandez-moi **toute** *autre chose* (= toute autre chose que celle-là).
Vous demandez **tout** *autre chose* (= tout à fait autre chose).

246   Adjectifs indéfinis.

Nous rangeons sous ce nom des mots qui ne servent pas à eux seuls de déterminants, mais qui ont une valeur assez proche de celle des déterminants indéfinis, avec lesquels on les classe souvent.

a) Autre : *Donnez-moi l'***autre** *livre, mon* **autre** *livre, ces* **autres** *livres, deux* **autres** *livres, quelques* **autres** *livres.*

Jadis, *autre* servait de déterminant à lui seul. Il en reste quelques traces dans la langue commune : *autre part, d'autre part* (comp. : *d'un autre côté*), *autre chose* (§ 287, *b*). — Les écrivains pratiquent parfois l'ancien usage : *D'***autre** *rang, d'***autre** *milieu, d'***autre** *race, il semblait se sentir étranger parmi nous.* (A. Gide.)

b) Quelconque est synonyme de « n'importe quel », mais il suit le nom, qui a son propre déterminant : *Sous un prétexte* **quelconque.**

c) Même accompagne le nom, qui a son propre déterminant. Selon le sens, il précède ou suit le nom.
S'il précède le nom, il marque l'identité ou la ressemblance : *Les* **mêmes** *causes ne produisent pas toujours les* **mêmes** *effets.*
S'il suit le nom, il a une valeur d'insistance : *Les Romains ne vainquirent les Grecs que par les Grecs* **mêmes.** (Acad.) — *Dieu est la sagesse* **même.** (Acad.)

Même, placé après un pronom personnel, s'y joint par un trait d'union : *Nous-***mêmes,** *eux-***mêmes.** (Mais : *Cela* **même,** *ici* **même,** etc.)
On écrit *nous-***même,** *vous-***même** (sans *s*), si les pronoms désignent une seule personne : *Pierre, faites-le vous-***même.**

Jadis, *même* servait de déterminant. Cela se trouve encore dans la langue écrite : *Ils étaient de* **même** *taille maintenant.* (R. Martin du Gard.) — *En même temps* appartient à la langue commune.

Remarque. — *Même* est adverbe et invariable lorsqu'il signifie « aussi », avec une nuance de renchérissement : *Les fenêtres, les toits* **même,** *étaient chargés de monde.* (Michelet.)

Après un nom ou après un pronom démonstratif, *même* peut souvent être considéré comme un adjectif ou comme un adverbe selon le point de vue où l'on se place : *Ces murs* **même(s)** *ont des oreilles* (= ces murs eux-mêmes..., ou bien : ces murs aussi...). — *Ceux-là* **même(s)** *l'ont trahi.*

CHAPITRE IV

Le pronom

1. GÉNÉRALITÉS

247   Le **pronom** est un mot qui varie en genre et en nombre ; en outre, les
pronoms personnels et possessifs varient en personne ; les pronoms
personnels, les relatifs et les interrogatifs varient d'après leur fonction. —
Le pronom est susceptible d'avoir les diverses fonctions du nom : sujet,
attribut, complément, parfois apposition ou apostrophe :

> Jean Dupont est **quelqu'un** de très bien ; **il me** convient.
> Jean Dupont, **quelqu'un** de très bien, a postulé cette place.

Par rapport aux noms, les pronoms constituent une catégorie finie :
leur nombre est limité, alors que la catégorie des noms s'accroît sans
cesse. D'autre part, les noms ont une véritable définition, ce qui n'est pas
le cas des pronoms.

Le pronom n'a pas besoin d'un déterminant, et il est rarement accompagné d'une épithète autre que détachée (mis à part des adjectifs indéfinis comme *autre, même*).

Certains pronoms contiennent un article ; cet article en fait partie et ne sert pas de déterminant : *le mien, la plupart,* etc. Il y a même soudure dans *lequel (laquelle,* etc.). — Pour *tout
cela, nous deux,* cf. § 124, *a.*

Les pronoms n'ont généralement pas un genre et un nombre en soi,
mais ils le doivent au contexte ou à la réalité qu'ils désignent (cf. § 249).

Remarques. — 1. Les pronoms peuvent communiquer le genre, le nombre et
la personne à un autre mot sans porter eux-mêmes les marques du genre, du
nombre et de la personne :

> **Tu** es satisfaite.

2. Les pronoms *lui, leur, dont, en, y* et, dans certains cas, *me, te, se, nous, vous*
équivalent à des syntagmes nominaux prépositionnels :

> Je donnerai le livre à **Pierre** → Je le **lui** donnerai.
> Je suis convaincu **de son innocence** → J'**en** suis convaincu.
> La personne **dont** j'ai pris la place (= la place **de la personne**).
> Il **m'**a dit adieu. — Il **nous** a dit adieu.

248   Les pronoms peuvent être des *représentants* ou des *nominaux.*

a) Les pronoms sont des **représentants** (ou des *substituts*) quand ils reprennent un terme se trouvant dans le contexte, ordinairement avant, parfois après. Ce terme est appelé **antécédent** (cf. § 151 et la note).
Ce terme peut être [1] :

1º Un syntagme nominal, c'est-à-dire un nom commun accompagné, en principe, d'un déterminant, — ou bien un nom propre ou un pronom :

> *J'ai pris mon vélo, et ma sœur a pris* **le sien.**
> *Nous l'avons eu, votre Rhin allemand.* (Musset.)
> *Napoléon,* **qui** *fut conduit à Sainte-Hélène en 1815,* **y** *mourut en 1821.*
> *Je connais quelqu'un* **que** *cette affaire intéressera.*

On ne dirait pas : **Vous avez tort et je ne le* l'*ai pas.* **Il a agi par jalousie,* **qui** *est une passion détestable.* (Cf. 2º ci-dessous.)

2º Un adjectif ou ses équivalents (y compris un nom sans déterminant, mais seulement comme attribut :§ 255, *b*, 3º) :

> *Courageux, il l'est sûrement. — Professeur, il l'était jusqu'au bout des ongles.*

3º Un verbe, une phrase :

> *Partir,* **c'**est mourir un peu.* (E. Haraucourt.)
> *Il ne dit jamais ce qu'il pense, vous* **le** *savez bien.*

b) Les pronoms sont des **nominaux** quand ils n'ont pas d'antécédent :

> **Tu** *es jolie. —* **Personne** *ne connaît le fond de l'affaire.*
> **On** *ne peut se passer d'autrui. —* **Qui** *répondra à cette question ?*

Certains pronoms peuvent être, selon les circonstances, représentants ou nominaux :

> **Chacun** *pense à soi. — Mon frère et ma sœur ont* **chacun** *leur auto.*

249   « **Accord** » du pronom.

C'est dans un sens élargi que l'on parle d'accord à propos du pronom. De toute façon, cela ne vaut que pour les pronoms renvoyant à un nom ou à un autre pronom.

a) Les pronoms représentants.

1º L'antécédent est un nom ou un autre pronom.
— Les pronoms relatifs ont le genre, le nombre et la personne de leur antécédent même s'ils n'en portent pas les marques, car ils communiquent ces indications aux mots qui s'accordent avec eux :

> *Les personnes* **que** *j'ai* **reçues.** *— Toi* **qui** **crois** *tout savoir.*

— Les pronoms personnels ont le genre et le nombre de leur antécédent :

> *J'ai trois sœurs :* **elles** *s'appellent Marie, Françoise et Jeanne.*

---

1. Exceptionnellement un adverbe, avec *où :* § 275.

Cependant, il arrive que le pronom s'accorde, non avec son antécédent, mais d'après la signification impliquée par cet antécédent (accord par *syllepse*) : *Je ne saurais dire avec quel beau courage le peuple belge supporte cette situation angoissante.* **Ils** *sont terriblement gênés dans leur industrie et dans leur commerce.* (Duhamel.)

— Pour les autres types de pronoms, ils ont le genre de leur antécédent. Mais le nombre est déterminé par les besoins de la communication :

> *Vous aimez les belles voitures :* **celle-ci** (ou : **la mienne**) *vous plaira sûrement.*
> *...***celles-ci** *vous plairont sûrement.*

2° Lorsque l'antécédent est autre chose qu'un nom ou un autre pronom, le pronom ne garde aucune marque de l'antécédent ; il renvoie à l'idée contenue dans l'antécédent et il est considéré comme neutre (les mots qui s'accordent avec le pronom sont au masculin singulier, le masculin étant le genre indifférencié, et le singulier étant le nombre indifférencié) ; si on remplaçait le pronom par le mot adéquat, celui-ci n'aurait pas nécessairement la forme de l'antécédent :

> *Elle demeura tout interdite ; je* l'*étais beaucoup moi-même.* (B. Constant.)
> [*l'* = *interdit,* et non *interdite.*]
> *Cela permet de ne pas punir ce qui ne doit pas* l'*être.* (Montherlant.)
> [*l'* = *puni,* et non *punir.*]

b) Les pronoms nominaux.

1° S'ils désignent des êtres animés, leur genre et leur nombre dépendent du sexe et du nombre des êtres désignés.

Mais beaucoup de pronoms, surtout les indéfinis, ont une portée générale, qui se traduit par le genre indifférencié, c'est-à-dire le masculin :

> **Chacun** *est attentif à soi-même.*
> **Personne** *n'est exempt de défaut.* (Comp. : *Une personne n'est pas exempte...*)

2° S'ils désignent des choses, ils sont appelés pronoms neutres (et les mots qui s'accordent avec eux se mettent au masculin singulier) :

> **Rien** *n'est définitif en ce monde,* **cela** *est évident.*
> **Autre chose** *s'est produit.* (Comp. : *Une autre chose s'est produite.*)

250   Espèces de pronoms.

On distingue des pronoms *personnels,* des *possessifs,* des *démonstratifs,* des *relatifs,* des *interrogatifs* et des *indéfinis.* On peut y joindre des *numéraux.*

Ce sont donc les mêmes catégories que pour les déterminants, à l'exception des pronoms personnels, qui n'ont pas d'équivalents parmi les déterminants, et des articles, qui ne sont que déterminants.

Certains pronoms ont la même forme que des déterminants. Il y a d'autres parentés aussi du point de vue étymologique (par exemple, pour les possessifs et les démonstratifs).

Il n'est pas toujours facile de distinguer, quand la forme est la même, le pronom et le déterminant employé avec un nom implicite : *De ces hommes,* **plusieurs** *sont blessés.*

Mais on ne considérera pas comme des pronoms *un, le, mon* dans les phrases suivantes : *Quel costume veux-tu ? Un bleu ?* (Ou : *Le bleu ?* ou : *Mon bleu ?*)

2. PRONOMS PERSONNELS

251   Les pronoms **personnels** désignent les êtres ou les choses en marquant la personne grammaticale.

— La **première** personne du **singulier** représente le locuteur (ou le scripteur) : **Je** *lis*.

La première personne du **pluriel** représente le plus souvent un ensemble de personnes dont le locuteur fait partie : *Toi et moi,* **nous** *partirons les premiers.* — *Lui et moi,* **nous** *sommes cousins.*

Elle peut aussi représenter un ensemble de locuteurs (par exemple dans les prières ou les chants en commun, dans les écrits en collaboration) : **Nous nous** *sommes attachés à rassembler une quantité importante de matériaux* (Damourette et Pichon) ; — ou le seul locuteur (pluriels dits de majesté ou de modestie) : **Nous,** *juge de paix soussigné, sommes convaincu...* (Littré.) — **Nous nous** *sommes efforcée d'être complète* (écrira une femme).

— La **deuxième** personne du **singulier** représente l'interlocuteur : **Tu** *lis*.

La deuxième personne du **pluriel** représente, soit un ensemble d'interlocuteurs, soit un seul interlocuteur que l'on vouvoie : *Officiers français, soldats français, (...), où que* **vous** *soyez, efforcez-***vous** *de rejoindre ceux qui veulent combattre encore.* (De Gaulle.) — *Françoise,* **vous** *êtes distraite.*

— La **troisième** personne représente un être ou une chose (3ᵉ personne du sing.), des êtres ou des choses (3ᵉ personne du plur.) dont on parle : **Il** *lit.* — *J'ai acheté des œillets ;* **ils** *sont déjà fanés.*

Sur l'utilisation de la 3ᵉ personne au lieu de la 1ʳᵉ ou de la 2ᵉ, cf. § 295, *c.* C'est notamment le cas du pronom indéfini *on :* § 289.

Remarques. — 1. Lorsque *nous* ou *vous* représentent une seule personne, les épithètes et les attributs se mettent au singulier et au genre correspondant au sexe de la personne : voir les exemples ci-dessus.

2. Les pronoms de la première et de la deuxième personne du singulier sont des nominaux. Ils désignent ceux qui participent à la communication, c'est-à-dire des êtres humains, ou bien des êtres ou des choses que l'on traite comme des humains (êtres surhumains, comme la divinité, etc. ; animaux, par exemple dans la fable ; choses, dans l'allégorie ou la personnification) :

Je *ne puis pas jouer avec toi, dit le renard.* **Je** *ne suis pas apprivoisé.* (Saint Exupéry.)
*Sois sage, ô ma Douleur, et tiens-***toi** *plus tranquille.* (Baudelaire.)

Les pronoms de la 1ʳᵉ et de la 2ᵉ personne du pluriel peuvent être des nominaux ; mais ils sont à la fois nominaux et représentants quand ils réunissent des êtres de la 1ʳᵉ ou de la 2ᵉ personne à des êtres de la 3ᵉ personne.

Les pronoms de la 3ᵉ personne sont habituellement des représentants. On considère même comme impoli de désigner une personne présente par un pronom personnel de la 3ᵉ personne.

Ils devient un nominal quand il désigne de façon vague des gens non précisés, souvent les gens qui détiennent l'autorité : *Ils ne voudront peut-être pas me la donner, la médaille* [dit un blessé de la guerre]. (Duhamel.) — Cet emploi est à rapprocher du pronom indéfini *on,* nominal lui aussi.

Il y a d'autre part des cas où le pronom de la 3ᵉ personne n'est ni représentant, ni nominal. C'est le cas du sujet *il* dans les verbes impersonnels : **Il** *pleut ;* — et des pronoms compléments *le,* parfois *la* ou *les,* dans des locutions où la valeur du pronom a cessé d'être perçue : *Je vous le donne en mille.* — **L'**échapper belle. — *Tu me* **les** *casses* (populaire) [= Tu m'ennuies]. — De même *en* et *y :* § 257, Rem. 3.

3. Dans la langue familière, les pronoms compléments de la 1ʳᵉ et de la 2ᵉ personne sous la forme du complément d'objet indirect peuvent avoir un caractère explétif. Ils montrent seulement que le locuteur ou l'interlocuteur sont intéressés, associés aux faits. Il y a parfois deux pronoms explétifs en même temps :

> *Enlevez-***moi** *cette bicyclette qui gêne le passage !*
> *Il* **te vous** *enguirlanda le sénateur.* (Aragon.)

4. Il faut prendre garde à l'ambiguïté des pronoms de la troisième personne quand ils ont des antécédents différents : *****Il lui** *a dit qu'il était plus grand que* **lui.**

252   Les pronoms personnels **varient :**

a) Selon la personne et le nombre : cf. § 251.

b) Selon la fonction :

— Sauf à la 1ʳᵉ et à la 2ᵉ personne du pluriel, le pronom sujet s'oppose au pronom complément (ou attribut ou sujet réel) : **Je me** *lave.*

— À la 3ᵉ personne, le pronom objet direct s'oppose au pronom objet indirect : *Je* **le** *vois. Je* **lui** *parle.*

c) Selon la place. Sauf à la 1ʳᵉ et à la 2ᵉ personne du pluriel, on distingue les formes **conjointes** des formes **disjointes :** **Je** *l'ai vu. C'est* **moi** *qui l'ai vu.* Voir § 254-256.

Conjointes, c'est-à-dire jointes directement au verbe. *Disjointes,* c'est-à-dire séparées du verbe. On les appelle aussi, respectivement, *atones* et *toniques ;* mais cette notion fait appel à l'histoire.

d) Selon que le pronom complément, à la 3ᵉ personne, renvoie ou non au même être ou objet que le sujet. Quand on a cette identité, le pronom est dit **réfléchi :** *Il* **se** *regarde.* (Comp. : *Il* **le** *regarde.*)

Pour les diverses valeurs de ce pronom, cf. § 297.

Remarque. — La forme disjointe *soi* s'emploie nécessairement lorsque le sujet est un pronom indéfini ou lorsque le sujet est absent ; on l'emploie souvent aussi lorsque le sujet a une valeur générale ou encore lorsque l'on veut éviter une équivoque :

> *Parler de* **soi** *est toujours agréable.* — *Chacun travaille pour* **soi.**
> *L'égoïste ne pense qu'à* **soi.** — *Le frère de Paul me parle toujours de* **soi.**

En dehors de ces cas, la langue ordinaire recourt à la forme non réfléchie :

> *Les loups ne se mangent pas entre* **eux.**

La langue littéraire emploie parfois *soi* sans raison particulière : *Le feu s'était de* **soi***-même éteint.* (Flaubert.) — *Ils ne songent qu'à fournir de* **soi** *une opinion favorable.* (Barrès.) Sur *soi-disant,* cf. § 256, *d,* Rem.

e) Selon le genre à la 3ᵉ personne :

— *Il, ils, elle, elles* comme sujets : **Il** *dort.* **Elle** *dort.*

— *Le, la* comme formes conjointes objets directs, sujets réels ou attributs : *Je* **le** *regarde. Je* **la** *regarde.*

— *Lui, eux* et *elle, elles* comme formes disjointes : *Avant* **lui.** *Avant* **elle.**

Remarques. — 1. Les formes masculines *il* et *le* servent aussi de formes neutres : *il* comme sujet d'un verbe impersonnel ; *le* comme représentant d'un adjectif, d'une proposition, etc. :

> **Il** *pleut. — Vous avez raison, je* **le** *reconnais.*

2. Les formes qui ne portent pas la marque du genre ont pourtant un genre, qu'elles communiquent aux mots dont elles déterminent l'accord :

> **Je** *suis venue.* **Vous** *êtes venues.*

253   Formes du pronom personnel

	Formes conjointes						Formes disjointes		
	Sujet		Autres fonctions				Non réfléchi		Réfl.
			Objet direct		Objet indir.	Réfl.			
	Masc.	Fém.	Masc.	Fém.			Masc.	Fém.	
1ʳᵉ pers. du sing.	je		me				moi		
2ᵉ pers. du sing.	tu		te				toi		
3ᵉ pers. du sing.	il	elle	le	la	lui	se	lui	elle	soi
1ʳᵉ pers. du plur.	nous								
2ᵉ pers. du plur.	vous								
3ᵉ pers. du plur.	ils	elles	les		leur	se	eux	elles	soi

Outre ces formes, il y a *en* et *y* (cf. § 257), — ainsi que *on*, qui peut être considéré comme un pronom personnel indéfini et qui, dans la langue parlée, fait concurrence à *nous :* **On** *va se promener ?* (Cf. § 289.)

Remarques. — 1. Dans *je, me, te, se, le, la,* la voyelle s'élide devant un verbe commençant phonétiquement par une voyelle (sauf s'il y a disjonction : § 26) et devant *en, y :*

> *J'ouvre. Je l'honore. Tu t'en vas. Va-t'en.* (Mais : *Je le hais.*)

Lorsque *je* suit le verbe, il ne s'élide pas graphiquement : *Ai-***je** *assez travaillé ?*

Lorsque *le* et *la* suivent le verbe (sauf devant *en, y*), ils ne s'élident ni graphiquement ni phonétiquement : *Fais-***le** *apporter.*

2. Devant une consonne, *il* et *ils* se prononcent [il] dans la langue soutenue, [i] dans la langue courante. Devant voyelle : au singulier, [il] ; au pluriel, [ilz] dans la langue soutenue, [iz] dans la langue courante.

3. Les formes disjointes peuvent être accompagnées de *même* (qui est joint au pronom par un trait d'union) ou de *seul : Moi-même, eux-mêmes. Moi seul.* — Les formes disjointes plurielles peuvent être accompagnées de *tous* ou d'un numéral cardinal : *Nous tous. Nous quatre.* — *Nous* et *vous* peuvent être renforcés par *autres : Nous autres, vous autres.*

254   Les **formes conjointes sujets** s'emploient, soit immédiatement devant le verbe, soit immédiatement après :

Il vient.   Vient-il ?

Devant le verbe, elles peuvent en être séparées par des pronoms conjoints compléments ou attributs ou sujets réels, ainsi que par la négation *ne :*

Il le lui a dit.   Il l'est.   Il ne la voit pas.

Un reste d'un ancien usage subsiste dans la formule administrative *Je soussigné :* **Je** *soussigné, Pierre Lefèvre, déclare que...*

Le pronom suit le verbe quand il y a inversion (ou reprise) dans les interrogatives (§ 138, *a* et *b*) et les exclamatives (§ 142, *b*), dans les incises (§ 132, *b*, Rem.), ou dans les énonciatives commençant par certains adverbes comme *peut-être* (cf. § 134, *a* et *b*, Rem.), etc. Il y a alors un trait d'union entre le verbe et le pronom.

Si le verbe est à une forme composée, le pronom en inversion se met entre l'auxiliaire et le participe : *As-**tu** été battu ? As-**tu** trouvé ce que tu cherchais ?*
L'inversion de *je* est soumise à certaines restrictions : cf. § 300, Rem. — Pour le *t* analogique à la 3ᵉ personne du singulier *(Ira-t-il ?)*, cf. § 302, Rem.

Remarque. — Les pronoms personnels sujets se répètent d'ordinaire devant chaque verbe quand il y a coordination :

Je me souviens
Des jours anciens
Et je pleure. (Verlaine.)

Cependant la langue écrite se dispense souvent de répéter le pronom, surtout lorsque les prédicats sont brefs ou étroitement liés, ou encore lorsque la coordination concerne plus de deux éléments : **Je** *frappai et entrai.* (J. Green.) — **Il** *allait et venait derrière son bureau.* (R. Martin du Gard.) — **Il** *mangeait le reste du miroton, épluchait son fromage, croquait une pomme, vidait une carafe, puis s'allait mettre au lit, se couchait sur le dos et ronflait.* (Flaubert.)
Lorsque la conjonction de coordination entre les deux éléments est *ni*, le pronom ne se répète pas : **Il** *ne lit ni n'écrit.* — Voir aussi § 96, *b.*

255   Les **formes conjointes autres que sujets.**

a) À la 1ʳᵉ et à la 2ᵉ personne du singulier, ces formes *(me, te)*, ainsi que la forme réfléchie de la 3ᵉ personne *(se)*, s'emploient devant le verbe comme compléments d'objet direct ou indirect :

On me voit.   On te cherche.   Il se lave.   Ils se nuisent.

194   LE PRONOM

Me et *te* ne s'emploient après le verbe qu'élidés devant *en* et *y*, après un impératif affirmatif :

> *Donnez-**m'**en.*   *Menez-**m'**y.*

Cet emploi est d'ailleurs rare dans la langue parlée.

Lorsqu'il n'y a pas *en* et *y*, on se sert des formes disjointes après un impératif affirmatif : *Suis-***moi**.

b) À la 3ᵉ personne (non réfléchie), les formes conjointes s'emploient devant le verbe, mais aussi immédiatement après un impératif affirmatif :

1° Comme objets directs ou indirects :

> *Il **le** prend.*   *Ne **le** prends pas.*   *Prends-**le**.*   *Il **la** regarde.*   *Regarde-**la**.*
> *Il **lui** parle.*   *Parle-**lui**.*   *Il **leur** parle.*   *Parle-**leur**.*

2° *Le, la, les* comme sujets réels :

> *Il **les** faut. — Est-il sept heures ? Il **les** est.* (Littré.)

3° *Le, la, les* comme attributs du sujet :

— Quand le pronom représente, soit un nom propre, soit un nom commun précédé d'un article défini, d'un déterminant possessif ou d'un déterminant démonstratif, ce pronom s'accorde avec le nom dans la langue écrite :

> *La reine, je **la** suis vraiment.*
> *Êtes-vous mes juges* (ou : *ces juges*) *? Nous **les** sommes.*

— Quand le pronom représente, soit un adjectif ou un participe passé, soit un nom commun qui n'est précédé ni d'un article défini ni d'un déterminant possessif ou démonstratif, on emploie comme pronom la forme neutre *le :*

> *Indulgente, je **le** suis. — Nous ne sommes pas vaincus et nous ne **le** serons pas.*
> *Ils étaient juges, ils ne **le** sont plus. — Est-ce une avocate ? Non, mais elle **le** sera bientôt.*
> *Nous sommes des meurtriers et nous avons choisi de **l'**être.* (A. Camus.)

Dans *Pour sauver ce qui peut l'être encore* (M. Arland), le pronom représente le participe passé du verbe qui se trouve plus haut sous la forme de l'infinitif. Littré et beaucoup de grammairiens ont blâmé cet usage, que l'on relève pourtant chez d'excellents auteurs, même déjà à l'époque classique. Comp. § 249, *b*, 2°.

c) S'il y a deux pronoms compléments conjoints, l'un objet direct, l'autre objet indirect, celui-ci se place le premier (sauf *lui* et *leur*) :

> *Tu **me le** dis.*   *Ne **me le** dis pas.*
> Mais : *Nous **le lui** dirons.*   *Tu **le leur** as envoyé.*

À l'impératif affirmatif, le pronom objet direct est placé le premier :

> *Dis-**le-nous**.*   *Dis-**le-leur**.*

Cependant, on trouve parfois l'ordre inverse (sauf pour *leur* et *lui*) : *Rends-**nous-les**.* (Hugo.)

Remarques. — 1. Les pronoms compléments d'objet *me, te, se, nous, vous* ne peuvent pas (sauf s'ils sont explétifs : § 251, Rem. 3) se trouver juxtaposés deux à deux ni se joindre aux pronoms *lui, leur :* *Tu* **me lui** *présenteras.* *Je* **me vous** *joins.* *Vous* **me leur** *recommanderez.* — L'objet indirect doit se présenter sous la forme disjointe : § 256, *c*, 2°.

2. Lorsque les pronoms suivent un impératif, ils s'y joignent par un trait d'union : *Prends-le.* — S'il y a deux pronoms, ils sont aussi unis par un trait d'union : *Donne-le-leur. Donne-leur-en.* (Sauf s'il y a élision : *Va-t'en.*)

3. Lorsque le pronom conjoint est complément d'un infinitif qui lui-même est complément des verbes *voir, entendre, sentir, laisser, faire, regarder* ou *envoyer,* le pronom se place ordinairement devant le verbe principal :

> *Ce paquet, je* **le** *ferai prendre. Ne* **le** *laissez pas prendre.*
> *Cette maison, je* **l'** *ai vu bâtir.*

Si *voir, entendre,* etc. sont à l'impératif, le pronom se met après le verbe principal auquel il est joint par un trait d'union : *Faites-le prendre.*

La langue littéraire (comme à l'époque classique) met parfois le pronom devant d'autres verbes principaux que *voir, entendre,* etc. : *Il* **le** *faut traverser.* (M. Butor.) — *Comme si l'autre* **le** *pouvait entendre.* (D. Boulanger.)
La langue ordinaire dit : *Il faut* **le** *traverser. Comme si l'autre pouvait* **l'***entendre.* — À l'impératif, le pronom se met après le verbe principal sans trait d'union : *Viens* **le** *voir.*

4. Lorsqu'un pronom conjoint complément est commun à deux verbes coordonnés, s'ils sont à un temps composé, on peut se dispenser de répéter le pronom sujet, le pronom complément et l'auxiliaire : *Je* **les** *ai vus et entendus.*

Cela n'est régulier que si les pronoms compléments ont bien la même fonction. On considère comme peu recommandable : *Nous* **nous** *sommes roulés dans les champs, arraché les cheveux.* (J. Vallès.) [*Nous* est objet direct du premier verbe et objet indirect du second.]

La langue littéraire se dispense parfois de répéter le pronom sujet et le pronom complément alors que le verbe est à un temps simple : *Il* **se** *carrait et cambrait comme pour se préparer à la lutte.* (Th. Gautier.)

256 **Emploi des formes disjointes.**

a) Comme sujets.

1° Le pronom est séparé du verbe par autre chose qu'un pronom conjoint complément ou la négation *ne :* **Moi** *seule connais mon appétit.* (A. Sarrazin.) — **Lui** *qui était perdu est retrouvé.*

Exception : *Je soussigné...* Cf. § 254.

2° Le pronom s'oppose à un autre terme : **Lui** *se montra grossier, mais plus décidé que les autres.* (Céline.)

3° Le pronom est coordonné à un autre sujet [2] : *Sa femme et* **lui** *étaient venus nous accueillir.*

---

2. Lorsque le pronom de la 1re personne est coordonné à un autre élément, surtout à un pronom de la 2e personne, on considère comme plus poli de mettre le pronom de la 1re personne en dernier lieu : *Toi et moi,* plutôt que : *Moi et toi.*

4° Le pronom est redondant par rapport au sujet se trouvant à sa place ordinaire : **Moi,** *je le ferai.* — *Votre frère le fera,* **lui.**

5° Le verbe manque ou il n'est pas à un mode personnel : *Qui nous accompagne ?* **Moi.** — *Il est plus grand que* **toi.** — **Lui** *parti, on commença à s'amuser.* — *Doña Sol souffrir et* **moi** *le voir !* (Hugo.)

6° Le pronom est sujet réel et accompagné de *ne ... que* : *Il n'y eut que* **lui** *de cet avis.*

7° Le pronom est mis en évidence par *c'est ... qui* : *C'est* **moi** *qui le prendrai.*

b) Comme objets directs.

1° Pour renforcer un complément, par redondance : *On l'estime,* **lui.**

2° Dans les phrases (ou les propositions) averbales : *Qui blâme-t-on ?* **Toi.** — *L'affaire me concerne moins que* **toi.**

3° Quand le pronom est coordonné : *Il regardait dans le vide sans voir ni* **moi** *ni personne.*

4° Quand le verbe est accompagné de *ne ... que* : *On n'admire que* **lui.**

5° Quand le pronom est mis en évidence par *c'est ... que* : *C'est* **toi** *que je cherche.*

6° À la 1re et à la 2e personne du singulier, après un impératif affirmatif (sauf devant *en* et *y :* § 255, *a*) : *Écoute-***moi.** (Mais : *Va-t'en. Menez-***m'***y.*)

Pour la 3e personne, cf. § 255, *b.*

c) Comme compléments prépositionnels.

1° Avec une autre préposition que *à* ou *de* : *Qui n'est pas avec* **moi** *est contre* **moi.**

2° Avec la préposition *à :*

— Pour un objet indirect, dans les mêmes cas que ci-dessus (*b*, 1°-5°) pour un objet direct : *Vous me faites cela,* **à moi** *!* — *À qui parles-tu ?* **À toi.** — *Il a écrit à ton père et* **à toi.** — *Il ne parle qu'***à moi.** — *C'est* **à moi** *que tu parles.*
Mais à l'impératif affirmatif, on n'introduit pas la préposition : *Parle-***moi.**

— Si le pronom est complément d'un nom, d'un participe passé : *Un ami* **à moi.** — *Une lettre destinée* **à vous,** ou, dans la langue écrite : *Une lettre* **à vous** *destinée.*

On ne dit pas : ******Une lettre* **vous** *destinée.* — Mais on peut dire, avec un participe présent : *Un pré* **lui** *appartenant.* (R. Sabatier.)

— Quand les pronoms conjoints sont exclus (groupes **me vous,* etc. ; § 255, *c*, Rem. 1) : *Tu me présenteras* **à lui.** — *Je me joins* **à vous.** — *Vous me recommanderez* **à eux.**

— Avec les verbes *avoir affaire, croire, en appeler, habituer, penser, prendre garde, recourir* et quelques autres n'admettant pas les formes conjointes comme objets indirects : *Je pense à* **lui.** *Je recours à* **eux.**

Quand il s'agit de choses, on emploie *y*, qu'on trouve parfois aussi pour des personnes : *J'y pense* (§ 257 et Rem. 1). — Au lieu de *y* on peut avoir *à cela*, qui s'impose dans les mêmes cas où la forme disjointe s'impose pour l'objet direct (*b*, 1°-5°).

3° Avec la préposition *de*, au lieu du pronom *en* :

— Souvent (cf. § 257 et Rem. 1), lorsqu'il s'agit d'une personne : *Méfiez-vous* **de lui.**

— Dans les mêmes cas que ci-dessus pour un objet direct (*b*, 1°-5°) : *On en parle*, **de moi !** — *De qui parle-t-on ?* **De toi.** — *On me parle* **de toi** *et de ton frère.* — *C'est* **de toi** *qu'on parle.* — *On ne parle que* **de toi.**

Lorsqu'il s'agit d'une chose, au lieu du pronom personnel, on recourt au démonstratif *cela* (ou *ça*, plus familier) : *C'est* **de cela** *qu'on parle.*

d) Comme attribut, après *c'est* et après l'expression *si j'étais* : *C'est* **moi.** *Si j'étais* **vous.** *Si j'étais* **eux.**

On dit aussi : *Si j'étais* **de vous** et, plus rarement, *Si j'étais* **que de vous.**

Remarque. — La locution *soi-disant* est le résidu d'un ancien usage. Comme elle n'est plus analysée, on l'emploie couramment à propos de choses (qui, logiquement, ne peuvent *se* dire ceci ou cela), — et aussi comme adverbe au sens de « censément » : *Une* **soi-disant** *expérience.* (Acad.) — *Il alluma une cigarette,* **soi-disant** *pour l'odeur.* (Duhamel.)

En et *y*

257 **En** et *y*, toujours formes conjointes, jouent le rôle d'un syntagme nominal prépositionnel : le premier, d'un syntagme introduit par *de ;* le second, d'un syntagme introduit par *à :*

> *J'aime beaucoup cette ville et j'***en** *connais tous les vieux quartiers.*
> (On dit aussi : ... *et je connais tous ses vieux quartiers ;* cf. § 230.)
> *Ce cheval est vicieux ; défiez-vous-***en.**
> *Vous avez réussi ; j'***en** *suis content.*
> *Oh ! les belles billes ! J'***en** *voudrais quelques-unes.*
> *Voici une lettre : vous* **y** *répondrez.*
> *Ce chien est caressant : je m'***y** *suis attaché.*
> *Vous risquez gros ; pensez-***y** *bien.*

Lorsque *y* désigne un lieu, il peut tenir la place d'un complément introduit par d'autres prépositions que *à* et aussi la place d'un adverbe : *Il a un jardin et il* **y** *cultive de jolies fleurs* [= dans le jardin]. — *La table était si poussiéreuse qu'on pouvait* **y** *écrire son nom avec le doigt* [= sur la table]. — *Ne restez pas là : il* **y** *fait trop chaud.*

Lorsque *en* désigne un lieu, il peut tenir la place d'un adverbe précédé de la préposition *de* : *Sors-tu d'ici ? Oui, j'***en** *sors.*

À cause de cette variété d'emplois, *en* et *y* sont proches à la fois des adverbes et des pronoms. On les appelle souvent *adverbes pronominaux.*

Remarques. — 1. *En* et *y* ont ordinairement comme antécédent, soit un nom désignant une chose ou un animal, soit une phrase ou un syntagme, soit un adverbe de lieu. Mais ils peuvent aussi représenter des personnes :

— C'est notamment le cas pour *en* quand il est complément d'agent ou quand il est complément d'un terme quantitatif (numéral, indéfini, etc.) : *Il aimait ses camarades et il **en** était aimé. — Et s'il n'**en** reste qu'un, je serai celui-là !* (Hugo.)

— Pour *y*, comme objet indirect quand les pronoms conjoints objets indirects sont exclus (§ 256, *c*, 2°) : *C'est un homme équivoque, ne vous **y** fiez pas.* (Acad.)

2. *En* joue aussi le rôle d'un complément d'objet direct précédé d'un article partitif : *De la chance, vous **en** avez !*

3. *En* et *y* ont une valeur imprécise dans un grand nombre d'expressions : *S'en aller, en vouloir à quelqu'un, il y a, s'y prendre mal*, etc.

3. PRONOMS NUMÉRAUX

258   Les **numéraux** cardinaux (§ 220), qui indiquent le nombre, s'emploient aussi sans être accompagnés d'un nom :

> *J'ai convoqué tous les membres, mais **trois** seulement sont venus.*
> *Combien en as-tu vu ? J'en ai vu **deux**.*

On dit que dans ce cas ils sont employés pronominalement, comme représentants. Mais ils n'ont pas de forme particulière (sinon, parfois, dans la prononciation : cf. § 221, Rem. 1).

Sur **combien,** numéral indéfini (interrogatif et exclamatif), cf. §§ 278, Rem. et 279. — Sur les autres numéraux indéfinis, cf. § 286.

4. PRONOMS POSSESSIFS

259   Les pronoms **possessifs** sont des représentants qui indiquent que l'être ou la chose dont il s'agit sont en rapport avec une personne grammaticale : celui qui parle, celui à qui l'on parle, celui ou ce dont on parle :

> *Cette maison est plus confortable que **la mienne**.*

Cette relation peut être celle de la possession ou de l'appartenance, mais aussi n'importe quel type de rapport que marque le complément déterminatif du nom : *La disgrâce de son protecteur a entraîné **la sienne**. — Mes ennemis et **les tiens**.*

Remarque. — Le pronom possessif s'emploie parfois sans représenter un nom exprimé auparavant :

— Au pluriel pour désigner des proches parents, des partisans : *Il est plein d'égards pour moi et pour **les miens**.* (Acad.)
— Dans des locutions : *Y mettre **du sien**. — Faire **des siennes**.*

260 Le pronom possessif **varie :**

a) Selon la personne grammaticale : première ou deuxième ou troisième personne du singulier ; première, deuxième ou troisième personne du pluriel :

Voici **le mien**. *Voici* **le tien**. *Voici* **le vôtre**.

Sur ce que représentent ces personnes, voir § 251.

b) En genre, d'après le nom qu'il représente :

Sa robe est plus belle que **la mienne**.

c) En nombre, d'après les besoins de la communication :

Leurs robes sont plus belles que **la mienne**.

Pour la première et la deuxième personne grammaticale, on se réfère à la situation, tandis que pour la troisième on se réfère à un élément du contexte. On est donc fondé à considérer que le pronom possessif peut avoir deux antécédents : celui qui lui donne sa personne et celui qui lui donne son genre grammatical.

261 **Formes.**

	Représentant un sing.		Représentant un plur.	
	Masculin	Féminin	Masculin	Féminin
1re pers. sing. 2e pers. sing. 3e pers. sing.	**le mien** **le tien** **le sien**	**la mienne** **la tienne** **la sienne**	**les miens** **les tiens** **les siens**	**les miennes** **les tiennes** **les siennes**
1re pers. plur. 2e pers. plur. 3e pers. plur.	**le nôtre** **le vôtre** **le leur**	**la nôtre** **la vôtre** **la leur**	**les nôtres** **les vôtres** **les leurs**	

Le pronom possessif est constitué d'un article et de l'adjectif possessif (§ 228, Rem. 2). Les deux éléments varient en genre et en nombre.

5. PRONOMS DÉMONSTRATIFS

262 Les pronoms **démonstratifs** désignent un être ou une chose en les situant dans l'espace, éventuellement avec un geste à l'appui ; ils peuvent aussi renvoyer à un terme qui précède ou qui suit dans le contexte :

Prenez **ceci**.
Si vous cherchez un beau livre, prenez **celui-ci**.
J'ai écrit à Pierre et à Paul ; **celui-ci** (= Paul) *m'a répondu le premier.*

Dans certains emplois, l'idée démonstrative est fort atténuée :

Ceux *qui vivent, ce sont* **ceux** *qui luttent.* (Hugo.)

Le pronom démonstratif peut être nominal ou représentant.

263   Variabilité des pronoms démonstratifs.

a) Les pronoms démonstratifs varient en **genre**, d'après la réalité désignée (pour les nominaux) ou d'après l'antécédent (pour les représentants).

Le masculin et le féminin s'emploient d'après le sexe de l'être désigné (le masculin étant aussi le genre indifférencié) ou le genre du mot représenté :

Je ne félicite pas **celle** *qui a fait cette robe.*
Ceux *qui sont absents ont toujours tort.*
Ma voiture est en panne : je prendrai **celle** *de mon frère.*

On a aussi une forme que l'on appelle neutre et qui est employée surtout pour désigner des choses ou pour représenter un terme dépourvu de genre (infinitif, proposition, phrase). Les mots qui s'accordent avec ce pronom neutre se mettent au masculin singulier :

Ceci *est mon testament.*
Je me suis trompé, **cela** *est vrai.*

Remarque. — *Ce* employé comme sujet avec le verbe *être* (§ 267, *b*) convient aussi bien pour des personnes que pour des choses : **C'**est mon ami.

Cela et *ça* peuvent, dans la langue familière, désigner des personnes, souvent avec une nuance d'affection, de mépris, etc. : *Ces vieux !* **ça** *n'a qu'une goutte de sang dans les veines.* (A. Daudet.) [Affectueusement.] — *Elle a l'air d'une ouvreuse, d'une vieille concierge (...) !* **Ça,** *une marquise !* (Proust.) [Avec dédain.]

b) Les pronoms démonstratifs varient en **nombre**, d'après les besoins de la communication :

Si vous aimez les livres amusants, lisez **celui-ci.**

c) Il existe des formes **simples,** qui ont souvent perdu la valeur démonstrative, — et des formes **composées,** qui explicitent la valeur démonstrative grâce à un adverbe de lieu, *ci* (= ici), qui sert pour des êtres ou des objets proches (démonstratif *prochain*), ou *là*, qui sert en principe pour des êtres ou des objets éloignés (démonstratif *lointain*).

Cela et *ça* sont des formes de même valeur, mais la seconde, fréquente dans la langue parlée, est plus rare dans la langue écrite, sauf, naturellement, quand on fait parler un personnage.

Distinguer soigneusement *ça*, pronom démonstratif, et *çà* (avec accent grave), adverbe de lieu : **Çà** *et là.*

À côté de *ceci*, la langue familière emploie parfois la forme *ci*, mais uniquement en association avec *ça* : *Comme* **ci** *comme* **ça.**

Remarque. — **Ça est*, **Ça était* appartiennent à la langue populaire. Mais on les admet, en style familier, quand *ça* est précédé de *tout* : *Tout* **ça** *est de ma faute* (R.-V. Pilhes) ; — ou quand le verbe est à un temps composé : **Ça** *aurait été dérisoire d'essayer de s'en expliquer.* (S. de Beauvoir.)

264   **Formes** des pronoms démonstratifs.

	SINGULIER			PLURIEL	
	Masculin	Féminin	Neutre	Masculin	Féminin
Formes simples	**celui**	**celle**	**ce**	**ceux**	**celles**
Formes composées	**celui-ci** **celui-là**	**celle-ci** **celle-là**	**ceci** **cela, ça**	**ceux-ci** **ceux-là**	**celles-ci** **celles-là**

Ci et *là* sont joints par un trait d'union à *celui, celle, ceux, celles.* Ils sont agglutinés dans *ceci* et dans *cela.* L'accent grave disparaît dans *cela* (et dans *ça*).

Sur l'élision de *ce*, cf. §§ 23, *c*, et 24, *b*, 2°.

Emploi des formes composées

265   Les formes composées ont mieux gardé que les formes simples la valeur démonstrative.

a) Quand on emploie les formes composées sans les mettre en opposition, les démonstratifs prochains désignent normalement dans la *réalité* ce qui est proche du locuteur, et les démonstratifs lointains ce qui est éloigné du locuteur :

> *Je prendrai* **ceci**. — *Je choisis* **celui-là**.

Le démonstratif prochain renvoie, dans le *contexte*, à ce qui va suivre, et le démonstratif lointain à ce qui précède :

> *Dites* **ceci** *de ma part à votre ami : qu'il se tienne tranquille.* (Acad.)
> *Que votre ami se tienne tranquille : dites-lui* **cela** *de ma part.* (Acad.)

Mais cette spécialisation est surtout respectée dans la langue écrite. L'usage oral tend à généraliser le démonstratif lointain. Même des écrivains l'emploient parfois pour annoncer quelque chose qui va suivre : *Vous avez au moins* **cela** *en commun : l'acte de Foi.* (Fr. Mauriac.)

Lorsque le pronom démonstratif neutre annonce un terme par redondance (comp. *ce* au § 267, *b*), on se sert toujours de *cela* ou de *ça :*

> **Cela** *vous plaît, les vacances ?*

Remarque. — La langue littéraire emploie parfois *celui-là, ceux-là, celle(s)-là* au lieu de *celui, ceux, celle(s)* [§ 266] devant une relative, notamment lorsqu'elle est séparée de son antécédent : *Mais les vrais voyageurs sont* **ceux-là** *seuls qui partent / Pour partir.* (Baudelaire.)

b) Quand le démonstratif lointain s'oppose au démonstratif prochain, le démonstratif prochain désigne ce qui est le plus proche dans la réalité ou dans le contexte :

> *Quelle cravate préférez-vous ?* **Celle-ci** *ou* **celle-là ?**
> *Estragon et Vladimir se sont remis à examiner,* **celui-là**
> (= Estragon) *sa chaussure,* **celui-ci** *son chapeau.* (S. Beckett.)

Dans la langue parlée, l'opposition entre *-ci* et *-là* n'est pas toujours respectée. On emploie souvent *-là* même quand les réalités sont inégalement distantes du locuteur :

> *Quelle cravate préférez-vous ?* **Celle-là** *ou* **celle-là ?**

Emploi des formes simples

266 **Celui, celle, ceux, celles** peuvent être nominaux ou représentants.

a) Représentants.

— Devant une proposition relative ou devant un complément introduit par *de :*

> *Voici deux boîtes : prenez* **celle** *qui vous convient.*
> *Je l'attendais au train du matin, mais il a préféré* **celui** *du soir.*

— Devant un participe ou devant un complément introduit par une autre préposition que *de*. Cette construction a été contestée, mais à tort, car elle existait déjà à l'époque classique et même plus tôt, et elle appartient à un usage très général :

> *Les immeubles, même* **ceux** *possédés par des étrangers...* (Code civil.)
> *La distinction (...) est aussi confuse que* **celle** *entre forme et fond.* (Malraux.)

On trouve aussi cette construction avec un adjectif accompagné d'un complément : *Tout ceci se passa dans un temps moins long que* **celui** *nécessaire pour l'écrire.* (Th. Gautier.)

Mais elle n'est pas admise quand l'adjectif n'est pas complété : **Les élections législatives sont plus importantes que* **celles** *municipales.* (Dites : *...que* les *municipales.*)

b) Nominaux, uniquement pour désigner des personnes :

— Devant une proposition relative (comp. *qui* au § 271, *b*) :

> *Béni soit* **celui** *qui a préservé du désespoir un cœur d'enfant !* (Bernanos.)

Notez l'expression familière *faire celui qui* « se donner les apparences de quelqu'un qui » : *Et tu feras* **celui** *qui passait par hasard.* (Pagnol.)

— Au pluriel, devant un complément introduit par *de*, dans la langue familière :

> **Ceux** *de 14.* (Titre d'un livre de Genevoix.) [= Les soldats de 1914.]

267 **Ce** peut aussi être nominal ou représentant.

a) Il est nominal devant une proposition relative :

> **Ce** *que femme veut, Dieu le veut.*
> *Il faut rendre à César* **ce** *qui appartient à César.*

Ce que, ce qui servent dans l'interrogation indirecte comme équivalents de *que* ou de *qu'est-ce que, qu'est-ce qui* dans l'interrogation directe :

> **Que** *veut-il ?* → *Demande-lui* **ce** **qu'***il veut.*
> **Qu'est-ce qui** *est préférable ?* → *Demande-lui* **ce** **qui** *est préférable.*

Ce fait aussi partie intégrante des locutions conjonctives de subordination *à ce que, de ce que, jusqu'à ce que : Il s'attend* **à ce que** *je revienne.* (Acad.) — Il est même aggluriné dans *parce que.*

b) Comme représentant :

1° Dans la langue courante, il s'emploie surtout comme sujet avec le verbe *être* (parfois précédé de *devoir, pouvoir, aller, sembler*).

— *Ce* renvoie à ce qui précède :

> *Je te présente Alain :* **c'***est mon meilleur ami.*

— *Ce* s'emploie par redondance du sujet (§ 98) :

> *Le temps,* **c'***est de l'argent.* — *Vouloir,* **c'***est pouvoir.*

— *C'est* constitue avec *qui* ou *que* l'introducteur permettant de mettre en évidence n'importe quel élément de la phrase, sauf le verbe prédicat (cf. § 152, *c*) :

> **C'est** *le ton qui fait la chanson.* — **C'est** *en forgeant qu'on devient forgeron.*

— *Est-ce* constitue avec *qui* ou *que* l'introducteur de l'interrogation (§ 139) :

> **Est-ce qu'***il est déjà parti ?* — *Qui* **est-ce qui** *le sait ?*

Remarques. — 1. Sur l'accord du verbe dans *c'est*, cf. § 361.

2. Du point de vue syntaxique, *ce* se comporte souvent comme un pronom personnel, notamment dans les inversions : §§ 134, *a ;* 138, *a ;* 142, *b.*

Le verbe *être* aux temps composés ne s'accommode pas de l'inversion de *ce :* **A-ce été... ?* **Ont-ce été... ?* **Eussent-ce été... ?* etc. On ne peut pas avoir non plus : **Furent-ce... ?*

2° Il reste quelques traces dans la langue écrite (ordinairement on emploie *cela*) de *ce* comme représentant dans d'autres cas : *Sur ce, et ce* (reprenant une phrase qui précède), *ce disant, ce me semble :*

> *Les tarifs sont augmentés, et* **ce,** *dès la semaine prochaine.* (Robert.)

Notons aussi *ce qui* introduisant une relative en apposition : *Il est revenu par le lac Léman,* **ce qui** *était un détour.*

6. PRONOMS RELATIFS

268   Les pronoms **relatifs** servent à introduire une proposition, qu'on appelle elle-même *relative ;* mais, à la différence des conjonctions de subordination, ils ont une fonction dans cette proposition : celle de sujet, de complément, parfois d'attribut.

Si le pronom est nominal, la proposition elle-même a dans la phrase (ou éventuellement dans une proposition) la fonction de sujet ou de complément :

> **Qui** *a bu* | *boira.*

Si le pronom est représentant, la proposition est complément, parfois apposition (§ 271, *a*, Rem.), du terme représenté :

> *Il ne faut pas réveiller* | *le chat* | **qui** *dort.*

269   On distingue parmi les pronoms relatifs ceux qui ont une forme simple et ceux qui ont une forme composée.

a) Formes **simples : qui, que, quoi, dont, où.**

Ces formes se distinguent par la fonction : voir ci-dessous.

Elles ne portent pas les marques du genre, du nombre ou de la personne. On considère qu'elles ont le genre, le nombre et la personne de leur antécédent.

Qui et *que* transmettent ces indications aux mots dont ils déterminent l'accord :

> *Vous* **qui passez.**   *Les paysages* **que** *j'ai* **aimés.**

Qui nominal est normalement au masculin singulier : *Rira bien* **qui** *rira* **le dernier.**

Quoi est une forme que l'on appelle neutre, à cause de sa valeur ordinaire : § 273. Il en est de même pour certains emplois de *qui* (§ 271, les deux remarques) et de *que* (§ 272). Dans la mesure où un mot s'accorde avec ces pronoms neutres, il se met au masculin singulier : *Voilà* **qui** *est bien* **dit.**

b) Formes **composées.**

Dans **lequel,** composé de l'article défini et du déterminant interrogatif, les deux éléments varient en genre et en nombre, genre et nombre communiqués par l'antécédent :

> *L'école* **à laquelle** *je pense a disparu.*

L'article défini que contient *lequel* se contracte avec les prépositions *à* et *de* (cf. § 215, *b*) au masculin singulier et au pluriel :

> *Les personnes* **auxquelles** *je pense.* — *Ces gens à propos* **desquels** *vous êtes intervenu.*

On considère souvent **quiconque** comme une forme composée (ce qu'il est par l'étymologie). Ce nominal est ordinairement masculin singulier. Cf. § 277.

270 Le pronom relatif se met en tête de la proposition relative, sauf quand il est complément d'un nom introduit par une préposition :

Il y a des gens | qu'il faut bien supporter.
Mais : *Il alluma une bougie, | à la clarté de **laquelle** il put achever son travail.*
(*À la clarté* est complément de *achever* et fait donc partie de la proposition relative.)

Sur la place de la proposition relative, cf. § 418.

271 **Qui** est représentant ou nominal.

a) Comme représentant, il appartient à la langue commune :

1° Comme sujet, il a pour antécédents des noms ou des pronoms pouvant concerner aussi bien des personnes que des choses :

*Le professeur **qui** m'a parlé. — La pierre **qui** est tombée.*

Remarque. — Dans les tours figés *qui plus est, qui mieux est, qui pis est, qui* a pour antécédent une phrase ou un syntagme. Cf. § 110, Rem.

2° Comme complément, il se construit avec une préposition, et l'antécédent est normalement un nom ou un pronom désignant des personnes :

*Le médecin **à qui** j'ai écrit.*
*Le médecin **de qui** je parle. (Plus souvent : dont.)*

Cette construction est plausible aussi à propos d'un animal (surtout d'un animal domestique) ou lorsqu'il y a personnification : *... le bruit fade et creux des carpes à **qui** l'on jette du pain.* (D. Boulanger.) — *Ô Soleil ! Toi sans **qui** les choses / Ne seraient que ce qu'elles sont.* (E. Rostand.)

Mais la langue littéraire ne craint pas d'employer *qui* à propos de choses, sans qu'il y ait personnification : *... les objets familiers, à **qui** la brusque ouverture des volets va donner leur douche de lumière.* (H. Bazin.)

b) Comme nominal, *qui* est normalement masculin singulier. Il se dit des personnes (voir cependant la Remarque).

1° La relative est sujet de la phrase, et *qui* est sujet de la relative, dans des proverbes ou dans des formules sentencieuses :

Qui *veut voyager loin ménage sa monture.*
Qui *veut faire de grandes choses doit penser profondément aux détails.* (Valéry.)

La langue littéraire l'emploie parfois en dehors des vérités générales : *Qui connaîtrait sa pensée n'y trouverait sans doute rien de blâmable.* (Dict. du franç. contemporain.)

2° La relative est complément (prépositionnel ou non), et *qui* est soit le sujet de la relative, soit un complément ; ce tour appartient surtout à la langue soignée :

*Aimez **qui** vous aime.*
*J'imite **qui** je veux. (J. Renard.)*
*Il le raconte à **qui** veut l'entendre. (La relative est compl. d'objet indirect.)*

Remarquez l'expression *comme qui dirait* « en quelque sorte » (familier) : *Les publicains qui sont* **comme qui dirait** *les percepteurs.* (Péguy.)

Sur *qui* pronom indéfini distributif, cf. § 286, *e*.

Remarque. — *Qui* est nominal neutre après *voici, voilà : Voilà qui est fait.* (= C'est fait.)

272   **Que** a comme antécédents des noms ou des pronoms pouvant concerner aussi bien des personnes que des choses.

a) Il est ordinairement complément d'objet direct :

Les fleurs **que** *vous avez cueillies.   La femme* **qu'**il a épousée.

Avec la phrase comme antécédent dans *que je sache : Il n'est pas venu hier,* **que** *je sache.* — Comparez aussi *que* introduisant l'incise dans la langue populaire : § 132, *b*, Rem. 1.

b) Il peut être complément adverbial, surtout dans la langue littéraire :

L'hiver **qu'**il fit si froid.   La première fois **que** je l'ai vu.

c) Il peut être sujet d'un infinitif complément :

Le train **que** *j'entends siffler.*

d) Il peut être sujet réel :

Le temps **qu'**il faut pour aller jusque-là.

e) Il peut être attribut :

Malheureux **que** je suis !

En outre, il est sujet neutre, nominal ou représentant, dans quelques expressions figées : *Advienne* **que** *pourra. Coûte* **que** *coûte. Vaille* **que** *vaille.* — *Fais ce* **que** *bon te semble.*

Remarque. — On est fondé à analyser comme un pronom relatif le *que* contenu dans les expressions *quel que, quelque ... que, quoi que, qui que,* etc., expressions que les grammairiens appellent généralement *relatifs indéfinis*. Le mot ou le syntagme qui précèdent *que* sont des éléments détachés de la proposition d'opposition et rappelés par le relatif *que :*

Quel **que** *soit votre talent, vous n'y parviendrez pas.*
Qui **que** *tu sois, ne te prends pas au sérieux.*

N. B. — Ne pas confondre : **quoi que** en deux mots, « quelque chose que », et **quoique** en un mot, conjonction de subordination équivalant à « bien que » :

Quoi que *vous fassiez, faites-le avec soin.*
Quoique *vous fassiez de grands efforts, vous ne réussirez pas.*

273   **Quoi** ne s'applique qu'à des choses. Il s'emploie uniquement comme complément prépositionnel [3].

---

3. Sauf dans *quoi que* (§ 272, N. B.), mais il n'est pas sûr que ce *quoi* soit bien un relatif.

— Dans la langue ordinaire, il est : — soit représentant d'un pronom neutre *(ce, rien)*, ou d'une phrase, — soit nominal, sans antécédent :

Il m'a répondu brutalement, ce à **quoi** *je m'attendais.*
Il ne voyait rien à **quoi** *il puisse se raccrocher.* (Dict. du franç. contemp.)
Prêtez-moi un peu d'argent, sans **quoi** *je ne pourrai payer le taxi.* (Même ouvrage.)
Il a de **quoi** *vivre. — Voici à* **quoi** *je pense.*

— Dans la langue littéraire, *quoi* fait concurrence à *lequel,* l'antécédent étant non seulement un mot vague comme *chose,* mais aussi des noms précis :

Il se tue pour une chose à **quoi** *il tient.* (Malraux.)
Elle avait dépouillé ces fioritures par **quoi** *elle triomphait*
au début de sa carrière. (Aragon.)

Remarques. — 1. Lorsque l'antécédent est une phrase, les auteurs mettent assez souvent un point devant *après quoi, sur quoi,* etc. Ils traitent donc *quoi* plutôt comme un démonstratif que comme un relatif (comp. *auquel cas* au § 235) : *J'avais soin de choisir. Malgré* **quoi,** *dès le mois de juin, nous avions six pensionnaires.* (Ramuz.)

2. Sur *comme quoi* introduisant le discours indirect, cf. § 149, *a.*

274 **Dont** est toujours représentant. L'antécédent est un nom ou un pronom pouvant concerner aussi bien des personnes que des choses. *Dont* équivaut à un complément contenant la préposition *de,* complément du sujet, du verbe, de l'attribut ou du complément d'objet direct :

Un livre **dont** *l'auteur est inconnu. — Un livre* **dont** *je connais l'auteur.*
Le prétendant **dont** *m'avait parlé Juliette.* (A. Gide.)
Ce **dont** *j'ai besoin.* (Et non : *Ce* **que** *j'ai besoin.*)

Remarques. — 1. *Dont* ne peut, en principe, dépendre d'un complément introduit par une préposition. On ne dirait pas :

Une ville **dont** *il ne se souvient plus du nom. — *Un fils* **dont** *il songe à l'avenir.*
(Il faut dire : *Une ville* **du nom de laquelle** *il ne se souvient plus.*
Un fils **à l'avenir de qui** *il songe.*)

2. *Dont* est parfois, simultanément, complément du sujet et complément de l'objet direct (ou de l'attribut) : *Il plaignit les pauvres femmes* **dont** *les époux gaspillent la fortune.* (Flaubert.)

3. Dans la langue ordinaire, comme complément du verbe, on distingue :
— *D'où,* quand il s'agit d'un mouvement : *La ville* **d'où** *il vient.*
— *Dont,* quand il s'agit de descendance : *La famille* **dont** *je descends.*

Mais la langue écrite se sert souvent de *dont* même dans le premier cas : *Ville* **dont** *elle est originaire.* (A. Breton.) — *À une place* **dont** *il semblait ne plus pouvoir bouger.* (F. Marceau.)
Comme interrogatif, on n'emploie que *d'où,* même pour la descendance : **D'où** *descend-il ?*
— *Je sais* **d'où** *il descend.*

4. *Dont acte* est une expression juridique qui signifie « ce dont je vous donne acte ».

275   **Où,** relatif, a comme antécédent un nom non animé ou un adverbe et il est complément adverbial (surtout de lieu ou de temps) :

> *La ville* **où** *vous habitez, ... d'***où** *vous venez.*
> *Le temps* **où** *nous sommes.* — *L'état* **où** *vous êtes.*
> *Partout* **où** *vous irez.*

Il s'emploie parfois sans antécédent :

> **Où** *j'habite il n'y a pas encore de rues.*

D'où peut marquer la conclusion, l'antécédent étant la phrase qui précède : *Il a refusé,* **d'où** *il résulte maintenant que nous sommes dans l'impasse.* (Dict. du franç. contemp.). — Avec une relative averbale : *Ils sont poètes (...).* **D'où** *leur immense prestige.* (P. Emmanuel.) [La majuscule montre que le relatif est traité comme un démonstratif ; comp. § 273, Rem. 1.]

276   **Lequel** s'emploie toujours comme représentant ; l'antécédent est un nom ou un pronom pouvant désigner une personne ou une chose.

a) Comme sujet, il est surtout usité dans la langue juridique ou administrative, mais parfois aussi dans la langue écrite en général, notamment quand il permet d'éviter une équivoque (parce qu'il varie en genre et en nombre). La relative est toujours explicative et non déterminative (cf. § 417, *b*) :

> *J'étais comme les fantômes des légendes anglaises,* **lesquels** *ne parlent que si on leur adresse d'abord la parole.* (J. Green.) [*Qui* serait ambigu.]
> *Il montra la lettre à Deslauriers,* **lequel** *s'écria...* (Flaubert.)

b) Comme complément prépositionnel, *lequel* s'impose quand l'antécédent est un nom ou un pronom concernant des choses ou des animaux. Quand l'antécédent concerne des personnes, *lequel* est plus rare que *qui :*

> *Un événement* **auquel** *personne ne s'attendait.*
> *L'homme sous* **lequel** *la marine française s'était relevée.* (Michelet.)

Après *parmi, qui* est exclu : *Les candidats parmi* **lesquels** *on a choisi.*

277   **Quiconque** est toujours nominal et singulier. Il ne se dit que des personnes. Il signifie « celui, quel qu'il soit, qui » (comp. *qui,* § 271, *b*). Il est sujet de la proposition relative, celle-ci pouvant être sujet ou complément :

> **Quiconque** *a réfléchi à cette question sera d'accord avec moi.*
> *Et l'on crevait les yeux à* **quiconque** *passait.* (Hugo.)
> *Le maquis est la patrie des bergers corses*
> *et de* **quiconque** *s'est brouillé avec la justice.* (Mérimée.)

Les mots qui s'accordent avec *quiconque* se mettent ordinairement au masculin singulier : voir l'exemple de Mérimée ci-dessus.

Il peut arriver que la situation impose le féminin : *Mesdames,* **quiconque** *de vous sera assez hardie pour médire de moi...* (Acad.)

Sur *quiconque,* pronom indéfini, cf. § 287, *a.*

Il serait incorrect de joindre *qui* à *quiconque : ***Quiconque** *de vous qui resterait en arrière serait puni.*

7. PRONOMS INTERROGATIFS

278 Les pronoms **interrogatifs** s'emploient au lieu d'un nom au sujet duquel le locuteur demande une information, notamment quant à l'identité :

> **Qui** *donc es-tu, morne et pâle visage (...) ?*
> **Que** *me veux-tu, triste oiseau de passage ?* (Musset.)

Dans le cas de *combien,* la question porte sur le nombre :

> **Combien** *êtes-vous ?*

Comme il n'est pas possible de faire porter l'interrogation directement sur le verbe prédicat lui-même, on utilise un pronom interrogatif neutre et le verbe *faire,* qui est apte à remplacer n'importe quel verbe :

> **Que** *fait Marie ? Elle dort.*

Remarque. — *Combien* peut s'employer aussi comme pronom exclamatif nominal (« combien de personnes ») ou représentant :

> *Oh ! combien de marins, combien de capitaines (...)*
> *Dans ce morne horizon se sont évanouis !*
> **Combien** *ont disparu, dure et triste fortune !* (Hugo.)

279 Les pronoms interrogatifs ont la même **forme** que les pronoms relatifs : *qui, que, quoi, lequel.*

Cependant, *dont* n'est jamais interrogatif (cf. § 274, Rem. 3), et *où,* à cause de sa fonction de complément adverbial, est rangé parmi les adverbes, avec *pourquoi, quand* et *comment.*

Combien, lorsqu'il est complément adverbial, est considéré comme un adverbe, mais, lorsqu'il est sujet ou attribut ou complément d'objet, il tient vraiment la place d'un nom, et on est fondé à y voir un pronom interrogatif, soit un nominal équivalant à « combien de personnes », soit un représentant, qui peut concerner des personnes ou des choses :

> **Combien** *savent résister à la médisance ?*
> **Combien** *êtes-vous ? — Parmi les élèves,* **combien** *étaient absents ?*
> *À* **combien** *avez-vous parlé de cela ?*

Comme objet direct, ou comme sujet réel, il doit s'appuyer sur le pronom *en :*

> **Combien** *en avez-vous mangé ?*   **Combien** *en faut-il ?*

Dans l'interrogation indirecte, on emploie *ce que, ce qui* pour interroger sur les choses : cf. § 283.

Dans l'interrogation directe, les formes *qui, que, quoi, lequel* placées en tête de la phrase peuvent être renforcées par *est-ce qui* si le pronom est sujet, par *est-ce que* si le pronom a une autre fonction. Cet usage, qui est tout à fait courant dans la langue parlée, n'est pas exclu dans la langue littéraire, surtout pour renforcer *qui* et *que.* Cf. § 139, *b* et Rem. 1.

La forme renforcée est parfois la seule possible : cf. § 283, *a.*

La langue parlée familière connaît des tours avec un double renforcement : **Qu'est-ce que c'est que** *tu vas faire ?*

280   **Genre et nombre** des pronoms interrogatifs.

a) Les formes *qui, que, quoi* s'opposent en ceci que la première concerne des personnes et que les deux autres, qu'on appelle pour cela *neutres*, concernent des choses (sur leur emploi, cf. § 283).

Qui, que, quoi ne portent pas la marque du nombre et du genre. Les mots qui s'accordent avec *qui* se mettent le plus souvent au masculin singulier. Mais le contexte ou la situation peuvent imposer le féminin ou le pluriel :

> *Quelles idiotes !* — **Qui** *est* **idiote** *? Ma sœur, ma mère, ma nièce ?* (Giraudoux.)
> *Je ne saurais vous dire* **qui sont les** *plus* **vilains.** (Sartre.)

Les mots qui s'accordent avec *que* ou *quoi* se mettent au masculin singulier :

> **Qu'***as-tu* **mangé ?**   **Quoi** *de* **neuf ?**

b) Les deux éléments de *lequel* varient en genre et en nombre, d'après l'antécédent ou d'après le contexte :

> *De ces deux tableaux,* **lequel** *préfères-tu ?* *De ces deux peintures,* **laquelle** *préfères-tu ?*
> *De tous ces tableaux,* **lesquels** *préfères-tu ?*
> **Laquelle** *de ces deux peintures préfères-tu ?*

En outre, l'article défini contenu dans *lequel* se contracte comme il a été dit au § 269, *b* :

> **Auquel** *penses-tu ?*   **Duquel** *te souviens-tu ?*

c) Les mots qui s'accordent avec *combien* se mettent au pluriel. Ils sont au masculin si le mot est pris dans le sens général :

> **Combien** *sont vraiment* **satisfaits ?**

Le féminin se trouve quand il s'agit de femmes ou quand l'antécédent est féminin :

> *Vos rédactions sont négligées.* **Combien** *ont été* **écrites** *après un brouillon ?*

281   **Place** du pronom interrogatif.

Dans la langue soutenue, le pronom interrogatif est en tête de la phrase (ou de la proposition, dans l'interrogation indirecte), sauf s'il est complément d'un syntagme prépositionnel (lequel se met au début de la phrase ou de la proposition) :

> **Qui** *cherches-tu ?* — *Je demande* **qui** *tu cherches.*
> *À l'intention* **de qui** *as-tu fait cela ?* — *Je demande à l'intention* **de qui** *tu as fait cela.*

Dans la langue parlée familière, les pronoms interrogatifs *qui, quoi, lequel, combien* ont souvent la place qu'aurait le nom dans une phrase énonciative :

Il cherche **quoi ?** *Tu en veux* **combien ?**

C'est nécessairement le cas d'un des pronoms interrogatifs, quand une phrase contient plusieurs pronoms interrogatifs ayant des fonctions différentes : **Qui** *pense à* **quoi ?** (H. Bazin.)

282 **Qui** interroge sur les personnes, tant dans l'interrogation directe que dans l'interrogation indirecte. Il peut être sujet, attribut ou complément (de verbe, de nom, etc.) :

Qui *vient ?* **Qui** *es-tu ?* **Qui** *cherches-tu ?* *À* **qui** *parles-tu ?*
Dis-moi **qui** *tu hantes, je te dirai* **qui** *tu es.*

283 **Que** et **quoi** interrogent sur les choses.

a) Dans l'interrogation directe, *que* est sujet réel, attribut ou complément essentiel direct de verbe (objet ou autre), tandis que *quoi* est complément prépositionnel (de verbe, de nom, etc.) :

Que *reste-t-il ?* **Que** *deviendrai-je ?* **Qu'**as-tu fait ? **Que** *coûte cet objet ?*
À **quoi** *penses-tu ?* *Contre* **quoi** *a-t-il posé l'échelle ?*

Quoi est substitué à *que* si l'interrogatif neutre n'est pas en tête (langue familière) et dans les phrases interrogatives averbales :

Il t'a répondu **quoi ?** **Quoi** *de plus beau ?*

Quand le prédicat est un infinitif, *que* et, plus rarement, *quoi* sont possibles comme attributs et comme compléments d'objet direct : **Que** *devenir ?* — **Que** *faire ?* — **Quoi** *devenir ?* — *Mais* **quoi** *vous raconter ?* (Saint Exupéry.)

Comme interrogatif sujet neutre, on se sert ordinairement de *qu'est-ce qui* :

Qu'est-ce qui *est plus résistant que l'acier ?*

b) Dans l'interrogation indirecte, *quoi* sert de complément prépositionnel. Par analogie avec la construction de la proposition relative, on emploie *ce qui* comme sujet, *ce que* comme sujet réel, comme attribut et comme complément d'objet direct :

Il lui a demandé à **quoi** *elle passait son temps.*
Je lui ai demandé **ce qui** *l'intéressait, ...* **ce qu'**il lui fallait,
... **ce qu'**elle était devenue, ... **ce qu'**elle cherchait.

Si le verbe est à l'infinitif, après *savoir*, on a le choix entre *que* et *quoi* comme attribut ou complément d'objet direct :

Je ne savais **que** *répondre.* (Chateaubriand.)
Je n'aurais pas su **quoi** *répondre.* (H. Bosco.)

Remarquons l'expression *n'avoir que faire* « n'avoir pas besoin de » : *Nous n'avons que faire d'un collaborateur si peu efficace.*

284   **Lequel** se dit des personnes ou des choses. Il peut remplir toutes les fonctions tant dans l'interrogation directe que dans l'interrogation indirecte. Il est représentant ou bien il est suivi d'un complément précisant entre quoi il faut choisir :

> *De ton cœur ou de toi* **lequel** *est le poète ?* (Musset.)
> *Voici deux robes :* **laquelle** *préfères-tu ? ...dis-moi* **laquelle** *tu préfères.*
> **Laquelle** *de ces deux robes préfères-tu ?*

8. PRONOMS INDÉFINIS

285   On range sous le nom de pronoms **indéfinis** des mots variés indiquant, soit une quantité non chiffrée (§ 286), soit une identification imprécise, ou même un refus d'identification (§ 287) :

> **Tout** *dit dans l'infini* **quelque chose** *à* **quelqu'un.** (Hugo.)

a) Pronoms proprement dits.

— **Aucun, certains, nul, plusieurs, tel** et **tout** sont aussi des déterminants indéfinis.

— **Chacun** et **quelqu'un** correspondent aux déterminants indéfinis *chaque* et *quelque.*

La langue commerciale emploie fréquemment *chaque* au lieu de *chacun : Ces fleurs coûtent vingt francs* **chaque.** Il est préférable de ne pas imiter cet usage, quoiqu'il apparaisse parfois dans la langue littéraire, mais souvent dans un contexte commercial : *Quatre-vingt-dix billets à 1 000 francs* **chaque.** (Chateaubriand.)

— **Autrui, on, personne, rien** ne correspondent pas à des déterminants indéfinis.

Personne est aussi un nom.

— **Quiconque** et **qui** sont d'abord des relatifs.

Qui est un pronom indéfini lorsqu'il est répété comme distributif (§ 286, *e*). Il fait aussi partie de la locution **qui de droit** (§ 287, *c*).

b) Locutions et autres cas.

— **Pas un** et **plus d'un** sont aussi des déterminants indéfinis.
— Les adjectifs indéfinis (§ 246) **autre** et **même** sont des espèces de pronoms indéfinis quand ils sont accompagnés d'un déterminant : *un autre, l'autre, d'autres, le même.*

On peut considérer aussi que l'on n'a pas vraiment affaire à des pronoms indéfinis et que l'on a le même phénomène que dans : *J'ai deux amis ;* **le premier** *s'appelle Gaston, et* **le second** *Jacques.* — *J'ai deux manteaux :* **un bleu** *et* **un noir.** — Mais cette réserve ne s'applique pas quand *autre* est sans déterminant *(entre autres)* et quand *les autres* ou *les mêmes* sont des nominaux.

— **Un** s'emploie comme pronom ainsi que les autres numéraux cardinaux (§ 258). Il peut prendre l'article défini : **L'un** *de nous* ou **un** *de nous ;* — et il peut se mettre au pluriel quand il est précédé de l'article défini et qu'il est en corrélation avec *l'autre :* cf. § 286, *e.*

— Le nom **chose** sert à former les locutions neutres **autre chose, grand-chose, peu de chose, quelque chose.**

— **La plupart, tout le monde** sont des syntagmes nominaux dont la valeur première s'est effacée. Ajoutons-y **bon nombre**, à cause de l'absence de déterminant.

— **Assez, autant, beaucoup, peu, tant, trop,** etc. sont des adverbes employés pronominalement (ils sont employés comme déterminants quand ils sont suivis de la préposition *de* et d'un nom : cf. § 239, *b*).

— Les verbes *savoir* et *importer* entrent dans des locutions où le verbe est suivi des pronoms interrogatifs *qui, quoi* ou *lequel :* **je ne sais qui, on ne sait qui, Dieu sait qui, n'importe qui, je ne sais quoi,** etc.

— Les locutions empruntées **et caetera** et **tutti quanti** jouent aussi le rôle de pronoms indéfinis.

— Les initiales arbitraires, surtout **N** et **X,** jouent parfois le rôle de pronoms indéfinis.

Remarques. — 1. *Autrui, on, personne, quiconque, qui de droit, rien, tel, tout, tout le monde, X, N, et caetera, tutti quanti,* ainsi que les locutions avec *chose,* les locutions avec *n'importe* ou *savoir* et *qui, quoi* sont des nominaux.

Qui n'est que représentant, ainsi que les locutions avec *n'importe* ou *savoir* et *lequel.*

Les autres sont tantôt représentants et tantôt nominaux. Comme nominaux, ils ne se disent que des personnes :

> *Parmi les voyelles,* **certaines** *sont nasales.*
> *Je vais me permettre de vous confier une façon de voir*
> *qui risque de déplaire à* **beaucoup,** *et même de scandaliser* **certains.** (J. Romains.)

2. Les pronoms indéfinis se placent d'ordinaire là où on mettrait le nom. Cependant *rien* et *tout* compléments d'objet direct ou sujets réels d'un verbe à un temps composé sont entre l'auxiliaire et le participe passé : *J'ai* **tout** *perdu.* — *Je n'ai* **rien** *vu.* — *Il n'y a* **rien** *eu.* (Avec *tout,* on dit aussi : *J'ai perdu* **tout.**)

286   Indéfinis **exprimant la quantité.**

a) Quantité nulle :

Rien (nominal) s'applique aux choses ; **personne** (nominal) aux personnes ; **nul,** réservé à la langue écrite, est surtout employé pour des personnes, comme nominal et comme sujet ; **aucun** et **pas un** sont surtout représentants :

> *Je n'ai vu* **personne.** — *Je n'ai* **rien** *remarqué.*
> **Nul** *ne peut être arbitrairement détenu.* (Constitution de la Vᵉ République.)
> *Il a donné beaucoup de raisons, mais* **aucune** (ou : **pas une**) *ne me convainc.*

Ordinairement, comme dans les exemples ci-dessus, ces pronoms expriment l'idée négative en liaison avec l'adverbe *ne.* Mais ils peuvent à eux seuls (sauf *nul*) être chargés de la valeur négative, surtout dans des phrases averbales :

> *Lui connaissez-vous des ennemis ?* **Aucun.** (Ou : **Pas un.**)
> *Qui est venu ?* **Personne.** — *Qu'avez-vous vu ?* **Rien.**

Pour *rien,* cette valeur apparaît assez souvent dans des phrases verbales :

> *Un meneur de comité est puissant avec* **rien** *derrière soi.* (Barrès.)

De là l'expression *Ce n'est pas rien,* où les deux négations (*ne pas* et *rien*) s'annulent (= c'est quelque chose). On a critiqué cet emploi, mais il est entré dans l'usage général.

Sur la valeur non négative de certains de ces pronoms, cf. § 287, *a.*

b) Pluralité :

— **Plus d'un** et **plusieurs** : **Plus d'un** / *ne viendra plus chercher la soupe parfumée.* (Baudelaire.) — **Plusieurs** *ne viendront plus...*

— **Quelques-uns, certains, d'aucuns** (surtout usité dans la langue écrite, qui l'emploie d'ordinaire comme nominal et comme sujet ; parfois régional) : *C'est l'effraie.* **D'aucuns** *disent la chouette religieuse.* (Genevoix.) — **Quelques-uns** *disent...* — **Certains** *disent...*

c) Grande quantité, nombrable ou non :

— **Assez** (familier), **pas mal** (surtout familier), **beaucoup :** *Des timbres, j'en ai* **beaucoup.** Ou : ... **assez.** Ou : **... pas mal.**

Pour cet emploi d'*assez* (à distinguer de la suffisance : *e* ci-dessous), on dit en Belgique : **assez bien.*

— **Tellement, tant,** avec une conséquence, parfois omise (surtout dans une phrase exclamative) : *Il en a pris* **tellement** *qu'il ne sait où les mettre.* — *Il en a pris* **tant !**

Tant s'emploie aussi pour exprimer une quantité qu'on ne veut ou ne peut pas préciser : *Cet ouvrier gagne* **tant** *par jour.* (Ne dites pas : **autant.*)

— **Bon nombre :** *Les compagnons de Desgenais étaient des jeunes gens de distinction,* **bon nombre** *étaient artistes.* (Musset.)

— **Grand-chose** (nominal) ne se dit que des choses et dans des phrases négatives : *Il n'a pas dit* **grand-chose.**

— **La plupart : La plupart** *comprennent qu'il ne peut y avoir de langage universel.* (Barthes.)

d) Totalité :

— **Tous** [tus], fém. *toutes : J'ai appelé mes amies, mais* **toutes** *étaient déjà parties.*

— **Tout le monde** (nominal) ne se dit que des personnes : **Tout le monde** *ne peut pas être orphelin.* (J. Renard.)

— **Tout** (nominal) ne se dit que des choses, à propos d'un ensemble non dénombré : **Tout** *est perdu.*

e) Cas divers :

— Les distributifs isolent les éléments d'un ensemble.

Chacun, qui est aussi nominal, considère séparément les divers éléments : *Les fleurs (...) tenaient* **chacune** *d'un air distrait son étincelant bouquet d'étamines.* (Proust.)

Sur les variantes *un chacun, tout un chacun,* cf. § 124, *a.*

L'un ... l'autre, qui ... qui (littéraire ; seulement représentant) peuvent isoler une seule unité ou plusieurs (dans ce cas, *l'un ... l'autre* se met au pluriel) : *J'ai deux voitures :* **l'une** *pour mon métier,* **l'autre** *pour les vacances.* — *Les adolescents étaient sortis,* **qui** *sur l'âne savant,* **qui** *sur le cheval dressé,* **qui** *sur le chameau.* (Malraux.)

Les pronoms démonstratifs peuvent jouer aussi le rôle de distributifs : *Dans toutes les familles on faisait des plans. L'un rêvait des persiennes vertes, l'autre un joli perron,* **celui-ci** *voulait de la brique,* **celui-là** *du moellon.* (A. Daudet.)

— Quantité faible :

Peu : *Au banquet du bonheur bien* **peu** *sont conviés.* (Hugo.)

Un peu (seulement représentant, et pour des choses) : *Je n'en prendrai qu'*un peu.

Peu de chose (seulement nominal et pour des choses) : *Il lui faut* **peu de chose** *pour être content.*

Guère (surtout représentant) forme avec *ne* une locution signifiant « ne ... pas beaucoup » : *Des amis, il n'en a* **guère.**

Parfois, *guère* sans *ne* signifie « peu » : *A-t-il des amis ?* **Guère.**

— **Autant, plus, moins, davantage, tant** marquent la comparaison : *J'en mangerais encore bien* **autant.**

— **Assez** marque la suffisance, et **trop** l'excès : *Vous en avez mangé* **assez** (ou : **... trop.)**

287 Indéfinis **n'exprimant pas la quantité.**

a) Identification non précisée.

— **Aucun, personne** (nominal) et **rien** (nominal) gardent[4], dans la langue littéraire, la possibilité de s'employer dans certains contextes avec la valeur de « l'un », de « quelqu'un » ou de « quelque chose », de « n'importe qui » ou de « n'importe quoi » :

Je doute qu'**aucun** d'eux réussisse. Il fait cela mieux que **personne.**
La bonne vieille est loin de **rien** soupçonner. (J. Green.)

Cette possibilité n'existe pour *nul* qu'après *sans que : Il a fait cela sans que* **nul** *le sache* (= sans que quelqu'un le sache).

— Pour les choses, on emploie (outre *aucun* et *rien*), les nominaux **quelque chose, n'importe quoi, on ne sait quoi** (et autres formules avec *savoir*) :

Faites donc **quelque chose.** — Il dit **n'importe quoi.**

— Pour les personnes, on emploie, outre *personne :* **quelqu'un,** nominal et représentant, les nominaux **on** (seulement sujet : cf. § 289), **quiconque** (critiqué à tort), **n'importe qui, on ne sait qui** (et autres formules avec *savoir*) :

Il cherche **quelqu'un** de compétent.
Il est lui-même au courant des tendances de la nouvelle peinture française
autant que **quiconque** en France. (Apollinaire.)
Il épouserait **n'importe qui.**

---

4. Ils tiennent cela de leur valeur originaire, bien vivante encore dans le nom *personne,* survivant dans *d'aucuns* (§ 286, *b*). *Rien* (lat. *rem*) voulait dire « chose » en ancien français.

— **N'importe lequel, on ne sait lequel** (et les autres formules avec *savoir*) s'emploient comme représentants pour des personnes ou pour des choses :

*Il voulait une voiture ; il a pris **n'importe laquelle**.*

— **Un tel** s'emploie surtout lorsqu'on ne veut pas nommer la personne en question ; de même pour les initiales arbitraires (qui peuvent représenter aussi un nom de localité), souvent accompagnées de points de suspension :

*En l'an 1500, **un tel**, de tel village,*
*a bâti cette maison pour y vivre avec **une telle**, son épouse. (Loti.)*
*Selon qu'elles sont la femme de **X** ou de **Y**. (M. Cardinal.)*
*À **X**..., petite ville voisine. (Colette.)*

Tel s'emploie avec la valeur de *celui* dans des formules proverbiales : **Tel** *est pris qui croyait prendre.*

Notons aussi que *chose* dans la langue très familière se substitue à un nom (ou à un mot) qu'on ne se rappelle pas : *L'abbé **chose**, dont le nom ne marque pas dans ma mémoire.* (H. Bazin.)

b) **Autre** et ses équivalents.

— Quand *autre* est précédé d'un déterminant, on peut contester son caractère de pronom : cf. § 285, *b*. Notons surtout les cas où il est employé comme nominal pour des personnes (cf. *autrui* ci-dessous) et les cas où il est employé sans déterminant pour des personnes ou pour des choses :

*Vous ne pensez jamais **aux autres**.*
On se demande pourquoi (...) on continue à ennuyer les gosses
*avec Virgile, Molière, Descartes et **autres**. (M. Aymé.)*
*Toute une critique nouvelle, sévissant dans le théâtre entre **autres**,*
essaye de réprimer la liberté. (Ionesco.)

— **Autre chose** (nominal) ne se dit que des choses : *Parlons d'**autre chose**.*

— **Autrui** (nominal) ne se dit que des personnes. Il est traditionnellement complément, mais on le trouve pourtant parfois comme sujet. Il s'emploie surtout dans des formules sentencieuses dans la langue soutenue :

*Ne fais pas à **autrui** ce que tu ne voudrais pas qu'on te fît.*
*On souhaite qu'**autrui** respecte les opinions d'**autrui**. (Queneau.)*

— **Et caetera** (nominal) [ɛtseteRa], souvent abrégé en *etc.*, est une locution latine qui signifiait originairement « et les autres choses », mais on l'emploie pour interrompre une énumération (qui peut concerner aussi bien des personnes que des choses, ou même d'autres éléments que des noms) :

*La botanique, la zoologie, la minéralogie, **etc.***
*Tous ces benêts, Turgot, Quesnay, Malesherbes, les physiocrates, **et caetera**. (Hugo.)*
Ce sont incontestablement d'excellents soldats,
*courageux, disciplinés, **et caetera**. (Queneau.)*

— **Tutti quanti** (nominal) [tuti kwãti] est une locution italienne signifiant « tous les gens de cette espèce » ; toujours précédée de la conjonction *et* [e], elle s'emploie, comme *et caetera*, pour interrompre une énumération concernant des personnes, parfois des choses :

> *Peut-on taxer (...) les Delagrange, Vincent, Rambaud et* **tutti quanti** *de conservatisme social ?* (E. Le Roy Ladurie.)
> *... restaurer la démocratie, la religion, la liberté, la propriété et* **tutti quanti.** (Dans le *Monde*.)

c) Qui de droit (nominal). Cette locution, qui appartient à la langue juridique, est surtout employée comme complément :

> *Adressez-vous à* **qui de droit** (= à celui qui a le pouvoir de décider).

d) Le même (nominal et représentant) marque l'identité ou la ressemblance (cf. § 285, *b*) :

> *On prend* **les mêmes,** *et on recommence.*

288 **Variabilité** des pronoms indéfinis.

a) Pronoms variables.

— **Quelqu'un, l'un, le même** varient en genre et en nombre : *quelqu'une* (rare), *quelques-uns, quelques-unes ; l'une, les uns, les unes ; la même, les mêmes :*

> *De ces découvertes,* **quelques-unes** *sont connues.*

Autre varie en nombre, mais certains de ses déterminants varient en genre : *Un autre, une autre. — Lequel* varie en genre et en nombre dans les locutions **n'importe lequel,** etc. : *N'importe laquelle, lesquels, lesquelles.*

— **Aucun, chacun, nul, pas un, plus d'un** et **tel,** qui s'emploient seulement au singulier, varient en genre : *aucune, chacune, nulle, pas une, plus d'une, telle :*

> *De ces maisons,* **pas une** *n'est habitable.*

— **Certains, tous, d'aucuns** (nominal), qui ne s'emploient qu'au pluriel, varient en genre : *certaines, toutes, d'aucunes* (rare) :

> *Parmi ces finales,* **certaines** *sont muettes.*

Tous ces pronoms variables, s'ils sont employés comme nominaux, désignent uniquement des personnes. Ils sont alors ordinairement masculins, sauf si la situation indique qu'il s'agit seulement de femmes :

> *Mariette ne conserve pas tout, comme* **certaines.** (H. Bazin.)

b) Pronoms à forme unique.

1° Les mots dont ils déterminent l'accord sont toujours au masculin singulier.

— C'est le cas d'**autrui, tout le monde,** qui désignent des personnes :

> **Tout le monde** *sera content. —* **Autrui** *nous est indifférent.* (Proust.)

— C'est le cas de **rien, tout** et des locutions formées avec **chose** et avec **quoi** (*n'importe quoi, Dieu sait quoi*, etc.) ; ils ne désignent que des choses (d'où leur nom de pronoms neutres) :

Rien *n'est* **fait**. — **Tout** *est* **perdu**.

Autre chose *s'est* **passé**.   (Comp. : Une *autre chose s'est* **passée**.)

2° Les mots dont ils déterminent l'accord peuvent être au féminin :

— **Personne, X, N, n'importe qui, Dieu sait qui** (etc.) entraînent le singulier :

Personne *n'était plus* **belle** *que Cléopâtre* (tour rare).

Émerge du tas **X, fagotée** *comme une poupée de chiffon.* (H. Cixous.)

On dit, avec l'article : **Les X** *sont venus*.

— **La plupart, plusieurs, bon nombre,** les adverbes **beaucoup, trop,** etc. entraînent le pluriel :

Parmi les femmes, **la plupart** (ou : **plusieurs** ; ou : **beaucoup**) *sont* **convaincues** *de ....*

— Pour *on*, cf. § 289, *b*.

3° **Quiconque, qui de droit, et caetera, tutti quanti, qui** distributif n'ont pas l'occasion de déterminer un accord.

289   **On** mérite d'être traité à part, parce qu'il est assez proche des pronoms personnels. Il est toujours nominal et sujet, le verbe se mettant au singulier. Il ne concerne que des personnes.

a) Tantôt il a un sens tout à fait vague : — soit « un homme (quelconque) », « les hommes », — soit un groupe plus particulier mais non précisé, — soit un individu indéterminé (« quelqu'un ») :

On *ne fait pas d'omelette sans casser des œufs.*

Parmi les charbons minéraux, **on** *distingue les houilles et les anthracites.*

On *a brisé un carreau cette nuit.*

Dans ce cas, l'adjectif attribut et les autres mots qui s'accordent avec *on* sont au masculin singulier :

On *est toujours* **puni** *par où l'on a péché.*

b) Mais il n'est pas rare que *on* se substitue à un pronom personnel :

1° Soit, avec une nuance stylistique (discrétion, modestie, ironie, mépris, etc.), dans la langue la plus soignée, au lieu de *je, tu, nous, vous :*

Un couplet qu' **on** *s'en va chantant* (= vous)

Efface-t-il la trace altière

Du pied de nos chevaux marqué dans votre sang ? (Musset.)

On *s'est (...) partout efforcé d'éviter le jargon* [= je]. (A. Martinet.)

2° Soit, sans nuance particulière, dans la langue parlée familière, comme concurrent de *nous* :

On *va se promener, tous les deux ?*

Le pronom disjoint est alors *nous* : **Nous, on** *partira les premiers.*

Quand *on* a la valeur d'un pronom personnel, l'attribut et les autres mots dont *on* détermine l'accord se mettent souvent au genre et au nombre correspondant au sexe et au nombre des personnes désignées :

Eh bien, petite, est-on **fâchée ?** (Maupassant.)
On n'est pas **des esclaves** *pour endurer de si mauvais traitements.* (Acad.)
S'étant **salués,** *on se tourna le dos.* (Flaubert.)

Mais ces mots peuvent rester au masculin singulier : *On* (= elle) *s'était* **remis** *de l'effet produit par le persiflage conjugal.* (Balzac.) — *On* (= nous) *est bientôt* **rendu,** *dit-il.* (Gide.)

Remarques. — 1. Comme il était originairement un nom (latin *homo* « homme »), *on* a gardé, lorsqu'il précède le verbe, la faculté de prendre l'article défini, dans la langue écrite. Cela se fait notamment quand il y aurait un hiatus (après *si, qui, quoi, et, ou, où*), mais aussi après *que* et dans toutes sortes de situations, même en début de phrase :

Si **l'on** *pouvait concevoir un astre noir.* (Baudelaire.)
Et **l'on** *n'a jamais entendu dire...* (Colette.) — *C'est à quoi* **l'on** *arrive.* (Bergson.)
On écrit (...) comme **l'on** *prononce.* (F. Brunot.)
L'on *ne peut le saisir que par la réflexion.* (F. de Saussure.)

L'on n'est jamais obligatoire, même quand il y aurait hiatus :

Si **on** *peut y aller pieds nus.* (Baudelaire.) — *Et* **on** *se sent prête...* (Colette.)
On sait qui **on** *perd et* **on** *ne sait pas qui* **l'on** *trouve.* (G. Sand.)
Tout le jeu consiste à faire semblant d'ignorer ce que **l'on** *sait
et de savoir ce qu'*on *ignore.* (Valéry.)

2. Du point de vue syntaxique, *on* (comme *ce*) se comporte souvent comme un pronom personnel, notamment dans les inversions : cf. §§ 134, *a ;* 138, *a ;* 142, *b.*

CHAPITRE V

Le verbe

1. GÉNÉRALITÉS

290 Le **verbe** est un mot qui varie en mode, en temps, en voix, en personne et en nombre. (Au participe, il varie parfois en genre.) — Le verbe est susceptible de servir de prédicat, — ou de faire partie du prédicat lorsqu'il y a un attribut, le verbe s'appelant alors **copule** (cf. § 99) :

Le chien **dort.** *Les chiens* **dorment.** *Le chien* **a dormi.**
Qu'il **dorme. Dors.** *Où* **dormir ?**
La terre **est** *ronde.*

Lorsque le prédicat est complexe, le verbe est l'élément principal, le *noyau* de ce prédicat :

| *Une hirondelle* | *ne* **fait** *pas le printemps* |

Sous la forme de l'infinitif, le verbe est susceptible d'avoir les fonctions du nom ; sous la forme du participe, il est susceptible d'avoir les fonctions de l'adjectif ; sous la forme du gérondif, on le considère souvent comme un complément adverbial. Voir ci-dessous, § 291, *b*.

Conjuguer un verbe, c'est l'employer à ses diverses formes.

Du point de vue sémantique, on dit que le verbe exprime une action faite ou subie ou qu'il exprime l'existence ou un état. Mais le nom peut exprimer lui aussi une action ou un état : *L'appel, la souffrance, la vieillesse.*

Remarque. — Une **locution verbale** est un syntagme verbal dont les éléments constitutifs sont devenus difficiles à analyser : *avoir beau ;* — ou ne respectent plus les règles ordinaires de la syntaxe actuelle : *prendre peur*, où le nom est construit sans article ; — ou comprennent des mots qui n'appartiennent plus à l'usage en dehors de cette locution ou d'autres emplois figés : *savoir gré.*

291   Les **modes** se divisent en modes *personnels* et en modes *impersonnels,* selon que le verbe varie ou non d'après la personne grammaticale.

a) Les modes **personnels** ou *conjugués :* le verbe varie selon la personne grammaticale et sert de prédicat. On les subdivise d'après la nature de la communication et l'attitude du locuteur à l'égard de ce qu'il énonce.

1° L'**indicatif** est le mode des phrases énonciatives et des phrases interrogatives. Il s'emploie aussi pour des verbes qui sont prédicats de propositions (et non de phrases). C'est le mode du fait :

> *Nous* **mangeons,** *nous* **avons mangé.**   **Mangeront-***ils* **?**
> *Je sais qu'il* **a réussi.**

Le **conditionnel** a été souvent considéré comme un mode. Les linguistes le placent généralement aujourd'hui à l'intérieur de l'indicatif.

2° L'**impératif** est le mode des phrases impératives et des phrases optatives. Il ne s'emploie qu'aux deuxièmes personnes et à la première personne du pluriel :

> **Mange. Dormez** *en paix.* **Dormons.**

3° Le **subjonctif** est le mode des phrases impératives et des phrases optatives, pour les personnes manquant à l'impératif. Il est fréquent aussi pour les verbes qui sont des prédicats de propositions, et non de phrases ; il indique alors que le locuteur ne s'engage pas sur la réalité du fait :

> *Qu'il* **mange.**   *Qu'ils* **dorment** *en paix !*
> *Je veux (Je crains,* etc.) *qu'il* **réussisse.**

b) Les modes **impersonnels** ou *non conjugués :* le verbe ne varie pas selon la personne grammaticale et il a généralement dans la phrase une autre fonction que celle de prédicat. On les distingue d'après le genre de mots dont ils prennent la fonction.

1° L'**infinitif** a les fonctions du nom (sujet, attribut, objet direct, etc.) :

> **Braconner** *n'est pas* **voler.** (Genevoix.) — *J'aime* **lire.**

2° Le **participe** a les fonctions de l'adjectif :

> *Un homme* **averti** *en vaut deux.*
> *On demande un employé* **parlant** *l'anglais.*

3° Le **gérondif** a les fonctions d'un adverbe :

> *C'est* **en forgeant** *qu'on devient forgeron.*

Pour tous ces modes, on trouvera plus de détails aux §§ 327 et suivants.

292 Les **temps** sont les formes par lesquelles le verbe situe l'action dans la durée, soit par rapport au moment où s'exprime le locuteur, soit par rapport à un repère donné dans le contexte, généralement par un autre verbe. Ils indiquent aussi d'autres nuances, que l'on appelle l'*aspect* (§ 293).

— Temps de l'**indicatif** : présent ; — imparfait, passé simple, passé composé, passé surcomposé, plus-que-parfait, plus-que-parfait surcomposé, passé antérieur ; — futur simple, futur antérieur, futur antérieur surcomposé ; — conditionnel présent, conditionnel passé, conditionnel passé surcomposé.

— Temps de l'**impératif** : présent, passé.

— Temps du **subjonctif** : présent, passé, passé surcomposé, imparfait, plus-que-parfait.

— Temps de l'**infinitif** : présent, passé, passé surcomposé.

— Temps du **participe** : présent, passé, passé composé, passé surcomposé.

— Temps du **gérondif** : présent, passé (rare).

Sur la valeur de ces temps, cf. §§ 328 et suivants.

Sur la distinction entre les temps simples et les temps composés ou surcomposés, cf. § 299, *c.*

293 L'**aspect** est la manière dont s'expriment le déroulement, la progression, l'accomplissement de l'action.

Cela se marque, soit par les temps (§ 292), soit par des semi-auxiliaires (§ 309), soit par des suffixes, soit par des adverbes (§ 381, *a*, 2°), soit encore par le sens même des verbes.

Principaux aspects :

— Instantané : *La bombe* **éclate.**

— Duratif (qui dure) : *J'***écrivais** *quand il est entré.*

— Inchoatif (qui commence) : *Il* **s'endort.**

— Itératif (qui se répète) : *Il* **buvote** *son vin.*

— Accompli (achevé) : *J'*(**ai écrit** *ma lettre.*

— Récent : *Il* **vient de mourir.**

— Imminent : *Je* **vais partir.**

294 Les **voix** indiquent la relation existant entre le verbe d'une part, le sujet (ou le complément d'agent) et le complément d'objet direct d'autre part.

a) Les verbes transitifs (§ 296), c'est-à-dire qui sont construits avec un objet direct, se trouvent à la voix **active** :

Un chauffard **a renversé** *un piéton.*

On dit aussi que les verbes intransitifs sont à la voix active, mais cette notion n'est vraiment utile que lorsqu'on veut opposer l'actif et le passif.

b) Les phrases contenant un verbe transitif peuvent, sans que le sens profond change, être transformées de telle sorte que le complément d'objet devient le sujet, le sujet devient complément d'agent, et le verbe prend une forme spéciale, au moyen de l'auxiliaire *être* et du participe passé. C'est la voix **passive :**

*Un piéton **a été renversé** par un chauffard.*

La présence de l'auxiliaire *être* ne suffit pas à indiquer que l'on a affaire à un passif, puisque certains verbes forment leurs temps composés avec *être* (§ 307, *b*) : *Il est tombé. Il est venu.* On voit bien que l'on ne peut transformer ces phrases en phrases actives.

c) Certains grammairiens considèrent les verbes pronominaux (§ 297) comme exprimant la voix **réfléchie** ou **moyenne :**

Je me blesse.

Mais, pour d'autres, on n'a là qu'un cas particulier de la voix active.

Remarques. — 1. Quand le sujet du verbe actif est *on*, ce pronom disparaît dans la mise au passif, qui dès lors ne comporte pas de complément d'agent :

On interrogea l'accusé → L'accusé fut interrogé.

Quand il n'y a pas de complément d'agent, le participe passé équivaut souvent à un simple adjectif attribut : *La rue était obstruée. Le magasin est fermé le dimanche.*

2. La transformation passive n'est pas toujours possible, notamment quand le verbe est *avoir* (sauf dans le sens familier de « duper, tromper ») ou *pouvoir : J'ai une auto. Il peut tout.* De même, dans des expressions figurées comme *prendre la fuite.* Etc.

3. Les verbes intransitifs ne peuvent être mis au passif, sauf *obéir, désobéir* (rarement) et *pardonner,* qui tiennent cette particularité de l'époque où ils étaient transitifs : *L'accord syndical suppose des organisations professionnelles confédérales susceptibles d'**être obéies** par tous leurs membres.* (M. Debré.)

(D'ailleurs, *pardonner quelqu'un* se rencontre parfois encore : *Il les a tous pardonnés.* [A. Chamson.])

Toutefois, certains verbes intransitifs peuvent avoir un passif impersonnel, les compléments restant tels quels ; ces constructions appartiennent surtout à la langue administrative :

*On **procédera** à l'inauguration → Il **sera procédé** à l'inauguration.*

(Comp. : *Celui auquel on **a volé** une chose → Celui (...) auquel il **a été volé** une chose* [Code civil], où l'objet direct devient sujet réel.)

4. La valeur passive peut s'exprimer autrement que par l'auxiliaire *être,* notamment par le recours à la construction pronominale (le complément d'agent étant exclu) :

*On **parle** encore cette langue dans les montagnes*
*→ Cette langue **se parle** encore dans les montagnes.*

La construction pronominale peut se combiner avec des semi-auxiliaires, *faire, laisser, voir : On l'a battu → Il s'est fait battre.*

Dans ce dernier cas, cela permet de transformer un complément d'objet *indirect* en sujet (le complément d'objet direct restant tel quel) : *On lui* **préféra** *un candidat plus jeune* → *Il* **se vit préférer** *un candidat plus jeune.*

295   La **personne** et le **nombre.**

Le verbe varie en personne et en nombre, — selon, d'une part, que le sujet est, soit de la première personne, soit de la deuxième, soit de la troisième ; — selon, d'autre part, que le sujet est au singulier ou au pluriel.

Sur les particularités de l'accord du verbe, cf. §§ 357 et suivants.

a) La **première personne** du **singulier** renvoie au locuteur, à celui qui parle (ou écrit) : *Je* **travaille.**

La première personne du **pluriel** renvoie :
— Soit à un ensemble de locuteurs, ce qui ne se fait guère que lorsqu'on parle ou écrit en commun (prières, chants, pétitions...) :

Pardonne-nous nos offenses comme nous **pardonnons** *à ceux qui nous ont offensés.* (Pater.)

— Soit à un ensemble de personnes dont le locuteur fait partie :

Nous **irons,** *Jacques et moi, la chercher à la gare.*
Nous **irons,** *toi et moi...*

— Soit au locuteur seul (dans les pluriels dits de *majesté* ou de *modestie ;* ainsi qu'à l'impératif quand le locuteur se parle à lui-même) :

Nous, Tartarin, gouverneur de Port-Tarascon (...),
recommandons *le plus grand calme à la population.* (A. Daudet.)
Nous **avons enquêté** *nous-même pendant de nombreuses années.* (P. Fouché.)
Monsieur dort encore... ne le **réveillons** *pas* [monologue au théâtre]. (Labiche.)

b) La **deuxième personne** du **singulier** renvoie à l'interlocuteur, à celui à qui l'on parle : *Tu* **travailles.**

Le locuteur se prend parfois lui-même comme interlocuteur : *Il se disait : Mon pauvre ami, tu* **as fait** *une sottise !*

La deuxième personne du **pluriel** renvoie :
— Soit à un ensemble d'interlocuteurs :

Pierre et Jacques, vous **êtes** *distraits.*

— Soit à un interlocuteur que l'on vouvoie (pluriel de politesse) :

Pierre, vous **êtes** *distrait.*

c) La **troisième personne** du **singulier** renvoie à un être ou à une chose dont on parle : *Le soleil* **luit.**

La troisième personne du **pluriel** renvoie à des êtres ou des choses dont on parle : *Les étoiles* **brillent.**

Il arrive que l'on se serve de la troisième personne pour s'adresser à quelqu'un, souvent par déférence : *Monsieur* **désire ?** [dit une serveuse] (Maupassant.) — *Votre Majesté /* **Est** *mal culottée.* (Chanson du roi Dagobert.) — Avec *on,* cela est familier : *Alors, on* **a** *bien dormi ?*

Il arrive aussi que l'on se serve de la troisième personne pour parler de soi : *Jean Dupont vous* **remercie** *pour vos bons vœux* (formule sur une carte de visite). — *Votre serviteur* **a** *l'honneur de vous saluer* (formule plaisante).

On suivi de la troisième personne du singulier s'emploie très souvent pour *nous* dans la langue familière : *On* **va** *au cinéma ?* (= Allons-nous... ?).

296   Verbes **transitifs** et **intransitifs**.

Les verbes *transitifs* sont ceux qui demandent un complément d'objet direct :

> *Le chien* **conduit** *l'aveugle.*

Les verbes *intransitifs* sont ceux qui se construisent sans complément d'objet direct :

> *Le chien* **dort.**   *La terre* **tourne.**

Remarques. — 1. On appelle parfois *transitifs indirects* les verbes qui se construisent avec un complément d'objet indirect. Nous n'utilisons pas cette désignation.

2. Il arrive que le contexte et la situation rendent superflue l'expression de l'objet direct. Le verbe est alors construit *absolument :*

> *Cet homme* **boit.**   *Que fais-tu ?* — *Je* **mange.**

3. Un même verbe peut être transitif ou non, — soit qu'il se construise, tantôt avec un objet direct, tantôt avec un objet indirect, — soit qu'il se construise avec un objet direct ou sans complément d'objet. Généralement, cela entraîne un changement de signification :

> *Manquer son but.   Manquer à sa parole.*
> *Je descends.   Je descends une malle du grenier.*

4. Sur les verbes intransitifs construits transitivement avec un *complément d'objet interne* (*vivre sa vie*), cf. § 114, *a*, Rem.

297   Les **verbes pronominaux** sont des verbes où le pronom complément conjoint représente le même être ou la même chose ou les mêmes êtres ou les mêmes choses que le sujet.

a) Le pronom complément **est analysable.**

1° Les verbes sont dits **réfléchis,** lorsque l'être (ou chacun des êtres, au pluriel) désigné exerce une action sur lui-même :

> *Je* **me rase.**
> *Pierre et Paul* **se rasent** *soigneusement.* (= Pierre rase Pierre, et Paul rase Paul.)

2° Les verbes sont dits **réciproques** lorsque les êtres exercent une action, non pas sur eux-mêmes, mais chacun sur chacun des autres :

> *Pierre et Paul* **se sont regardés** *d'un air menaçant.*
> (= Pierre a regardé Paul, et Paul a regardé Pierre.)

Le sens réciproque est parfois souligné par l'élément *entre-* : *Ils s'entraident ;*— ou par les syntagmes ou mots *l'un l'autre, mutuellement, réciproquement, entre eux : Les loups ne se mangent pas* **entre eux** (ou : **l'un l'autre**). *Ils se rendent* **réciproquement** (ou : **mutuellement**) *de grands services.*

Les verbes *se suivre* et *se succéder* forment une catégorie un peu à part : *Trois rois* **se sont succédé** *sur le trône en dix ans* (= le deuxième a succédé au premier, et le troisième a succédé au deuxième).

b) Le pronom complément **n'est pas analysable.**

1° Certains verbes sont appelés **subjectifs,** et le pronom y indique seulement que l'être désigné par le sujet est en même temps concerné plus ou moins par l'action :

s'en aller	s'en retourner	s'en revenir	s'envoler	s'enfuir
s'ensuivre	s'endormir	se taire	se mourir	se rire de
s'écrier	se pâmer	se jouer de	se connaître à	se prévaloir de
s'évanouir	se douter de	s'emparer de	se moquer	se repentir (etc.)

> *Le corbeau* **s'aperçoit** *de son erreur.* — *Tu* **te repens** *de ta faute.*
> *Le malade* **s'évanouit.**

2° Certains sont appelés **passifs** parce qu'ils équivalent à des verbes à la voix passive, mais sans complément d'agent :

> *Le clocher* **s'aperçoit** *de loin.*   *Le blé* **se vend** *bien cette année.*

Remarque. — Aux temps composés, les verbes pronominaux prennent l'auxiliaire *être* :

> *Je* **me suis lavé.**   *Il* **s'est aperçu** *de son erreur.*

298   Les verbes **impersonnels** (on dit aussi : *unipersonnels*) sont des verbes employés avec comme sujet *il* impersonnel (ou neutre), c'est-à-dire qui ne désigne aucun être ou aucune chose.

a) Les verbes impersonnels **proprement dits** sont ceux qui, dans leur emploi ordinaire, sont usités seulement dans la construction impersonnelle ou à l'infinitif (parfois au participe présent : Rem. 2).

Ce sont surtout des verbes exprimant des phénomènes météorologiques :

> *Il pleut, il tonne, il gèle, il neige, il grêle, il vente, il bruine.*

On y joint *falloir*, ainsi que *y avoir* et *s'agir*, qu'on peut considérer comme des verbes distincts d'*avoir* et d'*agir* :

Il faut *beaucoup d'argent.* — **Il y a** *du danger.* — **Il s'agit** *de votre avenir.*

Remarques. — 1. *Geler* a des sens où il a un sujet personnel : *La mer ne* **gèle** *pas sous nos climats.* — *Pleuvoir* s'emploie au figuré avec un sujet autre que *il* impersonnel : *Les coups* **pleuvaient.** — On dit aussi : *Le canon* **tonne.** *Ce moraliste* **tonne** *contre les vices.*
La langue littéraire emploie ainsi d'autres verbes : *Des pétales* **neigent** *sur le tapis.* (A. Gide.)

2. Le verbe *s'agir* s'emploie au participe présent dans la langue écrite : **S'agissant** *de la plupart des autres organes et tissus, cette sorte de greffe (...) n'aboutit qu'à des insuccès.* (J. Rostand.)

b) Un grand nombre de verbes personnels peuvent être **pris impersonnellement :**

Il **est arrivé** *un accident.* — *Il* **convient** *de partir.* — *Il* **est facile** *de répondre.*

On peut employer comme impersonnels les verbes pronominaux de sens passif :

Il **se débite** *bien des sottises dans un salon.*

Remarque. — Le pronom *il* est appelé sujet **apparent** lorsque les verbes impersonnels sont accompagnés d'un sujet dit **réel** (cf. § 94) : *Il faut* **du courage.** *Il faut* **être courageux.** *Il faut* **qu'elle soit courageuse.**
Parmi les verbes exprimant des phénomènes météorologiques, *pleuvoir* et parfois *neiger* s'emploient aussi de cette façon : *Il pleut* **de grosses gouttes.** (Robert.) — *Il pleut* **des cordes, des hallebardes** (= il pleut très fort). — *Il neige* **de gros flocons.**
Au figuré, dans la langue littéraire : *Il pleut* **de grosses pierres** *dans son jardin.* (A. France.) — *Il neige* **des feuilles.** (Hugo.)

2. LES FORMES DU VERBE

299   Les notions de mode, de temps, de voix, de personne et de nombre qui caractérisent le verbe sont exprimées par celui-ci de trois façons :

a) Par des finales ou **désinences** ou **terminaisons :**

*Chant***er**, *nous chant***ons**, *nous chant***âmes.**

Les désinences s'opposent au radical *(chant-)*, qui est constant pour l'ensemble des formes d'un verbe comme celui auquel nous avons emprunté les exemples ci-dessus.

C'est le radical qui porte le sens que le verbe garde à travers toutes ses formes.

Les désinences distinctes sont plus nombreuses à l'écrit qu'à l'oral. Un verbe comme *chanter* a la même désinence orale, d'ailleurs désinence absente ou désinence *zéro*, pour quatre formes de l'indicatif présent, quatre formes du subjonctif présent et une forme de l'impératif présent : [ʃɑ̃t] = (je, il) *chante, chantes, chantent.* Il est vrai que certaines consonnes muettes peuvent reparaître en liaison, notamment lorsqu'il y a inversion : *chantent-ils* [ʃɑ̃ttil] ; de même, *prends* [pRɑ̃], homonyme de *prend,* peut s'en distinguer : *prends-en* [pRɑ̃zɑ̃], *prend-il* [pRɑ̃til].

b) Par des modifications portant sur le **radical :**

— Soit par l'addition d'une suite phonique, ou **affixe,** entre le radical et la désinence :

*Je fin-is, nous fin-**iss**-ons.*

— Soit par des variations dans le radical lui-même, qui garde, d'autre part, une partie constante. Cela se produit surtout pour les verbes irréguliers :

Ven-*ir, ils* **vienn**-*ent.*　　*Je* **meur**-*s, nous* **mour**-*ons.*

— Soit, pour quelques verbes tout à fait irréguliers, par des radicaux absolument différents :

Il **va,** *nous* **all**-*ons, nous* **ir**-*ons.*

Dans ces verbes très irréguliers, il est souvent fort difficile de distinguer le radical et la désinence. Si l'on prend un cas extrême : *j'ai, tu as, il a, ils ont,* ces formes — constituées par une seule syllabe, et même par un seul son, [ɛ], [a], [ɔ] — ne peuvent évidemment pas se partager entre radical et désinence.

c) Par l'utilisation d'un **auxiliaire.**

Ces auxiliaires, *avoir* (§ 306) ou *être* (§ 307), permettent de former les temps **composés** et le passif en se combinant avec le participe passé :

Il **a** *travaillé.* — *Il* **est** *tombé.*
Il **est** *critiqué par ses camarades.*

Avec un double auxiliaire (le premier étant nécessairement *avoir*), on obtient les temps **surcomposés,** qui sont surtout en usage dans la langue parlée, mais qui appartiennent incontestablement (et depuis longtemps) au français correct :

Après que vous **avez eu parlé,** *il s'est retiré.* (Acad.)
*Vous n'***avez** *pas* **été** *plus tôt* **parti** *qu'il est arrivé.* (Acad.)

Les temps qui ne sont ni composés ni surcomposés sont dits **simples.**

Les **semi-auxiliaires,** qui se combinent avec l'infinitif, parfois avec le gérondif (§ 356), expriment l'aspect. Cf. § 309.

A. FINALES DES PERSONNES (aux temps simples)

300　　La **1ʳᵉ personne du singulier** se termine :

a) Par *-e* à l'indicatif présent de tous les verbes dont l'infinitif est en *-er* (sauf *je vais*) et des verbes *assaillir, couvrir* (et ses dérivés [1]), *cueillir* (et dérivés), *défaillir,*

---

1. Il s'agit des dérivés par préfixation : cf. § 75.

offrir, ouvrir (et dérivés), *souffrir, tressaillir ;* — ainsi qu'aux temps simples du subjonctif de tous les verbes (sauf *que je sois*) :

Je marche, j'ouvre ; — que je cède, que je vinsse.

b) Par *-ai* dans *j'ai,* ainsi qu'au futur simple de tous les verbes et au passé simple de tous les verbes en *-er :*

J'aimerai, je prendrai ; — j'aimai.

J'ai se prononce [ʒɛ] ou [ʒe]. Au passé simple et au futur simple, *-ai* se prononce souvent [ɛ] aussi, mais la prononciation [e] est préférable pour éviter la confusion avec l'indicatif imparfait et avec le conditionnel présent.

c) Par *-x* dans *je peux, je vaux* (et dérivés), *je veux.*

d) Par *-s* à l'indicatif présent en dehors des cas ci-dessus ; — au passé simple de tous les verbes autres que les verbes en *-er ;* — à l'imparfait de l'indicatif et au conditionnel présent de tous les verbes ; — dans *que je sois.*

Je finis, je reçois, je rends, je vais ; — je dormis, je reçus, je sentis ;
je pensais, je disais ; — je chanterais, je croirais.

Remarque. — Lorsqu'il y a inversion, dans la phrase interrogative (§ 138, *a*), dans les exclamatives (§ 142, *b*), dans les incises (§ 132, *b*, Rem.), dans les énonciatives commençant par certains adverbes comme *peut-être* (§ 134, *a*), etc.,

1° La finale *-e* devient *-é* (prononcé [ɛ]) dans la langue littéraire :

Pourquoi, devant elle, **songé**-*je aux Bell's ?* (Colette.)
« Je vais être obligé... », **commencé**-*je en cherchant mes mots.* (Robbe-Grillet.)
Dussé-*je être blâmé, je vous soutiendrai.* (Littré.)

La langue ordinaire préfère recourir à des tours sans inversion : *Est-ce que j'aime ?*

2° En dehors des formes en *-e,* l'inversion n'est admise à l'indicatif présent que pour quelques verbes très usités : *ai, dis, dois, fais, puis, sais, suis, vais, veux, vois :*

Peut-être **ai-je** [ɛːʒ] *tort.*
Vous viendrez, vous **dis-je.** — **Suis-je** *le gardien de mon frère ?*

Au lieu de **cours-je, *mens-je, *peux-je,* etc., on prendra un tour sans inversion : *Est-ce que je cours ?* — ou une formule permettant l'inversion : *Suis-je en train de courir ?* par exemple.

301   La **2ᵉ personne du singulier** se termine par *-s :*

Tu chantes, tu fus, tu lirais ; — que tu viennes.

Excepté : 1° Dans *tu peux, tu vaux* (et dérivés), *tu veux,* où l'on a un *x.*

2° À l'impératif des verbes en *-er* (sauf *aller*) et des verbes *assaillir, couvrir* (et ses dérivés), *cueillir* (et ses dérivés), *défaillir, offrir, ouvrir* (et ses dérivés), *souffrir, tressaillir, avoir, savoir, vouloir,* où l'on a un *e :*

Plante, couvre, aie, sache, veuille (cf. § 326).

3° Dans l'impératif *va.*

Remarque. — La 2ᵉ personne du singulier de l'impératif de tous les verbes en *-er* et des verbes *assaillir, couvrir,* etc. prend un *s* final devant les pronoms *en, y,* non suivis d'un infinitif :

Plantes-en, penses-y, vas-y. (Remarquez le trait d'union.)

Mais devant les pronoms *en, y*, suivis d'un infinitif, et devant la préposition *en*, on n'a ni *s* final ni trait d'union :

> **Ose** *en dire du bien.* — **Va** *y mettre ordre.*
> **Va** *en savoir des nouvelles.* (Acad.)
> **Laisse** *y porter remède.* — **Parle** *en maître.*

Dans *va-t'en, retourne-t'en*, etc., on remarquera l'apostrophe : le *t*, en effet, n'est pas une consonne analogique, comme dans *aime-t-il* (§ 302, Rem.) ; c'est le pronom *te* dont l'*e* est élidé (comparez : *allez-vous-en*). Vu l'apostrophe, on se dispense de mettre le second trait d'union.

302   La **3ᵉ personne du singulier** se termine par *-t* :

> *Il finit, il part, il venait, il ferait.*

Excepté : 1° Dans *il a, il va ; il vainc, il convainc.*

2° À l'indicatif présent des verbes en *-er* (sauf *aller*) et des verbes *assaillir, couvrir*, etc. (§ 300, *a*) :

> *Il envoie, il couvre, il offre.*

3° Au subjonctif présent de tous les verbes (sauf *qu'il ait, qu'il soit*) :

> *Qu'il plante, qu'il tienne, qu'il reçoive, qu'il rende.*

4° Au futur simple de tous les verbes :

> *Il chantera, il finira, il rendra.*

5° Au passé simple de tous les verbes en *-er* :

> *Il chanta, il alla.*

6° À l'indicatif présent des verbes en *-dre* (sauf *-indre, -soudre*) :

> *Il rend, il fond, il mord.* (Mais : *Il plaint, il résout*, etc.).

Remarque. — Lorsque les sujets *il, elle* et *on* suivent le verbe par inversion (cf. § 300, Rem.) ou par reprise (cf. §§ 134, *b*, Rem. ; 138, *b*, 1°), on intercale la consonne analogique *t* entre traits d'union quand le verbe se termine par *-e* ou *-a*, ainsi qu'après *vainc* et *convainc* :

> *Chante-t-il ?   A-t-elle dit.   Puisse-t-elle... !*
> *Ira-t-on ?   Vainc-t-il ?   Votre frère ira-t-il ?*

303   La **1ʳᵉ personne du pluriel** se termine par *-ons* :

> *Nous plantons, nous suivrons, nous rendrions.*

Sauf au passé simple de tous les verbes et à l'indicatif présent du verbe *être*, où la finale est *-mes* :

> *Nous eûmes, nous plantâmes, nous sommes.*

Remarque. — À la 1ʳᵉ personne du pluriel de l'indicatif imparfait et du subjonctif présent, la finale est *-ions*. On prendra garde de ne pas oublier l'*i* quand le radical se termine lui-même par *-i*, par *-y*, par *-ll* dits mouillés [j], par *-gn* [ɲ] :

> *Nous criions.   Nous riions.   Nous envoyions.   Nous travaillions.*
> *Nous régnions.* — *Que nous criions*, etc.

Excepté : *Que nous* **soyons.** *Que nous* **ayons.**

304   La **2ᵉ personne du pluriel** se termine par *-ez :*

> *Vous av**ez**, vous chant**ez**, vous lisi**ez**, que vous ven**iez**.*

Sauf au passé simple de tous les verbes et à l'indicatif présent de *être, dire, redire, faire* (et dérivés), où la finale est *-tes :*

> *Vous ê**tes**, vous di**tes**, vous fai**tes**.*

Remarque. — Même remarque qu'au § 303, mais pour la finale *-iez :*

> *Vous cri**iez**.   Que vous envoy**iez**,* etc.

Mais : *Que vous* **soyez,** *que vous* **ayez.**

305   La **3ᵉ personne du pluriel** se termine par *-ent :*

> *Ils chant**ent**, ils finissai**ent**, ils suivrai**ent**.*

Sauf au futur simple de tous les verbes et à l'indicatif présent de *avoir, être, faire* (et dérivés), *aller*, où la finale est *-ont :*

> *Ils planter**ont**, ils recevr**ont** ; — ils **ont**, ils s**ont**, ils f**ont**, ils v**ont**.*

B. LES AUXILIAIRES

306   Le verbe **avoir** est l'auxiliaire principal des **temps composés,** pour tous les verbes transitifs, pour la plupart des verbes intransitifs, y compris *être* — pour les verbes impersonnels proprement dits, ainsi que l'auxiliaire des **temps surcomposés :**

> *J'**ai** visité l'Italie. — J'**ai** parlé. — J'**ai** été. — Il **a** plu.*
> *Quand Sartre **a** eu fini de parler.* (S. de Beauvoir.)

Les verbes pris impersonnellement (§ 298, *b*) gardent l'auxiliaire qu'ils ont dans la construction personnelle : *Il* **est** *arrivé un malheur. — Il* **aurait** *convenu de partir.*

307   Le verbe **être**

a) Est l'auxiliaire de la **voix passive :**

> *Ils **seront** reçus par le ministre.*

b) Est l'auxiliaire des **temps composés**

1° Des verbes **pronominaux :**

> *Il s'**est** lavé. — Ils se **sont** détestés dès qu'ils se **sont** vus.*
> *Elle s'**est** évanouie. — Cette langue s'**est** parlée en Inde.*

2° De quelques verbes intransitifs exprimant, pour la plupart, un mouvement ou un changement d'état :

aller	devenir	mourir	rester	tomber
arriver	échoir	naître	retourner	venir
décéder	entrer	partir	sortir	

ainsi que des dérivés *redevenir, rentrer, repartir* (cf. § 326), *ressortir* (cf. § 326), *retomber, revenir, parvenir, survenir.*

> *Je **suis** arrivée hier. — Ils **sont** tombés de haut.*

Remarques. — 1. Lorsque ces verbes sont employés transitivement, ils prennent l'auxiliaire *avoir : Il **a** retourné sa veste. — Il **a** sorti sa voiture.*

2. Le verbe *être* n'est pas auxiliaire :

— Quand il relie l'attribut au sujet (§ 100) : *L'homme **est** mortel.*
— Quand il signifie « exister, se trouver, aller » ; dans ces divers sens, il peut avoir un complément : *Je pense, donc je **suis**. — Mon père **est** au bureau. — J'**ai été** à Rome.*

308   C'est une règle traditionnelle que certains verbes intransitifs ou pris intransitivement se conjuguent avec *avoir* quand ils expriment l'action — et avec *être* quand ils expriment l'état résultant de l'action accomplie :

aborder	cesser	décroître	disparaître	monter
accourir	changer	dégénérer	embellir	paraître
accroître	croître	déménager	empirer	passer
apparaître	déborder	descendre	expirer	ressusciter
baisser	déchoir	diminuer	grandir	vieillir (etc.)

> *La voiture **a** passé à six heures.   La voiture **est** passée depuis dix minutes.*
> *Depuis lors il **a** déchu de jour en jour.   Il y a longtemps qu'il **est** déchu de ce droit.*

En fait, la plupart de ces verbes ne se conjuguent qu'avec *avoir : Il **a** changé, déchu, embelli, grandi, vieilli... ;* quand ils prennent *être,* c'est que le participe passé est employé comme un simple adjectif : *Il **est** changé, déchu, embelli, grandi, vieilli ...*

D'autre part, pour plusieurs de ces verbes *(descendre, monter, passer, ressusciter...),* l'usage, sans distinguer l'action d'avec l'état, a fait prévaloir l'auxiliaire *être : Je **suis** passé, monté, descendu à six heures.*

S'ils sont construits transitivement, il faut *avoir : J'**ai** monté vos bagages.*

309   À côté des auxiliaires *avoir* et *être,* il faut mentionner quelques verbes qui sont auxiliaires lorsque, suivis d'un infinitif, ils servent à marquer certaines nuances de temps, d'aspect (§ 293), etc. ; on les appelle **semi-auxiliaires :**

> *Je **vais** partir (futur proche). — Il **vient de** partir (passé récent).*
> *Un homme **vint à** passer (fait fortuit).*
> *C'est lui qui **doit** avoir commis ce crime (fait probable), etc.*

310   Conjugaison du verbe **AVOIR**

Indicatif

Présent	Passé composé
J'ai	J'ai eu
Tu as	Tu as eu
Il a	Il a eu
Nous avons	Nous avons eu
Vous avez	Vous avez eu
Ils ont	Ils ont eu

Imparfait	*Plus-que-parfait*
J'avais	J'avais eu
Tu avais	Tu avais eu
Il avait	Il avait eu
Nous avions	Nous avions eu
Vous aviez	Vous aviez eu
Ils avaient	Ils avaient eu

Passé simple	*Passé antérieur*
J'eus	J'eus eu
Tu eus	Tu eus eu
Il eut	Il eut eu
Nous eûmes	Nous eûmes eu
Vous eûtes	Vous eûtes eu
Ils eurent	Ils eurent eu

Futur simple	*Futur antérieur*
J'aurai	J'aurai eu
Tu auras	Tu auras eu
Il aura	Il aura eu
Nous aurons	Nous aurons eu
Vous aurez	Vous aurez eu
Ils auront	Ils auront eu

Condit. présent	*Condit. passé*
J'aurais	J'aurais eu
Tu aurais	Tu aurais eu
Il aurait	Il aurait eu
Nous aurions	Nous aurions eu
Vous auriez	Vous auriez eu
Ils auraient	Ils auraient eu

Impératif

Présent	*Passé* (rare)
Aie	Aie eu
Ayons	Ayons eu
Ayez	Ayez eu

Subjonctif

Présent	*Passé*
Que	Que
j'aie	j'aie eu
tu aies	tu aies eu
il ait	il ait eu
nous ayons	nous ayons eu
vous ayez	vous ayez eu
ils aient	ils aient eu

Imparfait	*Plus-que-parfait*
Que	Que
j'eusse	j'eusse eu
tu eusses	tu eusses eu
il eût	il eût eu
nous eussions	nous eussions eu
vous eussiez	vous eussiez eu
ils eussent	ils eussent eu

Infinitif

Présent	*Passé*
Avoir	Avoir eu

Participe

Présent	*Passé*	*Composé*
Ayant	Eu, eue	Ayant eu

Gérondif

Présent	*Passé* (rare)
En ayant	En ayant eu

Pour les temps surcomposés, cf. § 318.

311   Conjugaison du verbe ÊTRE

Indicatif

Présent	Passé composé
Je suis	J'ai été
Tu es	Tu as été
Il est	Il a été
Nous sommes	Nous avons été
Vous êtes	Vous avez été
Ils sont	Ils ont été

Imparfait	Plus-que-parfait
J'étais	J'avais été
Tu étais	Tu avais été
Il était	Il avait été
Nous étions	Nous avions été
Vous étiez	Vous aviez été
Ils étaient	Ils avaient été

Passé simple	Passé antérieur
Je fus	J'eus été
Tu fus	Tu eus été
Il fut	Il eut été
Nous fûmes	Nous eûmes été
Vous fûtes	Vous eûtes été
Ils furent	Ils eurent été

Futur simple	Futur antérieur
Je serai	J'aurai été
Tu seras	Tu auras été
Il sera	Il aura été
Nous serons	Nous aurons été
Vous serez	Vous aurez été
Ils seront	Ils auront été

Condit. présent	Condit. passé
Je serais	J'aurais été
Tu serais	Tu aurais été
Il serait	Il aurait été
Nous serions	Nous aurions été
Vous seriez	Vous auriez été
Ils seraient	Ils auraient été

Impératif

Présent	Passé (rare)
Sois	Aie été
Soyons	Ayons été
Soyez	Ayez été

Subjonctif

Présent	Passé
Que	Que
je sois	j'aie été
tu sois	tu aies été
il soit	il ait été
nous soyons	nous ayons été
vous soyez	vous ayez été
ils soient	ils aient été

Imparfait	Plus-que-parfait
Que	Que
je fusse	j'eusse été
tu fusses	tu eusses été
il fût	il eût été
nous fussions	nous eussions été
vous fussiez	vous eussiez été
ils fussent	ils eussent été

Infinitif

Présent	Passé
Être	Avoir été

Participe

Présent	Passé	Composé
Étant	Été	Ayant été

Gérondif

Présent	Passé (rare)
En étant	En ayant été

Pour les temps surcomposés, cf. § 318.

C. LES VERBES RÉGULIERS

312   Les verbes **réguliers** sont ceux qui suivent des règles dans leur conjugaison, qui sont conformes à un **paradigme** que l'on peut appliquer du moment que l'on sait qu'ils appartiennent à la première ou à la deuxième conjugaison (et pour les verbes en *-er*, cela est automatique, sauf pour *aller* et *envoyer*).

On distingue deux conjugaisons régulières :

— La **première conjugaison** réunit tous les verbes dont l'infinitif est en *-er* (sauf *aller* et *envoyer*). Ils ont les mêmes désinences, et leur radical reste constant, à part les modifications graphiques et phonétiques décrites dans le § 315.

— La **deuxième conjugaison** réunit les verbes en *-ir* dont le radical s'accroît, à certaines formes, de l'affixe *-iss-* (sauf *haïr*, verbe irrégulier) :

Présent de l'indicatif (pluriel) : *Nous fin-**iss**-ons*, etc.
Imparfait de l'indicatif : *Je fin-**iss**-ais*, etc.
Présent de l'impératif (pluriel) : *Fin-**iss**-ons, fin-**iss**-ez*.
Présent du subjonctif : *Que je fin-**iss**-e*, etc.
Présent du participe : *Fin-**iss**-ant*.

Les verbes en *-er* constituent la vraie conjugaison régulière en français ; ce sont de beaucoup les plus nombreux : on en compte environ 4 000, c'est-à-dire à peu près les neuf dixièmes des verbes que possède le français. C'est aussi la vraie conjugaison vivante, car presque tous les verbes de création nouvelle sont formés sur cette conjugaison : *doper, brader, informatiser*.

Les verbes en *-ir* dont le participe présent est en *-issant* ne dépassent guère le nombre de 300. Les formations nouvelles ne sont pas très nombreuses : *amerrir, alunir*.

Les autres verbes sont des verbes irréguliers, par leurs désinences et souvent par leur radical : voir §§ 323 et suivants. Ils comprennent : une trentaine de verbes en *-ir* dont le participe présent n'est pas en *-issant*, — une trentaine de verbes dont l'infinitif est en *-oir*, — et une centaine de verbes dont l'infinitif est en *-re*. Ces catégories, non seulement ne s'enrichissent plus d'aucun verbe nouveau, mais elles s'appauvrissent peu à peu ; c'est pourquoi on parle à ce sujet de conjugaison *morte*. On y trouve cependant quelques-uns des verbes les plus usités en français.

Remarques. — 1. On doit renoncer à la vieille division en quatre conjugaisons, d'après la désinence de l'infinitif : en *-er*, en *-ir*, en *-oir* et en *-re*. C'est un héritage de la grammaire latine. Cette façon de faire a l'inconvénient de réunir des verbes très différents par les désinences et par les variations du radical :

> *Je finis, nous finissons ; je dors, nous dormons ; je cueille, nous cueillons.*
> *Je vois, nous voyons, je vis ; j'aperçois, nous apercevons, j'aperçus.* Etc.

2. Certains linguistes d'aujourd'hui distinguent sept conjugaisons d'après le nombre de *radicaux* ou *bases* que contiennent les verbes dans la langue *parlée* (et non d'après les désinences) :

Verbe à sept bases : *être*.
Verbes à six bases : *avoir, aller*.
Verbes à cinq bases : *faire, vouloir, pouvoir*.
Verbes à quatre bases : *savoir, venir...*
Verbes à trois bases : *devoir, boire, envoyer...*
Verbes à deux bases : *finir, nuire, jeter...*
Verbes à une base : *chanter, ouvrir, conclure...*

313   **Première conjugaison : AIMER** (voix active).

Indicatif	**Impératif**
Présent	*Passé composé*	*Présent*	*Passé*
J'aime	J'ai aimé	Aime	Aie aimé
Tu aimes	Tu as aimé	Aimons	Ayons aimé
Il aime	Il a aimé	Aimez	Ayez aimé
Nous aimons	Nous avons aimé		
Vous aimez	Vous avez aimé	**Subjonctif**	
Ils aiment	Ils ont aimé		
		Présent	*Passé*
Imparfait	*Plus-que-parfait*	Que	Que
J'aimais	J'avais aimé	j'aime	j'aie aimé
Tu aimais	Tu avais aimé	tu aimes	tu aies aimé
Il aimait	Il avait aimé	il aime	il ait aimé
Nous aimions	Nous avions aimé	nous aimions	nous ayons aimé
Vous aimiez	Vous aviez aimé	vous aimiez	vous ayez aimé
Ils aimaient	Ils avaient aimé	ils aiment	ils aient aimé
Passé simple	*Passé antérieur*	*Imparfait*	*Plus-que-parfait*
J'aimai	J'eus aimé	Que	Que
Tu aimas	Tu eus aimé	j'aimasse	j'eusse aimé
Il aima	Il eut aimé	tu aimasses	tu eusses aimé
Nous aimâmes	Nous eûmes aimé	il aimât	il eût aimé
Vous aimâtes	Vous eûtes aimé	nous aimassions	n. eussions aimé
Ils aimèrent	Ils eurent aimé	vous aimassiez	v. eussiez aimé
		ils aimassent	ils eussent aimé
Futur simple	*Futur antérieur*	**Infinitif**	
J'aimerai	J'aurai aimé		
Tu aimeras	Tu auras aimé	*Présent*	*Passé*
Il aimera	Il aura aimé	Aimer	Avoir aimé
Nous aimerons	Nous aurons aimé		
Vous aimerez	Vous aurez aimé	**Participe**	
Ils aimeront	Ils auront aimé		
		Présent	*Passé* *Composé*
Condit. présent	*Condit. passé*	Aimant	Aimé, -ée
J'aimerais	J'aurais aimé		Ayant aimé
Tu aimerais	Tu aurais aimé		
Il aimerait	Il aurait aimé	**Gérondif**	
Nous aimerions	Nous aurions aimé		
Vous aimeriez	Vous auriez aimé	*Présent*	*Passé* (rare)
Ils aimeraient	Ils auraient aimé	En aimant	En ayant aimé

Pour les temps surcomposés, cf. § 318.

314 **Deuxième conjugaison : FINIR** (voix active).

Indicatif

Présent	Passé composé
Je finis	J'ai fini
Tu finis	Tu as fini
Il finit	Il a fini
Nous finissons	Nous avons fini
Vous finissez	Vous avez fini
Ils finissent	Ils ont fini

Imparfait	Plus-que-parfait
Je finissais	J'avais fini
Tu finissais	Tu avais fini
Il finissait	Il avait fini
Nous finissions	Nous avions fini
Vous finissiez	Vous aviez fini
Ils finissaient	Ils avaient fini

Passé simple	Passé antérieur
Je finis	J'eus fini
Tu finis	Tu eus fini
Il finit	Il eut fini
Nous finîmes	Nous eûmes fini
Vous finîtes	Vous eûtes fini
Ils finirent	Ils eurent fini

Futur simple	Futur antérieur
Je finirai	J'aurai fini
Tu finiras	Tu auras fini
Il finira	Il aura fini
Nous finirons	Nous aurons fini
Vous finirez	Vous aurez fini
Ils finiront	Ils auront fini

Condit. présent	Condit. passé
Je finirais	J'aurais fini
Tu finirais	Tu aurais fini
Il finirait	Il aurait fini
Nous finirions	Nous aurions fini
Vous finiriez	Vous auriez fini
Ils finiraient	Ils auraient fini

Impératif

Présent	Passé
Finis	Aie fini
Finissons	Ayons fini
Finissez	Ayez fini

Subjonctif

Présent	Passé
Que	Que
je finisse	j'aie fini
tu finisses	tu aies fini
il finisse	il ait fini
nous finissions	nous ayons fini
vous finissiez	vous ayez fini
ils finissent	ils aient fini

Imparfait	Plus-que-parfait
Que	Que
je finisse	j'eusse fini
tu finisses	tu eusses fini
il finît	il eût fini
nous finissions	nous eussions fini
vous finissiez	vous eussiez fini
ils finissent	ils eussent fini

Infinitif

Présent	Passé
Finir	Avoir fini

Participe

Présent	Passé	Composé
Finissant	Fini, -ie	Ayant fini

Gérondif

Présent	Passé (rare)
En finissant	En ayant fini

Pour les temps surcomposés, cf. § 318.

315   **Observations sur le radical de certains verbes en -er.**

a) Observations graphiques.

1° Les verbes en **-cer** prennent une cédille sous le *c* devant *a* et *o*, afin de conserver au *c* la même prononciation [s] qu'à l'infinitif :

Nous avançons, je plaçais, il acquiesça.

2° Les verbes en **-ger** prennent un *e* après le *g*, cet *e* ne se prononçant pas, mais servant à conserver au *g* la même prononciation [ʒ] qu'à l'infinitif :

Je partageais, songeant, nous mangeons.

Remarque. — Les verbes en *-guer* conservent le *u* dans toute la conjugaison (cf. § 32, Rem. 1) :

Naviguer, nous naviguons.

De même les verbes en *-quer* gardent le digramme *qu* dans toute la conjugaison (cf. § 31, Rem.) :

Communiquer, nous communiquons.

Dans ces deux catégories, le participe présent diffère de l'adjectif qui y correspond : *Le personnel* **navigant,** *une attitude* **provocante.** — Cf. § 352, *b.*

b) Observations graphiques et phonétiques.

1° Les verbes qui ont un **e muet** à l'avant-dernière syllabe de l'infinitif changent cet *e* en *è* (avec accent grave) devant une syllabe contenant un *e* muet :

Semer [s(ə)me], *je sème* [sɛm], *je sèmerai* [sɛmRe], *nous sèmerions* [sɛməRjɔ̃].

Cependant, les verbes en **-eler** et **-eter** connaissent deux procédés :

— *Appeler* (et *rappeler*), *chanceler, renouveler, ruisseler, jeter* et ses dérivés redoublent le *l* ou le *t* devant une syllabe contenant un *e* muet :

J'appelle, je renouvellerai.   Je jette, nous jetterons.

— *Celer, geler, peler, acheter* et leurs dérivés prennent un accent grave sur le *e* devant une syllabe contenant un *e* muet :

Il gèle, il pèlera [pɛlRa], *nous achèterions* [aʃɛtəRjɔ̃].

Pour les autres verbes, il règne dans l'usage une grande indécision. Aussi l'Académie a-t-elle décidé en 1976 d'adopter les terminaisons *-èle* et *-ète* pour tous les verbes en *-eler* et en *-eter.*

Remarques. — 1. Il n'est pas correct de prononcer *je déchiquette, j'époussette, j'empaquette, elle se décollette* comme si on avait **je déchicte, *j'époustе, *j'empacte, *elle se décolte.*

2. Notez l'infinitif *interpeller,* qui doit se prononcer [ɛ̃tɛRpɛle] ou [ɛ̃tɛRpele], et non ***[ɛ̃tɛRpəle].

2° Les verbes qui ont un **é** [e] à l'avant-dernière syllabe de l'infinitif ne changent cet *é* en *è* que devant une syllabe muette finale (donc pas au futur et au conditionnel, malgré la prononciation) :

Altérer [alteRe], *j'altère, nous altérerons* [altɛRRɔ̃], *nous altérerions* [altɛRəRjɔ̃].

Les verbes en *-éer* conservent [e] dans toute la conjugaison et donc la graphie *é : Créer* [kRee], *je crée* [kRe], *nous créerons* [kReRɔ̃].

3° Les verbes en **-yer** [je] changent *y* en *i* quand disparaît le [j]. C'est le cas des verbes en *-oyer* et en *-uyer* qui changent *y* en *i* devant un *e* muet :

Employer [ãplwaje], j'emploie [ãplwa], j'emploierai [ãplwaRe].
Ennuyer [ãnɥije], j'ennuie [ãnɥi], j'ennuierai [ãnɥiRe].

Le phénomène concerne aussi le verbe *voir* et le subjonctif présent (pluriel) de *être* : *ils voient* [vwa], *nous voyons* [vwajɔ̃] ; *qu'il soient* [swa], *que nous soyons* [swajɔ̃]. — Comparez aussi le subjonctif d'*avoir* : *que j'aie* [ɛ], *que nous ayons* [ɛjɔ̃].

Pour les verbes en **-ayer,** on admet deux prononciations et deux orthographes : *je paie* [pɛ] et *je paye* [pɛj].

Dans les verbes en **-eyer,** [j] se maintient toujours et donc aussi *y* : *je grasseye* [gRasɛj].

4° Pour **aller** et **envoyer,** cf. § 326.

316   **Observations sur certains verbes du type** *finir.*

a) Bénir, à côté de son participe normal *béni, bénie* (comme *fini, finie*), a une forme **bénit,** qui s'emploie exclusivement comme *adjectif* (épithète ou attribut) et à condition qu'il s'agisse de *choses* consacrées par une bénédiction rituelle :

De l'eau **bénite.** — Du pain **bénit.** — Un chapelet **bénit.**
Je veux qu'une branche **bénite** orne ma chambre. (Jammes.)

Mais : *Ce roi est* **béni** *par son peuple.* (Littré.) — *Un chapelet* **béni** *par le pape.* (Barrès.) — *Le prêtre a* **béni** *le cierge.* — *C'était le jour* **béni** *de ton premier baiser.* (Mallarmé.)

b) Fleurir a un second radical, *flor-,* qui sert uniquement dans le sens figuré de « prospérer », notamment à l'indicatif imparfait (*fleurissait* est rare) et au participe présent (comme forme verbale ou comme adjectif) :

Sous Louis XIV, les arts **florissaient** en France. (Dict. du franç. contemporain.)
Raoul pouvait citer tel parlementaire de sa famille,
florissant sous la Régence. (J. Green.)
Un commerce **florissant.** — Une santé **florissante.**

c) Haïr : cf. § 326.

317   **Conjugaison des verbes intransitifs qui prennent l'auxiliaire** *être* (cf. § 307, *b*, 2°) :

Indicatif	Subjonctif
Passé composé : Je suis tombé	*Passé :* Que je sois tombé
Plus-que-parfait : J'étais tombé	*Plus-que-parfait :* Que je fusse tombé
Passé antérieur : Je fus tombé	**Infinitif** *passé :* Être tombé
Futur antérieur : Je serai tombé	
Conditionnel passé : Je serais tombé	**Participe** *composé :* Étant tombé
Impératif *passé :* Sois tombé	**Gérondif** *passé :* En étant tombé (rare)

Pour les temps surcomposés, cf. § 318.

Remarque. — Mis à part leur participe passé, les verbes irréguliers comme *partir, venir,* etc. se conjuguent de la même façon.

318   Les **temps surcomposés** sont formés de l'auxiliaire *avoir* joint à un temps composé, lui-même formé d'*avoir* ou parfois d'*être* (type *tomber*). Cf. § 299, *c*.

Indicatif		
Passé surcomposé :	J'ai eu aimé	J'ai été tombé
Plus-que-parf. surcomposé :	J'avais eu aimé	J'avais été tombé
Futur antér. surcomposé :	J'aurai eu aimé	J'aurai été tombé
Condit. passé surcomposé :	J'aurais eu aimé	J'aurais été tombé
Subjonctif		
Passé surcomposé :	Que j'aie eu aimé	Que j'aie été tombé
Infinitif		
Passé surcomposé :	Avoir eu aimé	Avoir été tombé
Participe		
Passé surcomposé :	Ayant eu aimé	Ayant été tombé

Cela s'applique aussi aux verbes irréguliers : *J'ai eu pris, j'ai été parti.*

319   La **voix passive** se forme au moyen de l'auxiliaire *être* suivi du participe passé du verbe. Cela concerne aussi les verbes irréguliers.

Indicatif			
Présent :	Je suis aimé	*Passé composé :*	J'ai été aimé
Imparfait :	J'étais aimé	*Plus-que-parf. :*	J'avais été aimé
Passé simple :	Je fus aimé	*Passé antérieur :*	J'eus été aimé
Futur simple :	Je serai aimé	*Futur antérieur :*	J'aurai été aimé
Condit. présent :	Je serais aimé	*Condit. passé :*	J'aurais été aimé
Impératif			
Présent :	Sois aimé		
Subjonctif			
Présent :	Que je sois aimé	*Passé :*	Que j'aie été aimé
Imparfait :	Que je fusse aimé	*Plus-que-parf. :*	Que j'eusse été aimé
Infinitif			
Présent :	Être aimé	*Passé :*	Avoir été aimé
Participe			
Présent :	Étant aimé	*Passé composé :*	Ayant été aimé
Gérondif			
Présent :	En étant aimé	*Passé (rare) :*	En ayant été aimé

320   Conjugaison des verbes pronominaux.

Ces verbes (cf. § 297) se caractérisent seulement : — par la présence d'un pronom conjoint complément de la même personne grammaticale que le sujet ; — par l'emploi de l'auxiliaire *être* aux temps composés. Exemples :

Indicatif présent	Passé composé
Je me lave	Je me suis lavé
Tu te laves	Tu t'es lavé
Il se lave	Il s'est lavé
Nous nous lavons	Nous nous sommes lavés
Vous vous lavez	Vous vous êtes lavés
Ils se lavent	Ils se sont lavés

Impératif présent	
Affirmatif	*Négatif*
Lave-toi	Ne te lave pas
Lavons-nous	Ne nous lavons pas
Lavez-vous	Ne vous lavez pas

Pour la forme du pronom après impératif affirmatif au singulier, cf. § 255, *a*. S'il y a un pronom *en* ou *y*, le pronom réfléchi est *t'* : *Lave-t'y* (rare). *Va-t'en.*

321   Conjugaison des verbes impersonnels.

Il n'y a rien de spécial à remarquer, sinon que ces verbes ne s'emploient qu'à la troisième personne du singulier (cf. § 298) :

Il neige, il neigeait, il neigera, qu'il neige, etc.

322   Conjugaison interrogative.

a) Si l'interrogation est marquée par l'inversion du sujet, on observe les faits suivants :

— À la 1re personne du singulier, transformation du *e* en *é* dans la langue littéraire : *Aimé-je ?* — et interdiction de certaines formes : **Peux-je ?* etc. Cf. § 300, Rem.

— À la 3e personne, liaison de la consonne finale du verbe avec le pronom personnel et avec *on* : *aimait-il* [ɛmɛ t il], *aimaient-ils ?* [ɛmɛ t il], *aimait-elle ?* [ɛmɛ t ɛl], *aimait-on ?* [ɛmɛ t ɔ̃] — et introduction d'une consonne analogique lorsque le verbe se termine par *-e* ou *-a* ou *-c* : *aime*-t-il, *aimera*-t-elle ? *vainc*-t-on ? De même, en cas de reprise du sujet par un pronom personnel : *Votre frère aime*-t-il ? Cf. § 302, Rem.

b) Si l'interrogation utilise l'introducteur *est-ce que* ou si elle est marquée seulement par le ton, il n'y a aucune particularité dans la conjugaison :

Est-ce que j'aime ? Est-ce qu'il aime ? Etc.
J'aime ? Il aime ? Etc.

D. LES VERBES IRRÉGULIERS

323   **a)** On appelle verbes **irréguliers** :

1º Ceux qui, tout en gardant le même radical à tous les temps, présentent à certaines formes des particularités de terminaisons, par exemple :

Cueill-ir. Indic. pr. : *Je cueill-e* (comme *j'aim-e*).

2º Ceux dont le radical ne reste pas le même à tous les temps ; par exemple, *tenir* (du point de vue graphique) :

— Radic. **tien-** :   Indic. pr. :   *je tiens, tu tiens, il tient, ils tiennent.*
                        Impér. pr. :   *tiens.*
                        Subj. pr. :   *que je tienne, que tu tiennes, qu'il tienne, qu'ils tiennent.*

— Radic. **ten-** :   Indic. pr. :   *nous tenons, vous tenez.*
                        Imparf. :   *je tenais, tu tenais,* etc.
                        Impér. pr. :   *tenons, tenez.*
                        Subj. pr. :   *que nous tenions, que vous teniez.*
                        Part. pr. :   *tenant.*
                        Part. passé :   *tenu.*

— Radic. **tiend-** :   Fut. s. :   *je tiendrai, tu tiendras,* etc.
                        Cond. pr. :   *je tiendrais, tu tiendrais,* etc.

— Radic. **tin-** :   Passé s. :   *je tins, tu tins,* etc.
                        Subj. imparf. : *que je tinsse, que tu tinsses,* etc.

b) On appelle verbes **défectifs** ceux qui ne sont pas usités à certains temps ou à certaines personnes ; par exemple :

Absoudre n'a ni passé simple ni subjonctif imparfait.

S'ensuivre n'est usité qu'à l'infinitif et aux troisièmes personnes de chaque temps.

*Gésir ne s'emploie plus qu'au présent et à l'imparfait de l'indicatif et au participe présent.

Certains verbes des conjugaisons régulières (types *aimer* et *finir*) sont défectifs. Nous ne les avons pas repris dans la liste du § 326. Ce sont notamment :

— Des verbes impersonnels, qui ne sont usités normalement qu'à la troisième personne du singulier (cf. § 298) : *neiger, venter, bruiner,* par exemple.

— Des verbes qui, ayant normalement comme sujet un nom de chose ou d'animal, ne s'emploient guère qu'à la troisième personne : *découler, émaner, résulter, croasser,* etc.

— Des verbes qui, appartenant à la langue populaire, sont rares aux temps propres à l'usage littéraire, comme le passé simple ou l'imparfait du subjonctif : *débecter, piger,* etc.

324   **Similitudes entre certaines formes verbales.**

a) À la 2ᵉ personne du singulier de l'**indicatif présent** et de l'**impératif présent,** on a des formes semblables. Toutefois, dans les verbes en *-er* et dans certains verbes en *-ir* (*assaillir, couvrir, cueillir,* etc. : § 300, *a*), la 2ᵉ personne du singulier a un *s* final à l'indicatif présent, et elle n'en a pas à l'impératif présent (à moins que ce ne soit devant les pronoms *en, y,* non suivis d'un infinitif : § 301, Rem.) :

> *Tu finis. Finis. — Tu reçois. Reçois. — Tu rends. Rends.*
> Mais : *Tu aimes. Aime.*

L'impératif *sois* a la forme du subjonctif ; de même, *aie, sache, veuille,* qui suivent la règle donnée ci-dessus pour *aime.*

b) À la 1re et à la 2e personne du pluriel de l'**indicatif présent** et de l'**impératif présent,** on a des formes semblables ; excepté *avoir* et *être* (qui empruntent au subjonctif présent les deux personnes du pluriel de leur impératif présent), *savoir* et *vouloir* :

> *Nous vivons. Vivons. — Vous vivez. Vivez.*
> *Nous disons. Disons. — Vous dites. Dites.*
> (Mais : *ayons, ayez ; soyons, soyez ; sachons, sachez ; veuillons, veuillez* [cf. § 326].)

c) Le pluriel de l'**indicatif présent,** de l'**impératif présent,** du **subjonctif présent,** ainsi que l'**indicatif imparfait** et le **participe présent** ont souvent le même radical (il n'y a que quelques exceptions : *faire, savoir, vouloir, pouvoir...*) :

> *Nous recevons. Recevons. Que nous recevions. Nous recevions. Recevant.*
> *Nous plaignons. Plaignons. Que nous plaignions. Nous plaignions. Plaignant.*

d) La 1re personne du singulier du **subjonctif imparfait** présente la forme de la 2e personne du singulier du **passé simple** augmentée de *-se* :

> *Tu aimas. Que j'aimas-se. — Tu pris. Que je pris-se.*
> *Tu reçus. Que je reçus-se. — Tu vins. Que je vins-se.*

e) Dans le **futur simple** et dans le **conditionnel présent,** généralement on retrouve la forme de l'**infinitif,** à laquelle se sont ajoutées les désinences de l'indicatif présent du verbe *avoir, -ai, -as, -a, -ons, -ez, -ont,* pour le futur simple, — et les désinences de l'indicatif imparfait d'*avoir, -ais, -ais, -ait, -ions, -iez, -aient,* pour le conditionnel présent :

> *J'aimer-ai, tu aimer-as...   J'aimer-ais, tu aimer-ais...*
> *Je partir-ai, tu partir-as...   Je partir-ais, tu partir-ais...*

Remarques. — 1. Dans les verbes irréguliers, on observe de fréquentes modifications du radical : *Ten-ir, je tiendr-ai, je tiendr-ais. — Sav-oir, je saur-ai, je saur-ais. — Pouv-oir, je pourr-ai, je pourr-ais.*

2. Dans les verbes dont l'infinitif est en *-re,* l'*e* final de l'infinitif a disparu devant les désinences *-ai, -as...* ou *-ais, -ais... : Rendre, je rendr-ai, je rendr-ais. Conclure, je conclur-ai...*

325   Observations particulières.

a) Les participes passés **dû, redû, mû, crû** (de *croître*), **recrû** (de *recroître*) ont l'accent circonflexe au masculin singulier seulement :

> *L'honneur dû. — Mû par l'intérêt. — La rivière a crû.*
> Mais : *La somme due. — Ils sont mus par l'intérêt. — La rivière est crue.* (Acad.)

On écrit sans circonflexe : *accru, décru, ému, indu, promu, recru* (au sens de « très fatigué, harassé »).

b) Les verbes en **-indre** et en **-soudre** ne gardent le *d* que devant un *r*, c'est-à-dire au futur simple et au conditionnel présent (donc, en particulier, pas de *d* au singulier du présent de l'indicatif ou de l'impératif) :

> *Peindre, je peins, tu peins, il peint ; peins ; — je peindrai ; je peindrais.*
> *Résoudre, je résous, tu résous, il résout ; résous ; — je résoudrai ; je résoudrais.*

Dans les verbes en *-indre*, les consonnes *-nd-* se changent en *-gn-* [ɲ] devant une voyelle :

> *Peindre, nous peignons, je peignais, peignant, etc.*

c) **Battre, mettre** et leurs dérivés ne gardent qu'un *t* au singulier du présent de l'indicatif et de l'impératif :

> *Mettre, je mets, tu mets, il met ; mets.*

d) Au singulier du présent de l'indicatif et de l'impératif, la consonne finale du radical de l'indicatif se maintient :

1° Dans les verbes en **-dre** (autres que les verbes en *-indre* et en *-soudre* [cf. *b*]) :

> *Prendre, je prends, tu prends, il prend ; prends.*
> *Répondre, je réponds, tu réponds, il répond ; réponds.*
> *Répandre, je répands, tu répands, il répand ; répands.*
> *Mordre, je mords, tu mords, il mord ; mords.*
> *Moudre, je mouds, tu mouds, il moud ; mouds.*

2° Dans **vaincre, rompre** et dans les dérivés de ces verbes :

> *Vaincre, je vaincs, tu vaincs, il vainc ; vaincs.*
> *Rompre, je romps, tu romps, il rompt ; romps.*

e) Les verbes en **-aître** et en **-oître** ont l'accent circonflexe sur l'*i* du radical chaque fois que cette voyelle est suivie d'un *t* :

> *Il paraît, je paraîtrai, tu paraîtras, etc.*
> *Il accroît, j'accroîtrai, etc.*

(Mais sans accent circonflexe : *Je parais, tu parais*, etc. ; *j'accrois, tu accrois*, etc. ; *je décrois, tu décrois*, etc.)

Remarque. — *Croître* a l'accent circonflexe, non seulement quand *i* est suivi d'un *t*, mais chaque fois qu'une confusion serait possible avec une forme correspondante de *croire* (excepté *crus, crue, crues* : cf. *a*) :

> *Je croîs, tu croîs, il croît en sagesse.*
> *Je crûs, tu crûs, il crût, nous crûmes, vous crûtes, ils crûrent en science.*

(Mais sans accent circonflexe : *Les ruisseaux sont crus, la rivière est crue, les rivières sont crues.*)

On écrit au passé simple : *J'accrus, tu accrus, il accrut, nous accrûmes, vous accrûtes, ils accrurent.* — De même : *Je décrus, tu décrus*, etc. ; *je recrus, tu recrus*, etc. — Et au participe passé : *accru, décru* (cf. *a*).

f) En général, dans les verbes en **-ire** (sauf *rire, sourire* et *écrire*), le pluriel du présent de l'indicatif, l'imparfait de l'indicatif, le présent du subjonctif, le passé simple, l'imparfait du subjonctif, ont un *s* [z] entre le radical et la terminaison :

> *Conduire, condui-s-ant, nous condui-s-ons, je condui-s-ais,*
> *que je condui-s-e, je condui-s-is, que je condui-s-isse.*

Rire, sourire ne prennent aucune consonne entre le radical et la désinence :

> *Ri-ant, nous ri-ons, que nous ri-ions, etc.*

Écrire et les verbes de sa famille ont un *v* entre le radical et la désinence aux temps indiqués ci-dessus :

> *Nous écri-v-ons, que je décri-v-e, il souscri-v-ait.*

326   **Liste alphabétique des verbes irréguliers
et des verbes défectifs**

N. B. — On se dispense d'indiquer ici le conditionnel et le gérondif : chaque fois que le futur simple existe, le conditionnel présent existe aussi, et il a le même radical ; le gérondif présent a toujours la même forme que le participe présent. — D'autre part, pour les temps composés, il suffit de connaître l'auxiliaire et la forme du participe passé. Celle-ci suffit également pour le passif (§ 319).

Abattre. – Comme *battre*.

Absoudre. – Ind. pr. : *J'absous, tu absous, il absout, nous absolvons, vous absolvez, ils absolvent.* — Imparf. : *J'absolvais.* — Passé s. : (manque). — Fut. : *J'absoudrai.* — Impér. : *Absous, absolvons, absolvez.* — Subj. pr. : *Que j'absolve.* — Subj. imparf. : (manque). — Part. pr. : *Absolvant.* — Part. passé : *Absous, absoute.*

Abstenir (s'). – Comme *tenir*, mais les temps comp. prennent *être*.

Abstraire. – Comme *traire*.

Accourir. – Comme *courir*.

Accroire. – N'est usité qu'à l'Infin., précédé du verbe *faire* : *Il m'en fait accroire.*

Accroître. – Ind. pr. : *J'accrois, tu accrois, il accroît, nous accroissons, vous accroissez, ils accroissent.* — Imparf. : *J'accroissais.* — Passé s. : *J'accrus, tu accrus, il accrut, nous accrûmes, vous accrûtes, ils accrurent.* — Fut. : *J'accroîtrai.* — Impér. : *Accrois, accroissons, accroissez.* — Subj. pr. : *Que j'accroisse.* — Subj. imp. : *Que j'accrusse.* — Part. pr. : *Accroissant.* — Part. passé : *Accru, accrue* (§ 325, *a*). — Aux temps composés, il prend *avoir* ou *être* selon la nuance de la pensée (§ 308).

Accueillir. – Comme *cueillir*.

Acquérir. – Ind. pr. : *J'acquiers, tu acquiers, il acquiert, nous acquérons, vous acquérez, ils acquièrent.* — Imparf. : *J'acquérais.* — Passé s. : *J'acquis.* — Fut. : *J'acquerrai.* — Impér. : *Acquiers, acquérons, acquérez.* — Subj. pr. : *Que j'acquière, que tu acquières, qu'il acquière, que nous acquérions, que vous acquériez, qu'ils acquièrent.* — Subj. imp. : *Que j'acquisse.* — Part. pr. : *Acquérant.* — Part. passé : *Acquis, acquise.*

Adjoindre. – Comme *craindre*.

Admettre. – Comme *mettre*.

Advenir. – Comme *venir*, mais n'est usité qu'à l'Infinitif et aux troisièmes personnes.

Aller. – Ind. pr. : *Je vais, tu vas, il va, nous allons, vous allez, ils vont.* — Imparf. : *J'allais.* — Passé s. : *J'allai.* — Fut. : *J'irai.* — Impér. : *Va* (pour *vas-y,* voir § 301, Rem.), *allons, allez.* — Subj. pr. : *Que j'aille, que tu ailles, qu'il aille, que nous allions, que vous alliez, qu'ils aillent.* — Subj. imp. : *Que j'allasse.* — Part. pr. : *Allant.* — Part. passé : *Allé, allée.* — Les temps composés prennent *être*.

S'en aller. – Comme *aller* : *Je m'en vais,* etc. — Remarquez l'Impér. : *Va-t'en, allons-nous-en, allez-vous-en.* — Aux temps comp., l'auxil. *être* se place entre *en* et *allé* : *Je m'en suis allé,* etc.

Apercevoir. – Comme *recevoir*.

Apparaître. – Comme *paraître*.

Apparoir « être évident, être manifeste ». – Terme juridique usité seulement à l'Infin. et, impersonnellement, à la 3e pers. de l'Ind. pr. : *Il a fait apparoir de son bon droit.* — *Ainsi qu'il appert de tel acte.*

Appartenir. – Comme *tenir*.

Appendre. – Comme *rendre*.

Apprendre. – Comme *prendre*.

Assaillir. – Ind. pr. : *J'assaille, tu assailles, il assaille, nous assaillons, vous assaillez, ils assaillent.* — Imparf. : *J'assaillais, nous assaillions.* — Passé s. : *J'assaillis.* — Fut. : *J'assaillirai.* — Impér. : *Assaille, assaillons, assaillez.* — Subj. pr. : *Que j'assaille, que nous assaillions, que vous assailliez, qu'ils assaillent.* — Subj. imp. : *Que j'assaillisse.* — Part. pr. : *Assaillant.* — Part. passé : *Assailli, assaillie.*

Asseoir. – Ind. pr. : *J'assieds, tu assieds, il assied, nous asseyons, vous asseyez, ils asseyent* (ou : *J'assois, tu assois, il assoit, nous assoyons, vous assoyez, ils assoient*). — Imparf. : *J'asseyais, nous asseyions* (ou : *J'assoyais, nous assoyions*). — Passé s. : *J'assis.* — Fut. : *J'assiérai* (ou : *J'assoirai*). — Impér. : *Assieds, asseyons, asseyez* (ou :

Assois, assoyons, assoyez). — Subj. pr. : *Que j'asseye, que nous asseyions, qu'ils asseyent* (ou : *Que j'assoie, que nous assoyions, qu'ils assoient*). — Subj. imp. : *Que j'assisse.* — Part. pr. : *Asseyant* (ou : *Assoyant*). — Part. passé : *Assis, assise.*

Astreindre. – Comme *craindre.*

Atteindre. – Comme *craindre.*

Attendre. – Comme *rendre.*

Attraire. – Comme *traire,* mais ne s'emploie plus guère qu'à l'Infin.

Avoir. – Cf. § 310.

Battre. – Ind. pr. : *Je bats, tu bats, il bat, nous battons, vous battez, ils battent.* — Imparf. : *Je battais.* — Passé s. : *Je battis.* — Fut. : *Je battrai.* — Impér. : *Bats, battons, battez.* — Subj. pr. : *Que je batte.* — Subj. imp. : *Que je battisse.* — Part. pr. : *Battant.* — Part. passé : *Battu, battue.*

Boire. – Ind. pr. : *Je bois, tu bois, il boit, nous buvons, vous buvez, ils boivent.* — Imparf. : *Je buvais.* — Passé s. : *Je bus.* — Fut. : *je boirai.* — Impér. : *Bois, buvons, buvez.* — Subj. pr. : *Que je boive, que tu boives, qu'il boive, que nous buvions, que vous buviez, qu'ils boivent.* — Subj. imp. : *Que je busse.* — Part. pr. : *Buvant.* — Part. passé : *Bu, bue.*

Bouillir. – Ind. pr. : *Je bous, tu bous, il bout, nous bouillons, vous bouillez, ils bouillent.* — Imparf. : *Je bouillais, nous bouillions.* — Passé s. : *Je bouillis.* — Fut. : *Je bouillirai.* — Impér. : *Bous, bouillons, bouillez.* — Subj. pr. : *Que je bouille, que nous bouillions, que vous bouilliez, qu'ils bouillent.* — Subj. imp. : *Que je bouillisse.* — Part. pr. : *Bouillant.* — Part. passé : *bouilli, bouillie.*

Braire. – Ne s'emploie guère qu'à l'Infin. et aux troisièmes personnes du Prés. de l'Indic., du Fut. et du Condit. : *Il brait, ils braient.* — *Il braira, ils brairont.* — *Il brairait, ils brairaient.* — Les formes suivantes sont rares : Imparf. : *Il brayait, ils brayaient.* — Part. pr. : *Brayant.* — Part. passé : *Brait* (dans les temps composés : *Il a brait,* etc.) [sans fém.].

Bruire. – N'est guère usité qu'à l'Infin., aux 3ᵉˢ pers. de l'Ind. pr., de l'Ind. imp. et du Subj. pr., et au Part. pr. : *Il bruit, ils bruissent.* — *Il bruissait, ils bruissaient.* — *Qu'il bruisse, qu'ils bruissent.* — *Bruissant* (*bruyant* ne s'emploie plus que comme adjectif). — **Bruisser* n'est pas admis.

Ceindre. – Comme *craindre.*

*Chaloir « importer ». – Ne s'emploie plus qu'impersonnellement, dans les expressions : *Il ne m'en chaut, il ne m'en chaut guère, peu me chaut.*

Choir « tomber ». – S'emploie, souvent par plaisanterie, à l'Infin. et aux formes suivantes : Ind. pr. : *Je chois, tu chois, il choit, ils choient.* — Passé s. : *Il chut, ils churent.* — Part. passé : *Chu.* — Aux temps comp., il se conjugue avec *avoir* ou *être : Elle* **est chue** *de son haut.* (F. Brunot.) *—* |*Sur la robe* **ont chu** *des pétales.* (Apollinaire.)

Circoncire. – Comme *suffire,* mais le Part. passé est en *-s : Circoncis, circoncise.*

Circonscrire. – Comme *écrire.*

Circonvenir. – Comme *tenir.*

Clore. – N'est usité qu'à l'Infin. et aux formes suivantes : Ind. pr. : *Je clos, tu clos, il clôt* (rare : *ils closent*). — Fut. (rare) : *Je clorai, tu cloras,* etc. — Impér. : *Clos.* — Subj. pr. (rare) : *Que je close,* etc. — Part. passé : *Clos, close.*

Combattre. – Comme *battre.*

Commettre. – Comme *mettre.*

Comparaître. – Comme *connaître.*

Comparoir. – Terme de procédure usité seulement à l'Infin. (mot archaïque, remplacé par *comparaître*). — *Comparant* s'emploie comme adjectif ou comme nom.

Complaire. – Comme *plaire.*

Comprendre. – Comme *prendre.*

Compromettre. – Comme *mettre.*

Concevoir. – Comme *recevoir.*

Conclure. – Ind. pr. : *Je conclus, tu conclus, il conclut, nous concluons, vous concluez, ils concluent.* — Imparf. : *Je concluais, nous concluions.* — Passé s. : *Je conclus.* — Fut. : *Je conclurai.* — Impér. : *Conclus, concluons, concluez.* — Subj. pr. : *Que je conclue, que nous concluions.* — Subj. imp. : *Que je conclusse.* — Part. pr. : *Concluant.* — Part. passé : *Conclu, conclue.*

Concourir. – Comme *courir.*

Condescendre. – Comme *rendre.*

Conduire. – Ind. pr. : *Je conduis, tu conduis, il conduit, nous conduisons, vous conduisez, ils conduisent.* — Imparf. : *Je conduisais.* — Passé s. : *Je conduisis.* — Fut. : *Je conduirai.* — Impér. : *Conduis, conduisons, conduisez.* — Subj. pr. : *Que je conduise.* — Subj. imp. : *Que je conduisisse.* — Part. pr. : *Conduisant.* — Part. passé : *Conduit, conduite.*

Confire. – Comme *suffire*, sauf le Part. passé : *Confit, confite.*

Confondre. – Comme *rendre.*

Conjoindre. – Comme *craindre.*

Connaître. – Ind. pr. : *Je connais, tu connais, il connaît, nous connaissons, vous connaissez, ils connaissent.* — Imparf. : *Je connaissais.* — Passé s. : *Je connus.* — Fut. : *Je connaîtrai.* — Impér. : *Connais, connaissons, connaissez.* — Subj. pr. : *Que je connaisse.* — Subj. imp. : *Que je connusse.* — Part. pr. : *Connaissant.* — Part. passé : *Connu, connue.*

Conquérir. – Comme *acquérir.*

Consentir. – Comme *mentir.*

Construire. – Comme *conduire.*

Contenir. – Comme *tenir.*

Contraindre. – Comme *craindre.*

Contredire. – Comme *dire,* sauf à la 2ᵉ p. du plur. de l'Ind. pr. et de l'Impér., où l'on a : *contredisez.*

Contrefaire. – Comme *faire.*

Contrevenir. – Comme *tenir.*

Convaincre. – Comme *vaincre.*

Convenir. – Comme *tenir.*

Correspondre. – Comme *rendre.*

Corrompre. – Comme *rompre.*

Coudre. – Ind. pr. : *Je couds, tu couds, il coud, nous cousons, vous cousez, ils cousent.* — Imparf. : *Je cousais.* — Passé s. : *Je cousis.* — Fut. : *Je coudrai.* — Impér. : *Couds, cousons, cousez.* — Subj. pr. : *Que je couse.* — Subj. imp. : *Que je cousisse.* — Part. pr. : *Cousant.* — Part. passé : *Cousu, cousue.*

Courir. – Ind. pr. : *Je cours, tu cours, il court, nous courons, vous courez, ils courent.* — Imparf. : *Je courais.* — Passé s. : *Je courus.* — Fut. : *Je courrai.* — Impér. : *Cours, courons, courez.* — Subj. pr. : *Que je coure, que tu coures, qu'il coure, que nous courions, que vous couriez, qu'ils courent.* — Subj. imp. : *Que je courusse.* — Part. pr. : *Courant.* — Part. passé : *Couru, courue.*

Couvrir. – Ind. pr. : *Je couvre, tu couvres, il couvre, nous couvrons, vous couvrez, ils couvrent.* — Imparf. : *Je couvrais.* — Passé s. : *Je couvris.* — Fut. : *Je couvrirai.* — Impér. : *Couvre, couvrons, couvrez.* — Subj. pr. : *Que je couvre.* — Subj. imp. : *Que je couvrisse.* — Part. pr. : *Couvrant.* — Part. passé : *Couvert, couverte.*

Craindre. – Ind. pr. : *Je crains, tu crains, il craint, nous craignons, vous craignez, ils craignent.* — Imparf. : *Je craignais, nous craignions.* — Passé s. : *Je craignis.* — Fut. : *Je craindrai.* — Impér. : *Crains, craignons, craignez.* — Subj. pr. : *Que je craigne, que nous craignions.* — Subj. imp. : *Que je craignisse.* — Part. pr. : *Craignant.* — Part. passé : *Craint, crainte.*

Croire. – Ind. pr. : *Je crois, tu crois, il croit, nous croyons, vous croyez, ils croient.* — Imparf. : *Je croyais, nous croyions.* — Passé s. : *Je crus.* — Fut. : *Je croirai.* — Impér. : *Crois, croyons, croyez.* — Subj. pr. : *Que je croie, que tu croies, qu'il croie, que nous croyions, que vous croyiez, qu'ils croient.* — Subj. imp. : *Que je crusse.* — Part. pr. : *Croyant.* — Part. passé : *Cru, crue.*

Croître. – Ind. pr. : *Je croîs, tu croîs, il croît, nous croissons, vous croissez, ils croissent.* — Imparf. : *Je croissais.* — Passé s. : *Je crûs, tu crûs, il crût, nous crûmes, vous crûtes, ils crûrent.* — Fut. : *Je croîtrai.* — Impér. : *Croîs, croissons, croissez.* — Subj. pr. : *Que je croisse.* — Subj. imp. : *Que je crûsse* (on ne voit pas pourquoi l'Académie écrit cette forme sans accent circonflexe). — Part. pr. : *Croissant.* — Part. passé : *Crû* (plur. : *crus*), *crue* (plur. : *crues*) ; cf. § 325, *e.* — Aux temps composés, il prend tantôt *avoir,* tantôt *être* (§ 308).

Cueillir. – Ind. pr. : *Je cueille, tu cueilles, il cueille, nous cueillons, vous cueillez, ils cueillent.* — Imparf. : *Je cueillais, nous cueillions.* — Passé s. : *Je cueillis.* — Fut. : *Je cueillerai.* — Impér. : *Cueille, cueillons, cueillez.* — Subj. pr. : *Que je cueille, que nous cueillions.* — Subj. imp. : *Que je cueillisse.* — Part. pr. : *Cueillant.* — Part. passé : *Cueilli, cueillie.*

Cuire. – Comme *conduire.*

Débattre. – Comme *battre.*

Décevoir. – Comme *recevoir.*

Déchoir. – Ind. pr. : *Je déchois, tu déchois, il déchoit, nous déchoyons, vous déchoyez, ils déchoient.* — Imparf. : (inusité). — Passé s. : *Je déchus.* — Fut. : *Je déchoirai.* — Impér. : (inusité). — Subj. pr. : *Que je déchoie, que nous déchoyions, que vous déchoyiez, qu'ils déchoient.* — Subj. imp. : *Que je déchusse.* — Part. pr. : (inusité). — Part. passé : *Déchu, déchue.* — Aux temps composés, il prend *avoir* ou *être* selon la nuance de la pensée (§ 308).

Déclore. – Comme *clore*. Mais n'est plus guère usité que dans la langue littéraire, à l'Infin. et au Part. passé : *Déclos, déclose.*

Découdre. – Comme *coudre.*

Découvrir. – Comme *couvrir.*

Décrire. – Comme *écrire.*

Décroître. – Comme *accroître.* — Aux temps composés, il se conjugue avec *avoir* ou avec *être* selon la nuance de la pensée (§ 308).

Dédire (se). – Comme *dire*, sauf à la 2ᵉ p. pl. de l'Ind. pr. et de l'Impér. : *Vous vous dédisez, dédisez-vous.* — Aux temps composés, il se conjugue avec *être.*

Déduire. – Comme *conduire.*

Défaillir. – Comme *assaillir.*

Défaire. – Comme *faire.*

Défendre. – Comme *rendre.*

Démentir. – Comme *mentir*, mais il a un Part. passé féminin : *démentie.*

Démettre. – Comme *mettre.*

Démordre. – Comme *rendre.*

Départir. – Comme *mentir*, mais son Part. passé a un féminin : *départie.*

Dépeindre. – Comme *peindre.*

Dépendre. – Comme *rendre.*

Déplaire. – Comme *plaire.*

Désapprendre. – Comme *prendre.*

Descendre. – Comme *rendre.* — Aux temps composés, il prend *avoir* ou *être* selon la nuance de la pensée (§ 308).

Desservir. – Comme *servir.*

Déteindre. – Comme *craindre.*

Détendre. – Comme *rendre.*

Détenir. – Comme *tenir.*

Détordre. – Comme *rendre.*

Détruire. – Comme *conduire.*

Devenir. – Comme *venir.*

Dévêtir. – Comme *vêtir.*

Devoir. – Ind. pr. : *Je dois, tu dois, il doit, nous devons, vous devez, ils doivent.* — Imparf. : *Je devais.* — Passé s. : *Je dus.* — Fut. : *Je devrai.* — Impér. : (inusité). — Subj. pr. : *Que je doive, que nous devions.* — Subj. imp. : *Que je dusse.* — Part. pr. : *Devant.* — Part. passé : *Dû* (plur. : *dus ;* § 325, *a*), *due* (plur. : *dues*).

Dire. – Ind. pr. : *Je dis, tu dis, il dit, nous disons, vous dites, ils disent.* — Imparf. : *Je disais.* — Passé s. : *Je dis.* — Fut. : *Je dirai.* — Impér. : *Dis, disons, dites.* — Subj. pr. : *Que je dise.* — Subj. imp. : *Que je disse.* — Part. pr. : *Disant.* — Part. passé : *Dit, dite.*

Disconvenir. – Comme *tenir.* — Aux temps composés, dans le sens de « ne pas convenir (de) », il prend *être : Il n'est pas disconvenu de cette vérité.* Dans le sens archaïque de « ne pas convenir (à) », il prend *avoir : Cette mesure a disconvenu à beaucoup de gens.*

Discourir. – Comme *courir.*

Disjoindre. – Comme *craindre.*

Disparaître. – Comme *connaître.*

Dissoudre. – Comme *absoudre.*

Distendre. – Comme *rendre.*

Distraire. – Comme *traire.*

Dormir. – Ind. pr. : *Je dors, tu dors, il dort, nous dormons, vous dormez, ils dorment.* — Imparf. : *Je dormais.* — Passé s. : *Je dormis.* — Fut. : *Je dormirai.* — Impér. : *Dors, dormons, dormez.* — Subj. pr. : *Que je dorme.* — Subj. imp. : *Que je dormisse.* — Part. pr. : *Dormant.* — Part. passé : *Dormi* [le fém. *dormie* est rare : *Trois nuits mal dormies* (Musset)].

Ébattre (s'). – Comme *battre.* Les temps composés prennent *être.*

Échoir. – Usité seulement à l'Infin. et aux formes suivantes : Ind. pr. : *Il échoit* (*il échet* est juridique), *ils échoient.* — Imparf. : *Il échéait* (archaïque). — Passé s. : *Il échut.* — Fut. : *Il échoira, ils échoiront* (*il écherra, ils écherront :* formes archaïques). — Condit. : *Il échoirait, ils échoiraient* (*il écherrait, ils écherraient :* formes archaïques). — Part. pr. : *Échéant.* — Part. passé : *Échu, échue.* — Les temps composés se conjuguent avec *être.*

Éclore. – N'est guère usité qu'à l'Infin. et aux formes suivantes : Ind. pr. : *Il éclôt* (on ne voit pas pourquoi l'Académie écrit cette forme sans accent circonflexe), *ils éclosent.* — Imparf. : *Il éclosait, ils éclosaient.* — Fut. : *Il éclora, ils écloront.* — Condit. : *Il éclorait, ils écloraient.* — Subj. pr. : *Qu'il éclose, qu'ils éclosent.* — Part. passé : *Éclos, éclose.* — Les temps composés prennent *être* ou *avoir :* § 308.

Éconduire. – Comme *conduire.*

Écrire. – Ind. pr. : *J'écris, tu écris, il écrit, nous écrivons, vous écrivez, ils écrivent.* — Imparf. : *J'écrivais.* — Passé s. : *J'écrivis.* — Fut. : *J'écrirai.* — Impér. : *Écris, écrivons, écrivez.* — Subj. pr. : *Que j'écrive.* — Subj. imp. : *Que j'écrivisse.* — Part. pr. : *Écrivant.* — Part. passé : *Écrit, écrite.*

Élire. – Comme *lire.*

Emboire. – Comme *boire*. Vieilli.

Émettre. – Comme *mettre*.

Émouvoir. – Comme *mouvoir*, mais le Part. passé *ému* s'écrit sans circonflexe.

Empreindre. – Comme *craindre*.

Enceindre. – Comme *craindre*.

Enclore. – Ind. pr. : *J'enclos, tu enclos, il enclôt* (on ne voit pas pourquoi l'Académie écrit cette forme sans circonflexe), *nous enclosons, vous enclosez, ils enclosent.* — Imparf. (rare) : *J'enclosais.* — Passé s. : (manque). — Fut. : *J'enclorai.* — Impér. : *Enclos.* — Subj. pr. : *Que j'enclose.* — Subj. imp. : (manque). — Part. pr. (rare) : *Enclosant.* — Part. passé : *Enclos, enclose.*

Encourir. – Comme *courir*.

Endormir. – Comme *dormir*. — Mais le féminin du Part. passé, *endormie*, est courant.

Enduire. – Comme *conduire*.

Enfreindre. – Comme *craindre*.

Enfuir (s'). – Comme *fuir*. — Aux temps composés, il prend *être*.

Enjoindre. – Comme *craindre*.

Enquérir (s'). – Comme *acquérir*. — Aux temps composés, il prend *être*.

Ensuivre (s'). – Comme *suivre*, mais n'est usité qu'à l'Infin. et aux 3ᵉˢ pers. de chaque temps. — Aux temps composés, il se conjugue avec *être*.

Entendre. – Comme *rendre*.

Entremettre (s'). – Comme *mettre*. — Aux temps composés, il se conjugue avec *être*.

Entreprendre. – Comme *prendre*.

Entretenir. – Comme *tenir*.

Entrevoir. – Comme *voir*.

Entrouvrir. – Comme *couvrir*.

Envoyer. – Ind. pr. : *J'envoie, tu envoies, il envoie, nous envoyons, vous envoyez, ils envoient.* — Imparfait : *J'envoyais, nous envoyions.* — Passé s. : *J'envoyai.* — Fut. : *J'enverrai.* — Impér. : *Envoie, envoyons, envoyez.* — Subj. pr. : *Que j'envoie, que nous envoyions.* — Subj. imp. : *Que j'envoyasse.* — Part. pr. : *Envoyant.* — Part. passé : *Envoyé, envoyée.*

Épandre. – Comme *rendre*.

Éprendre (s'). – Comme *prendre*. — Aux temps composés, il se conjugue avec *être*.

Équivaloir. – Comme *valoir*, mais le Part. passé *équivalu* n'a pas de féminin.

Éteindre. – Comme *craindre*.

Étendre. – Comme *rendre*.

Être. – Cf. § 311.

Étreindre. – Comme *craindre*.

Exclure. – Comme *conclure*.

Extraire. – Comme *traire*.

Faillir. – N'est plus guère usité qu'à l'Infinitif, au Passé s. : *Je faillis ;* — au Fut. et au Cond. : *Je faillirai ;* — aux temps composés : *J'ai failli,* etc. — Quelques écrivains emploient encore *faut* à la 3ᵉ pers. du sing. de l'Indic. pr. : *La mémoire me faut.* (J. Green.) — Quelques autres conjuguent *faillir* comme *finir* : *Celle qui a raison, celle qui ne* **faillit** *jamais.* (J. Giraudoux.)

Faire. – Ind. pr. : *Je fais, tu fais, il fait, nous faisons* [f(ə)zɔ̃], *vous faites, ils font.* — Imparf. : *Je faisais* [f(ə)zɛ]. — Passé s. : *Je fis.* — Fut. : *Je ferai.* — Impér. : *Fais, faisons* [f(ə)zɔ̃], *faites.* — Subj. pr. : *Que je fasse.* — Subj. imp. : *Que je fisse.* — Part. pr. : *Faisant* [f(ə)zɑ̃]. — Part. passé : *Fait, faite.*

Falloir. – Verbe impersonnel. Ind. pr. : *Il faut.* — Imparf. : *Il fallait.* — Passé s. : *Il fallut.* — Fut. : *Il faudra.* — Subj. pr. : *Qu'il faille.* — Subj. imp. : *Qu'il fallût.* — Part. pr. : (inusité). — Part. passé : *Fallu* (sans fém.)

Feindre. – Comme *craindre*.

Fendre. – Comme *rendre*.

Férir « frapper ». – N'est plus usité qu'à l'Infin. dans l'expression *sans coup férir*, et au Part. passé : *Féru, férue,* qui s'emploie comme adjectif au figuré : « qui est épris (de) ».

Fleurir. – § 316, *b*.

Fondre. – Comme *rendre*.

Forfaire. – N'est guère usité qu'à l'Infin. et aux temps composés : *J'ai forfait à l'honneur,* etc.

Frire. – N'est guère usité qu'à l'Infin., au sing. de l'Ind. pr. : *Je fris, tu fris, il frit ;* — au Part. passé : *Frit, frite ;* — et aux temps composés : *J'ai frit, j'avais frit,* etc. — Rares : Fut. : *Je frirai.* — Condit. : *Je frirais.* — Impér. sing. : *Fris.*

Fuir. – Ind. pr. : *Je fuis, tu fuis, il fuit, nous fuyons, vous fuyez, ils fuient.* — Imparf. : *Je fuyais, nous fuyions.* — Passé s. : *Je fuis.* — Fut. : *Je fuirai.* — Impér. : *Fuis, fuyons, fuyez.* — Subj. pr. : *Que je fuie, que tu fuies, qu'il fuie, que nous fuyions, que vous fuyiez, qu'ils fuient.* — Subj. imp. (rare) : *Que je fuisse.* — Part. pr. : *Fuyant.* — Part. passé : *Fui, fuie.*

Geindre. – Comme *craindre.*

*Gésir « être couché ». – Ne s'emploie plus qu'à l'Ind. pr. : *Je gis, tu gis, il gît (ci-gît), nous gisons, vous gisez, ils gisent ;* — à l'Imparf. : *Je gisais,* etc. ; — au Part. pr. : *Gisant.*

Haïr. – Ind. pr. : *Je hais* [ɛ], *tu hais, il hait, nous haïssons* [aisɔ̃], *vous haïssez, ils haïssent.* — Imparf. : *Je haïssais.* — Passé s. (rare) : *Je haïs, nous haïmes, vous haïtes, ils haïrent.* — Futur : *Je haïrai.* — Impér. : *Hais, haïssons, haïssez.* — Subj. pr. : *Que je haïsse.* — Subj. imp. (rare) : *Que je haïsse, que tu haïsses, qu'il haït.* — Part. pr. : *Haïssant.* — Part. passé : *Haï, haïe.*

Inclure. – Comme *conclure,* sauf au Part. passé : *Inclus, incluse.*

Induire. – Comme *conduire.*

Inscrire. – Comme *écrire.*

Instruire. – Comme *conduire.*

Interdire. – Comme *dire,* sauf à la 2ᵉ p. du plur. de l'Ind. pr. et de l'Impér., où l'on a : *interdisez.*

Intervenir. – Comme *venir.*

Introduire. – Comme *conduire.*

*Issir « sortir ». – Ne subsiste plus qu'au Part. passé : *Issu, issue,* qui s'emploie seul ou avec *être : Un prince issu du sang des rois.* — *Il est issu d'une famille noble.*

Joindre. – Comme *craindre.*

Lire. – Ind. pr. : *Je lis, tu lis, il lit, nous lisons, vous lisez, ils lisent.* — Imparf. : *Je lisais.* — Passé s. : *Je lus.* — Fut. : *Je lirai.* — Impér. : *Lis, lisons, lisez.* — Subj. pr. : *Que je lise.* — Subj. imp. : *Que je lusse.* — Part. pr. : *Lisant.* — Part. passé : *Lu, lue.*

Luire. – Ind. pr. : *Je luis, tu luis, il luit, nous luisons, vous luisez, ils luisent.* — Imparf. : *Je luisais.* — Passé s. (peu usité) : *Je luisis.* — Fut. : *Je luirai.* — Impér. : *Luis, luisons, luisez.* — Subj. pr. : *Que je luise.* — Subj. imp. (peu usité) : *Que je luisisse.* — Part. pr. : *Mentant.* — Part. passé : *Menti* (sans fém.).

Maintenir. – Comme *tenir.*

Maudire. – Ind. pr. : *Je maudis, tu maudis, il maudit, nous maudissons, vous maudissez, ils maudissent.* — Imparf. : *Je maudissais.* — Passé s. : *Je maudis.* — Fut. : *Je maudirai.*

— Impér. : *Maudis, maudissons, maudissez.* — Subj. pr. : *Que je maudisse.* — Subj. imp. : *Que je maudisse.* — Part. pr. : *Maudissant.* — Part. passé : *Maudit, maudite.*

Méconnaître. – Comme *connaître.*

Médire. – Comme *dire,* sauf à la 2ᵉ p. du plur. de l'Ind. et de l'Impér., où l'on a : *médisez.* Le Part. passé *médit* n'a pas de fém.

Mentir. – Ind. pr. : *Je mens, tu mens, il ment, nous mentons, vous mentez, ils mentent.* — Imparf. : *Je mentais.* — Passé s. : *Je mentis.* — Fut. : *Je mentirai.* — Impér. : *Mens, mentons, mentez.* — Subj. pr. : *Que je mente.* — Subj. imp. : *Que je mentisse.* — Part. pr. : *Mentant.* — Part passé : *Menti* (sans fém.).

Méprendre (se). – Comme *prendre.* — Aux temps composés, il se conjugue avec *être.*

*Messeoir. – S'emploie, selon l'Académie, dans les mêmes temps que *seoir* « convenir ». En fait, n'est plus usité que dans la langue littéraire, à la 3ᵉ pers. du sing. de l'Indic. pr. : *Il messied.*

Mettre. – Ind. pr. : *Je mets, tu mets, il met, nous mettons, vous mettez, ils mettent.* — Imparf. : *Je mettais.* — Passé s. : *Je mis.* — Fut. : *Je mettrai.* — Impér. : *Mets, mettons, mettez.* — Subj. pr. : *Que je mette.* — Subj. imp. : *Que je misse.* — Part. pr. : *Mettant.* — Part. passé : *Mis, mise.*

Mordre. – Comme *rendre.*

Morfondre (se). – Comme *rendre.* Aux temps composés, il se conjugue avec *être.*

Moudre. – Ind. pr. : *Je mouds, tu mouds, il moud, nous moulons, vous moulez, ils moulent.* — Imparf. : *Je moulais.* — Passé s. : *Je moulus.* — Fut. : *Je moudrai.* — Impér. : *Mouds, moulons, moulez.* — Subj. pr. : *Que je moule.* — Subj. imp. : *Que je moulusse.* — Part. pr. : *Moulant.* — Part. passé : *Moulu, moulue.*

Mourir. – Ind. pr. : *Je meurs, tu meurs, il meurt, nous mourons, vous mourez, ils meurent.* — Imparf. : *Je mourais.* — Passé s. : *Je mourus.* — Fut. : *Je mourrai.* — Impér. : *Meurs, mourons, mourez.* — Subj. pr. : *Que je meure, que tu meures, qu'il meure, que nous mourions, que vous mouriez, qu'ils meurent.* — Subj. imp. : *Que je mourusse.* — Part. pr. : *Mourant.* — Part. passé : *Mort, morte.* — Aux temps composés, il se conjugue avec *être.*

Mouvoir. – Ind. pr. : *Je meus, tu meus, il meut, nous mouvons, vous mouvez, ils meuvent.* — Imparf. : *Je mouvais.* — Passé s. (rare) : *Je mus.* — Fut. : *Je mouvrai.* — Impér. : *Meus, mouvons, mouvez.* — Subj. pr. : *Que je meuve.* — Subj. imp. (rare) : *Que je musse.* — Part. pr. : *Mouvant.* — Part. passé : *Mû* (plur. : *mus* ; § 325, *a*), *mue* (plur. : *mues*).

Naître. – Ind. pr. : *Je nais, tu nais, il naît, nous naissons, vous naissez, ils naissent.* — Imparf. : *Je naissais.* — Passé s. : *Je naquis.* — Fut. : *Je naîtrai.* — Impér. : *Nais, naissons, naissez.* — Subj. pr. : *Que je naisse.* — Subj. imp. : *Que je naquisse.* — Part. pr. : *Naissant.* — Part. passé : *Né, née.* — Aux temps composés, il se conjugue avec *être.*

Nuire. – Comme *conduire*, mais le Part. passé *nui* s'écrit sans *t* et n'a pas de féminin.

Obtenir. – Comme *tenir.*

Occire « tuer ». – Ne s'emploie plus que par badinage, à l'Infin., au Part. passé : *Occis, occise,* et aux temps composés.

Offrir. – Comme *couvrir.*

Oindre. – Comme *craindre*, mais ne s'emploie plus guère qu'à l'Infin. et au Part. passé : *Oint, ointe.* — Voir aussi le proverbe cité plus bas, à *poindre.*

Omettre. – Comme *mettre.*

Ouïr. – N'est plus guère usité qu'à l'Infinitif et au Part. passé : *Ouï, ouïe,* surtout dans : *J'ai ouï dire.*

Ouvrir. – Comme *couvrir.*

Paître. – Ind. pr. : *Je pais, tu pais, il paît, nous paissons, vous paissez, ils paissent.* — Imparf. : *Je paissais.* — Passé s. : (manque). — Fut. : *Je paîtrai.* — Impér. : *Pais, paissons, paissez.* — Subj. pr. : *Que je paisse.* — Subj. imp. : (manque). — Part. pr. : *Paissant.* — Part. passé : (manque).

Paraître. – Comme *connaître.*

Parcourir. – Comme *courir.*

Parfaire. – Comme *faire.*

Partir. – Comme *mentir*, mais son Part. passé *parti* a un féminin : *partie.* — Aux temps composés, *partir* se conjugue avec l'auxiliaire *être.*

Partir, au sens ancien de « partager », ne s'emploie plus que dans l'expression *avoir maille à partir avec qqn* (maille : « petite pièce de monnaie ») ; — et au Part. passé : *Parti,*

en termes de blason ou dans la locution *mi-parti.*

Parvenir. – Comme *venir.*

Peindre. – Comme *craindre.*

Pendre. – Comme *rendre.*

Percevoir. – Comme *recevoir.*

Perdre. – Comme *rendre.*

Permettre. – Comme *mettre.*

Plaindre. – Comme *craindre.*

Plaire. – Ind. pr. : *Je plais, tu plais, il plaît, nous plaisons, vous plaisez, ils plaisent.* — Imparf. : *Je plaisais.* — Passé s. : *Je plus.* — Fut. : *Je plairai.* — Impér. : *Plais, plaisons, plaisez.* — Subj. pr. : *Que je plaise.* — Subj. imp. : *Que je plusse.* — Part. pr. : *Plaisant.* — Part. passé : *Plu* (sans fém.).

Pleuvoir. – Seulement usité aux 3ᵉˢ pers. (cf. § 298, *a* et Rem.). — Ind. pr. : *Il pleut, ils pleuvent.* — Imparf. : *Il pleuvait, ils pleuvaient.* — Passé s. : *Il plut, ils plurent.* — Fut. : *Il pleuvra, ils pleuvront.* — Subj. pr. : *Qu'il pleuve, qu'ils pleuvent.* — Subj. imp. : *Qu'il plût, qu'ils plussent.* — Part. pr. : *Pleuvant.* — Part. passé : *Plu* (sans fém.).

Poindre. – Se conjugue comme *craindre.* — Dans le sens de « commencer à paraître », n'est guère usité qu'à l'Inf. et à la 3ᵉ pers. du sing. de l'Ind. pr. et du Fut. : *Le jour point, poindra.* — Dans le sens de « piquer, faire souffrir », est usité dans la langue littéraire aussi à la 3ᵉ pers. de l'Ind. imp. et du Passé s. : *Il poignait, il poignit,* — et au Part. pr. : *Poignant.* — Notez aussi le proverbe : *Oignez vilain, il vous poindra ; poignez vilain, il vous oindra.* — **Poigner* n'est pas admis.

Pondre. – Comme *rendre.*

Pourfendre. – Comme *rendre.*

Poursuivre. – Comme *suivre.*

Pourvoir. – Comme *voir*, sauf au Passé s. : *Je pourvus ;* — au Fut. : *Je pourvoirai ;* — au Condit. : *Je pourvoirais ;* — et au Subj. imp. : *Que je pourvusse.*

Pouvoir. – Ind. pr. : *Je peux* (ou *je puis*), *tu peux, il peut, nous pouvons, vous pouvez, ils peuvent.* — Imparf. : *Je pouvais.* — Passé s. : *Je pus.* — Fut. : *Je pourrai.* — Impér. : (manque). — Subj. pr. : *Que je puisse.* — Subj. imp. : *Que je pusse.* — Part. pr. : *Pouvant.* — Part. passé : *Pu* (sans fém.).

Prédire. – Comme *dire*, sauf à la 2ᵉ p. du plur. de l'Ind. pr. et de l'Impér., où l'on a : *prédisez.*

Prendre. – Ind. pr. : *Je prends, tu prends, il prend, nous prenons, vous prenez, ils prennent.* — Imparf. : *Je prenais.* — Passé s. : *Je pris.* — Fut. : *Je prendrai.* — Impér. : *Prends, prenons, prenez.* — Subj. pr. : *Que je prenne, que tu prennes, qu'il prenne, que nous prenions, que vous preniez, qu'ils prennent.* — Subj. imp. : *Que je prisse.* — Part. pr. : *Prenant.* — Part. passé : *Pris, prise.*

Prescrire. – Comme *écrire.*

Pressentir. – Comme *sentir.*

Prétendre. – Comme *rendre.*

Prévaloir. – Comme *valoir,* sauf au Subj. pr. : *Que je prévale, que tu prévales, qu'il prévale, que nous prévalions, que vous prévaliez, qu'ils prévalent.* — Le Part. passé *prévalu* n'a pas de féminin.

Prévenir. – Comme *tenir.*

Prévoir. – Comme *voir,* sauf au Fut. : *Je prévoirai ;* — et au Condit. : *Je prévoirais.*

Produire. – Comme *conduire.*

Promettre. – Comme *mettre.*

Promouvoir. – Comme *mouvoir,* mais le Part. passé *promu* s'écrit sans accent circonflexe. — Dans la langue ordinaire, le verbe est surtout usité à l'Infin., au Part. prés. et aux temps composés.

Proscrire. – Comme *écrire.*

Provenir. – Comme *venir.*

Quérir (ou *querir*). – Ne s'emploie plus qu'à l'Infin. après *aller, venir, envoyer.*

Pour les verbes contenant le préfixe **re-** *(r-, ré-)*, voir aux verbes simples. Nous n'avons retenu que certains cas particuliers.

Rasseoir. – Comme *asseoir.* — Remarquez : *Du pain rassis.*

Ravoir. – N'est guère usité qu'à l'Infin. — Le Fut. et le Condit. : *Je raurai, je raurais* appartiennent à la langue familière.

Recevoir. – Ind. prés. : *Je reçois, tu reçois, il reçoit, nous recevons, vous recevez, ils reçoivent.* — Imparf. : *Je recevais.* — Passé s. : *Je reçus, tu reçus, il reçut, nous reçûmes, vous reçûtes, ils reçurent.* — Fut. : *Je recevrai.* — Impér. : *Reçois, recevons, recevez.* — Subj. prés. : *Que je reçoive, que tu reçoives, qu'il reçoive, que nous recevions, que vous receviez, qu'ils reçoivent.* — Subj. imp. : *Que je reçusse, que tu reçusses, qu'il reçût, que nous reçussions, que vous reçussiez, qu'ils reçussent.* —

Part. prés. : *Recevant.* — Part. passé : *Reçu, reçue.*

Reclure. – N'est usité qu'à l'Infin. et au Part. passé : *Reclus, recluse.*

Recroître. – Comme *accroître.* — Pour le Part. passé : *Recrû* (plur. : *recrus*), *recrue,* voir § 325, *a.* — Aux temps composés, *recroître* prend *avoir* ou *être* : cf. § 308.

Renaître. – Comme *naître,* mais il n'a pas de Part. passé et donc pas de temps composés.

Rendre. – Ind. prés. : *Je rends, tu rends, il rend, nous rendons, vous rendez, ils rendent.* — Imparf. : *Je rendais.* — Passé s. : *Je rendis.* — Fut. : *Je rendrai.* — Impér. : *Rends, rendons, rendez.* — Subj. prés. : *Que je rende.* — Subj. imp. : *Que je rendisse.* — Part. pr. : *Rendant.* — Part. passé : *Rendu, rendue.*

Rentraire. – Comme *traire.*

Repaître. – Comme *paître,* mais il a un Passé s. : *je repus ;* — un Subj. imp. : *Que je repusse ;* — et un Part. passé : *Repu, repue.*

Répandre. – Comme *rendre.*

Repartir. 1. « partir de nouveau ». Comme *partir.* (Les temps composés prennent *être.*)

2. « répondre ». — Comme *partir,* mais les temps composés prennent *avoir.* — Ne pas confondre avec *répartir* (« partager »), qui se conjugue régulièrement sur *finir.*

Repentir (se). – Comme *sentir.* — Aux temps composés, il se conjugue avec *être.*

Répondre. – Comme *rendre.*

Requérir. – Comme *acquérir.*

Résoudre. – Ind. pr. : *Je résous, tu résous, il résout, nous résolvons, vous résolvez, ils résolvent.* — Imparf. : *Je résolvais.* — Passé s. : *Je résolus.* — Fut. : *Je résoudrai.* — Impér. : *Résous, résolvons, résolvez.* — Subj. pr. : *Que je résolve.* — Subj. imp. : *Que je résolusse.* — Part. pr. : *Résolvant.* — Part. passé : *Résolu, résolue.* (Une autre forme du Part. passé : *Résous,* signifiant « changé », est rarement employée ; son féminin *résoute* est même à peu près inusité.)

Ressentir. – Comme *sentir.*

Ressortir « sortir d'un lieu où l'on vient d'entrer, former relief, résulter ». – Comme *sortir.* — Ne pas confondre avec *ressortir* (« être du ressort de »), qui se conjugue régulièrement sur *finir* : *Ces affaires ressortissent, ressortissaient à tel tribunal.*

Restreindre. – Comme *craindre.*

Rire. – Ind. pr. : *Je ris, tu ris, il rit, nous rions, vous riez, ils rient.* — Imparf. : *Je riais, nous riions.* — Passé s. : *Je ris, nous rîmes, vous rîtes, ils rirent.* — Fut. : *Je rirai.* — Impér. : *Ris, rions, riez.* — Subj. pr. : *Que je rie, que nous riions.* — Subj. imp. (rare) : *Que je risse.* — Part. pr. : *Riant.* — Part. passé : *Ri* (sans fém.).

Rompre. – Ind. pr. : *Je romps, tu romps, il rompt, nous rompons, vous rompez, ils rompent.* — Imparf. : *Je rompais.* — Passé s. : *Je rompis.* — Fut. : *Je romprai.* — Impér. : *Romps, rompons, rompez.* — Subj. pr. : *Que je rompe.* — Subj. imp. : *Que je rompisse.* — Part. pr. : *Rompant.* — Part. passé : *Rompu, rompue.*

Saillir. 1. « jaillir ». – Ne s'emploie guère qu'à l'Infin. et aux 3es personnes : Ind. pr. : *Il saillit, ils saillissent.* — Imparf. : *Il saillissait, ils saillissaient.* — Passé s. : *Il saillit, ils saillirent.* — Fut. : *Il saillira, ils sailliront.* — Impér. : (manque). — Subj. pr. : *Qu'il saillisse, qu'ils saillissent.* — Subj. imp. : *Qu'il saillît, qu'ils saillissent.* — Part. pr. : *Saillissant.* — Part. passé : *Sailli, saillie.*

2. « être en saillie ». – Ne s'emploie qu'aux 3es personnes : Ind. pr. : *Il saille, ils saillent.* — Imparf. : *Il saillait, ils saillaient.* — Passé s. : *Il saillit, ils saillirent.* — Fut. : *Il saillera, ils sailleront.* — Impér. : (manque). — Subj. pr. : *Qu'il saille, qu'ils saillent.* — Subj. imp. : *Qu'il saillît, qu'ils saillissent.* — Part. pr. : *Saillant.* — Part. passé : *Sailli, saillie.*

Satisfaire. – Comme *faire.*

Savoir. – Ind. pr. : *Je sais, tu sais, il sait, nous savons, vous savez, ils savent.* — Imparf. : *Je savais.* — Passé s. : *Je sus.* — Fut. : *Je saurai.* — Impér. : *Sache, sachons, sachez.* — Subj. pr. : *Que je sache.* — Subj. imp. : *Que je susse.* — Part. pr. : *Sachant.* — Part. passé : *Su, sue.*

Secourir. – Comme *courir.*

Séduire. – Comme *conduire.*

Sentir. – Comme *mentir,* mais son Part. passé *senti* a un féminin : *sentie.*

*Seoir. 1. « convenir ». – N'est usité qu'au Part. pr. et aux 3es pers. ; il n'a pas de temps composés. Ind. pr. : *Il sied, ils siéent* (rare). — Imparf. : *Il seyait, ils seyaient.* — Passé s. : (manque). — Fut. : *Il siéra, ils siéront.* — Condit. : *Il siérait, ils siéraient.* — Impér. : (manque). — Subj. pr. (rare) : *Qu'il*

siée, qu'ils siéent.* — Subj. imp. : (manque). — Part. pr. : *Seyant.* (*Séant* s'emploie comme adjectif : *Il n'est pas séant de faire cela.*)

2. « être situé, siéger ». – Ne s'emploie plus guère qu'au Part. pr. : *Séant ;* — et au Part. passé : *Sis, sise.* — Pas de temps composés.

Servir. – Ind. pr. : *Je sers, tu sers, il sert, nous servons, vous servez, ils servent.* — Imparf. : *Je servais.* — Passé s. : *Je servis.* — Fut. : *Je servirai.* — Impér. : *Sers, servons, servez.* — Subj. pr. : *Que je serve.* — Subj. imp. : *Que je servisse.* — Part. pr. : *Servant.* — Part. passé : *Servi, servie.*

Sortir. – Comme *mentir,* mais son Part. passé *sorti* a un fémin. : *sortie.* — Aux temps composés, *sortir,* transitif, se conjugue avec *avoir* : *J'ai sorti la voiture.* Dans le sens intransitif, il se conjugue avec *être.*

Sortir, terme de droit signifiant « produire », se conjugue comme *finir,* mais ne s'emploie qu'aux 3es personnes : Ind. pr. : *La sentence sortit son effet, les sentences sortissent leur effet,* etc. — Aux temps composés, ce verbe se conjugue avec *avoir.*

Souffrir. – Comme *couvrir.*

Soumettre. – Comme *mettre.*

Sourdre. – N'est plus guère usité qu'à l'Infin. et aux 3es pers. de l'Ind. pr. : *Il sourd, ils sourdent.* — Les formes suivantes sont archaïques : Imparf. : *Il sourdait.* — Passé s. : *Il sourdit.* — Fut. : *Il sourdra.* — Condit. : *Il sourdrait.* — Subj. pr. : *Qu'il sourde.* — Subj. imp. : *Qu'il sourdît.* — Part. pr. : *Sourdant.*

Sourire. – Comme *rire.*

Souscrire. – Comme *écrire.*

Soustraire. – Comme *traire.*

Soutenir. – Comme *tenir.*

Souvenir (se). – Comme *tenir.* Aux temps composés, il se conjugue avec *être.*

Subvenir. – Comme *tenir.*

Suffire. – Ind. pr. : *Je suffis, tu suffis, il suffit, nous suffisons, vous suffisez, ils suffisent.* — Imparf. : *Je suffisais.* — Passé s. : *Je suffis.* — Fut. : *Je suffirai.* — Impér. : *Suffis, suffisons, suffisez.* — Subj. pr. : *Que je suffise.* — Subj. imp. : *Que je suffisse.* — Part. pr. : *Suffisant.* — Part. passé : *Suffi* (sans fém.).

Suivre. – Ind. pr. : *Je suis, tu suis, il suit, nous suivons, vous suivez, ils suivent.* — Imparf. : *Je suivais.* — Passé s. : *Je suivis.* — Fut. : *Je suivrai.* — Impér. : *Suis, suivons, suivez.* — Subj. pr. : *Que je suive.* — Subj.

imp. : *Que je suivisse.* — Part. pr. : *Suivant.*
— Part. passé : *Suivi, suivie.*

Surfaire. – Comme *faire.*

Surprendre. – Comme *prendre.*

Surseoir. – Ind. pr. : *Je sursois, tu sursois,
il sursoit, nous sursoyons, vous sursoyez, ils
sursoient.* — Imparf. : *Je sursoyais, nous
sursoyions.* — Passé s. : *Je sursis.* — Fut. : *Je
surseoirai.* — Condit. : *Je surseoirais.* —
Impér. : *Sursois, sursoyons, sursoyez.* — Subj.
pr. : *Que je sursoie, que nous sursoyions.* —
Subj. imp. : *Que je sursisse.* — Part. pr. :
Sursoyant. — Part. passé : *Sursis* (fém. inusité).

Survenir. – Comme *venir.*

Survivre. – Comme *vivre.*

Suspendre. – Comme *rendre.*

Taire. – Ind. pr. : *Je tais, tu tais, il tait,
nous taisons, vous taisez, ils taisent.* —
Imparf. : *Je taisais.* — Passé s. : *Je tus.* —
Fut. : *Je tairai.* — Impér. : *Tais, taisons,
taisez.* — Subj. pr. : *Que je taise.* — Subj.
imp. : *Que je tusse.* — Part. pr. : *Taisant.* —
Part. passé : *Tu, tue.*

Teindre. – Comme *craindre.*

Tendre. – Comme *rendre.*

Tenir. – Ind. pr. : *Je tiens, tu tiens, il tient,
nous tenons, vous tenez, ils tiennent.* —
Imparf. : *Je tenais.* — Passé s. : *Je tins, nous
tînmes, vous tîntes, ils tinrent.* — Fut. : *Je
tiendrai.* — Impér. : *Tiens, tenons, tenez.* —
Subj. pr. : *Que je tienne, que nous tenions.* —
Subj. imp. : *Que je tinsse.* — Part. pr. :
Tenant. — Part. passé : *Tenu, tenue.*

*Tistre « tisser ». – N'est usité qu'au
Part. passé : *Tissu, tissue,* et aux temps composés. Il ne s'emploie guère qu'au figuré :
C'est lui qui a tissu cette intrigue.

Tondre. – Comme *rendre.*

Tordre. – Comme *rendre.*

Traduire. – Comme *conduire.*

Traire. – Ind. pr. : *Je trais, tu trais, il trait,
nous trayons, vous trayez, ils traient.* —
Imparf. : *Je trayais, nous trayions.* — Passé
s. : (manque). — Fut. : *Je trairai.* — Impér. :
Trais, trayons, trayez. — Subj. pr. : *Que je
traie, que nous trayions.* — Subj. imp. :
(manque). — Part. pr. : *Trayant.* — Part.
passé : *Trait, traite.*

Transcrire. – Comme *écrire.*

Transmettre. – Comme *mettre.*

Transparaître. – Comme *connaître.*

Tressaillir. – Comme *assaillir.*

Vaincre. – Ind. pr. : *Je vaincs, tu vaincs, il
vainc, nous vainquons, vous vainquez, ils vainquent.* — Imparf. : *Je vainquais.* — Passé s. :
Je vainquis. — Fut. : *Je vaincrai.* — Impér. :
Vaincs, vainquons, vainquez. — Subj. pr. :
Que je vainque. — Subj. imp. : *Que je vainquisse.* — Part. pr. : *Vainquant.* — Part.
passé : *Vaincu, vaincue.*

Valoir. – Ind. pr. : *Je vaux, tu vaux, il vaut,
nous valons, vous valez, ils valent.* — Imparf. :
Je valais. — Passé s. : *Je valus.* — Fut. : *Je
vaudrai.* — Impér. : *Vaux* (rare), *valons, valez.*
— Subj. pr. : *Que je vaille, que tu vailles, qu'il
vaille, que nous valions, que vous valiez, qu'ils
vaillent.* — Subj. imp. : *Que je valusse.* — Part.
pr. : *Valant.* — Part. passé : *Valu, value.*

Vendre. – Comme *rendre.*

Venir. – Comme *tenir,* mais aux temps
composés, il prend *être.*

Vêtir. – Ind. pr. : *Je vêts, tu vêts, il vêt,
nous vêtons, vous vêtez, ils vêtent.* — Imparf. :
Je vêtais. — Passé s. : *Je vêtis.* — Fut. : *Je
vêtirai.* — Impér. : *Vêts, vêtons, vêtez.* — Subj.
pr. : *Que je vête, que nous vêtions.* — Subj.
imp. : *Que je vêtisse.* — Part. pr. : *Vêtant.* —
Part. passé : *Vêtu, vêtue.*

Vivre. – Ind. pr. : *Je vis, tu vis, il vit, nous
vivons, vous vivez, ils vivent.* — Imparf. : *Je
vivais.* — Passé s. : *Je vécus.* — Fut. : *Je vivrai.*
— Impér. : *Vis, vivons, vivez.* — Subj. pr. :
Que je vive. — Subj. imp. : *Que je vécusse.* —
Part. pr. : *Vivant.* — Part. passé : *Vécu, vécue.*

Voir. – Ind. pr. : *Je vois, tu vois, il voit,
nous voyons, vous voyez, ils voient.* — Imparf. :
Je voyais, nous voyions. — Passé s. : *Je vis.* —
Fut. : *Je verrai.* — Impér. : *Vois, voyons,
voyez.* — Subj. pr. : *Que je voie, que tu voies,
qu'il voie, que nous voyions, que vous voyiez,
qu'ils voient.* — Subj. imp. : *Que je visse.* —
Part. pr. : *Voyant.* — Part. passé : *Vu, vue.*

Vouloir. – Ind. pr. : *Je veux, tu veux, il
veut, nous voulons, vous voulez, ils veulent.* —
Imparf. : *Je voulais.* — Passé s. : *Je voulus.* —
Fut. : *Je voudrai.* — Impér. : *Veuille, veuillons,
veuillez* [*Veux, voulons, voulez* ne s'emploient
que pour exhorter à s'armer d'une ferme
volonté. — On dit : *n'en veuille* (*veuillons,
veuillez*) *pas à...*, mais souvent aussi : *n'en veux*
(*voulons, voulez*) *pas à...*]. — Subj. pr. : *Que je
veuille, que tu veuilles, qu'il veuille, que nous
voulions, que vous vouliez, qu'ils veuillent.* —
Subj. imp. : *Que je voulusse.* — Part. pr. :
Voulant. — Part. passé : *Voulu, voulue.*

3. EMPLOI DES MODES ET DES TEMPS

A. INDICATIF

327 L'**indicatif** est le mode des phrases énonciatives et des phrases interrogatives, ainsi que des phrases exclamatives :

Jean se **promène,** *se* **promènera,** *se* **promenait.**
Jean se **promènera**-*t-il ?*
Comme il **est** *habile !*

C'est le mode du fait. Cela apparaît aussi quand, pour le prédicat d'une proposition, il s'oppose au subjonctif :

Il est certain qu'il **viendra.**
(Comp. : *Il n'est pas certain qu'il* **vienne.**)

Remarque. — L'indicatif a une richesse de temps que n'a aucun autre mode. On notera
que les emplois particuliers de divers temps résultent surtout :

— Soit d'une obligation spéciale de la langue, après *si* conditionnel : §§ 328, *b*, 3° ; 329, *b*,
4° ; 331, *b*, 2° ; 332, *b*, 2°.

— Soit de réalisations stylistiques par lesquelles on décale les relations temporelles
objectives : par exemple, en élargissant le domaine du présent (§ 328, *b*, 1° et 2°) ou en rejetant
les faits hors du présent pour les atténuer (§§ 329, *b*, 3° ; 332, *b*, 1° ; 335, *b*, 2°).

Présent

328 a) **Valeur générale.** Le **présent** est le temps de ce qui n'est ni futur ni
passé, c'est-à-dire qu'il convient à la fois pour les faits qui se passent au
moment de la parole et pour les faits intemporels (vérités générales) :

Je vous **parle.**
L'eau **gèle** *à zéro degré.*
Même un chien méchant **aime** *à remuer la queue.*

b) **Emplois particuliers.**

1° Certains faits du passé récent ou du futur proche peuvent être présentés
comme faisant partie du présent. Le verbe est alors généralement accompagné
d'un complément de temps :

Votre père ? Je le **quitte** *à l'instant.*
*J'***arrive** *dans deux minutes.*

On peut mettre aussi au présent des faits futurs présentés comme une conséquence
inévitable d'un autre fait, comme déjà réalisés en quelque sorte :

Un pas de plus, et tu **es** *mort !*

2° Dans un récit, on peut employer le *présent historique*, qui donne l'impression que le fait, quoique passé, se produit au moment où l'on parle :

Nous marchions. Une fusillade **éclate.**

3° Après *si* conditionnel, on emploie obligatoirement le présent pour un fait futur (le verbe principal étant, lui, au futur) :

Si vous **partez** *demain, je vous suivrai.*

On ne peut dire : **Si vous partirez demain...*

Temps du passé

329   L'imparfait.

a) Valeur générale. L'imparfait montre un fait en train de se dérouler dans une portion du passé, mais sans faire voir le début ni la fin du fait :

Le soir **tombait.**

b) Emplois particuliers.

1° Certains faits de peu antérieurs ou postérieurs à un fait passé sont présentés comme simultanés par rapport à ce dernier fait. Le verbe à l'imparfait est généralement accompagné d'un complément de temps (comp. § 328, *b*, 1°) :

Nous **sortions** *à peine qu'un orage éclata.*
Je repris courage : dans deux heures du renfort **arrivait.**

On met aussi à l'imparfait un fait qui devait être la conséquence inévitable d'un autre fait passé (qui ne s'est pas produit) :

Un pas de plus, je **tombais** *dans le précipice* (= je serais tombé).

2° L'*imparfait narratif* ou *historique,* au contraire de la valeur fondamentale, marque un fait qui a eu lieu à un moment précis du passé (indiqué par un complément de temps) :

Dès octobre 1933, il (Hitler) **rompait** *avec la Société des Nations.* (De Gaulle.)

On a dit que « l'imparfait, ici, sert à prolonger la durée de l'action exprimée par le verbe, et l'immobilise en quelque sorte sous les yeux du lecteur ».

3° L'imparfait *d'atténuation* concerne un fait présent que l'on rejette en quelque sorte dans le passé, pour ne pas heurter l'interlocuteur :

Je **venais** *vous présenter ma note.*

4° L'imparfait s'emploie obligatoirement après le *si* conditionnel pour marquer un fait hypothétique présent ou futur (le verbe principal étant au conditionnel présent) :

*Si j'***avais** *de l'argent* (aujourd'hui, demain), *je vous en donnerais.*

On ne peut dire : **Si j'aurais de l'argent...*

330   Le **passé simple** ne s'emploie que dans la langue écrite (sauf dans le midi de la France) ; dans l'usage oral, le passé composé le remplace. Le passé simple exprime un fait qui est complètement achevé à un moment déterminé du passé et qui est sans contact avec le présent :

Jules César **fut assassiné** *aux ides de mars 44.*

La différence entre l'imparfait et le passé simple apparaît bien dans les phrases où ils sont présents ensemble :

François **entendit** *les pas des voisins qui* **allaient** *à la messe.* (Simenon.)

Entendit représente un point sur la ligne du temps, tandis qu'*allaient* représente un fait en train de se dérouler, et dont l'auteur ne nous présente ni le commencement ni la fin :

L'imparfait convient à la *description*, et le passé simple au *récit*, à la succession des faits :

Soudain, la jument **ralentit** *son allure (...) ; puis elle* **s'arrêta** *net (...). Autour des pieds de la bête, on* **entendait** *comme un clapotis d'eau. Un ruisseau* **coupait** *le chemin.* (Alain-Fournier.)

331   Le **passé composé.**

a) Valeurs générales.

1° Dans la langue écrite, où il existe en même temps que le passé simple, le passé composé exprime un fait passé, achevé au moment où l'on parle, et que l'on considère comme en contact avec le présent, — soit que le fait ait eu lieu dans une période non encore entièrement écoulée, — soit que le fait ait des résultats dans le présent :

J'ai **écrit** *à ma sœur ce matin.*
Pour rédiger le travail que voici, j'ai **lu** *beaucoup de livres.*

2° Le passé composé peut avoir aussi la valeur qu'a le passé simple dans la langue écrite (§ 330) :

Jules César **est né** *en 101 avant Jésus-Christ.*

Cela est même habituel dans la langue parlée, puisqu'elle ignore le passé simple.

b) Emplois particuliers.

1° Le passé composé peut indiquer un fait futur, mais présenté comme s'il était déjà accompli. Le verbe est généralement accompagné d'un complément de temps :

J'ai **fini** *dans dix minutes.* (= J'aurai fini.)

2° Après *si* conditionnel, on emploie obligatoirement le passé composé pour exprimer un fait futur, antérieur à un autre fait futur exprimé par le verbe principal :

Si dans deux heures la fièvre **a monté,** *vous me rappellerez.*

On ne dit pas : **Si ... la fièvre aura monté...*

332   Le **plus-que-parfait.**

a) Valeur générale. Le plus-que-parfait exprime un fait accompli qui a eu lieu avant un autre fait passé, quel que soit le délai écoulé entre les deux faits :

Il **avait écrit** *sa lettre quand sa mère entra.*

b) Emplois particuliers.

1° Le plus-que-parfait d'*atténuation* (comp. § 329, *b*, 3°) concerne un fait présent, que l'on feint en quelque sorte de rejeter dans le passé :

*J'***étais venu*** vous présenter ma note.* (Comp. : *Je viens...* — ou : *Je suis venu...*)

2° Après *si* conditionnel, on emploie obligatoirement le plus-que-parfait pour exprimer un fait irréel situé dans le passé, le verbe principal étant au conditionnel passé :

*Si vous m'***aviez appelé,*** je serais venu.*

On ne dit pas : **Si vous m'auriez appelé...*

333   Le **passé antérieur** est propre à la langue écrite. Il exprime un fait accompli, soit par rapport à un autre fait passé, soit par rapport à un repère appartenant au passé et explicité par un complément de temps :

Quand il **eut écrit,** *il sortit.*
On **eut** *bientôt* **rejoint** *le fuyard.* (*Bientôt* fournit le repère.)

Le passé antérieur s'emploie généralement dans des propositions compléments après une conjonction de temps ; le verbe principal est souvent au passé simple (mais parfois à un autre temps du passé). Les deux faits se suivent immédiatement, sauf indication explicite :

Longtemps *après qu'il* **eut écrit,** *il sortit.*

Dans la langue parlée, le passé surcomposé (§ 334) remplace le passé antérieur.

Remarque. — Il faut éviter de confondre le passé antérieur avec le subjonctif plus-que-parfait :

*Quand j'***eus*** écrit..., quand il* **eut** *écrit...* (passé antérieur).
*Avant que j'***eusse*** écrit..., avant qu'il* **eût** *écrit...* (subj. plus-que-parfait).

334   Les **temps surcomposés du passé** (surtout usités dans la langue parlée).

a) Le **passé surcomposé** s'emploie à la place du passé antérieur : pour marquer un fait accompli. Le verbe principal est souvent au passé composé :

> Quand il m'**a eu quitté**, j'ai réfléchi. (J. Green.)

b) Le **plus-que-parfait surcomposé** peut marquer un fait antérieur à un fait exprimé par un plus-que-parfait :

> Un instant après que Zanga **avait eu rapporté** chez elle le coffre de ses marchandises,
> un homme tout sanglant s'était élancé dans sa chambre. (Stendhal.)

Temps du futur

335   Le **futur simple.**

a) Valeur générale. Le futur simple marque un fait à venir par rapport au moment de la parole :

> Je vous **paierai** la semaine prochaine.

b) Emplois particuliers.

1° Le futur simple peut s'employer au lieu de l'impératif, ce qui est logique puisqu'au fond l'impératif concerne le futur, même si celui-ci peut être très proche :

> Vous **reviendrez** demain.

2° Le futur simple peut s'employer au lieu de l'indicatif présent, par politesse, pour atténuer :

> Je vous **demanderai** une bienveillante attention.

3° *Avoir* et *être* peuvent s'employer au futur simple pour exprimer un fait présent que l'on considère comme simplement probable, comme si on se plaçait au moment où l'opinion se trouvera vérifiée :

> Notre ami est absent ; il **aura encore** sa migraine.

4° Dans les exposés historiques, on peut employer le futur simple pour énoncer un fait futur par rapport aux événements passés que l'on vient de raconter (notamment quand ceux-ci sont exprimés par le présent historique) :

> ... Le roi fait de Richelieu le chef du conseil.
> Neurasthénique, Louis XIII **mourra** à quarante-deux ans,
> usé par l'entérite chronique. (Grand Larousse encycl., article *Louis XIII*.)

336   Le **futur antérieur.**

a) Valeur générale. Le futur antérieur exprime un fait futur considéré comme accompli, soit par rapport à un autre fait futur, soit par rapport à un repère appartenant au futur et explicité par un complément de temps :

> *Vous récolterez ce que vous **aurez semé**.*
> *Le bateau **aura disparu** dans une heure.*

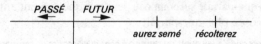

b) Emploi particulier. Le futur antérieur peut exprimer un fait passé que l'on transporte en quelque sorte dans le futur, soit pour marquer une supposition, soit pour atténuer ou pour marquer d'autres nuances affectives :

> *J'**aurai laissé** mes lunettes au salon ; va me les chercher.* (= J'ai sans doute...)
> *Vous vous **serez trompé**. — Ainsi, j'**aurai travaillé** en vain !*

337   Le **conditionnel** [2] **présent.**

a) Valeurs générales.

1° Le conditionnel présent marque un fait futur par rapport à un moment passé :

> *Il déclara qu'il **partirait** le lendemain.*

C'est la transposition, dans le style indirect, du futur simple du style direct : *Il déclara : « Je **partirai** demain. »*

2° Le conditionnel présent marque un fait conjectural ou imaginaire, dans le futur ou dans le présent. Le conditionnel est notamment employé dans un verbe principal accompagné d'une proposition conditionnelle :

> *S' il le fallait, nous nous **défendrions**.*
> *Une expédition **partirait** bientôt pour le pôle sud.*
> *Si j'étais Dieu, j'**aurais** pitié du cœur des hommes.* (Maeterlinck.)
> *Jouons au cheval : tu **serais** le cheval.*

b) Emplois particuliers.

1° Pour atténuer une volonté, un désir, un conseil :

> *Je **désirerais** vous parler. — **Voudriez**-vous me prêter ce livre ?*
> *Vous **devriez** travailler un peu plus.*

---

2. Le conditionnel a longtemps été considéré comme un mode. Les linguistes s'accordent aujourd'hui pour le ranger parmi les temps de l'indicatif, comme un « futur hypothétique » (quoique certains emplois des conditionnels ne concernent pas le futur).

On observera que, malgré son nom, le conditionnel est exclu des propositions de condition introduites par *si* : cf. §§ 329, *b*, 4° ; 332, *b*, 2°.

2° La langue écrite emploie *savoir* au conditionnel avec le sens de *pouvoir* au présent. Cela se fait normalement dans des phrases négatives, avec la négation simple *ne* (sans *pas*) [§ 388, *b*, Rem.] :

> *Prétendre que cet ouvrage est immortel, je ne* **saurais.** (M. Clavel.)

338   Le **conditionnel passé** exprime dans le passé les mêmes valeurs que le conditionnel présent exprime dans le présent ou le futur :

a) Soit qu'il marque un fait qui est à la fois futur par rapport à un moment du passé mais antérieur à un autre fait exprimé par un conditionnel présent :

> *Il déclara qu'il partirait quand on l'***aurait appelé.**

C'est la transposition, dans le style indirect, du futur antérieur du style direct : *Il déclara : « Je partirai quand on m'***aura appelé.** »

b) Soit qu'il marque un fait imaginaire (et donc irréel) ou conjectural concernant le passé :

> *Si j'avais été prévoyant, cela ne* **serait** *pas* **arrivé.**
> *Un accident* **aurait eu** *lieu hier soir.*

Remarque. — La langue littéraire emploie le plus-que-parfait du subjonctif dans certains cas où l'usage ordinaire se sert du conditionnel passé :

> *J'***eusse aimé** *vivre auprès d'une jeune géante.* (Baudelaire.)

339   Les **formes surcomposées du futur** (surtout usitées dans la langue parlée).

a) Le **futur antérieur surcomposé** souligne l'achèvement d'un fait par rapport à un moment du futur :

> *Il* **aura eu** *vite* **fait** *cela.*

b) Le **conditionnel surcomposé** ajoute à la valeur propre du conditionnel passé une insistance sur l'idée d'accomplissement :

> *Sans lui, j'***aurais eu** **dîné** *de meilleure heure.* (Acad.)
> *Elle n'***aurait** *pas* **été** *plutôt* **arrivée** *qu'elle s'en serait aperçue.* (Proust.)

B. IMPÉRATIF

340   L'**impératif.**

a) Valeur générale. L'impératif est le mode des phrases impératives et des phrases optatives. Il ne s'emploie qu'à la deuxième personne du singulier, à la première et à la deuxième personne du pluriel :

Sors. Sortons. Sortez. — Dormez *bien.*

Pour les autres personnes, on emploie le subjonctif : § 343, *a.* — Le locuteur peut aussi s'adresser un impératif à lui-même : cf. § 143.

b) Emploi particulier. L'impératif peut exprimer un ordre fictif, qui équivaut à une supposition ou à une concession. La phrase impérative est alors coordonnée à une phrase énonciative :

Faites *du bien à un ingrat, vous perdez votre peine.*
Restez *si vous voulez, moi, je m'en vais.*

341   **Temps de l'impératif.**

a) On emploie d'ordinaire le **présent,** qui concerne le futur ou le présent (c'est-à-dire un futur immédiat) :

Partez *la semaine prochaine.* — **Partez** *tout de suite.*

b) Le **passé** est d'un emploi restreint. Il concerne un fait qui devra être accompli à tel moment du futur (par rapport auquel il sera passé). Ce moment du futur est exprimé par un complément de temps (proposition, syntagme nominal, adverbe) :

Aie terminé *ce travail quand je reviendrai* (ou :... *avant midi*).

C. SUBJONCTIF

342   **Valeur fondamentale.** Le subjonctif indique que le locuteur ne s'engage pas sur la réalité du fait.

Il se trouve le plus souvent dans des propositions compléments (parfois sujets ou attributs ou appositions). Mais il s'emploie aussi comme prédicat de phrase.

343 **Le subjonctif comme prédicat de phrase.**

a) Il se trouve dans les phrases impératives et dans les phrases optatives, lorsque l'impératif n'est pas disponible, c'est-à-dire à la troisième
personne :

> *Qu'il* **entre** ! — *Qu'ils* **entrent** !
> *Que Dieu vous* **entende** ! — *Qu'ils* **reposent** *en paix* !

b) En coordination avec une phrase énonciative, le subjonctif —
comme l'impératif (§ 340, *b*), mais surtout à des personnes où l'impératif
n'est pas disponible — s'emploie pour exprimer une supposition ou une
concession :

> *Que je* **vive**, *et je ferai d'autres ouvrages sur mon travail et mes combats.* (G. Duhamel.)
> *Qu'il* **ait agi** *sans mauvaise intention, il n'en mérite pas moins son amende.*

c) Dans des phrases exclamatives, le subjonctif s'emploie pour exprimer une hypothèse qu'on envisage avec réprobation :

> *Moi, que je* **vende** *cette voiture ! jamais !*

Remarques. — 1. Le verbe *savoir* s'emploie au subjonctif présent, surtout à la première
personne, pour exprimer une affirmation atténuée (langue littéraire) :

> *Je ne* **sache** *pas que ce travail ait paru.* (F. Brunot.)

Cet emploi se trouve aussi dans une proposition incidente introduite par *que* :

> *Mallarmé, que je* **sache**, *n'était pas mallarméen.* (Cocteau.)

2. Le subjonctif comme prédicat de phrase est généralement introduit par *que*. On a
cependant conservé un certain nombre de traces de l'usage ancien, où ce *que* manquait :

> **Puissiez**-*vous réussir !* **Puisse**-*t-il réussir !* *Dieu vous* **garde** !
> **Advienne** *que pourra !* **Plût** *au ciel que...* *Ainsi* **soit**-*il.*
> **Vogue** *la galère !* etc.

La valeur verbale de certains subjonctifs sans *que* a pu disparaître ; ils sont devenus des
mots-phrases (§ 411) : *Soit !* — ou des introducteurs (§ 409, *b*) : **Soit** *un triangle rectangle.* —
Vive *les vacances !*

344 Le **subjonctif comme prédicat de proposition** complément, sujet, etc. Il a paru
utile de regrouper ici les cas dispersés dans la Quatrième Partie.

a) Dans les propositions relatives, dans certains cas : cf. § 419, *b*.

b) Dans les propositions conjonctives :

1° Propositions conjonctives essentielles, dans certains cas : § 424.

2° Propositions corrélatives : on met parfois le subjonctif lorsque le terme
corrélatif exprime un degré sans comparaison explicite : § 426, *b*.

3° Propositions adverbiales.
    — Marquant le temps et introduites par *avant que, en attendant que, jusqu'à ce
que* : § 430, *b*.
    — Marquant le but : § 437 ; voir aussi § 433, *a*.

— Marquant la concession ou l'opposition : § 439.

— Marquant la condition ou la supposition et introduites par une locution conjonctive composée à l'aide de *que :* § 442 ; voir aussi § 441, Rem. 2.

— Après *sans que :* § 433, *d.*

Emploi des temps du subjonctif

345   Dans la langue **parlée,** et même dans la langue écrite ordinaire, le subjonctif a trois temps : le présent, le passé et le passé surcomposé.

a) Le **présent.**

— Si le subjonctif est prédicat de phrase, le présent s'emploie quand il s'agit du présent ou du futur :

Qu'il **sorte !**

— Si le subjonctif fait partie d'une proposition, le présent s'emploie pour exprimer un fait simultané ou postérieur par rapport au verbe principal (présent, futur ou passé) :

Je veux qu'il **vienne.**   *Je voulais qu'il* **vienne.**

b) Le **passé.**

— Si le subjonctif est prédicat de phrase, le passé s'emploie quand il s'agit d'un fait passé par rapport au moment de la parole ou par rapport à un autre fait (qui peut être futur) :

*Moi ! que j'***aie fait** *cela !*
Qu'il **soit parti** *quand je rentrerai !*

— Si le subjonctif fait partie d'une proposition, le passé s'emploie pour exprimer un fait antérieur par rapport au verbe principal (présent, futur ou passé), ou par rapport à un autre fait :

Je doute qu'il **ait écrit** *hier, ... qu'il* **ait écrit** *quand je partirai.*
Je doutais qu'il **ait écrit** *la veille.*

c) Le **passé surcomposé** s'emploie lorsqu'on veut insister sur l'idée d'achèvement :

Je suis parti avant qu'il **ait eu fini** *de manger.*

346   Dans la langue **écrite,** et surtout dans la langue littéraire, le subjonctif a quatre temps : le présent, le passé, l'imparfait et le plus-que-parfait. Leur usage dans les propositions est régi par ce que l'on appelle la **concordance des temps.**

a) Lorsque *le verbe principal est au présent ou au futur,* on suit les règles données au § 345 : on met le **présent** quand le subjonctif exprime un fait qui est simultané ou postérieur par rapport au verbe principal ; on met le **passé** quand il s'agit d'un fait antérieur.

b) C'est quand *le verbe principal est au passé* qu'il y a un usage propre à la langue écrite :

1° Elle emploie l'**imparfait** quand le subjonctif exprime un fait qui est simultané ou postérieur par rapport au verbe principal :

> *Je tâchais tant bien que mal de les identifier sans qu'ils s'en* **aperçussent.** (Céline.)
> *Le hasard voulut que, ce dimanche-là, un petit poisson s'***accrochât** *au bout de sa ligne.*
> (Simenon.)
> *Il était rare que des mendiants* **vinssent** *quémander à domicile.* (D. Decoin.)

2° La langue écrite soignée emploie le **plus-que-parfait** quand le subjonctif exprime un fait qui est antérieur par rapport au verbe principal :

> *Elle attendait que je* **fusse couché** *pour venir me border.* (J. Green.)
> *Mathias (...) la perdit de vue avant qu'elle ne* **fût arrivée** *en bas* [3]. (Robbe-Grillet.)

Remarques. — 1. La langue littéraire emploie aussi le plus-que-parfait du subjonctif avec la valeur du conditionnel passé :

> *Je* **fusse tombée** *s'il ne m'eût tenue.* (Chr. Rochefort.)

Comme on le constate par cet exemple, il apparaît aussi dans la proposition de condition introduite par *si,* là où la langue ordinaire mettrait l'indicatif plus-que-parfait.

Après un présent comme verbe principal, on trouve le subjonctif imparfait (ou plus-que-parfait) pour exprimer un fait simplement possible ou soumis à une condition. L'imparfait est l'équivalent du conditionnel (parfois possible et parfois interdit) :

> *En est-il un seul parmi vous qui* **consentît ?** (Acad.) [= *... qui consentirait.*]
> *On craint que la guerre, si elle éclatait, n'***entraînât** *des maux incalculables.* (Littré.)
> [Le conditionnel *entraînerait* est impossible après le verbe *craindre.*]

2. Après un *passé* comme verbe principal, quand le verbe de la proposition est au subjonctif, il se met au *présent* si la proposition exprime un fait présent ou futur par rapport au moment où l'on est, ou encore si elle exprime un fait vrai dans tous les temps :

> *Il m'a rendu trop de services pour que je le* **renvoie** *en ce moment,*
> *pour que je le* **renvoie** *demain.*
> *Qui a jamais douté que deux et deux ne* **fassent** *quatre ?*

3. Après un *conditionnel présent* comme verbe principal, quand le verbe de la proposition doit être au subjonctif, il se met au *présent* ou à l'*imparfait :*

> *Je voudrais qu'il* **vienne** *ou qu'il* **vînt.** (Littré.)

4. Si l'on observe l'usage d'aujourd'hui, on doit rejeter comme inexactes deux opinions opposées : l'imparfait et le plus-que-parfait du subjonctif sont morts ; — leur emploi est obligatoire selon les règles données dans le *b)* ci-dessus.

Beaucoup d'écrivains vivants restent fidèles aux deux temps, qui sont comme une marque de la langue littéraire.

---

3. *Avant que* est souvent suivi d'un temps marquant le passé par rapport au verbe principal (alors que logiquement il marque un fait postérieur). Le locuteur réagit comme s'il considérait que le sens est : «... au moment où elle n'était pas arrivée en bas ».

Mais, d'autre part, ils ne respectent pas systématiquement les règles de la concordance :

Il ne fallait pas que mes sœurs **entendent.** (J. Green.)
Scynos devinait que cette foule applaudirait le verdict, quel qu'il **soit.** (D. Decoin.)
Avant qu'elle ne se **soit** *entièrement* **vidée,** *l'éclat en fut obscurci.* (Robbe-Grillet.)

Dans les écrits non littéraires, dans un rapport par exemple, l'imparfait et le plus-que-parfait du subjonctif sont rares, sauf peut-être certaines formes, comme l'imparfait d'*avoir* et d'*être* ou la troisième personne du singulier des autres verbes.

D. INFINITIF

347   L'**infinitif** est un mode qui ne porte ni l'indication de nombre, ni celle de personne. Il s'emploie parfois comme prédicat (§ 348), mais le plus souvent il remplit les mêmes fonctions que le nom (§ 349).

Nous ne considérons pas ici le cas où l'infinitif est nominalisé par la présence de déterminants : *Un* **parler** *étrange.* Cf. § 81.

Remarque. — On notera que l'infinitif est souvent précédé par *de*, introducteur (§ 409, *a*) plutôt que préposition : infinitif de narration (§ 348, *a*), infinitif sujet ou sujet réel, infinitif objet direct (§ 349).

348   L'**infinitif comme prédicat.**

a) Comme prédicat de phrase :

— Infinitif d'interrogation : *Que* **faire** ? — *Où* **aller** ?
— Infinitif exclamatif : *Moi,* **tendre** *la main* !
— Infinitif de narration : *Et Jalibert de* **répliquer** (= répliqua) *par un vulgaire :* « *Sans blague ?* » (Simenon.)

Dans ce tour littéraire, la phrase est généralement coordonnée par *et*, et l'infinitif est précédé par l'introducteur *de*.

— Infinitif impératif : *Bien* **faire** *et* **laisser** *dire.*

b) Comme prédicat de proposition :

1° Dans l'interrogation indirecte :

Il ne savait que **faire.**

2° Dans la relative, où il implique l'idée de *devoir* ou de *pouvoir* :

Je cherche un endroit où me **reposer.**

3° Dans la proposition infinitive, avec un sujet exprimé :

— Après des verbes exprimant des perceptions des sens *(écouter, entendre, regarder, voir, sentir...) :*

J'entends les oiseaux **chanter.**

— Après *faire* ou *laisser :*

> *Laissez **faire** votre camarade.*

— Après l'introducteur *voici,* surtout avec l'infinitif *venir* (tour litté-raire) :

> *Voici **venir** le printemps.*

— Parfois, dans la langue écrite, après les verbes *dire, croire, savoir...,* mais surtout quand le sujet est le pronom relatif *que :*

> *Je ramenai la conversation sur des sujets **que** je savais l'**intéresser**.* (B. Constant.)

Avec un autre sujet : *Tant il jugeait **cette récréation** lui **devoir** être profitable.* (Flaubert.)

Remarques. — 1. Comme on voit par les exemples ci-dessus, le syntagme nominal sujet d'une proposition infinitive peut suivre ou précéder l'infinitif.

Lorsque l'infinitif a un objet direct, le sujet ne peut suivre l'infinitif sans être précédé d'une des prépositions *à* ou *par :*

> *Je ferai bâtir ma maison **à** ou **par cet architecte**.* (Littré.)
> *J'ai vu planter des choux **par ce jardinier*** (parfois : *à ce jardinier*).

2. Lorsque le sujet d'une proposition infinitive est un pronom personnel ou un pronom relatif, ces pronoms se mettent à la forme complément *(me, te, se, le, la, les ; que) :*

> *Je **le** laisse faire. — L'enfant **qu**'on laisse dormir.*

Lorsque l'infinitif a un objet direct, on donne généralement au pronom la forme de l'objet indirect, quand le verbe principal est *faire :*

> *La romance que je **lui** ai fait chanter.*
> *L'enfant **à qui** (ou : **par qui**) j'ai fait chanter ce refrain.*

Cela se trouve aussi, mais de façon non obligatoire, après d'autres verbes : *Il n'était plus possible de **lui** laisser tout ignorer.*(J. Romains.) [On dit aussi : ... *de **le** laisser tout ignorer.*]

349 **L'infinitif dans les fonctions du nom.**

a) Sujet et sujet réel :

> ***Réussir** n'est pas facile.*
> *D'**être** réputé habile, ambitieux/(...), n'était pas pour l'offenser.* (Bernanos.)
> *Il faut **réfléchir**. — Il importe de **réfléchir**.*

b) Attribut : *Mourir n'est pas **mourir**, mes amis, c'est **changer**.* (Lamartine.)

c) Complément du verbe :

— Complément d'objet direct : *Il veut **partir**. — Il craint de **parler**.*
— Complément d'objet indirect : *Il renonce à **parler**.*
— Complément adverbial : *Il sème pour **récolter**.*

d) Complément du nom ou de l'adjectif : *La peur de **vivre**. — Il est prêt à **partir**.*

350   Les **temps de l'infinitif.**

Le *présent* s'emploie pour un fait présent ou futur. Le *passé,* pour un fait passé, ou antérieur à un autre fait. Le *passé surcomposé* insiste sur l'idée d'accomplissement :

> *Il doit **prendre** du repos.*
> *Il croit **avoir réussi** son examen.*
> *Après **avoir hésité**, il a choisi une voiture bleue.*
> *Le plombier est parti sans **avoir eu fini** son travail.*

E. PARTICIPE ET GÉRONDIF

351   Le **participe** peut être, soit épithète, souvent détachée, soit prédicat (ou attribut) dans un complément absolu. Pour ce dernier cas, on parle souvent de *proposition participe :*

> *Un argument **entraînant** la conviction a été avancé.*
> ***Conjugué** avec être, le participe passé s'accorde avec le sujet.*
> *La patience **aidant**, vous réussirez. — Le chat **parti**, les souris dansent.*

En outre, le participe passé fait partie des formes verbales composées : § 354, *a.*

Parce qu'il a les fonctions de l'adjectif, le participe devient facilement un adjectif pur et simple (qu'on appelle souvent *adjectif verbal*) : *Un garçon **épatant**, une fleur **parfumée**.* — Sur les différences entre le participe présent et l'adjectif, voir § 352.
Les participes peuvent aussi devenir des noms (§ 81) : *Un mourant, un blessé.*

Remarque. — La clarté demande que le participe construit comme épithète détachée se rapporte au sujet de la phrase : ******Reconnaissant** mon erreur, il m'a pardonné* (= Comme je reconnaissais...). — Cf. § 123, Rem. 2.

352   Le **participe présent** diffère de l'adjectif qui y correspond (ainsi que du nom éventuel) :

a) Par le fait qu'il est invariable :

> *Les coteaux **environnant** la ville.*
> (Mais : *Les coteaux **environnants**. Une histoire **émouvante**.*)

Outre les cas signalés au § 353, *a,* 6°, on notera que le participe présent est encore variable dans ces locutions nominales juridiques : *les **ayants** cause, les **ayants** droit.*

b) Par l'orthographe dans certains cas :

ADJECTIF	PART. PRÉS.	ADJECTIF	PART. PRÉS.
1° *en* **-ent**	**-ant**	2° *en* **-cant** (cf. § 31, *b*, Rem.)	**-quant**
adhérent	adhérant		
affluent	affluant	communicant	communiquant
coïncident	coïncidant	convaincant	convainquant
confluent	confluant	provocant	provoquant
convergent	convergeant	suffocant	suffoquant
déférent	déférant	vacant	vaquant
détergent	détergeant		
différent	différant		
divergent	divergeant		
émergent	émergeant	3° *en* **-gant** (cf. § 32, *b*, Rem.)	**-guant**
équivalent	équivalant		
excellent	excellant		
expédient	expédiant	délégant	déléguant
influent	influant	extravagant	extravaguant
négligent	négligeant	intrigant	intriguant
précédent	précédant	fatigant	fatiguant
somnolent	somnolant	navigant	naviguant
violent	violant	zigzagant	zigzaguant

353 Pour distinguer le participe présent de l'adjectif correspondant, on notera d'une façon générale que le participe présent exprime souvent une *action* qui progresse, nettement délimitée dans la durée, simplement passagère ; — que l'adjectif verbal exprime un *état*, sans délimitation de la durée, et indique, en général, une qualité plus ou moins permanente.

On peut aussi tenir compte des faits suivants :

a) La forme en -*ant* est participe présent :

1° Quand elle a un objet direct :

Les forêts **bordant** *le fleuve.*

2° Quand elle est précédée de la négation *ne :*

Ils restaient interdits, ne **protestant** *que pour la forme.*

3° Ordinairement quand elle est *suivie* d'un adverbe qui la modifie :

Ce sont des enfant très désagréables, **pleurant** *et* **gémissant** *toujours.*

4° Quand elle appartient à un verbe pronominal :

Il entendait au bout des vers des mots **se correspondant** *et* **se faisant** *écho.*

5° Quand elle est précédée de la préposition *en* (c'est alors le *gérondif :* § 356) :

La foudre **en grondant** *roule dans l'étendue.*

À ne pas confondre avec le tour où *en* « à la manière de » est suivi d'un nom : *Ils agissent en conquérants.*

6° Dans le complément absolu (§ 119) :

> *La nature **aidant**, nous le guérirons.*

Exceptions : *Moi **vivante**, cela n'arrivera pas. — Toutes affaires **cessantes**.*

b) La forme en *-ant* est adjectif :

1° Quand elle est attribut :

> *La forêt était **riante**.*

2° Ordinairement quand elle est *précédée* d'un adverbe (autre que *ne*) [cf. § 384, *a*] :

> *Des couleurs fort **approchantes**. — Des difficultés toujours **renaissantes**.*

354   Le **participe passé.**

a) Tantôt le participe passé fait partie d'une forme verbale, soit dans les temps composés ou surcomposés, soit dans le passif :

> *J'ai **compris**. — Ils sont **partis**. — Quand j'ai **eu fini** mon travail.*
> *Le coupable sera **puni**.*

b) Tantôt le participe passé s'emploie seul, soit comme épithète, éventuellement détachée, soit dans un complément absolu (§ 119) :

> *Les sommes **perçues** en trop seront remboursées.*
> ***Parti** à huit heures de Lausanne, je suis arrivé chez moi avant midi.*
> *Son travail **terminé**, il est sorti.*

Dans cet emploi, le participe équivaut à une forme construite avec l'auxiliaire *être*, éventuellement composé, — soit qu'il s'agisse d'un passif : *Les sommes ayant été perçues...* (§ 355). *Son travail étant terminé... ;* — soit qu'il s'agisse d'un verbe qui se conjugue avec *être* (§ 307, *b*) : *Étant parti...*

Remarques. — 1. Certains participes devenus adjectifs peuvent avoir un sens actif : *Un homme **dissimulé*** (= qui dissimule), *un homme **réfléchi*** (= qui réfléchit).

2. Le participe *dit* soudé à l'article défini rappelle des êtres ou des choses dont on a parlé. Cet emploi appartient surtout à l'usage administratif et juridique : **Ledit** *plaignant.* **Ladite** *maison.* — Avec contraction de l'article : **Audit** *lieu.*

3. Sur l'accord du participe passé, cf. §§ 369 et suivants.

355   Le **participe passé composé** s'emploie pour marquer l'antériorité par rapport à un autre fait :

> ***Ayant obtenu** un congé, je suis parti pour la Suisse.*

Le **participe surcomposé** insiste sur l'idée d'accomplissement :

> ***Ayant eu fini** à temps, il a pu avoir son train ordinaire.*

356   Le **gérondif,** qui a la même forme que le participe présent (et qui est aussi invariable), est généralement construit avec la préposition *en.* On considère qu'il a le rôle d'un complément adverbial :

En prenant *ce chemin, vous gagnerez dix minutes.*

À noter le tour avec *aller* suivi de la forme en *-ant,* précédée ou non de *en.* Ce tour sert à souligner la continuité, la progression de l'action : *L'inquiétude* **va croissant.** (Acad.) — *Un mal qui* **va en augmentant.** (Acad.)

Remarques. — 1. Le **gérondif passé,** qui marque l'antériorité, est peu courant :

En ayant terminé *pour six heures, vous aurez une heure de repos.*

2. Il est souhaitable pour la clarté que le gérondif se rapporte au sujet de la phrase : **En* **attendant** *de vos nouvelles, veuillez agréer...* (Dites : *... je vous prie d'agréer...*). Cf. § 123, Rem. 2.
Cependant quelques proverbes n'obéissent pas à cette règle : *La fortune vient* **en dormant.** *L'appétit vient* **en mangeant.**

4. ACCORD DU VERBE

N. B. — Il s'agit de l'accord du verbe à un temps conjugué : — soit du verbe à un temps simple, — soit de l'auxiliaire dans les temps composés et au passif, — soit du premier auxiliaire dans les temps surcomposés et dans les temps composés du passif.
L'infinitif ignore la variation en nombre et en personne ; de même le participe présent et le gérondif. — L'accord du participe passé a ses règles propres (§§ 369 et suivants) ; il peut donc y avoir divergence quant au nombre entre le participe passé et l'auxiliaire : *Ils* **ont regardé.** *Vous* **serez reçu** *par le ministre.*

A. CAS D'UN SEUL SUJET

357   **Règle générale.**

Le verbe s'accorde en nombre et en personne avec son sujet :

Je **dors.**   *Tu* **dors.**   *Le chien* **dort.**
Nous **dormons.**   *Vous* **dormez.**   *Les chiens* **dorment.**

Lorsqu'il n'y a pas de sujet, ce qui est le cas à l'impératif, le verbe s'accorde avec le sujet implicite, celui qui résulte de la situation :

Dors.   Dormons.   Dormez.

358   **Nom collectif sujet.**

Le verbe qui a pour sujet un *collectif* suivi de son complément s'accorde avec celui des deux mots qui frappe le plus l'esprit :

— Avec le collectif si l'on considère *en bloc* (dans leur *totalité*) les êtres ou les objets dont il s'agit :

> *Une foule de malades* **accourait.** (Maupassant.)
> *Si la majorité des Français* **aimait** *ou simplement* **respectait** *encore sa langue...* (Étiemble.)

— Avec le complément si l'on considère *en détail* (dans leur *pluralité*) les êtres ou les objets dont il s'agit :

> *Une foule de gens* **diront** *qu'il n'en est rien.* (Acad.)
> *Un troupeau de cerfs nous* **croisent.** (A. Camus.)

359   Le sujet contient un déterminant indéfini occasionnel ou est un pronom indéfini occasionnel.

a) Lorsque le sujet est un nom accompagné d'un déterminant indéfini occasionnel (§ 239, *b*), le verbe s'accorde avec le nom :

> *Beaucoup de travail* **est** *encore nécessaire.*
> *Beaucoup de travaux* **sont** *encore nécessaires.*
> *La plupart des gens ne* **font** *réflexion sur rien.* (Acad.)
> *Quantité de gens s'y* **sont** *trompés.*
> *Plus d'un observateur l'***a** *constaté.*

Remarques. — 1. Après *le peu de* suivi d'un nom, le verbe s'accorde avec *le peu* quand ce mot domine dans la pensée (il marque *souvent* alors l'insuffisance) :

> *Le peu de qualités dont il a fait preuve l'***a** *fait éconduire.* (Acad.)

Si *le peu* n'attire pas particulièrement l'attention, c'est le nom qui commande l'accord (on peut alors supprimer *peu* sans ruiner le sens ; *le peu* marque simplement la petite quantité) :

> *Le peu de services qu'il a rendus* **ont** *paru mériter une récompense.* (Acad.)

2. Notons que lorsque le nom est accompagné de *moins de deux*, le verbe se met au pluriel :

> *Moins de deux ans* **sont** *passés depuis.*

b) Lorsque le sujet est *la plupart, bon nombre* ou un adverbe de quantité servant de pronom indéfini (cf. § 285, *b*), le verbe se met au pluriel :

> *La plupart le* **savent.** — *Bon nombre* **étaient** *artistes.* (Musset.)
> *Beaucoup le* **disent.** — *Peu* **comprirent** *notre situation.* (Michelet.)

360   *Il* sujet des verbes impersonnels.

Le verbe impersonnel (ou employé impersonnellement) ayant pour sujet apparent le pronom *il* et accompagné d'un sujet réel s'accorde toujours avec le sujet apparent *il* :

> *Il* **pleut** *des obus en cet endroit.* (Acad.)
> *Il* **court** *des bruits alarmants.*

361   **Pronom** *ce* **sujet.**

a) Le verbe *être* ayant pour sujet le pronom *ce* se met ordinairement au pluriel quand l'attribut est un nom pluriel :

Ce **sont** *de bonnes gens.*

b) Cependant, le verbe se met au singulier :

1° Dans *si ce n'est* signifiant « excepté » et dans la locution *c'est-à-dire :*

*Il n'aime aucun fruit, si ce n'***est** *les fraises.*
*Les Soviétiques, c'***est-à-dire *les Russes.*

2° Lorsque la forme plurielle avec inversion de *ce* est interdite (cf. § 267, *b*, Rem. 2) :

Fut-*ce mes sœurs qui le firent ?* (Littré.)

3° Dans l'indication des heures, d'une somme d'argent, etc., quand l'attribut de forme plurielle évoque l'idée d'un singulier, d'un tout, d'une quantité globale :

*C'***est** *quatre heures qui sonnent.* (On indique *l'*heure, non *les* heures.)
*C'***est** *deux cents francs que vous devez.* (Idée d'*une* somme.)

4° Souvent, lorsque l'attribut est formé de plusieurs noms coordonnés dont le premier au moins est au singulier :

*C'***est** *la gloire et les plaisirs qu'il a en vue.* (Littré.)
Mais : *Ce ne* **sont** *pas l'enfer et le ciel qui les sauveront.* (Chateaubriand.)

On met obligatoirement le pluriel quand l'attribut multiple développe un pluriel ou un collectif qui précède :

Il y a cinq parties du monde ; ce **sont** *: l'Europe, l'Asie,* etc.

La langue populaire, et même la langue familière, mettent le singulier dans bien d'autres cas. On pourrait aussi donner des exemples d'écrivains, mais surtout lorsque le singulier et le pluriel sont identiques pour l'oreille : *Ce n'***était** *pas des confidences qu'elle murmurait.* (Barrès.)

Remarques. — 1. Si le mot pluriel qui suit le verbe *être* n'est pas attribut, le verbe reste évidemment au singulier :

*C'***est** *des aveugles que je veux parler.*

2. Dans les expressions *ce doit être, ce peut être, doit* et *peut* se mettent plus souvent au singulier qu'au pluriel :

Ce **doit** *être mes tantes et mon oncle.* (Littré.)
Mais : *Ce* **doivent** *être les journaux turcs (...) qui les renseignent.* (Cocteau.)

3. Lorsque l'attribut est *nous* ou *vous,* le verbe reste au singulier :

*C'***est** *nous, c'***est *vous.*

On a le choix entre : *C'***est *eux* (ou *elles*) et *Ce* **sont** *eux* (ou *elles*).

362   **Pronom relatif *qui* sujet.**

a) Le verbe ayant pour sujet le pronom relatif *qui* se met au même nombre et à la même personne que l'antécédent de *qui*. On notera particulièrement que cet antécédent peut être un pronom de la première ou de la deuxième personne, ou un mot en apostrophe (§ 132, *a*), qui appartient à la deuxième personne grammaticale (celui à qui l'on parle) :

> *C'est moi qui* **irai**. — *C'est vous qui* **irez**.
> *Dors, pauvre enfant malade,*
> *Qui* **rêves** *sérénade.* (Nerval.)

Puisque c'est l'antécédent qui commande l'accord, toutes les règles et remarques relatives à l'accord du verbe doivent s'appliquer comme si l'antécédent était le véritable sujet :

> *La veuve et l'orphelin qui* **souffrent**. — *Toi et moi qui* **savons**.
> *Une meute de loups qui* **suivait** *les voyageurs.*
> *Le peu de meubles qui se* **trouvent** *dans les habitations espagnoles*
> *sont d'un goût affreux.* (Th. Gautier.)

b) Lorsque le relatif *qui* est précédé d'un attribut se rapportant à un pronom personnel,

     1° Cet attribut commande l'accord (donc la troisième personne) :

   — S'il est précédé de l'article défini :

> *Vous êtes l'élève qui* **écrit** *le mieux.*

   — S'il porte l'idée démonstrative :

> *Vous êtes cet élève* (ou : *Vous êtes celui*) *qui* **écrit** *le mieux.*

   — Si le verbe principal est accompagné d'une négation ou si la phrase est interrogative :

> *Vous n'êtes pas un élève qui* **ment**. — *Êtes-vous un élève qui* **ment ?**

     2° Le pronom personnel règle l'accord lorsque l'attribut est un numéral ou un pronom indéfini indiquant la pluralité :

> *Vous êtes deux, beaucoup, plusieurs, qui* **briguez** *cet emploi.*

     3° Il y a incertitude sur l'accord lorsque, dans une phrase affirmative :

   — L'attribut est précédé de l'article indéfini :

> *Je suis un homme qui ne* **sait** *que planter des choux.* (A. France.)
> *Vous êtes un enfant qui* **prétendez** *agir comme un homme.* (Fromentin.)

   — L'attribut est *le seul, le premier, le dernier, l'unique* :

> *Vous êtes le seul qui* **connaisse** *ou qui* **connaissiez** *ce sujet.* (Littré.)

— Après **un(e) des, un(e) de,** le relatif *qui* se rapporte, tantôt au nom pluriel, tantôt à *un(e)*, selon le sens :

Observons une des étoiles qui **brillent** *au firmament.* (Ce sont *les étoiles* qui brillent.)
*À un des examinateurs qui l'***interrogeait** *sur l'histoire,*
ce candidat a donné une réponse étonnante. (*Un seul* examinateur l'interrogeait.)

Quand *un(e) des ... qui* contient un attribut, c'est presque toujours le nom pluriel qui commande l'accord :

La poésie française au XVIᵉ siècle est un des champs qui **ont** *été le plus fouillés.* (Sainte-Beuve.)

Après **un de ceux qui, une de celles qui,** le verbe se met au pluriel :

Un de ceux qui **liaient** *Jésus-Christ au poteau.* (Hugo.)

B. CAS DE PLUSIEURS SUJETS

363   **Règle générale.**

Le verbe qui a plusieurs sujets coordonnés se met au pluriel :

Patience et longueur de temps **font** *plus que force ni que rage.*

Si les sujets ne sont pas à la même personne, le verbe s'accorde avec la personne qui a la priorité : la première personne l'emporte sur les deux autres, et la deuxième sur la troisième :

Maman, mon frère et moi **étions** *assis l'un près de l'autre.* (Arland.)
Ton frère et toi **étiez** *l'un près de l'autre.*

Le plus souvent, quand les sujets sont de différentes personnes, on les résume par le pronom pluriel de la personne qui a la priorité :

Mes deux frères et moi, **nous** *étions tout enfants.* (Hugo.)

364   **Accord avec le sujet le plus rapproché.**

Le verbe qui a plusieurs sujets s'accorde avec le plus rapproché :

a) Lorsque ces sujets sont à peu près **synonymes** ou lorsqu'ils forment une **gradation :**

La douceur, la bonté de cette femme **plaît** *à tous ceux qui la connaissent.*
Une parole, un geste, un regard en **dit** *plus parfois qu'un long discours.*
Un aboiement, un souffle, une ombre **fait** *trembler le lièvre.*

On observera que dans les deux cas, les sujets ne sont pas unis par une conjonction de coordination et que le dernier sujet se substitue aux précédents plutôt qu'il ne s'y joint.

b) Lorsque les sujets sont rappelés par un mot comme *tout, rien, chacun, nul,* etc. (cf. § 131, *c*) :

> *La maison, le jardin, le verger, tout* **a** *été vendu.*

Tout, rien, etc. déterminent aussi l'accord quand ils *annoncent* les autres sujets :

> *Tout, la maison, le jardin, le verger,* **a** *été vendu.*

365   Infinitifs sujets.

Le verbe reste le plus souvent au singulier, mais le pluriel est possible quand les infinitifs expriment des idées nettement distinctes :

> *Se chercher et se fuir* **est** *également insensé.* (Malraux.)
> *Voir et peindre* **sont** *deux.* (G. Sand.)

366   Sujets joints par *avec* ou par une conjonction de comparaison.

a) Il arrive que la préposition *avec* prenne la valeur d'une conjonction de coordination unissant deux sujets considérés comme de même importance ; dans ce cas, le verbe s'accorde avec ces deux sujets :

> *Le murmure des sources avec le hennissement des licornes se* **mêlent** *à leurs voix.* (Flaubert.)
> Mais : *Cependant Rodolphe, avec Madame Bovary,*
> **était** *monté au premier étage de la mairie.* (Flaubert.)
> [Remarquez les virgules.]

b) De même, les conjonctions de subordination marquant la similitude, *comme, ainsi que, de même que, non moins que,* etc. peuvent devenir de simples équivalents de *et,* et le verbe est considéré comme ayant plusieurs sujets coordonnés :

> *Le français ainsi que l'italien* **dérivent** *du latin.* (Littré.)
> *Votre caractère autant que vos habitudes*
> *me* **paraissent** *un danger pour la paroisse.* (Bernanos.)

Si la conjonction garde sa valeur ordinaire et indique seulement une comparaison, le verbe n'a qu'un seul sujet :

> *Mon visage, aussi bien que mon âme,* **est** *trop sévère.* (Larbaud.)

Remarquez les différences dans la ponctuation. Cependant, certains auteurs suppriment les virgules même lorsque la conjonction marque la comparaison, et inversement.

Lorsque la conjonction marque l'inégalité *(moins que, plus que, plutôt que),* elle n'équivaut pas à *et,* et il n'y a qu'un seul sujet :

> *La misère, plutôt que l'amour,* **apparaissait** *dans toute son attitude.* (Nerval.)

367 **Sujets joints par *ou* ou par *ni*.**

a) Lorsque plusieurs sujets de la troisième personne sont joints par *ou* ou bien par *ni,* le verbe se met au pluriel si l'on peut rapporter à chacun des sujets l'action ou l'état :

> *La peur ou la misère* **ont** *fait commettre bien des fautes.* (Acad.)
> *Ni l'un ni l'autre n'***ont** *su ce qu'ils faisaient.* (Vigny.)

Mais si l'on ne peut rapporter qu'à un seul des sujets l'action ou l'état, le verbe s'accorde avec le dernier sujet seulement :

> *La douceur ou la violence en* **viendra** *à bout.* (Acad.)
> *Ni Pierre ni Paul ne* **sera** *colonel de ce régiment.*

Même quand les sujets joints par *ni* ne s'excluent pas mutuellement, l'accord se fait parfois avec le dernier sujet seulement :

> *Ni l'un ni l'autre n'***avait** *plus rien à se dire.* (Zola.)

b) Si les sujets joints par *ou* par bien par *ni* ne sont pas de la même personne, le verbe se met au pluriel et à la personne qui a la priorité :

> *Pierre ou moi* **ferons** *ce travail. — Ni vous ni moi ne le* **pouvons.** (Acad.)

Remarque. — Lorsque **l'un(e) ou l'autre** est sujet ou se rapporte au sujet, le verbe est d'ordinaire au singulier :

> *L'une ou l'autre* **avait-elle** *un sentiment pour moi ?* (Proust.)
> *L'un ou l'autre cas s'***est** *produit.*

368 **L'un(e) et l'autre.**

Après la locution pronominale *l'un(e) et l'autre* le verbe se met au pluriel ou, beaucoup moins souvent, au singulier :

> *Ils gagnèrent (...) un restaurant où l'un et l'autre jadis* **avaient** *mangé.* (Barrès.)
> *L'une et l'autre* **est** *bonne.* (Acad.)

Remarque. — Lorsque *l'un(e) et l'autre* se rapporte au sujet (qui reste au singulier : § 211, Rem.), le verbe peut être au pluriel ou, moins souvent, au singulier :

> *L'un et l'autre seuil lui* **étaient** *fermés.* (H. Bosco.)
> *L'une et l'autre bande s'***était** *rassemblée au bas de la route de Charleroi.* (A. Dhôtel.)

5. ACCORD DU PARTICIPE PASSÉ

A. PARTICIPE PASSÉ EMPLOYÉ SANS AUXILIAIRE OU AVEC L'AUXILIAIRE **ÊTRE**

369 **Règle générale.**

Le participe passé employé sans auxiliaire ou avec l'auxiliaire *être* s'accorde comme un adjectif (§ 202). Il s'accorde en genre et en nombre, — soit avec le nom ou le pronom auxquels il sert d'épithète ; — soit avec

le sujet si le participe est conjugué avec l'auxiliaire *être* ou s'il est attribut
du sujet, — soit avec le complément d'objet s'il est attribut de ce complément :

> Des enfants **abandonnés** *par leurs parents.*
> *Vos raisons seront* **admises** *par tous.* — *Ils semblent* **charmés** *par cette idée.*
> *Ne laissez pas votre table* **encombrée** *de papiers inutiles.*

Les diverses autres règles particulières données pour les adjectifs s'appliquent
chaque fois que l'on peut substituer un participe à l'adjectif :

> *Elle avait l'air* **embarrassée** *par ce colis.*
> *Une partie du linge a été* **lavé.**
> *Une chaise et un fauteuil* **recouverts** *de moleskine.* Etc.

Remarque. — Quoique les verbes pronominaux soient conjugués avec l'auxiliaire *être*, on
rattache ce cas à celui du participe conjugué avec *avoir* (§ 379).

370   **Cas particuliers.**

a) Dans un complément absolu (§ 119) constitué par un sujet et un participe
attribut, le participe reste souvent invariable lorsqu'il précède [4]. C'est notamment
le cas pour les participes figurant dans ces exemples :

> *Tout a été détruit,* **excepté** *cette maison.* (Ou : ... **mis** *à part cette maison.*)
> **Vu** *sa jeunesse, on lui a pardonné.* (Ou : **Attendu** *sa jeunesse...*)
> **Étant donné** *sa stupidité, on ne pouvait attendre autre chose de lui.* (Acad.)
> *Elle ne le comprenait plus,* **passé** *certaines limites.* (R. Rolland.)
> *Deux cents pages,* **non compris** (ou : **y compris**) *l'introduction.*

Pour *passé* et *étant donné*, l'accord du participe reste possible :

> **Passée** *la crête, on est en vue...* (R. Martin du Gard.)
> *Étant* **données** *les circonstances.* (Robbe-Grillet.)

Lorsque le participe suit le sujet ou lorsqu'il ne fait pas partie d'un complément absolu, il
s'accorde selon la règle générale :

> *Tout a été détruit, cette maison* **exceptée.**
> **Exceptées** *par erreur, ces sommes doivent être rajoutées.*

b) *Ci-joint, ci-inclus, ci-annexé* sont traités comme les adverbes *ci-contre, ci-*
après, etc., et restent invariables :

1° Quand ils servent d'attributs en tête d'une phrase averbale :

> **Ci-joint** *la liste des personnes.* (Claudel.)

2° Quand, à l'intérieur d'une phrase, ils se rapportent à un nom qu'ils précèdent immédiatement et qui est construit sans déterminant :

> *Veuillez trouver* **ci-joint** *copie de la lettre.*

Lorsque ces locutions sont manifestement épithètes, quand elles suivent immédiatement le
nom auquel elles se rapportent, elles s'accordent avec lui ; de même quand elles sont attributs
du sujet :

> *La lettre* **ci-jointe** *vous éclairera.* — *Votre lettre est* **ci-jointe.**

---

4. Certains grammairiens estiment que dans cet emploi le participe devient une sorte de
préposition. Comp. § 203, *a*.

En dehors des cas qui viennent d'être décrits, l'usage est peu fixé, mais l'invariabilité tend à l'emporter :

*Vous trouverez **ci-incluse** la copie que vous m'avez demandée.* (Acad.)
*Vous trouverez **ci-joint** les pages dactylographiées de mon roman.* (Bernanos.)
*Les pièces que vous trouverez **ci-jointes**, ou : ... **ci-joint**.*

B. PARTICIPE PASSÉ EMPLOYÉ AVEC L'AUXILIAIRE **AVOIR**

371   **Règle générale.**

Le participe passé conjugué avec **avoir** s'accorde en genre et en nombre avec son complément d'objet direct si ce complément le précède ; il reste invariable (ce qui est le cas le plus fréquent) si le complément suit ou s'il n'y a pas de complément d'objet direct :

*Les efforts que nous avons **faits** ont été stériles.*
*Toutes ces misères, je les avais **prévues**.*

*Nous avons **fait** des efforts. — J'avais **prévu** ces malheurs.*
*Elles ont toujours **espéré** ; jamais elles n'ont **douté** du succès.*

Cet accord concerne surtout la langue écrite. Dans l'oral, seuls quelques participes ont un féminin distinct du masculin (*mis, pris, fait, joint,* etc.). Aussi, même dans ce cas, beaucoup d'usagers respectent peu la règle en parlant.

Remarques. — 1. Dans les temps surcomposés, le dernier participe seul peut varier :

*Ils sont partis dès que je les ai eu **avertis**.*

2. La règle d'accord du participe passé conjugué avec *avoir* reste applicable lorsque le complément d'objet direct a un attribut :

*Certains poètes que leurs contemporains avaient **crus** grands sont aujourd'hui tombés dans l'oubli.*
*Ces fleurs, je les ai **trouvées** très fraîches.*

Cependant, plus d'un auteur, considérant sans doute que le véritable objet direct est l'ensemble formé par le pronom et l'attribut, laisse le participe invariable dans ce cas :

*Ces sons du cor que jamais je n'ai **trouvé** tristes.* (Fr. Mauriac.)
*Qui les eût **cru** si pleins de sang ?* (Montherlant.)

372   **Participe passé de certains verbes intransitifs.**

a) Des verbes intransitifs comme *coûter, valoir, peser, mesurer, marcher, courir, vivre, dormir, régner,* etc. peuvent être accompagnés d'un complément adverbial qu'il faut se garder de prendre pour un complément d'objet direct ; le participe passé de ces verbes reste invariable :

*Les trois mille francs que ce meuble m'a **coûté**.* (Acad.)
*Ce cheval ne vaut plus la somme qu'il a **valu**.* (Acad.)
*Les vingt minutes que j'ai **marché, couru**.*
*Les vingt ans qu'il a **vécu, régné**.*

b) Certains verbes intransitifs peuvent devenir transitifs : leur participe passé est alors variable. Tels sont notamment :

coûter, au sens de : « causer, occasionner » ;
valoir, au sens de : « procurer » ;
peser, au sens de : « constater le poids ; examiner » ;
courir, au sens de : « poursuivre en courant ; s'exposer à ; parcourir », etc.

Les efforts que ce travail m'a **coûtés.** (Acad.)
La gloire que cette action lui a **value.** (Acad.)
Les paquets que j'ai **pesés.**
Les dangers que nous avons **courus.**

373   Participe passé des verbes impersonnels.

Le participe passé des verbes impersonnels ou pris impersonnellement est toujours invariable :

Les sommes qu'il a **fallu** *ont paru énormes.*
Les chaleurs qu'il a **fait** *ont été torrides.*
Les inondations qu'il y a **eu** *ont causé bien des dégâts.*

374   Dit, dû, cru, su, pu, voulu, etc.

Les participes *dit, dû, cru, su, pu, voulu,* et autres semblables restent invariables lorsqu'ils ont pour complément d'objet direct un infinitif ou une proposition à sous-entendre après eux :

J'ai fait tous les efforts que j'ai **pu** [faire].
Il m'a donné tous les renseignements qu'il avait **dit** [sous-entendu : qu'il me donnerait].

Remarque. — Le participe passé précédé du pronom relatif *que* est invariable lorsque ce pronom est complément d'objet direct d'un verbe placé après le participe ; dans ce cas, le participe a pour complément la proposition qui vient après lui :

C'est une faveur qu'il a **espéré** *qu'on lui accorderait.*

Semblablement le participe reste invariable quand il est précédé du relatif *que* et suivi d'une relative introduite par *qui :*

Nous subissons les malheurs qu'on avait **prévu** *qui arriveraient.*

375   Participe passé précédé du pronom *l'.*

Le participe passé est invariable lorsqu'il a pour complément d'objet direct le pronom neutre *l'*équivalant à une proposition :

Cette étude est moins difficile que je ne l'avais **estimé**
(= que je ne l'avais estimé *qu'elle était difficile*).

376   Participe passé précédé d'un collectif ou d'un adverbe de quantité.

a) Lorsque le participe passé est précédé d'un complément d'objet direct renvoyant à un **collectif** suivi de son complément, l'accord est commandé par le collectif ou par son complément, selon le sens :

Il y avait là une bande de malfaiteurs, que la police eut bientôt **cernée.**
Il y avait là une bande de malfaiteurs, que la police eut bientôt **ligotés.**

b) Lorsque le complément d'objet direct précédant le participe contient un **adverbe de quantité** servant de déterminant indéfini (§ 239, *b*), c'est le nom qui commande l'accord :

Autant de batailles il a **livrées,** *autant de victoires il a* **remportées.**
Combien de fautes a-t-il **faites ?**

L'accord n'a pas lieu si le nom suit le participe :

Combien a-t-il **fait** *de fautes ?*

Remarque. — Lorsque le complément d'objet direct précédant le participe renvoie à *le peu* suivi de son complément, c'est *le peu* qui règle l'accord s'il domine dans la pensée (il marque souvent alors l'insuffisance) :

Le peu de confiance que vous m'avez **témoigné** *m'a découragé.*

Si *le peu* n'attire pas particulièrement l'attention, c'est le complément de *peu* qui commande l'accord (on peut alors supprimer *peu* sans ruiner le sens ; *le peu* marque simplement la petite quantité) :

Le peu de confiance que vous m'avez **témoignée** *m'a encouragé.*

377   Participe passé suivi d'un infinitif.

a) Le participe passé conjugué avec *avoir* et suivi d'un infinitif s'accorde avec le complément d'objet direct qui précède lorsque ce complément peut être considéré comme se rapportant au participe [5] :

Les violonistes que j'ai **entendus** *jouer étaient habiles.*

b) Mais le participe reste invariable si le complément d'objet direct se rapporte à l'infinitif :

Les airs que j'ai **entendu** *jouer étaient mélancoliques.*
(*Que* est complément de *jouer*.)

Moyens pratiques : 1. Intercaler le complément d'objet direct (ou le nom qu'il représente) entre le participe et l'infinitif, puis tourner l'infinitif par le participe présent, ou par une proposition relative à l'imparfait, ou encore par l'expression *en train de ;* si la phrase garde son sens, faire l'accord :

Je les ai vus sortir ; j'ai vu eux sortant, ... qui sortaient, ... en train de sortir.

---

5. Le véritable objet direct est en réalité la proposition infinitive. Cela explique sans doute que cette règle n'est pas toujours bien respectée.

2. Quand l'être ou l'objet désigné par le complément d'objet direct fait l'action exprimée par l'infinitif, le participe s'accorde.

3. Si l'infinitif est suivi ou peut être suivi d'un syntagme introduit par la préposition *par*, et indiquant l'auteur de l'action (cf. § 348, *b*, Rem. 1), le participe est invariable :

> *Ces arbres que j'avais* **vus** *grandir, je les ai* **vu** *abattre* (par le bûcheron).

Remarques. — 1. Le participe *fait* suivi d'un infinitif est invariable :

> *Ces personnes, je les ai* **fait** *venir.*

Certains traitent *laissé* de même : *Je les aurais* **laissé** *faire.* (Maupassant.)

2. *Eu* et *donné* suivis d'un infinitif introduit par *à* peuvent, dans la plupart des cas, s'accorder ou rester invariables, parce qu'il est indifférent de faire rapporter le complément d'objet direct au participe ou à l'infinitif :

> *Les affronts qu'il a* **eu(s)** *à subir.* (Il a eu *des affronts à subir,* ou : il a eu *à subir des affronts.*)
> *Les problèmes qu'on m'a* **donné(s)** *à résoudre.*

3. Le participe passé des verbes exprimant une opinion ou une déclaration (*penser, dire,* etc.) reste invariable quand il est suivi d'un infinitif, le complément d'objet direct étant la proposition infinitive :

> *J'ai suivi la route qu'on m'a* **dit** *être la meilleure.*

378 **Participe passé précédé de *en.***

Le participe passé précédé du pronom *en* complément d'objet direct est généralement invariable :

> *Voyez ces fleurs, en avez-vous* **cueilli ?** (Littré.)
> *Des difficultés, certes, j'en ai* **éprouvé !**

Remarques. — 1. Cette règle reste d'application lorsque le pronom *en* est accompagné d'un adverbe de quantité (qui équivaut à un pronom indéfini) :

> *Tu m'as dit que les romans te choquent ; j'en ai beaucoup* **lu.** (Musset.)
> *J'en ai tant* **vu,** *des rois !* (Hugo.)

2. Évidemment, dans des phrases comme la suivante, le pronom *en*, qui n'est pas complément d'objet direct, n'a rien à voir avec l'accord du participe :

> *Ce sont de vrais amis ; je n'oublierai pas les services que j'en ai reçus.*

379 **Participe passé des verbes pronominaux.**

N. B. — 1. Dans la question que l'on fait pour trouver le complément d'objet direct d'un verbe pronominal, on remplace l'auxiliaire *être* par l'auxiliaire *avoir* : *Ils se sont imposé des sacrifices :* Ils **ont** imposé quoi ? — des sacrifices.

2. Bien se rappeler la classification des verbes pronominaux : § 297.

a) Le participe passé des verbes pronominaux *réfléchis* ou *réciproques* s'accorde avec le pronom réfléchi quand celui-ci est complément d'objet direct :

> *Elle s'est* **coupée** *au doigt.* (= Elle a coupé *elle-même* au doigt.)
> *Pierre et Paul se sont* **battus.**
> *Elle s'est* **coupé** *le doigt.* (= Elle a coupé *le doigt* à elle-même.)
> *Pierre et Paul se sont* **dit** *des injures.* (= Ils ont dit *des injures,* l'un à l'autre.)

Remarques. — 1. À côté du pronom réfléchi complément d'objet indirect, on peut avoir un pronom complément d'objet direct qui commande l'accord :

Les sacrifices qu'il s'est **imposés** *(que est complément d'objet direct).*
Les pouvoirs qu'ils se sont **arrogés.**

2. Le participe des verbes suivants est toujours invariable, parce que ces verbes ne peuvent jamais avoir de complément d'objet direct :

se convenir	se mentir	se plaire	se rire	se suffire
se nuire	s'en vouloir	se déplaire	se sourire	se survivre
s'entre-nuire	se parler	se ressembler	se succéder	

Ils se sont **nui.** — *Les rois qui se sont* **succédé.**
Ils se sont **plu** *l'un à l'autre.* — *Ils se sont* **ri** *au nez.*

b) Le participe passé des verbes pronominaux dont le *pronom n'est pas analysable* (il n'est pas complément d'objet, ni direct ni indirect) s'accorde avec le sujet :

Ils se sont **tus.** — *Elle se sont* **évanouies.**
Nous nous sommes **joués** *de la difficulté.*
La bataille s'est **livrée** *ici.*

Exceptions : *se rire* (« se moquer, dédaigner »), *se plaire* (« se trouver bien, trouver du plaisir »), *se déplaire* (« ne pas se trouver bien »), *se complaire* :

Ils se sont **ri** *de nos menaces.*
Ils se sont **plu** *à me tourmenter.*
Elles se sont **plu** *(ou :* **déplu***) dans ce lieu.*
Ils se sont **complu** *dans leur erreur.*

Règle simplifiée : Du moment que le pronom de forme réfléchie n'est pas manifestement complément d'objet indirect, le participe passé du verbe pronominal est variable.

Quatre exceptions :

se rire (« se moquer de, dédaigner »),
se plaire (« se trouver bien, trouver du plaisir »),
se déplaire (« ne pas se trouver bien »),
se complaire.

CHAPITRE VI

L'adverbe

1. GÉNÉRALITÉS

380 L'**adverbe** est un mot invariable qui sert de complément à un verbe, à un adjectif ou à un autre adverbe :

Il ⏐ *parle* **bien** ⏐. — *Un homme* ⏐ **très** *pauvre* ⏐. — *Il écrit* ⏐ **trop** *vite* ⏐.

Un adverbe peut être formé de plusieurs mots : *Bientôt.* Lorsque les mots restent séparés, on parle de **locution adverbiale :** *D'ores et déjà, en vain, ne pas, tout de suite.* — Dans certains cas, les mots sont unis par des traits d'union : *au-delà, ci-dessus, avant-hier, sur-le-champ,* etc.

Remarques. — 1. Certains mots variables, qui s'emploient occasionnellement comme adverbes, peuvent garder de leur valeur première la possibilité de varier : voir les règles de *tout* au § 245, *e ;* autres exemples au § 198, Rem. 1.

2. L'adverbe peut parfois être complément d'une préposition et d'une conjonction de subordination (§ 127) ou d'un mot-phrase (§ 129).

Par rapport au verbe, l'adverbe sert de complément autre que complément d'objet ou que complément d'agent. Cependant, *demain, hier* et *aujourd'hui* peuvent, comme si l'on avait *le jour de demain,* s'employer comme objets directs, et aussi comme sujets, etc. : *Nous attendrons* **demain.** — **Demain** *est un jour de fête.* (Acad.) [Pour *pis,* cf. § 383, Rem. 1.]

Certains adverbes de lieu et de temps s'emploient comme compléments déterminatifs du nom, avec préposition : *Les gens d'*alors. *Les gens d'*ici. Les noms correspondant à des verbes peuvent recevoir des compléments semblables à ceux des verbes (§ 121, *c*) : *Votre séjour* **là-bas** *s'est-il bien terminé ?*

Non, presque et *quasi* s'emploient avec des noms comme des éléments de composition (§ 77, *a*) : *La* **non**-*exécution.* — *La* **presque**-*totalité.* — *Une* **quasi**-*certitude.* [Remarquez les traits d'union.]

3. Certains adverbes peuvent avoir un complément : cf. § 126. — Sur le complément des adverbes de quantité, cf. § 386, Rem. 3.

381 **Classement des adverbes.** — Nous rangeons les adverbes en trois catégories.

a) Les adverbes de **manière,** — auxquels on peut joindre les adverbes d'**aspect** (comp. § 293) et les adverbes de **degré** (parmi lesquels les adverbes de **négation,** qui indiquent le degré nul). Ils répondent souvent à la question : *Comment ?*

1° Adverbes de manière :

ainsi	debout	gratis	pis	vite
bien	ensemble	incognito	plutôt	volontiers
comme	exprès	mal	quasi	etc.
comment	franco	mieux	recta	

Il faut y ajouter un très grand nombre d'adverbes en *-ment*, quantité de locutions adverbiales : *à l'envi, à dessein, à tort, à loisir, à propos, cahin-caha,* etc., et certains adjectifs neutres pris adverbialement avec des verbes : *bon, bas, haut, cher, clair,* etc. (§ 199).

2° Adverbes d'aspect, concernant notamment :

— Un fait répété : *derechef* (langue écrite), *de nouveau, à nouveau ; souvent :*

> Les 9 et 10 juin, le marché s'alourdissait **derechef.**
> (Chronique boursière, dans le *Monde.*)

— Un fait récent ou subit (ce qui concerne aussi le temps : cf. *b* ci-dessous) : *à peine, aussitôt, incontinent* (littéraire), *subito* (familier), *tout à coup, soudain, sur-le-champ, tout de suite* (§ 392, *d*) :

> Je veux que tout soit réglé **incontinent.** (Claudel.)

— Un fait imminent : *bientôt, incessamment :*

> Les cours reprendront **incessamment.**

— Un fait qui dure : *longtemps, toujours.*

— Un fait qui se réalise après un délai : *enfin, finalement.*

3° Adverbes de degré : cf. §§ 385-386.

4° Adverbes de négation : cf. §§ 387 et suivants.

b) Les adverbes de **lieu** et de **temps.**

1° Les adverbes de lieu répondent à la question : *Où ?*

ailleurs	çà	dehors	ici	partout
alentour	céans (vieux)	derrière	là (§ 392, *a*)	près
arrière	ci	dessous	loin	proche (vieux)
autour	contre	dessus	où	
avant	dedans	devant	outre	

À cette liste il faut ajouter un certain nombre de locutions adverbiales, comme : *au-dedans, au-dehors, ci-après, ci-contre, en arrière, en avant, quelque part, là-bas, là-dedans,* etc.

2° Les adverbes de temps répondent à la question : *Quand ?*

— Les uns situent les faits par rapport au moment où l'on parle : *maintenant, tout à l'heure, aujourd'hui, hier, avant-hier, demain, après-demain, autrefois, jadis, naguère* (cf. § 392, *b*), *dorénavant, tantôt* (cf. § 392, *e*).

— D'autres situent les faits par rapport à un autre point de repère que le moment de la parole : *alors, depuis, ensuite, après, auparavant, avant, jusque-là, la veille, l'avant-veille, le lendemain, le surlendemain* (ces quatre derniers mots sont aussi des noms), etc.

— D'autres encore s'accommodent des deux points de vue, parfois avec des nuances de sens : *quand, déjà, encore, jamais, parfois, quelquefois, souvent, tard, tôt, toujours, désormais, bientôt, tout de suite* (§ 392, *d*), *de temps en temps*, etc. (Voir aussi *a*, 2°.)

Certains adverbes enregistrés dans le 1° et le 2° peuvent être considérés comme des prépositions à régime implicite (§ 399).

c) Les adverbes marquant une **relation logique**.

— Une relation positive, de cause à conséquence : *donc, partant* (langue écrite), *par conséquent, conséquemment* (langue écrite). On y ajoutera *pourquoi* et *que*, qui interrogent sur la cause (avec *que*, la question est oratoire et elle équivaut à une exclamation) :

> *Mais alors, il n'y aurait plus de surprise, et* **partant** *plus d'émotion.* (J. Verne.)
> **Que** *ne le disiez-vous tout de suite ?*

— Une relation négative, d'opposition : *cependant, néanmoins, pourtant, toutefois, quand même, par contre, en revanche, ce nonobstant* (littéraire), etc. :

> *S'il est laid,* **par contre** *il est intelligent.* (Dictionnaire général.)

— Autres cas : *aussi bien, d'ailleurs, par ailleurs, d'autre part*, etc.

Ces adverbes rangés dans le *c)*, à l'exception de *pourquoi* et de *que*, sont souvent placés parmi les conjonctions de coordination. Avec cette catégorie, ils ont en commun d'établir un lien avec ce qui précède. Mais ils s'en distinguent par le fait qu'ils occupent une place variable dans la phrase, qu'ils peuvent se combiner avec une véritable conjonction de coordination *(et donc, et pourtant)* et, surtout, ils établissent un rapport entre deux éléments qui peuvent, comme dans l'exemple de *par contre* ci-dessus, n'avoir pas la même fonction (ce qui contredit la notion même de coordination : cf. § 105).

Remarques. — 1. On distingue souvent aussi une catégorie d'*adverbes de phrase*, comme *certainement, certes, peut-être, vraiment, sans doute*, etc. Mais on ne peut les considérer comme en relation avec un terme particulier ; ils sont donc dans la phrase des éléments *libres*, plus exactement des éléments *incidents* (§ 132, *b*). Nous les rapprocherions plutôt du mot-phrase (§ 411).

2. Indépendamment de la classification suivie ci-dessus, il faut signaler que certains adverbes servent à interroger : *quand, comment, pourquoi, où, combien* (et aussi *que*, cf. *c* ci-dessus).

D'autres sont des adverbes exclamatifs : cf. § 385, *d*.

382   **Formation des adverbes en *-ment*.**

Les adverbes en *-ment* sont formés sur des adjectifs, plus précisément sur le féminin des adjectifs :

> *Grand, grande, grande***ment**. — *Doux, douce, douce***ment**.

Exceptions :

1° Dans les adverbes en *-ment* correspondant à des adjectifs terminés au masculin par une voyelle, l'*e* féminin de ces adjectifs a disparu :

Vrai, vraiment ; aisé, aisément ; poli, poliment ; éperdu, éperdument.

Remarque. — L'accent circonflexe marque la chute de l'*e* féminin dans : *assidûment, congrûment, continûment, crûment, dûment, goulûment, incongrûment, indûment, nûment.*
L'Académie écrit : *gaiement*, mais on écrit aussi : *gaîment.*

2° On a **-ément** au lieu de *-ement* dans certains adverbes : *commodément, confusément, énormément, expressément, intensément, précisément, profondément,* etc.

3° Aux adjectifs en *-ant* et en *-ent* correspondent, respectivement, des adverbes en *-amment* [amã] et en *-emment* [amã] :

Vaillant, vaillamment ; prudent, prudemment.

Toutefois, *lentement, présentement* et *véhémentement* suivent la règle générale.

4° Cas particuliers : *Gentil → gentiment. — Impuni → impunément. — Bref → brièvement.*

Beaucoup d'adjectifs n'ont pas donné naissance à des adverbes en *-ment : charmant, fâché, content,* etc.
Quelques adverbes ne dérivent pas d'adjectifs : *diablement, vachement* (très familier), *comment, quasiment.* — D'autres s'expliquent par des faits de langue anciens : *grièvement, notamment, nuitamment, précipitamment, sciemment, traîtreusement.*

383   Degrés des adverbes.

Nous étudions plus loin (§§ 385-386) les adverbes qui se joignent aux verbes, aux adjectifs ou à d'autres adverbes pour exprimer le degré.

Nous devons signaler ici que le comparatif de supériorité de quatre adverbes (comme celui de certains adjectifs : § 206) est marqué, non par un adverbe, mais par une forme particulière (qui, avec l'article, sert aussi de superlatif relatif) :

Beaucoup : *plus, le plus (*plus beaucoup).*
Bien : *mieux, le mieux (*plus bien).*
Mal : *pis, le pis (cf. Rem. 1).*
Peu : *moins, le moins (*plus peu).*

On peut dire que *moins* sert aussi de comparatif d'infériorité à *beaucoup (*moins beaucoup)* et *plus* à *peu (*moins peu).*

Remarques. — 1. Comme comparatif de supériorité de *mal*, on emploie le plus souvent *plus mal. Pis* ne subsiste comme adverbe que dans des locutions : *aller de mal en pis* ou *de pis en pis, tant pis, au pis aller.* (Ne dites pas : **de mal en pire, *de pire en pire, *tant pire.*)

Pis s'emploie aussi dans des tours non adverbiaux, souvent en concurrence avec *pire*, *pis* étant généralement plus distingué, plus littéraire :

— Comme épithète ou attribut d'un pronom neutre :

> *Ailleurs, c'était bien* **pis.** (F. Brunot.)
> *Il n'y a rien de* **pis** *que cela.* (Acad.)
> *Il est sot et qui* **pis** *est méchant.* (Acad.) [Tour figé : § 271, *a*, Rem.]

Comparez : *Dans la loge ce fut bien* **pire.** (Montherlant.) — *Or quoi de* **pire** *au monde que de perdre son père ?* (Sartre.) — *Ce qu'il y a de* **pire.** (Acad.) — *Ils sont mal habillés, ce qui est* **pire.** (R. Nimier.)

— Comme une sorte de pronom nominal neutre :

> *Il a fait* **pis** *que cela.*   *Dire* **pis** *que pendre de quelqu'un.*

— Comme nom :

> *En mettant tout au* **pis,** *il lui restera encore de quoi vivre.* (Acad.)

Comparez : *Le* **pire,** *c'est que tout cela aurait pu ne pas arriver.* (Dict. du franç. contemporain.)

2. Le vocabulaire de la musique a emprunté à l'italien des adverbes et leur superlatif absolu : *forte* [fɔRte], *fortissimo ; piano, pianissimo* (« très doucement »).

384   **Place de l'adverbe.** — Il est difficile de donner des règles à ce sujet, vu la variété des adverbes. Leur longueur est un élément qui entre en ligne de compte. Il reste aussi beaucoup de latitude pour les intentions des locuteurs ou pour les choix des écrivains.

a) Avec un adjectif, un participe employé adjectivement ou un adverbe, l'adverbe se place en général avant ces éléments :

> *Voilà une personne* **très** *douce,* **toujours** *souriante.*
> *Elle court* **aussi** *vite que son frère.*

b) Avec un verbe.

1° L'adverbe *ne* précède toujours immédiatement le verbe ou ses pronoms personnels compléments conjoints ; mais, si la négation est une locution, les éléments se placent de part et d'autre du verbe ou de l'auxiliaire (aux temps composés), sauf avec un infinitif, où la négation entière est préposée :

> *Je* **ne** *travaille* **pas.**   *Je* **ne** *les vois* **pas.**   *Je* **n'ai pas** *travaillé.*
> **Ne pas** *travailler.*   **Ne pas** *avoir travaillé.* (Littéraire : **N'**avoir **pas** travaillé.)

2° Les adverbes exclamatifs et interrogatifs se placent en tête de la phrase (cf. cependant § 140) :

> **Où** *habitez-vous ?* — **Comme** *il fait froid !*

3° Autres adverbes.

— Souvent, pour la mise en relief, ou pour des raisons de rythme, l'adverbe, et surtout l'adverbe de lieu et celui de temps, se place en tête de la phrase :

> **Ici** *s'est livrée la bataille.*
> **Longtemps,** *je me suis couché de bonne heure.* **Parfois,** *à peine ma bougie éteinte,*
> *mes yeux se fermaient si vite que je n'avais pas le temps de me dire :*
> *« Je m'endors. »* (Proust.)
> **Lentement,** *le sous-marin s'enfonça dans la mer.*

— Lorsque l'adverbe est joint au verbe, il le suit. Mais si le verbe est à un temps composé, beaucoup d'adverbes de la première et de la troisième catégorie (§ 381, *a* et *c*) peuvent se mettre après l'auxiliaire :

> *L'élève répond* **clairement.** — *Il a* **clairement** *répondu.*
> *J'ai* **longtemps** *vécu en Suisse.*
> (Mais : *J'ai vécu* **ailleurs.** *J'ai travaillé* **hier.**)

En et *y* suivent les règles des pronoms conjoints, parmi lesquels nous préférons les ranger : cf. § 257.

2. ADVERBES DE DEGRÉ

385   Sans comparaison explicite (degré absolu).

a) En allant du degré faible au degré fort.

1° **Peu, un peu, assez** ou **pas mal** (familier) servent pour les adjectifs ou les adverbes et pour les verbes, ainsi que *guère*, qui prend cette valeur en liaison avec la négation *ne* et parfois sans cette négation :

> *Il est* **peu** *(ou :* **un peu***) enthousiaste.* — *Il dort* **peu** *(ou :* **un peu***).*
> *Je crois que je vais m'amuser* **assez.** *(Fr. Sagan.)* — *Il est* **assez** *drôle.*
> *Ce n'est peut-être pas tout à fait un miracle, mais ça y ressemble déjà* **pas mal.** *(Bernanos.)*
> *Il n'est* **guère** *commode.* — *L'édit royal de paix, récemment promulgué,*
> *mais* **guère** *observé.* (E. Le Roy Ladurie.)

Assez dans cet emploi est à distinguer d'*assez* marquant la suffisance (cf. *b*). En Belgique, on dit : **assez bien.*

2° Le haut degré [1] (ou *superlatif absolu*) :

— **Très,** seulement avec des adjectifs ou des adverbes :

> *Il est* **très** *étonné.*

---

1. Il peut s'exprimer aussi par des moyens lexicaux : *extra-léger, superfin, surabondant, hyper-sensible.*

— **Beaucoup,** seulement avec des verbes :

Marie aime **beaucoup** *le poisson.*

Cependant, *beaucoup* s'emploie aussi avec les adverbes *plus, moins, mieux : Il est* **beaucoup** *plus* (ou : *moins*) *intelligent.* — *Il va* **beaucoup** *mieux.*

On dit aussi *beaucoup meilleur, beaucoup moindre,* mais moins souvent que *bien meilleur* et *bien moindre : Ce vin est* **beaucoup** *meilleur.* (Acad.) — *La situation faite aux indigènes (...) n'est pas* **beaucoup** *meilleure que celle que l'on nous peignait.* (Gide.) — *Je pense que le phénomène concentrationnaire en Chine est* **beaucoup** *moindre qu'en U.R.S.S.* (Sartre.)

— **Fort** (considéré comme littéraire en France), **bien, extrêmement, immensément, formidablement** (familier) et d'autres adverbes en *-ment,* avec des adjectifs ou des adverbes aussi bien qu'avec des verbes :

Il fronça les sourcils, qu'il avait **fort** *épais.* (R. Ikor.)
Il est **bien** *incapable.* — *Marie aime* **bien** *le poisson.*
Crésus était **immensément** *riche.*

b) Nuances spéciales.

Trop marque l'excès ; **assez** la suffisance ; **presque, quasi, quasiment** le caractère incomplet. Ils s'emploient avec des adjectifs ou avec des adverbes aussi bien qu'avec des verbes. Pour le caractère complet : **tout** avec des adjectifs ou des adverbes (cf. § 245, *e*), **tout à fait, totalement, complètement** avec des adjectifs ou des adverbes aussi bien qu'avec des verbes :

Vous travaillez **trop.** — *Vous travaillez* **assez** *pour réussir.*
Deux jumelles toujours endeuillées et **quasi** *muettes.* (S. de Beauvoir.)
Un domaine mental, qu'ils avaient **quasiment** *ignoré.* (Malraux.)
Le coupable était **tout** *honteux.* — *Mon père est* **tout à fait** *chauve.*

c) Un degré impliquant une conséquence, parfois non exprimée (surtout dans des phrases exclamatives) :

Si pour les adjectifs et les adverbes ; **tant** pour les verbes ; **tellement** pour les uns et pour les autres :

Il est **si** (ou : **tellement**) *malade qu'il ne peut se lever.*
Il souffre **tant** (ou : **tellement**) *qu'il ne peut se lever.*

Remarque. — *Aussi* s'emploie au lieu de *si* dans des propositions adverbiales d'opposition (§ 438, *b*) : **Aussi** *invraisemblable que cela me paraisse.* (Montherlant.) [Cet emploi a été critiqué, mais il est tout à fait courant, même dans la langue littéraire.]

d) Dans la phrase exclamative :

Que, comme, combien (langue écrite), **ce que** (familier), **qu'est-ce que** (très familier) :

Ce qu'il est grand !   *Qu'est-ce qu'il travaille !*

Dans l'exclamation indirecte, *que* est remplacé par *combien :*

Que *je suis content !* → *Il m'a dit* **combien** *il était content.*

386   **Avec comparaison explicite (degré relatif).**

— Supériorité : **plus,** aussi bien avec les adjectifs et les adverbes [ply] qu'avec les verbes [plys] ; **davantage** seulement avec les verbes :

> *Il est* **plus** *grand que moi.* — *Tu iras* **plus** *vite que nous.*
> *Il dort* **plus** (ou : **davantage**).

On a contesté que *davantage* puisse être suivi de *que,* introduisant l'élément avec quoi on compare. Cette construction, admise à l'époque classique, reste courante :

> *La flamme pétillante le réconforta* **davantage que** *la viande musquée et coriace qu'il mâchait.* (M. Tournier.)
> *Elle* (la neige) *était* **davantage** *boue* **que** *neige.* (B. Clavel.)

— Infériorité : **moins,** aussi bien avec les adjectifs et les adverbes qu'avec les verbes :

> *Ma voiture va* **moins** *vite que la vôtre.* — *Elle aime* **moins** *le jazz.*

— Égalité : **aussi** avec les adjectifs et les adverbes ; **autant** avec les verbes :

> *Il est* **aussi** *âgé qu'elle.* — *Elle travaille* **autant** *que lui.*

Si (avec des adjectifs ou des adverbes) et *tant* (avec des verbes) peuvent remplacer *aussi, autant* lorsque le verbe est négatif ou lorsque la phrase est interrogative :

> *Nulle part (...) je n'ai trouvé* **si** *bon accueil qu'à Paris.* (Taine.)
> *Est-il* **si** *faible que vous le dites ?* (Dict. du franç. contemporain.)
> *Je n'ai pas* **tant** *de chance que vous.*

Remarques. — 1. *Aussi* signifiant « pareillement » s'emploie lorsque le verbe est affirmatif. S'il est négatif, on dit *non plus :*

> *Vous le voulez, et je le veux* **aussi.**
> *On ne peut pas vivre sans pain ;*
> *On ne peut pas* **non plus** *vivre sans la patrie.* (Hugo.)

2. Lorsque le complément de *plus* ou de *moins* est un numéral cardinal ou renferme un numéral cardinal, ce complément est introduit généralement par *de,* sauf si l'on veut insister particulièrement :

> *Ce cep portait* **plus** [ply] **de** *vingt grappes, c'est-à-dire* **plus** [plys] **que** *vingt grappes.* (Littré.)

On dit ordinairement : *plus qu'à demi, plus qu'à moitié, plus qu'aux trois quarts* (*plus* se prononce [plys]). — *Plus de* est possible encore dans la langue littéraire : *Ma décision, elle était déjà plus* **d'***à moitié prise.* (Loti.)

3. La plupart des adverbes signalés dans les §§ 385 et 386 (excepté ceux qui sont exclus avec les verbes) peuvent être suivis de la préposition *de* et d'un nom. Ils jouent alors le rôle de déterminants indéfinis : cf. § 239, *b.*

Non suivis de la préposition *de* et d'un nom, ils peuvent aussi jouer le rôle de pronoms indéfinis : cf. § 285, *b.*

3. ADVERBES DE NÉGATION

A. NÉGATION PORTANT SUR UN MOT OU UN SYNTAGME AUTRES QUE LE VERBE [2]

387   **a)** La négation traditionnelle est **non** :

> *La contestation (...) était restée* **non** *sanglante.* (E. Le Roy Ladurie.)
> *Des débiteurs* **non** *solvables.* — *Une leçon* **non** *sue.* — **Non** *loin de là.*
> **Non** *content de vouloir la place, il la voulait pour lui seul.*
> *Il a accepté,* **non** *sans peine.* — *...* **non** *sans qu'on doive insister.*
> *Il est sévère,* **non** *injuste.* — *Votre avis,* **non** *le mien, doit prévaloir.*

Remarquez l'absence de trait d'union. — Rappelons qu'avec un nom, il en faut un (§ 77, *a*) : *En cas de* **non**-*paiement.*

Dans la langue littéraire, *non* peut être renforcé par *pas* ou *point* (plus littéraire que *pas* : cf. § 389, *a*), lorsqu'il s'agit d'opposer un syntagme à un autre :

> *Il s'arrête,* **non pas** *inquiet, mais curieux.* (Bernanos.)
> *...* **non point** *petit, mais d'aspect court.* (Gide.)

Non peut avoir aussi la valeur de mot-phrase : cf. § 413.

b) *Non* est concurrencé par **pas,** surtout dans la langue parlée, mais aussi dans la langue écrite (qui emploie **point** de la même façon).

Cela est fréquent devant un adjectif coordonné à un adjectif positif et devant un participe employé adjectivement. Cela est même tout à fait régulier devant un syntagme formé d'un adverbe et d'un adjectif et devant *même* :

> *Avec ses leçons* **pas** *sues et ses devoirs* **pas** *finis.* (Fr. Mauriac.)
> *Julien était silencieux et* **point** *trop troublé.* (Stendhal.)
> *Un train cahoteur et* **pas** *pressé.* (Colette.)
> *L'homme, tout en parlant, le suivait d'un regard* **pas** *tendre.* (Simenon.)
> *Dans le parc de La Haye circulent des daims* **point** *trop sauvages.* (Gide.)
> *Le digne homme n'avait jamais aimé personne,* **pas** *même un chien.* (G. Sand.)
> *Le charretier avait été tué, mais* **pas** *exprès.* (Hugo.)

On trouve aussi dans cette situation les adverbes *nullement, aucunement, jamais, guère, plus* :

> *... décisions populaires et paysannes,* **nullement** *approuvées par le pouvoir.* (E. Le Roy Ladurie.)
> *Leurs yeux,* **jamais** *fatigués, plongeaient là-bas.* (Barrès.)
> *Ils nous ont paru (...) mieux écrits, et* **guère** *plus ridicules que certains romans de nos jours.* (Musset.)
> *Un vieux père, une fille* **plus** *très jeune.* (Sartre.)

Le phénomène décrit dans le *b)* s'explique par l'évolution de la négation portant sur un verbe : cf. § 390.

---

2. La négation peut utiliser d'autres procédés que l'adverbe : préposition ou conjonction (*sans, sans que*), préfixes (**im**possible), sens des mots (*refuser*, par rapport à *accepter*), etc. — La présence simultanée de plusieurs mots négatifs peut entraîner des contresens. Par exemple, ne dites pas : *Vous n'êtes pas sans ignorer*, au lieu de : *Vous n'êtes pas sans savoir* (= vous savez).

B. NÉGATION PORTANT SUR UN VERBE

388   **Ne** est le mot négatif par excellence du point de vue historique. Il suffit encore dans certains cas à marquer la négation, surtout dans la langue écrite :

a) *Ne* s'emploie **obligatoirement** seul :

1° Dans certaines phrases proverbiales ou sentencieuses et dans certaines expressions toutes faites :

> *Il* n'*est pire eau que l'eau qui dort.* — *À Dieu* ne *plaise !*
> **Ne** *vous déplaise.* — *Si ce* n'*est* (= excepté).
> *Il* n'*a garde.* — *Il* n'*en a cure.* — *Il* n'*a de cesse qu'il ne réussisse.*
> *Qu'à cela* ne *tienne.* — *Qui ce fut, il* n'*importe.*

2° Avec *ni* répété :

> *Il* n'*avait ni parents ni amis.*

3° Avec *que*, adverbe interrogatif ou exclamatif :

> *Que* ne *le disiez-vous plus tôt ?* — *Que* ne *puis-je partir !*

4° Avec *savoir* ou *avoir*, suivis de *que* interrogatif et d'un infinitif :

> *Il* ne *sait que devenir.* — *Je* n'*ai que faire de vos promesses.*

b) *Ne* s'emploie **facultativement** seul :

1° Dans des propositions au subjonctif dépendant d'un verbe négatif (parfois interrogatif), notamment des propositions conjonctives exprimant la conséquence, des relatives impliquant la même nuance, des propositions dépendant de *ce n'est pas que* :

> *Y a-t-il quelqu'un qui* n'*en soit persuadé ?*
> *Il n'est choc si menu qu'il* ne *provoque (...) un vaste remuement.* (Claudel.)
> *Ce n'est pas qu'on* n'*eût essayé de l'en débarrasser.* (A. France.)

2° Avec *cesser, oser, pouvoir*, surtout aux temps simples et avec un infinitif complément :

> *Il* ne *cesse de parler.* — *Je* n'*ose vous le promettre.*
> *Il* ne *peut se passer de musique.*

Remarque. — Pris négativement, *savoir* se construit le plus souvent avec le simple *ne* quand on veut exprimer l'idée de « être incertain » :

> *Il* ne *sait s'il doit partir.*

Mais quand il signifie « connaître, avoir la science de », il demande la négation complète :

> *Je* ne *sais* pas *ma leçon.* — *Cet enfant* ne *sait* pas *lire.*

Au conditionnel, comme équivalent de *pouvoir* au présent, il veut le simple *ne* :

> *Les hommes* ne *sauraient se passer de religion.* (G. Duhamel.)

3° Avec *si* conditionnel :

> Tu ne feras rien de grand si tu **n'**apprends à vouloir.

4° Devant *autre* suivi de *que :*

> Je **n'**ai d'autre désir que celui de vous être utile.

5° Après le pronom et le déterminant interrogatifs :

> Qui **ne** le sait ? — Quel plaisir **n'**a son amertume ?

6° Après *depuis que, il y a* (tel temps) *que, voici* ou *voilà* (tel temps) *que*, quand le verbe dépendant est à un temps composé :

> Il a bien changé depuis que je **ne** l'ai vu.
> Il y a huit jours que je **ne** l'ai vu.

7° Quand le verbe a un complément de temps introduit par *de* (parfois par *depuis*) :

> De ma vie je **ne** m'étais senti plus gourd. (Gide.)
> Depuis longtemps même, il **ne** s'était senti si dispos. (Bernanos.)

389 Dans l'usage ordinaire, *ne* est accompagné d'un mot auxiliaire :

a) Lorsque la négation est absolue, c'est-à-dire lorsque le fait lui-même est nié, on joint à *ne* des adverbes ou des mots devenus adverbes : *pas, point* (littéraire ou régional), *nullement, aucunement* (plus rare) :

> Une hirondelle **ne** fait **pas** le printemps.
> Je **ne** les en blâme **point**. (Étiemble.)
> Je **ne** m'en étais **nullement** aperçu.

On y ajoutera : *goutte* et *mot*, qui ne s'emploient que dans certaines expressions, et *mie*, qui est archaïque :

> On **n'**y voit **goutte**. — Il **ne** dit (ou : souffle) **mot**.
> ... l'averse dont elle semblait **ne** se soucier **mie**. (J. Gracq.)

b) Lorsque la négation est relative, c'est-à-dire lorsqu'on limite la négation ou qu'on la fait porter seulement sur un aspect du fait, *ne* se combine avec des déterminants indéfinis ou des pronoms indéfinis (*aucun, nul, personne, rien*) ou des adverbes (*guère, jamais, plus, nulle part*) :

> Il **n'**a **aucune** (ou, plus littéraire : **nulle**) envie de le voir.
> Je **ne** vois **personne** (ou : **rien**).
> Il **ne** dort **guère**. — Il **ne** part **jamais**. — Il **ne** veut **plus** le recevoir.

Remarques. — 1. La plupart de ces auxiliaires n'ont pas, originairement, un sens négatif. Ils peuvent encore s'employer avec une valeur positive, surtout dans la langue littéraire. Pour les déterminants indéfinis et les pronoms indéfinis, voir §§ 240, *b*, 1° ; 287, *a.* — *Jamais* a, dans ce cas, le sens de « un jour » :

> Je doute qu'**aucun** d'eux y parvienne.
> Si **jamais** vous le rencontrez.

2. Aux pronoms indéfinis cités plus haut, on joint parfois *âme qui vive, qui que ce soit, quoi que ce soit*. Mais le premier s'emploie tantôt avec *ne* seul, tantôt avec *ne pas* (comp. § 388, *b*) :

Je n'y connaissais **âme qui vive**. (Gide.) — *Je n'y connaissais* **pas âme qui vive**.

Qui que ce soit, quoi que ce soit s'emploient couramment en dehors de toute négation ; cependant, quand ils sont dans une phrase négative, ils sont construits avec *ne* seul (comme *personne* et *rien*) :

Je fais ce que je crois devoir faire (...) et n'*ai de compte à rendre à* **qui que ce soit**. (R. Martin du Gard.)

c) *Ne ... que* n'a pas vraiment un sens négatif, puisque cette locution équivaut à *seulement* :

Je n'*ai* **que** *deux costumes*.

Remarque. — Pour nier la locution restrictive *ne ... que*, la langue moderne insère dans cette locution *pas* ou *point*. Cette construction, quoique vivement combattue par les puristes, est entrée dans l'usage :

Un discours **ne** *se compose* **pas que** *d'idées générales*. (Fr. Mauriac.)

390   À force d'être employés avec *ne*, la plupart des auxiliaires de négation signalés dans le § 389 ont pu prendre une valeur négative à eux seuls, surtout dans la langue parlée (voir aussi §§ 240, *a ;* 286, *a ;* 388, *b*) :

a) Dans des phrases averbales :

L'abandonner ? **Jamais !**
Jamais *deux sans trois.* **Rien** *de nouveau sous le soleil.*
Où vas-tu ? — **Nulle part.**
Et **rien** *de vivant* **nulle part** : **pas** *une bête,* **pas** *un oiseau,* **pas** *un insecte.* (Loti.)

Pas concurrence aussi *non* mot-phrase (§ 413, Rem. 2), mais uniquement sous des formes renforcées : *Pas du tout, absolument pas,* etc.

b) Dans certains cas, ces emplois se retrouvent aussi dans des phrases verbales : pour *rien,* cf. § 286, *a ;* pour *pas mal,* cf. § 240, *d,* 2°. — Pour nier, non pas le verbe, mais un mot ou un syntagme : cf. § 387, *b*.

c) Dans la langue populaire, et souvent dans la langue familière (mais davantage à Paris et dans certaines régions), le *ne* disparaît presque systématiquement. Ce phénomène ne se manifeste dans l'écrit que pour reproduire des paroles :

C'est **pas** *rigolo. (...) C'était* **pas** *ordinaire*. (Péguy.)

Remarques. — 1. Le phénomène décrit dans le *c)* ne doit pas être confondu avec l'absence de *ne* dans des phrases interrogatives ayant la valeur d'énonciatives ; ce tour, qui existait déjà chez les auteurs classiques et même avant, est admis dans la langue littéraire :

En distraire des troupes, serait-ce **pas** *commettre une infidélité ?* (De Gaulle.)

2. Il faut éviter d'omettre *ne* après *on* lorsqu'il s'élide devant une voyelle et ne s'entend donc pas : *On* **n'**a rien sans peine. On **n'**est pas venu.

391   *Ne* **explétif.**

Lorsque le locuteur sent dans le contexte une idée de négation, il introduit parfois un *ne* que l'on appelle *explétif,* à la fois parce qu'il peut toujours être omis et parce qu'il ne correspond pas à une négation objective. Ce *ne* est donc facultatif, même si les grammairiens ont essayé de rendre son emploi plus rigide.

Ce *ne* explétif apparaît surtout dans les cas suivants :

a) Souvent, dans les propositions dépendant d'un verbe ou d'un nom exprimant la **crainte** et construits sans négation :

> *J'ai peur que (...) ce* **ne** *soit contre-indiqué de le déranger.* (B. Vian.)
> Sans *ne* : *On craint qu'elle leur soit indispensable.* (Barrès.)

Si le verbe de crainte est accompagné d'une négation, il ne faut pas de *ne ;* le *ne* est possible pourtant si le verbe de crainte est à la fois interrogatif et négatif :

> *Je ne crains pas qu'il vienne.*
> Mais : *Ne craignez-vous pas qu'il* **ne** *vienne ? ... qu'il vienne ?* (Littré.)

Dans tous les cas, on met la négation complète s'il y a vraiment négation, c'est-à-dire s'il s'agit d'un effet que l'on craint de voir *ne pas* se produire :

> *Je crains que ma mère* **ne** *vienne* **pas.**

b) Facultativement, après **éviter que, empêcher que :**

> *Il empêche (...) que la transformation active* **ne** *s'effectue.* (Jean Dubois.)
> Sans *ne* : *Mais la main empêchait qu'on vît la bague.* (Colette.)

Remarques. — 1. Avec *prendre garde que,* on peut avoir : *Prenez garde qu'on vous voie* ou *Prenez garde qu'on* **ne** *vous voie* ou *Prenez garde qu'on* **ne** *vous voie* **pas.** Ces phrases sont synonymes, mais le premier tour est rare et le troisième (où *prendre garde* signifie « veiller ») est souvent considéré comme peu correct.

2. Après *défendre que* ou *interdire que,* on ne met pas de *ne* : *Il a interdit que l'on sorte.*

c) Assez souvent, dans les propositions dépendant d'un verbe exprimant le **doute** ou la **négation** *(douter, désespérer, nier, disconvenir)* et construit négativement ou interrogativement :

> *Xavier ne doutait pas qu'il* **ne** *fît semblant de lire.* (Fr. Mauriac.)
> *Nierez-vous que Canova et Rossini* **ne** *soient de grands artistes ?* (Stendhal.)
> Sans *ne* : *Je ne nie pas que certaines interviews soient bien pensées.* (R. Barthes.)

Lorsque les verbes de doute ou de négation sont construits sans négation et sans interrogation, il ne faut pas de *ne :*

> *Je doute qu'il réussisse.*

d) Très souvent, dans les propositions corrélatives (§ 425) appelées par un adverbe d'inégalité ou par *meilleur, moindre, pire, autre :*

> *Pourquoi les montrer plus parfaites qu'elles* **ne** *sont ?* (Maeterlinck.)
> Sans *ne* : *Elle nous voyait plus nombreux que nous l'étions.* (Chateaubriand.)

On trouve parfois *ne* après un adverbe d'égalité accompagné d'une négation : *Lawrence n'est donc pas si simple qu'il* **n'**apparaissait. (Cl. Mauriac.)

e) Facultativement, après **il s'en faut que, peu s'en faut que :**

Il s'en faut de dix francs que la somme entière n'y soit. (Acad.)
Sans *ne : Il s'en faut de beaucoup que leur nombre soit complet.* (Acad.)

f) Souvent, après **il tient à ... que, il dépend de ... que,** si ces verbes sont pris négativement ou interrogativement :

À quoi tient-il que vous ne répondiez ? (Musset.)
Sans *ne : Il ne tiendrait pas à eux qu'il reste au monde des malheureux.* (J. Guéhenno.)

S'ils sont construits sans négation et sans interrogation, on ne met pas de *ne* ou on met la négation complète, selon le sens :

Il tient à moi que cela se fasse, que cela ne se fasse pas. (Littré.)

g) Après les locutions conjonctives **avant que** (facultativement), **à moins que** (souvent) :

Il s'écoula des siècles avant que l'écriture
ne *servît à fixer les communications de style narratif.* (R.-L. Wagner.)
À moins qu'ils ne s'amendent, on sévit contre les criminels. (Étiemble.)
Sans *ne : La littérature du Moyen Âge renseigne sur l'attention que très tôt,*
avant même que l'on enseignât le français, les Français et les étrangers
accordaient à la qualité d'une bonne prononciation. (R.-L. Wagner.)
Impossible de s'évader cette fois,
à moins que l'instituteur ait maintenu son refus. (Fr. Mauriac.)

Parfois après la locution **sans que,** surtout lorsqu'elle dépend d'un verbe négatif : *Le temps de ce conclave ne se passera pas sans que votre prison* **ne** *soit changée en un simple exil.* (Stendhal.)

Dans une phrase comme *Tu ne partiras pas que tu* **n'***aies demandé pardon* (cf. § 429, Rem. 1), le *ne* n'est pas explétif et ne peut être supprimé.

4. AUTRES ESPÈCES D'ADVERBES

392   **Observations particulières.**

a) L'opposition entre **ici,** endroit proche du locuteur, et **là,** endroit plus éloigné, paraît tout à fait simple et utile. On constate pourtant que dans la langue parlée, surtout à Paris, *là* tend à remplacer *ici : « Viens là »,* dit une mère appelant près d'elle son enfant.

Être là pour *être ici* est plus répandu encore.
On notera que la même évolution favorise *celui-là, cela* (§ 265), *voilà* (§ 410, *b*), au détriment de *celui-ci, ceci, voici.*

b) Naguère (étymologiquement, « il n'y a guère ») désigne un passé peu éloigné du moment où l'on parle, alors que *jadis* et *autrefois* se rapportent à un passé plus lointain :

C'est aux choses de jadis bien plus qu'à celles de **naguère**
qu'elle (ma mémoire) *aime à appliquer sa volonté de résurrection.* (G. Duhamel.)

c) Il ne faut pas confondre **plutôt** en un mot, qui marque la préférence, et *plus tôt*, en deux mots, qui marque le temps et s'oppose à *plus tard* :

> Prenez le train **plutôt** *que votre voiture.*
> La séance s'est terminée **plus tôt** *qu'on ne prévoyait.*

d) Selon la distinction traditionnelle, **de suite** signifie « sans interruption », et **tout de suite** « sur-le-champ » :

> Il a dormi dix heures **de suite.**
> Venez **tout de suite.**

Mais ce sens de *de suite* est vieilli (on dit : *à la suite*, *d'affilée*, etc.), et *de suite*, pour « sur-le-champ », est entré dans l'usage général :

> J'aurai donc 300 000 soldats à opposer **de suite** à l'ennemi. (Napoléon.)
> L'aspect aimable de Bouvard charma **de suite** Pécuchet. (Flaubert.)

e) Tantôt pour indiquer, dans le jour où l'on est, un futur proche ou un passé récent existe encore dans la langue littéraire et dans le parler de certaines régions :

> **Tantôt,** après que l'oncle Octave l'eut présenté, il lui avait pris les mains à deux reprises, ici, devant tout le monde. (J. Cabanis.)

Mais, à Paris et dans diverses provinces de la France, *tantôt* a pris le sens restreint de « cet après-midi » ou de « après-midi » :

> Surtout n'oublie pas, **tantôt,** trois heures. (Maupassant.)
> C'est arrivé hier **tantôt.** (M. Aymé.)

Tantôt... tantôt... s'emploie pour marquer l'alternative, la succession : cf. § 406, *b.*

CHAPITRE VII

Les mots-outils

393   Les **mots-outils** sont des mots invariables qui servent :

— Ou bien à unir des éléments, — soit de même fonction *(conjonction de coordination)*, — soit de fonctions différentes *(préposition ; conjonction de subordination)* ;

— Ou bien à introduire un élément *(introducteur)*.

1. LA PRÉPOSITION

394   La **préposition** est un mot invariable qui établit un lien de subordination entre des mots ou des syntagmes :

| Mon frère | est parti **pour** *l'Afrique.* |

| La porte **de** *la grange* | est ouverte. |

On appelle **régime** de la préposition l'élément subordonné qu'elle rattache au mot complété.

Une préposition peut être composée de plusieurs mots : *Depuis.* — Si les mots sont séparés dans l'écriture, on parle de **locution prépositive :** *À cause de.* — Il y a parfois un trait d'union entre les éléments : *Par-delà.*

Remarques. — 1. Il arrive que la préposition soit utilisée pour des fonctions qui, normalement, se passent de préposition : épithète, apposition, attribut, sujet, complément d'objet direct. On l'appelle parfois alors *préposition vide :*

> *Rien **de** nouveau ne s'est produit. — La ville **de** Genève. — Si j'étais **de** vous.*
> ***De** t'avoir parlé m'a fait du bien.* (Gide.)
> *Il ne cesse **de** bavarder.*

On peut considérer le *de* comme une sorte d'introducteur de l'infinitif : § 409, *a.*

2. Certaines prépositions peuvent avoir un complément (§ 127) : **Bien** *avant le jour.*

395   **Liste des principales prépositions.**

À	Derrière	Malgré	Sans
Après	Dès	Moyennant	Sauf
Avant	Devant	Nonobstant (vieux)	Selon
Avec	Durant	Outre	Sous
Chez	En	Par	Suivant
Concernant	Entre	Parmi	Sur
Contre	Envers	Pendant	Touchant
Dans	Hormis	Pour	Vers
De	Hors	Près	
Depuis	Jusque	Proche (vieux)	

On peut y ajouter certains adjectifs (*plein* : cf. § 203, *a*) ou participes (*vu*, etc. : § 370, *a*) invariables alors qu'ils sont employés comme attributs antéposés dans des compléments absolus. — On y ajoute souvent *ès*, à l'origine article contracté (§ 215, *b*).

396   **Liste des principales locutions prépositives.**

À bas de	À travers	De façon à	Grâce à
À cause de	Au-dedans de	De la part de	Hors de
À côté de	Au défaut de	De manière à	Loin de
À défaut de	À seule fin de	D'entre	Lors de
Afin de	Au-dehors de	De par	Par-delà
À fleur de	Au-delà de	De peur de	Par-dessous
À force de	Au-dessous de	Du côté de	Par-dessus
À la faveur de	Au-dessus de	En bas de	Par-devant
À la merci de	Au-devant de	En deçà de	Par-devers
À l'égard de	Au lieu de	En dedans de	Par rapport à
À l'encontre de	Auprès de	En dehors de	Par suite de
À l'exception de	Au prix de	En dépit de	Près de
À l'exclusion de	Autour de	En dessous de	Proche de
À l'instar de	Au travers de	En face de	Quant à
À l'insu de	Aux alentours de	En faveur de	Quitte à
À même	Aux dépens de	En plus de	Sauf à
À moins de	Aux environs de	En sus de	Vis-à-vis de
À partir de	Avant de	Face à	etc.
À raison de	D'après	Faute de	

On peut avoir aussi deux prépositions qui se suivent, mais dont chacune a sa propre fonction : *Il revenait* **de chez** *sa tante.*

Jusque se construit souvent avec une autre préposition : § 400, *d.*

Remarque. — La plupart des prépositions qui peuvent s'employer devant un infinitif ont alors la même forme que devant un nom ou un pronom :

Après *être parti.* (Comp. : **Après** *son départ.* **Après** *moi.*)

Avant fait exception et est remplacé par *avant de* devant un infinitif :

Avant de *partir.* (Comp. : **Avant** *son départ.* **Avant** *moi.*)

Certains écrivains et la langue parlée de certaines régions utilisent encore *avant que de* pour *avant de :*

J'aurais été mort **avant** *même* **que** *d'être né.* (Cl. Simon.)

397   La préposition **se place** devant son régime :

La porte de la maison est fermée après six heures.

Durant, qui a d'abord été prédicat d'un complément absolu (§ 119), en garde la possibilité de suivre le nom dans la langue littéraire : *Et cela cinq années* **durant.** (A. Camus.) — La locution adverbiale *ce nonobstant* (vieilli) s'explique de la même façon.

Remarque. — On intercale parfois entre une préposition et son régime un adverbe ou même un syntagme quelconque : *Les autres acquiescèrent, par jeu, avec,* **cependant,** *une trace de gravité.* (A. Camus.) — *J'ai appelé les bourreaux pour,* **en périssant,** *mordre la crosse de leurs fusils.* (Rimbaud.)

Les deux éléments de certaines locutions prépositives peuvent être séparés par des adverbes comme *même* ou *donc : Avant* **même** *d'avoir examiné sa toilette.* (Fromentin.)

398   **Répétition des prépositions devant des régimes coordonnés.**

a) Les prépositions **à, de, en** se répètent ordinairement devant chaque régime :

Il écrit à Pierre et à Jean. — Il parle de Pierre et de Jean.
Il a voyagé en Grèce et en Italie.

À, de, en ne se répètent pas :

1° Quand les membres du régime forment une locution :

École des arts et métiers. — Il aime à aller et venir. (Littré.)
Il a perdu son temps en allées et venues. (Acad.)

2° Quand ces membres représentent le même ou les mêmes êtres ou objets :

J'en parlerai à M. Dupont, votre associé.
J'ai reçu une lettre de mon collègue et ami.

3° Quand ces membres désignent un groupe ou une idée unique :

Les adresses des amis et connaissances.
Il importe de bien mâcher et broyer les aliments. (Littré.)

b) D'une manière générale, les prépositions autres que *à, de, en* ne se répètent pas, surtout lorsque les différents membres du régime sont intimement liés par le sens ou lorsqu'ils sont à peu près synonymes :

Derrière les ennuis et les vastes chagrins. (Baudelaire.)

En répétant la préposition, on donne à chacun des régimes un relief particulier :

Sans mensonge et sans anxiété. (Baudelaire.)

Lorsqu'il s'agit d'une locution prépositive, on se contente souvent de répéter le dernier élément *de* ou *à : ***Quant** à *leurs objectifs et* à *leurs ennemis.* (E. Le Roy Ladurie.)

399   Préposition à régime implicite.

Il est fréquent que, par économie, on ne répète pas le régime d'une préposition lorsqu'il a déjà été exprimé peu avant et lorsqu'il s'agit de **choses.**

On peut aussi le reprendre par un pronom démonstratif comme *cela* (ou *ça*) : *Avant cela, malgré cela, sans cela,* etc. ; — ou, plus rarement, par un pronom personnel : cf. Rem. 1.

L'emploi de locutions adverbiales permet aussi de ne pas exprimer le régime ; notamment, *là contre, là-dessus, là-dessous, là autour,* etc. au lieu de *contre cela,* etc. ou de *contre,* etc. sans régime : *Que faire* **là contre ?** (Dans le *Monde.*)

a) Avec les prépositions *après, avant, contre, depuis, derrière, devant,* l'omission du régime appartient à l'usage normal :

> *Les uns attendent les emplois, les autres courent* **après.** (Acad.)
> *Quand on fit cette proposition, tout le monde s'éleva* **contre.** (Acad.)
> *Le chameau était lancé (...). Quatre mille Arabes couraient* **derrière.** (A. Daudet.)

On construit aussi *outre* sans régime dans l'expression *passer outre : Cette faute est trop grave : je ne puis passer* **outre.**

Lorsque *outre* a le sens de « en plus de » on emploie la locution adverbiale *en outre* pour *outre cela : Il a emporté son parapluie et* **en outre** *son imperméable.*

b) À la place des prépositions *dans, hors, sur* et *sous,* on emploie sans régime *dedans, dehors, dessus* et *dessous* (qui sont d'anciennes prépositions) :

> *Je le croyais hors de la maison, il était* **dedans.** (Acad.)

c) Avec les locutions prépositives dont le dernier élément est *de,* on omet régulièrement le régime en même temps que le *de :*

> *Le palais était fermé,* **autour** *veillait une garde nombreuse.* (Acad.)

d) Avec les prépositions *avec, entre, pendant, pour, sans,* l'omission du régime appartient plutôt à l'usage familier, mais cela se trouve pourtant dans la langue littéraire (surtout *avec*) :

> *Il tenait un mouchoir à pois noirs à la main et s'éventait* **avec.** (Gide.)
> *Quelque chose qui vaille (...) qu'on se batte* **pour.** (P. Barbéris.)
> *Il écrit des poèmes avec rimes (...) et des poèmes* **sans.** (J. Follain.)

e) Avec les prépositions *à* et *de,* l'omission du régime est impossible parce que les pronoms conjoints *y* et *en* remplacent ce type de syntagmes (cf. § 257) :

> *Parti pour le Québec en janvier,*
> *il* **y** *est resté plus de deux mois et il* **en** *est revenu à Pâques.*

Le pronom *y* peut représenter aussi des syntagmes prépositionnels de lieu introduits par une autre préposition (*dans, derrière, sur,* etc.) : *Il a oublié la bêche derrière la haie et elle* **y** *est restée tout l'hiver.*

Remarques. — 1. Dans la langue littéraire, on trouve parfois après les prépositions un pronom disjoint représentant un nom de chose, même lorsqu'il n'y a pas personnification :

Les clairons (...) faisaient sauter leur instrument en l'air et jonglaient **avec lui.** (G. Duhamel.)

2. Lorsqu'il s'agit d'un **nom de personne,** le tour normal est de remplacer le nom par un pronom personnel, soit conjoint (préposition omise), soit disjoint, selon les prépositions (cf. § 256, *c*) :

Si je rencontre votre mère, je **lui** *parlerai.*
Pour que le professeur ne me voie pas, je passerai **derrière lui.**

On peut avoir *en* et *y* dans certains cas : cf. § 257, Rem.

Mais il arrive aussi que l'on utilise les prépositions à régime implicite. Lorsqu'il s'agit d'*après, dessus,* etc. (cf. *a, b, c* ci-dessus), cela est assez courant :

Il court **derrière** *pour la rattraper.* (Dict. du franç. contemp.) [Ou : **après.**]
Et pour l'échauffer (l'Enfant Jésus) *dans sa crèche,*
L'âne et le boeuf soufflent **dessus.** (Th. Gautier.)

Plus familier, avec le pronom conjoint objet indirect : *Dès qu'elle met le nez dehors, les enfants* **lui** *courent* **après.** (Bernanos.)

Avec les prépositions *avec, sans, pour,* la construction sans régime paraît plus nettement populaire :

Maman dévorait des yeux son mari, et nous **avec.** (C. Paysan.)

400   Observations diverses.

a) À travers se construit sans *de ;* **au travers** veut toujours *de.* Ces locutions sont synonymes :

On ne voyait le soleil qu' **à travers** *les nuages.* (Acad.)
Au travers de *ces brumes âcres apparaissait une certaine argenture.* (M. Butor.)

b) On dit correctement : **causer avec** *quelqu'un.*

Il vaut mieux éviter *causer à quelqu'un,* quoique ce tour populaire apparaisse parfois dans la littérature : *Il* **m'**a *causé très familièrement.* (R. Rolland.)

c) Durant. Pendant. — L'usage ne fait guère de distinction entre ces deux prépositions ; on peut observer toutefois que *durant* exprime une période continue — et que *pendant* indique un moment, une portion limitée de la durée :

Durant *la campagne, les ennemis se sont tenus enfermés dans leurs places.* (Littré.)
C'est **pendant** *cette campagne que s'est livrée la bataille dont vous parlez.* (Littré.)

d) Jusque se construit avec une préposition : *à* (c'est le cas le plus fréquent), *vers, sur, chez,* etc. :

Jusqu'à *la mort,* **jusqu'en** *Afrique,* **jusque sur** *les toits.*

Il se construit aussi avec les adverbes *ici, là, où, alors,* et avec certains adverbes de degré accompagnant un adverbe de temps ou de lieu :

Jusqu'ici. — **Jusque-là.** (Remarquez le trait d'union.)
Jusqu'où *irez-vous ?* — **Jusqu'alors.**
Je m'étais arrangé pour faire durer **jusqu'assez tard** *ma soirée.* (J. Romains.)

On ne peut omettre *à* dans des expressions comme : *jusqu'*à *Paris, jusqu'*à *demain, jusqu'*à *hier, jusqu'*à *maintenant, jusqu'*à *dix heures.* (**Jusque Paris*, etc.)

On peut dire : **jusqu'***aujourd'hui* ou **jusqu'**à *aujourd'hui.*

Remarque. — *Jusque* a une variante *jusques* lorsque le mot suivant commence par une voyelle. *Jusques et y compris* [ʒyskəzeikɔpRi] est assez courant ; sinon, *jusques* appartient à une langue littéraire assez recherchée :

Jusques *à quand coulera le flot des outrages ?* (Barrès.)

e) Dans l'usage ordinaire, **près de,** suivi d'un infinitif, signifie « sur le point de » ; **prêt à** signifie « préparé à, disposé à » :

La lune est **près de** *se lever.*
Il se tenait **prêt à** *partir.*

f) Ne dites pas : *****sur** *la rue,* *****sur** *le train,* *****sur** *le tram,* *****sur** *le grenier ;* mais : **dans** *la rue,* **dans** *le train,* **dans** *le tram,* **dans** *le grenier.*

Sur la rue est correct lorsqu'il s'agit d'une maison, d'une porte, d'une fenêtre, etc. donnant sur la rue : *On descendit (...) jusqu'au porche* **sur la rue.** (J. Cabanis.) — Comp. la locution *avoir pignon* **sur rue.**

On dit : *sur* (ou : *dans*) *une avenue, sur un boulevard, sur un chemin, sur une route, sur une place.*

On considère généralement *****sur** *le journal* comme incorrect. Il est préférable de dire : *Je l'ai lu* **dans** *le journal.*

2. LA CONJONCTION DE SUBORDINATION

401   La **conjonction de subordination** est un mot invariable qui sert à unir deux éléments de fonctions différentes, dont l'un est une proposition (sujet ou complément).

Le pronom relatif unit aussi une proposition à un autre élément, mais le pronom a un antécédent et il a une fonction dans la proposition ; ces deux caractères le distinguent de la conjonction de subordination.

La conjonction de subordination peut être composée de plusieurs mots : *quoique.* Lorsque les mots sont séparés dans l'écriture, on parle de **locution conjonctive :** *parce que.*

Les locutions conjonctives forment un syntagme généralement inséparable. Cependant, on peut intercaler *même* dans *sans que, avant que, alors que.* On trouve aussi dans la langue littéraire *lors même que, lors donc que, puis donc que,* etc. :

Avant même qu'*Abéraud, visiblement ennuyé, ne donnât son avis.* (R.-V. Pilhes.)
Puis donc qu'*il y avait peu de chances qu'il revînt à moi.* (M. Tournier.)

Remarques. — 1. Dans certains emplois, *que* a plutôt un rôle d'introducteur qu'un rôle de conjonction : cf. § 409, *a.*

2. Certaines conjonctions peuvent avoir un complément (§ 127) : **Bien** *avant qu'il fasse clair.*

3. La proposition introduite par la conjonction peut être averbale :

Il est des vérités qui sont évidentes **bien qu'informulables.** (Saint Exupéry.)

4. Sur les divers rapports marqués par les conjonctions et locutions conjonctives de subordination, voir la Quatrième Partie (§§ 420 et suivants).

402   **Liste des conjonctions de subordination :**

Comme, lorsque, puisque, quand, que, quoique, si.

On y joint souvent *combien, comment* et *pourquoi,* qui servent uniquement dans l'interrogation indirecte, mais on ne peut dire que ces mots sont des conjonctions de subordination : 1° ils existent aussi quand il n'y a pas de subordination, c'est-à-dire dans l'interrogation directe : **Pourquoi** *part-il ?* → *Je demande* **pourquoi** *il part ;* — 2° ces mots ont une fonction dans la proposition ; ce sont donc des adverbes. — Au contraire de la plupart des conjonctions (§ 404, *b*), ils sont généralement répétés devant des propositions coordonnées : *Je demande* **pourquoi** *tu pars et* **pourquoi** *je reste.*

Sur la distinction entre *quoique* et *quoi que,* cf. § 272, Rem.

403   **Liste des principales locutions conjonctives de subordination :**

À cause que (littér. et pop.)	D'autant plus que	Non moins que
À ce que	D'autant que	Non plus que
À condition que	De ce que	Outre que
Afin que	De crainte que	Parce que
Ainsi que	De façon que	Pendant que
Alors que	De manière que	Plutôt que
À mesure que	De même que	Pour que
À moins que	De peur que	Pourvu que
Après que	Depuis que	Quand même
À proportion que	De sorte que	Sans que
Attendu que	Dès que	Sauf que
Au cas que (où)	Durant que (littér.)	Selon que
Au fur et à mesure que	En attendant que	Si ce n'est que
Au lieu que	En cas que	Si peu que
Aussi bien que	Encore que	Si tant est que
Aussitôt que	En sorte que	Sitôt que
Autant que	Étant donné que	Soit que
Avant que	Excepté que	Suivant que
Bien que	Jusqu'à ce que	Supposé que
Cependant que	Loin que	Tandis que
Comme quoi (popul.)	Lors même que (littér.)	Tant que
[§ 149, *a*]	Maintenant que	Vu que
Comme si (§ 433, Rem.)	Malgré que (§ 438)	(Etc.)

404   **Répétition des conjonctions de subordination** devant des propositions coordonnées.

a) La conjonction *que* se répète nécessairement, de même que *si* conjonction de l'interrogation indirecte :

On dit **que** *deux voitures sont entrées en collision et* **qu'***il y a trois blessés.*
... sans bien savoir **s'***il était secouru ou* **si** *au contraire il portait secours.* (M. Yourcenar.)

b) Les autres conjonctions peuvent se répéter (surtout si les propositions sont nettement distinctes), mais d'ordinaire *que* s'emploie à la place
de *comme, quand, si* conditionnel, *comme si* et à la place des conjonctions
ou locutions conjonctives qui se terminent par *que :*

> **S'**il y a plusieurs sujets et **si** l'un d'eux est masculin,
> l'adjectif attribut se met au masculin pluriel.

> **Comme si** vous bandiez un arc et **que** soudain vous ayez lâché sa corde. (M. Butor.)
> **Quand** la pluie faisait rage et **que** Françoise
> avait précipitamment rentré les précieux fauteuils d'osier... (Proust.)
> **Lorsqu'**il faisait noir, **que** les chiens de la ferme voisine commençaient à hurler
> et **que** le carreau de notre petite cuisine s'illuminait,
> je rentrais enfin. (Alain-Fournier.)

Il s'agit dans tous ces exemples (*a* et *b*) de propositions complètes. Mais si le sujet des
propositions est identique, on peut coordonner les prédicats sans répéter le sujet et la conjonction :

> Elle passa dans la chambre de Jacques s'assurer **que** celui-ci
> dormait et ne s'était pas découvert. (Simenon.)
> [Ou : ... et **qu'il** ne s'était pas découvert.]

3. LA CONJONCTION DE COORDINATION

405   La **conjonction de coordination** est un mot invariable qui se place
entre des éléments de même fonction qu'il unit, ou parfois devant chacun
de ces éléments :

> J'ai | faim **et** soif. |

> Je n'ai | **ni** faim **ni** soif. |

Ces éléments peuvent être des phrases ou, à l'intérieur d'une phrase, des
éléments qui ont la même fonction par rapport au même mot : cf. § 105. Ces
éléments sont parfois de natures différentes : § 106.

Lorsque les conjonctions de coordination unissent des phrases ou des propositions, elles
n'ont pas de fonction à l'intérieur de ces phrases ou de ces propositions, ce qui distingue ces
conjonctions des adverbes de liaison (§ 381, *c*).
Les conjonctions de coordination ne peuvent se combiner : **et ou, *et mais.*

Dans l'expression moderne *et/ou* (§ 57), les deux conjonctions ne sont pas combinées,
comme l'indique la barre oblique qui les sépare. Par économie, on réunit en une seule deux
coordinations distinctes :

> Dans le même groupe **et/ou** dans d'autres groupes. (J. Fourastié.)
> [= Dans le même groupe **et** dans d'autres groupes, **ou** seulement dans d'autres groupes.]

406   **Liste des conjonctions de coordination :**

a) Conjonctions de coordination proprement dites : **Et, ni, ou, mais, car, or.**

Les deux dernières ne servent qu'à unir des phrases, c'est-à-dire des suites de mots qui peuvent à elles seules servir de phrases :

> *Partez,* **car** *il est temps.*
> *Il voulait continuer à jouer ;* **or** *il était l'heure de rentrer.*

Les autres peuvent unir des phrases ou des éléments de phrase.

Mais (après un premier terme négatif) et *ou* peuvent être renforcés par *bien :*

> *La* Puerta del Sol *n'est pas une porte, (...)* **mais bien** *une façade d'église.* (Th. Gautier.)
> *Il paiera,* **ou bien** *il sera poursuivi.* (Acad.)

Remarque. — *Car en effet* est généralement blâmé, comme pléonastique : **Il n'a pas pu venir,* **car en effet** *il est malade.*

b) Conjonctions ou locutions conjonctives occasionnelles (c'est-à-dire : qui ont aussi d'autres valeurs) :

— **Voire,** souvent renforcé par *même* dans la langue courante :

> *Un stage de quelques mois,* **voire** *de quelques années.* (Dict. du franç. contemporain.)
> *Ce remède est inutile,* **voire même** *pernicieux.* (Acad.)

— **C'est-à-dire** et ses synonymes **soit** (prononcé [swa] devant consonne), **savoir** ou **à savoir :**

> *Il viendra le premier jour qu'il sera libre,* **c'est-à-dire** *lundi.*
> *Il m'a prêté l'argent dont j'avais besoin,* **soit** *dix mille francs.*
> *Le mode que la logique appellerait,* **savoir** *l'indicatif sans* ne, *se rencontre.* (F. Brunot.)
> [On pourrait dire : ... **à savoir** *l'indicatif* ...]

— Les formules alternatives **soit... soit..., soit... ou...** (on prononce [swa] devant consonne) :

> *J'irai en vacances,* **soit** *dans le Périgord,* **soit** *dans le Limousin.*
> *Plusieurs,* **soit** *paresse* ou *prudence, étaient restés au seuil du défilé.* (Flaubert.)
> [On pourrait écrire, en ajoutant une virgule : ... **soit** *paresse,* **soit** *prudence.*]

De même, *tantôt... tantôt*, mais le second *tantôt* peut être précédé de *et* ou de *ou : C'est elle-même qui vient faire ses provisions,* **tantôt** *en selle,* **tantôt** *en voiture.* (Alain-Fournier.) [On pourrait dire : ... **ou tantôt** *en voiture,* ... **et tantôt** *en voiture.*]

Remarque. — Nous avons expliqué au § 381, *c* pourquoi nous rangeons des mots comme *donc, pourtant, partant*, etc. parmi les adverbes plutôt que parmi les conjonctions de coordination.

Il y a des mots ou des locutions pour lesquels on peut hésiter davantage, parce qu'ils sont toujours placés entre les éléments qu'ils unissent : *puis, c'est pourquoi, aussi* (exprimant la conséquence) ; cependant ils peuvent se combiner avec *et* ou *mais : Il travaille avec ardeur,* **et puis** *il se relâche.* (Dict. du franç. contemp.). — *Il n'est pas coupable,* **et c'est pourquoi** *je le défends.*

Les pronoms relatifs *quoi* et *où*, précédés d'une préposition, ont parfois un lien assez lâche avec leur antécédent et se rapprochent des conjonctions de coordination (cf. §§ 273, Rem. 1 ; 275) : *Le général Weygand prend acte de mes propositions.* **Après quoi,** *il me parle de la bataille.* (De Gaulle.) — Comp. aussi *auquel cas* au § 235.

407   **Répétition des conjonctions de coordination.**

a) *Ni* se répète d'habitude devant chacun des termes coordonnés (le verbe est alors accompagné de la négation simple *ne*) :

Il ne viendra **ni** *aujourd'hui* **ni** *demain.*

Cependant *ni* se place seulement devant le second terme quand celui-ci apporte une sorte de précision supplémentaire (et la négation est alors *ne ... pas*) :

Les cassolettes ne doivent pas coûter cher, **ni** *les parfums qu'on y chauffe.* (Étiemble.)

Les écrivains se servent parfois d'un seul *ni* alors que la négation du verbe est *ne :*

Pour ce Dieu caché, les sacrifices humains **ni** *les martyrs ne suffisent.* (Sartre.)
Je n'avais faim, **ni** *soif.* (H. Bosco.)

b) *Et* et *ou* se placent seulement, d'ordinaire, devant le dernier terme coordonné ; s'il y a plus de deux termes, on met une virgule là où il n'y a pas de *et* ou de *ou :*

Une forêt de chênes **et** *de hêtres.*
Une forêt de chênes, de hêtres **et** *de résineux.*

Cependant, *et* et *ou* se répètent devant chacun des termes lorsqu'on veut insister :

Ce sera **ou** *lui* **ou** *moi.*

Lorsqu'il y a plus de deux termes, *et* et *ou* peuvent être exprimés ou non devant le premier terme :

J'irai, **ou** *ce soir,* **ou** *demain matin,* **ou** *demain soir.*
Je me mis à lire avec démesure les grands romans classiques **et** *Gide* **et** *Malraux*
et *les premières traductions de Kafka et de Faulkner.* (Fr. Châtelet.)

Lorsqu'il y a plus de deux termes, on répète parfois aussi *mais* (sauf devant le premier terme, naturellement) : *Je l'ai vu, non pas une fois,* **mais** *deux fois,* **mais** *trois fois !*

4. L' INTRODUCTEUR

408   Nous appelons **introducteur** un mot invariable qui sert à introduire un mot, un syntagme, une phrase :

Voici *votre journal.* — **Voici** *qu'il revient.*

Il se distingue de la préposition ou des conjonctions en ceci qu'il ne sert pas à unir.

Cette notion recouvre en partie celle de **présentatif,** que l'on définit souvent de façon sémantique, en disant qu'il sert à désigner quelqu'un ou quelque chose.

Sous cette étiquette, les grammairiens mettent d'habitude *voici* et *voilà,* auxquels certains ajoutent *c'est* (**C'est** *ici*) et *il y a* (**Il y a** *dix places de libres*). Nous élargissons cette catégorie.

On appelle souvent complément du présentatif le mot ou le syntagme qu'il introduit (cf. § 128). On peut parler de complément ou de régime de l'introducteur, sauf lorsque l'élément introduit a une autre fonction (comme celle de sujet, etc. : voir § 409).

409   **Liste des principaux introducteurs.**

a) Introducteurs proprement dits (invariables) :

— **À** (qui se contracte avec l'article) introduit un nom dans des appels : **Au** *secours !* **Au** *feu !* **À** *la soupe !*

— **À bas** introduit un nom dans des cris d'exécration (antonyme : *vive,* cf. *b*) : **À bas** *le fascisme !*

— **De** introduit :

1° Un syntagme nominal ou un pronom, pour exprimer la notion de partitif (cf. § 218, Rem.) : *Il a goûté* **de** *tous les plats.*

2° Un infinitif, notamment un infinitif de narration (§ 348, *a*), un infinitif sujet (cf. §§ 95, *b ;* 349, *a*) : *Le lendemain, pas de Salavin. Et, cette fois, Édouard* **de** *s'inquiéter.* (G. Duhamel.) — *Comme si* **de** *pleurer avançait à quelque chose.* (Dict. du franç. contemporain.)

De introduit aussi des infinitifs sujets réels ou compléments d'objet direct : *Il importe* **d'**être attentif. — *On permet* **de** *fumer.*

— **Dire que** introduit une phrase, pour marquer l'étonnement ou un sentiment analogue : **Dire qu'**il s'en est fallu d'un cheveu (...) qu'elle ne prenne le vert amande. (N. Sarraute.)

— **Est-ce que** introduit la phrase interrogative (§ 139) : **Est-ce que** *tu as fini ton travail ?*

— **Ô** introduit le mot en apostrophe (§ 132, *a*) : *C'est alors, ô nuit, que tu vins.* (Péguy.)

— **Que** introduit des phrases où le subjonctif est employé comme prédicat (§ 343 et Rem. 2), notamment des phrases impératives ou optatives : **Que** *votre souhait se réalise !*

— **Si** introduit une interrogation équivalant à une suggestion : **Si** *on allait manger un morceau ?*

— **Voici** et **voilà :** cf. § 410.

b) Autres introducteurs (tendant à l'invariabilité) :

— **C'est** « présentatif », et spécialement **c'est ... que** (ou : **... qui**) servant à la mise en relief (§ 152, c). Ils introduisent un nom ou un syntagme nominal, un pronom, un infinitif, un adverbe, une proposition :

> **C'est** *le facteur.* — **C'est** *ici.* — **Ce** *n'est* **pas** *que nous soyons satisfaits.*
> **C'est** *le facteur* **qui** *l'a apporté.* — **C'est** *ici* **que** *l'accident s'est produit.*
> **C'est** *seulement quand vous serez parti* **que** *nous serons tranquilles.*

L'invariabilité en personne est acquise : **C'est** *moi.* **C'est** *vous.* — En nombre, l'accord est souvent menacé : cf. § 361, *b.* — Le figement est plus net pour le temps : *Et qui est-ce qui n'a plus su quoi dire ?* **C'est** *M. le maire.* (J. Romains.) [= *Ç'a été...*] — **C'est** *bien plus tard (...) qu'elle s'informa systématiquement.* (Fr. Mallet-Joris.) [Quelques-uns écriraient encore : **Ce fut...**].

— **Il y a** « présentatif » introduit un nom ou un syntagme nominal, un pronom (nom ou pronom pouvant être accompagnés d'un attribut), parfois une proposition :

> **Il** *n'***y a** *personne.* **Il y a** *une dame qui veut vous voir.*
> *Tout au sommet de la bulle de verre,* **il y a** *écrit quelque chose.* (Le Clézio.)
> *La fatigue leur est venue.* **Il y avait** *cette grande chaleur ;*
> **il y avait** *qu'ils n'avaient pas dormi et qu'ils ne mangeaient presque plus.* (Ramuz.)

Il y a, qui ne peut varier en nombre (comme tous les verbes impersonnels : § 360), varie en mode et en temps. C'est le moins figé des introducteurs du point de vue formel. — Il s'emploie aussi comme une sorte de préposition : *Il est parti* **il y a** *une heure.*

— **Soit** [swa] introduit un syntagme nominal, pour exprimer une hypothèse ou un exemple dans une argumentation :

> **Soit** *les propositions :* **Il** *a de l'argent, il peut tout.* (F. Brunot.)

Soit est souvent invariable, comme dans l'exemple ci-dessus. Pourtant, bien des mathématiciens continuent à écrire : **Soient** *deux triangles...*

— **Vive** introduit un syntagme nominal dans un cri d'exaltation (antonyme : *à bas,* cf. *a*) : **Vive** *les vacances !*

Le figement est manifeste puisque ce qui suit *vive* peut être un nom inanimé. Cependant, certains font varier *vive* dans l'écriture, c'est-à-dire en nombre, mais non pas en personne : **Vive** *nous !* **Vivent** *les Longevernes !* (Pergaud.) — On va jusqu'à écrire : **Vivent** *nous !* (R. Rolland.) Cela est difficilement justifiable. [*Vivons !* aurait un tout autre sens.]

410   **Voici** et **voilà** [1].

a) Le **régime** de *voici* et *voilà.*

1° **Après** *voici* et *voilà,* on peut avoir :

— Un nom ou un pronom autre qu'un pronom personnel :

> **Voilà** *Pierre.* — **Voici** *votre manteau.* — **Voilà** *quelqu'un.*
> (Avec un *que* exclamatif : *Que* **voilà** *un beau raisonnement !*)

---

1. Pour comprendre les emplois de ces deux mots, il n'est pas inutile de connaître leur étymologie : *voi* (= *vois,* impératif de *voir*) + les adverbes de lieu *ci* (= *ici*) et *là.* — Comparez en wallon : *vo-m'-là* « me voilà », littéralement *vois me là.*

Ce nom ou ce pronom peuvent être accompagnés, notamment, d'une relative, d'un attribut, d'un infinitif introduit par *à :*

Voilà *quelqu'un qui entre.* — **Voilà** *notre homme tout penaud.* — **Voici** *quelque chose à boire.*

Lorsqu'il s'agit du pronom neutre *quelque chose,* on peut l'omettre avec l'infinitif ou avec un adjectif au comparatif : **Voici** *à boire.* — **Voici** *plus étonnant.*

On considère parfois *voici* et *voilà* comme des prépositions quand ils introduisent un complément de temps à l'intérieur d'une phrase : *Je l'ai connu* **voici** *deux ans.*

— Une proposition, soit conjonctive, soit relative (avec un pronom relatif sans antécédent), soit une interrogation indirecte (aussi sous la forme de l'infinitif) :

Voilà *que le mur s'écroule tout à coup.*
Voilà *qui est fait.*
Voici *de quoi nous parlons.* — **Voici** *comment c'est arrivé.* — **Voici** *que répondre.*

La proposition interrogative est laissée implicite dans : **Voici** *comment.* — **Voici** *avec qui.* — **Voici** *dans quelles circonstances.*

— Une proposition infinitive après *voici* dans la langue littéraire, surtout avec *venir :*

Voici *venir les temps où vibrant sur sa tige*
Chaque fleur s'évapore ainsi qu'un encensoir. (Baudelaire.)

2° **Avant** *voici* et *voilà,* on peut avoir :
— Un pronom personnel conjoint (sous la forme de l'objet direct), y compris *en :*

Me **voici.** — *Les* **voici.** — *En* **voilà.**

Avec un attribut, une relative, un infinitif : *Le* **voilà** *tout étonné.* — *Le* **voilà** *qui s'en va.* [N'écrivez pas : **Le voilà* **qu'il** *s'en va.*] — *Nous* **voilà** *à les regarder avec stupéfaction.*

— Un pronom relatif, avec un antécédent nominal (ou pronominal) :

La belle affaire que **voilà** *!* — *L'homme que* **voici** *vous sera utile.*

3° Avec régime implicite :

« Voici », *me dit-il en me donnant la clef.*

b) Le choix entre *voici* et *voilà* suit les mêmes règles que le choix entre *celui-ci* et *celui-là, ceci* et *cela :* cf. § 265.

On notera que, comme il en va pour les démonstratifs *celui-là* et *cela,* **voilà** est beaucoup plus fréquent que *voici,* peu usité dans la langue parlée et concurrencé par *voilà* même dans la langue écrite :

Voilà *mon excuse : l'intérêt, le plus bas intérêt personnel.* (Th. Maulnier.)

Remarques. — 1. *Voilà* s'emploie dans une phrase interrogative (à valeur exclamative), mais uniquement avec la négation : *ne ... pas* ou *pas* seul (comp. § 390, Rem.). Par analogie avec l'interrogation ordinaire, caractérisée par l'inversion du pronom personnel sujet (cf. § 138, *a*), on insère le pronom *il,* précédé de *t,* analogique lui aussi (§ 302, Rem.), que l'on met entre deux traits d'union :

À mon grand étonnement, **ne voilà-t-il pas** *qu'il se fâche !* (Acad.)
Voilà-t-il pas *une instructive histoire ?* (Barrès.)

2. Ce qui est dit de *voici* et de *voilà* s'applique aussi à *revoici* et à *revoilà.*

CHAPITRE VIII

Le mot-phrase

411   Le **mot-phrase** est un mot invariable qui sert ordinairement à lui seul de phrase :

Merci. — Bonjour. — Bravo ! — Zut !

On parlera de **locution-phrase** à propos d'une suite de mots qui constitue une phrase, sans que le locuteur puisse attribuer une fonction à chacun de ces mots pris séparément : **Au revoir. À la bonne heure !**

Nous parlerons surtout des mots-phrases ou des locutions-phrases essentiels, mais il y a aussi des mots-phrases ou des locutions-phrases accidentels ou occasionnels : **Attention ! — S'il vous plaît.**

Remarque. — Les mots-phrases servent ordinairement de phrases à eux seuls, mais peuvent aussi être accompagnés d'un complément : *Bravo* **pour votre réussite !** *Merci* **de votre aide.** *Gare* **aux coups !** *Merci* **beaucoup ;** — d'un mot mis en apostrophe : *Bonjour,* **Madame.**

Ils peuvent aussi être des éléments incidents (cf. § 132, *b*) à l'intérieur d'une phrase : *Cette histoire, qui est* **hélas !** *celle de tant d'autres.* (Courteline.)

412   **Espèces de mots-phrases.** — En tenant compte de leur rôle dans la communication, on peut distinguer trois espèces de mots-phrases :

a) Le mot-phrase que nous appelons **objectif** est destiné à un interlocuteur, soit pour établir une communication avec lui *(allô)*, soit pour lui faire un message, acquiescement *(oui)*, dénégation *(non)*, salutation *(bonjour)*, ordre *(stop)*, félicitation *(bravo)*, etc.

Les principaux mots-phrases de ce type sont :

Adieu	Chut !	Motus [mɔtys]	Si
Allô	Gare !	Nenni (§ 413, Rem. 3)	Soit [swat]
Amen	Halte !	Non	S.O.S. [ɛsoɛs]
Bis [bis]	Hello !	O.K. [ɔke]	Stop !
Bonjour	Hep !	Oui	Vivat ! [viva]
Bonsoir	Hosanna !	Ouste !	Voire (§ 413, Rem. 3)
Bravo !	Hourra !	Pouce !	
Chiche !	Merci	Psstt !	

Il y a aussi de nombreuses locutions : *À la bonne heure ! À quoi bon ? Au revoir. Mea culpa. Mon œil !* (populaire). *Si fait. Tant mieux. Tant pis.* Etc.

Nous rangerions aussi dans cette catégorie des mots ou des locutions que l'on appelle souvent *adverbes de phrase : Certes, peut-être, sans doute, à coup sûr, bien sûr*, etc. Ils jouent dans la phrase le rôle d'élément incident (§ 132, *b*), mais ils peuvent aussi servir à eux seuls de phrases :

> *Une panne de lumière de bord, ça peut être grave !* — **Bien sûr.** (Saint Exupéry.)

Un certain nombre de ces mots ou locutions peuvent avoir une proposition dans leur dépendance : **Peut-être** *que le pharmacien s'était trompé.* (Flaubert.)

b) Le mot-phrase que nous appelons **subjectif** et qui rejoint ce qu'on désigne habituellement par **interjection.** C'est l'expression comme irrésistible d'une sensation ou d'un sentiment (tristesse, joie, etc.). L'interlocuteur joue ici un rôle négligeable. Ces mots-phrases équivalent à des phrases exclamatives.

Principaux mots-phrases de ce type :

Ah !	Chic !	Hein !	Na !	Peuh !
Aïe !	Fi !	Hélas !	Oh !	Pouah !
Bah !	Flûte !	Miam miam !	Ouf !	Zut !
Brrr !	Hé !	Mince !	Ouille !	(Etc.)

On peut y joindre diverses locutions : *Bon sang ! Par exemple !* — ainsi que les invocations et les jurons, souvent altérés et vidés de toute signification précise : *Dame ! Pardi* [étymologiquement, *par Dieu*] ! *Tonnerre ! Nom d'un chien !* etc.

Certains mots-phrases peuvent, selon la situation, appartenir au *a* ou au *b*.

c) Le mot-phrase que nous appelons **suggestif,** utilisé par un observateur pour rendre, par imitation approximative, un bruit, parfois un mouvement ; c'est un moyen auquel la bande dessinée recourt souvent :

> *Je me trouve sur moi (...) un scélérat de pistolet chargé.* **Paf !...** (G. Sand.)
> [= Je tire.]

413   Oui, si, non.

Selon l'usage ordinaire, *oui* sert à approuver une phrase affirmative ; *non*, à nier une phrase affirmative ou à confirmer une phrase négative ; *si*, à nier une phrase négative :

> *Irez-vous ?* — **Oui.** (= J'irai.)
> *Irez-vous ?* — **Non.** (= Je n'irai pas.)
> *Vous n'irez pas.* — **Non** (= Je n'irai pas.)
> *Vous n'irez pas.* — **Si.** (= J'irai.)

Remarques. — 1. *Oui, si* et *non* ne servent pas seulement de phrases. Ils peuvent constituer une proposition dans le style indirect :

> *Il dit que* **oui,** *... que* **si,** *... que* **non.**

Après un *si* conditionnel, *oui* tient lieu aussi d'une proposition ; *non*, dans le même emploi, est aggluntiné à la conjonction :

> *Est-il satisfait de son travail ?* **Si oui,** *il n'est pas difficile.*
> *Sors-tu maintenant ?* **Sinon,** *je partirai sans toi.*

On peut dire *ou sinon : Obéis à l'instant*, **ou sinon** *tu seras châtié.* (Littré.) — *Sinon* s'emploie aussi pour *si ce n'est : Il valait autant qu'eux*, **sinon** *mieux.* (Maupassant.)

Oui, si, non servent aussi de prédicat :

Tu n'iras pas. Moi, **si.** (Ou : *...Moi* **oui.**)
J'irai. Toi, **non.**

On dit aussi : *Un voyage en Provence ? Pourquoi* **non** *?* — *Irez-vous ou* **non** *?* — *Aller en pension ? J'aimerais mieux* **non.**

2. L'évolution de la négation portant sur un verbe (§ 390) a fait que *pas* et *point*, d'abord simples auxiliaires, sont devenus les marques essentielles de la négation aux dépens de *ne*.

Non lui-même a subi cette concurrence, notamment dans les cas traités dans la Remarque 1. Des emplois comme les suivants sont normaux dans la langue parlée et pénètrent dans la langue écrite :

Pourquoi **pas ?** (Acad.)
J'irai et toi **pas.**   *Irez-vous ou* **pas ?**   *J'aimerais mieux* **pas.** (Colette.)

Si pas pour *sinon* est généralement blâmé. On le trouve pourtant de plus en plus fréquemment : *Il était en passe de devenir bienheureux*, **si pas** *tout à fait saint.* (Aragon.)

Comme mot-phrase concurrent de *non, pas* ne s'introduit que s'il est renforcé :

Vous le saviez. — **Pas du tout.** (Ou : **Absolument pas,** etc.)

Mais *point* dans la même circonstance est une élégance de la langue littéraire :

Vous la croyez changeante et diverse ? **Point.** (Colette.)

Notez que même *du tout*, auxiliaire de l'auxiliaire, est devenu un mot-phrase négatif : *Croyez-vous que je le blâme ?* **du tout.** (Balzac.)

3. *Si, oui, non* peuvent être renforcés : *Que si. Que oui. Que non. Si fait. Oui-da* (employé encore par plaisanterie). Etc. [*Non fait* ne se dit plus que dans certaines régions.]

Il y a de nombreuses autres formules d'approbation et de dénégation, certaines lancées par la mode, comme *O.K.* [ɔke], emprunté à l'anglais d'Amérique ; comme *d'accord*, que l'on réduit même à *d'ac* dans le langage très familier.

D'autres mots-phrases tombent en désuétude, comme *nenni* (= non), que l'on n'utilise plus que pour imiter le parler paysan, avec des prononciations variées, [nani], [neni], [nɛni].

À côté de l'approbation franche, on a des approbations ironiques ou dubitatives, comme *ouais* ou *ouiche*, qui sont des altérations de *oui*, ou comme *voire*, plus littéraire (au sens propre, « vraiment ») : *Je mangerai tes petits dans l'œuf !* — **Voire,** *dit l'autre. Je bâtirai mon nid si haut, si bas, que tu ne le trouveras pas.* (M. Genevoix.)

QUATRIÈME PARTIE

La phrase complexe

414   La **phrase complexe** peut être considérée comme la réunion de plusieurs phrases simples. Cela se concrétise ordinairement par la présence
de plusieurs verbes à un mode personnel :

| *Je* **crois** | *que vous vous* **trompez.** |

Nous disons : ordinairement, parce qu'une phrase complexe peut être averbale, c'est-à-dire
que le verbe (ou les verbes) se trouve(nt) uniquement dans la proposition sujet ou complément :

Merci pour les deux livres que vous m'avez envoyés.

Inversement, la proposition complément peut être averbale (cf. § 420, Rem.) :

La route devenait plus facile, **quoique glissante.** (A. Camus.)

Le rapport entre les phrases simples constituant la phrase complexe
peut être superficiel et laisser chaque phrase telle quelle. C'est le cas
lorsque les phrases simples sont coordonnées (cf. §§ 105 et suivants) :

| *Aide-toi,* | *le ciel t'aidera.* |

C'est le cas aussi quand une phrase joue le rôle d'élément incident (cf. § 132, *b*)
et notamment d'incise (§ 132, *b*, Rem. 1) :

Il a fait, **je vous assure,** *tout son possible.*
Il a fait, **prétend-il,** *tout son possible.*

Le lien est d'une autre nature lorsqu'une phrase joue dans l'autre le rôle de sujet ou de complément et devient donc un élément, un membre de l'autre phrase :

Qui s'y frotte *s'y pique.*
Il ne faut pas réveiller le chat **qui dort.**
Quand le vin est tiré, *il faut le boire.*

Nous appelons **propositions** les membres de phrase qui contiennent un verbe conjugué et qui servent de sujet ou de complément.

Lorsqu'un verbe non conjugué (participe ou infinitif) est accompagné d'un sujet et lorsque cet ensemble est complément, on peut parler de proposition participe (cf. § 351) ou de proposition infinitive (§ 348, *b*, 3°) :

On voyait **la rivière monter d'heure en heure.**

415   Classement des propositions.

Le procédé le plus simple est de les classer d'après le mot qui les rattache à la phrase dont elles font partie :

— Les **propositions relatives** commencent par un pronom relatif, parfois par un nom accompagné d'un déterminant relatif :

En mai, fais ce **qu'il te plaît.**
Vous serez peut-être absent, **auquel cas vous me préviendrez.** (Robert.)

— Les **propositions conjonctives** commencent par une conjonction de subordination ou par une locution conjonctive de subordination :

Quand le bâtiment va, *tout va.*
Il faut battre le fer **pendant qu'il est chaud.**

— Les propositions qui servent d'**interrogation indirecte** ou d'**exclamation indirecte** sont à part, puisqu'elles ne sont introduites par aucun mot particulier, à l'exception de l'interrogation globale, qui est introduite par *si :*

Je demande **qui a fait cela.** (Comp. : *Qui a fait cela ?*)
Tu sais **comme il est patient.** (Comp. : *Comme il est patient !*)
Mais : *J'ignore* **si elle viendra.** (Comp. : *Viendra-t-elle ?*)

— Les **propositions infinitives** et les **propositions participes** sont aussi à part, mais nous ne leur consacrons pas un chapitre particulier, les indications essentielles ayant été données dans les §§ 348, *b*, 3° et 351.

D'autres types de classement ont été proposés, notamment en tenant compte de la fonction des propositions. Ce procédé a le désavantage de multiplier les catégories (on en distingue douze), de séparer des faits semblables et de regrouper des propositions différentes.

Par exemple, parmi les propositions sujets, il y a des relatives et des conjonctives. Elles diffèrent non seulement par le mot qui les rattache à la phrase, mais aussi par le mode du verbe.

CHAPITRE I

La proposition relative

416   La **proposition relative** est une proposition commençant par un pronom relatif *(qui, que, quoi, dont, où, lequel, quiconque)* ou parfois, dans la langue écrite, notamment juridique, par un nom accompagné du déterminant relatif *lequel* :

Vous connaissez la maison **que j'habite** (ou : ... **dans laquelle j'habite, ... où j'habite**).
L'homme **dont je me souviens** (ou : ... **de qui je me souviens**) *était plus âgé.*
Quiconque s'élève *sera abaissé.*
De l'arbre, être collectif, sort l'individu, le fruit détaché,
lequel fruit *fera un autre arbre.* (Michelet.)

Remarques. — 1. Dans les propositions relatives commençant par un pronom relatif complément, le sujet autre qu'un pronom personnel ou *ce* ou *on* se met assez souvent après le verbe dans la langue écrite :

... à cause de la position où repose **la tête.** (Robbe-Grillet.)

Lorsqu'il y a un objet direct, on évite l'inversion du sujet : **...le panier où dépose* **la ménagère** *ses provisions.*

2. Dans quelques circonstances particulières, la relative est averbale :

Il reconnut plusieurs femmes, **parmi lesquelles sa propre sœur.**
Dont acte (cf. § 274, Rem. 4).

3. Dans des phrases comme **Quelque effort qu'il fasse,** *il n'atteindra pas cette branche, que* était sans doute à l'origine un pronom relatif, mais nous étudierons cette construction parmi les propositions d'opposition (§ 438, *b*).

417   **Fonctions de la proposition relative.**

a) Lorsque le pronom relatif est nominal, c'est-à-dire s'il n'a pas d'antécédent, la proposition relative peut avoir la fonction d'un nom :

Sujet : **Qui veut la fin** *veut les moyens.*
Complément : *Choisis* **qui tu veux.** — *Il le raconte* **à qui veut l'entendre.**
Il est craint **de quiconque l'approche.**
Il avait l'air ahuri **de qui a été réveillé en sursaut.**
Va **où tu veux.**
Attribut : *Comment je devins* **qui je suis.** (A. Gide.)

b) Lorsque le pronom relatif est représentant, c'est-à-dire s'il a un antécédent, la proposition relative a ordinairement la fonction d'un adjectif épithète.

On distingue d'après le sens :

1° La **relative déterminative,** qui restreint l'extension (§ 83) du terme qu'elle accompagne (la suppression de la relative modifierait profondément le message) :

> *Le Président de la République* **qui est mort en 1974** *est Georges Pompidou.*
> (Un seul Président est mort en 1974.)
> *Il faut recoller un livre* **dont la couverture est déchirée.**

La relative déterminative ne doit pas être séparée de l'antécédent par une virgule.

2° La **relative explicative,** qui ne restreint pas l'extension du terme qu'elle accompagne (la suppression de la relative ne modifierait pas vraiment le message) :

> *Le Président de la République,* **qui est le chef des armées,**
> *préside les Conseils supérieurs de la Défense nationale.*
> (Tous les Présidents sont chefs des armées, selon la Constitution.)
> *Il faut recoller votre grammaire,* **dont la couverture est déchirée.**

La relative explicative est séparée de l'antécédent par une virgule.

Lequel ne peut introduire aujourd'hui qu'une relative explicative lorsqu'il est employé comme sujet : *Il se remit à causer avec son voisin l'agronome,* **lequel trouvait au séjour de la campagne beaucoup d'agréments.** (Flaubert.)

Remarques. — 1. La relative fait parfois partie d'une phrase averbale. Notons particulièrement les phrases exclamatives constituées seulement d'un syntagme nominal et d'une relative ; elles appartiennent surtout à la langue parlée :

> *Un Monsieur* **qui vient déjeuner !** (Colette.)
> [Voir aussi l'exemple de Musset dans la Remarque 2.]

2. Une relative contenant le verbe *être* peut être introduite par *que* attribut représentant un adjectif ou un syntagme nominal qui précèdent :

> *Insensé* **que je suis !** (Musset.) [Comparez la Rem. 1 ci-dessus.]
> *En jurant comme un vrai Provençal* **qu'il était.** (A. Daudet.)

Cette relative accompagne souvent une épithète détachée :

> *Abrité* **qu'on était,** *on ne percevait plus les musiques et les rumeurs de Sérianne.* (Aragon.)
> *Ne voyez-vous pas, aveugle* **que vous êtes,** *le piège qui vous est tendu ?* (Acad.)

3. Les locutions figées *qui pis est, qui mieux est, qui plus est* ont la fonction d'apposition à la phrase où elles se trouvent : *Il m'a bien accueilli et,* **qui plus est,** *il m'a félicité.*

4. La langue littéraire emploie encore le tour classique (non inconnu du français parlé) dans lequel une relative est imbriquée dans une conjonctive objet ou dans une autre relative :

> *... ce qui dénote une vertu* **qu'il n'aurait point aimé qu'on lui reconnût.** (M. Clavel.)
> [Le premier *qu'* est un pronom relatif complément d'objet de *reconnût ;*
> le second *qu'* est une conjonction.]
> *... avec un faux col* **que je croyais qui n'existait plus.** (Montherlant.)
> [*faux col* est antécédent à la fois de *que* et de *qui*. — On dit aussi :
> **...dont je croyais qu'il n'existait plus,** *ce qui est plus facile à expliquer.*]

418   **Place de la proposition relative.**

Dans l'usage ordinaire, la proposition relative suit immédiatement l'antécédent :

> *Je signalerai dans ce livre* **un chapitre qui me paraît beau.**

Il faut éviter, pour la clarté de la phrase, que la relative soit séparée de l'antécédent par un autre nom : *Je signalerai **un chapitre** *dans ce livre* **qui me paraît beau.**

L'emploi de *lequel* (qui varie en genre et en nombre) permet souvent d'éviter les ambiguïtés : cf. § 276.

Dans la langue écrite surtout, la relative se rapportant au sujet est parfois rattachée au prédicat (comme l'épithète et l'apposition détachées : cf. §§ 123 et 111) :

> *Une servante entra* **qui apportait la lampe.** (Gide.)
> *La ligne est brisée* **que définirent autrefois**
> **les pères fondateurs du mouvement.** (Dans le *Monde.*)
> [La longueur de la relative justifie le déplacement.]

Lorsque l'antécédent est un pronom personnel conjoint, il est impossible que la relative le suive immédiatement :

> *Il est là* **qui dort.** — *Le voilà* **qui part.** — *Je l'ai vu* **qui sortait.**

Dans une langue plus recherchée, la relative précède parfois l'antécédent : *Il regarde* **qui vient par le sentier sinueux** *Violaine toute dorée.* (Claudel.)

Comme dans l'exemple cité au § 417, Rem. 3, *qui plus est* (etc.) peut précéder la phrase à laquelle la relative sert d'apposition.

419   **Le mode dans la proposition relative.**

a) La relative est le plus souvent à l'**indicatif** [1] :

> *Je cherche le médecin qui* **peut** (ou : *qui* **pourrait**) *me guérir.*

b) Le **subjonctif** est employé quand le locuteur ne s'engage pas sur la réalité du fait :

> *Je cherche un médecin qui* **puisse** *me guérir.*

Le subjonctif est particulièrement fréquent :

1° Lorsque la relative se trouve après un verbe négatif ou dans une phrase interrogative ou dans une proposition conditionnelle :

> *Il n'y a pas d'homme qui* **soit** *immortel.*
> *Est-il un trésor qui* **vaille** *le sommeil ?* (A. France.)
> *S'il existe un homme qui* **ait** *une telle expérience, je l'engage.*

---

1. Rappelons que le conditionnel est aujourd'hui rangé parmi les temps de l'indicatif : cf. § 337 et la note.

Mais l'indicatif reste possible si la réalité du fait n'est pas mise en cause :

> *On n'estime pas l'homme qui **est** versatile.*
> *Y a-t-il un train qui **part** avant midi ?*
> *S'il existe un homme qui **a** une telle expérience, je l'engage.*

Le subjonctif s'introduit aussi par attraction après un verbe au subjonctif : *Quelle que soit la réponse que nous **fassions**.* (Péguy.) — L'indicatif est également possible : *Quelque abrupt que soit le roc que nous **gravissons**.* (G. Duhamel.)

2° Lorsque l'antécédent est accompagné d'un superlatif relatif ou d'un adjectif de sens analogue *(seul, premier, dernier)* :

> *Le meilleur ami qu'**ait** l'homme, c'est le chien.*
> *Cette pharmacie est la seule que je **connaisse** dans le quartier.*

Mais l'indicatif se rencontre aussi :

> *Il a épousé la plus belle femme qu'il **a pu** trouver.* (Bloy.)
> *Les visites de Swann avaient été les dernières qu'elle **avait reçues**.* (Proust.)

c) L'**infinitif** sans sujet est employé dans des cas où la relative implique l'idée de *devoir* ou de *pouvoir* :

> *Je cherche un endroit où **dormir** en paix.*

CHAPITRE II

La proposition conjonctive

420   Les **propositions conjonctives** sont des propositions commençant par une conjonction de subordination.

Nous traitons à part des interrogations indirectes commençant par *si* (§ 443).

Parmi les propositions conjonctives, nous distinguons :

a) Les **propositions conjonctives essentielles,** qui sont ordinairement introduites par *que* et qui remplissent des fonctions nominales essentielles, notamment celles de sujet et de complément d'objet :

> **Qu'il se trompe** *est certain.* — *Il est évident* **qu'il se trompe.**
> *Je dis* **qu'il se trompe.**

b) Les **propositions corrélatives,** qui sont introduites par *que* et qui sont appelées par un terme (adverbe ou adjectif) de la phrase ou de la proposition dont elles font partie :

> *Il a une* **telle** *faim* **qu'il mangerait n'importe quoi.**
> *Il est* **plus** *grand* **que je ne pensais.**

c) Les **propositions adverbiales,** qui sont ordinairement introduites par une autre conjonction de subordination que *que* et qui ont la fonction d'un complément adverbial :

> **Quand le chat est parti,** *les souris dansent.*
> *Vous reviendrez* **si vous voulez.**

Remarque. — Les propositions conjonctives peuvent être averbales, notamment les corrélatives, les adverbiales de cause, de manière (cf. § 433, *b*, Rem.), d'opposition, de condition.

Tantôt, par économie, on se dispense de répéter des éléments déjà donnés dans le contexte :

> *Nous connaissons nos signaux mieux* **qu'un prêtre son bréviaire.** (A. Chamson.)
> *Cette caisse est plus haute* **que large.** — *Il fait moins froid* **qu'hier.**
> *J'ai planté là le comptoir de mon père* **comme vous l'École de théologie.** (M. Yourcenar.)

Tantôt on se dispense d'exprimer des éléments jugés non indispensables pour la communication :

> *Toute mélodie s'efface,* **dès qu'apparue.** (Marie Noël.)
> **Quoique absente,** *je penserai souvent à vous.* (Th. Gautier.)
> *Venez aussitôt* **que possible.** — *Venez vous-même* **si possible.**

1. LA PROPOSITION CONJONCTIVE ESSENTIELLE

421 Nous appelons **conjonctives essentielles**[1] des propositions conjonctives qui remplissent dans la phrase (ou, éventuellement, dans une proposition) des fonctions nominales essentielles : cf. § 422.

Elles sont introduites ordinairement par la conjonction de subordination *que :*

Il faut **que** *tu répondes.* — *Je sais* **que** *tu répondras.*

Cependant, lorsque les propositions correspondent à un syntagme nominal introduit par une préposition (complément d'objet indirect, complément d'adjectif), elles peuvent être introduites par *à ce que, de ce que :*

Il s'attend **à ce que** *je revienne.* (Acad.) [Comp. : ... *à mon retour.*]
Cela provient **de ce qu'**il n'y a pas de surveillance.* (Acad.)
[Comp. : ... *du manque de surveillance.*]

Mais là où le simple *que* est possible, il est souvent considéré comme plus élégant :

On s'attend **que** *le clergé nous prêche la charité fraternelle.* (J. Green.)
Elle se plaint **que** *la vie est* (ou *soit*) *chère.* (Dict. du franç. contemporain.)

On doit dire *informer que, avertir que* et non **de ce que.*

À ce que introduit même parfois une proposition complément d'objet *direct* (parce que *à* peut introduire un infinitif ayant cette même fonction), mais cela n'est pas vraiment admis dans la langue soignée : *Je demande* **à ce qu'**elle dure autant que la vie.* (Apollinaire, dans une lettre familière.)

La langue populaire introduit parfois le style indirect (§ 147, *b*) par *comme quoi* (locution conjonctive venue sans doute de l'interrogation) : *Germain raconta* **comme quoi** *il avait été forcé de ramener la petite Marie.* (G. Sand.)

Remarque. — La proposition infinitive joue parfois le même rôle qu'une proposition conjonctive essentielle : *Je vois* **grandir votre autorité.** (Comp. : *Je vois* **que votre autorité grandit.**) — Comme elle n'est pas introduite par une conjonction, nous ne l'étudions pas ici. Voir § 348, *b*, 3° et les Remarques.

422 **Fonctions de la proposition conjonctive essentielle.**

a) Sujet et surtout sujet réel :

Que le problème soit politique est hors de doute. (J.-J. Servan-Schreiber.)
D'où vient qu'on ne vous a pas vu hier ?
Il faut que tu me répondes.

---

1. On les appelle parfois *conjonctives pures.* On a proposé aussi *conjonctives par que*, mais cela ne paraît pas satisfaisant (il y a d'autres conjonctives par *que*), pas plus que les appellations plus traditionnelles de *complétives* (il ne s'agit pas toujours d'un complément) ou de *substantives* (le substantif a d'autres fonctions). — Que le sujet ou l'objet soient des fonctions essentielles, cela est visible. Pour les noms et les adjectifs, ils reçoivent des compléments équivalant à ceux des verbes auxquels ces noms et adjectifs correspondent.

Comme sujet placé en tête de la phrase, le plus souvent la proposition est reprise par redondance sous la forme d'un pronom démonstratif neutre ou d'un nom de sens vague (*chose*, etc.). On dirait, dans l'exemple cité plus haut : ... *cela est hors de doute*, ou : ... *la chose est hors de doute*.

Le sujet est parfois placé après le prédicat :

Cela m'étonne qu'il ne m'ait pas averti.

Remarque. — Dans une phrase comme *L'essentiel est* **que vous soyez en bonne santé**, on se demande si la proposition est sujet ou attribut. D'après les critères adoptés au § 99, Rem. 4, nous la considérons comme sujet.

b) Complément d'objet, direct ou indirect :

Je voudrais que tu m'accompagnes.
Il dit que je me suis trompé.
Je ne doute pas qu'il soit content.

Pour les propositions introduites par *à ce que, de ce que*, cf. § 421.

c) Complément d'un nom (ce nom correspond à un verbe : cf. § 121, *d*, 2°) :

Il a exprimé le souhait que vous l'accompagniez.
L'idée que Poil de Carotte est quelquefois distingué amuse la famille. (J.Renard.)

d) Complément d'un adjectif (ou d'un participe employé adjectivement) :

Foureau (...) souriait d'une façon narquoise,
jaloux de ce qu'ils avaient un divertissement au-dessus de sa compétence. (Flaubert.)
Jean demeura un peu froissé que son frère eût parlé de cela. (Maupassant.)

C'est par l'emploi de la conjonction *que* (ou *de ce que*) que l'on peut distinguer ce type de propositions compléments d'adjectifs de celles qui sont présentées dans le § 427.

e) Régime de *voici, voilà* ou complément d'un mot-phrase :

Voilà qu'il se met à pleuvoir.
Peut-être qu'il viendra. (Acad.)

Le mode dans la proposition conjonctive essentielle

423 L'**indicatif** est le mode ordinaire, lorsqu'il n'y a pas d'intention particulière, notamment :

a) Après les verbes impersonnels marquant la certitude et la vraisemblance :

Il est certain, sûr, évident que vous vous trompez.
Il est probable que nous partirons demain.

Si ces verbes impersonnels sont accompagnés d'une négation ou s'ils sont dans une phrase interrogative, ou dans une proposition conditionnelle, on recourt plutôt au subjonctif : cf. § 424, *a*.

Au contraire, on met l'indicatif après les verbes de doute employés négativement : *Il ne faisait pas de doute qu'il m'**avait percé** à jour.* (Giono.)

Remarque. — Après **il semble,** quand ce verbe est accompagné d'un complément d'objet indirect *(il me semble),* on met presque toujours l'indicatif :

*Il me semble qu'il **est** temps de partir.*

Lorsqu'il n'y a pas d'objet indirect, le subjonctif est plus fréquent que l'indicatif, au moins dans la langue écrite :

*Il semblait que ce **fût** une armée en marche.* (Malraux.)
Mais : *Il semble qu'on le **voit** déjà ce portrait.* (Giono.)

b) Après un verbe (ou un nom) exprimant une opinion *(croire, espérer...),* une déclaration *(dire...),* une perception *(entendre, voir...)* :

*Je crois, je dis, je vois que nous nous **sommes trompés.***
*Je m'aperçois que nous nous **sommes trompés.***
*Il lui a fait partager sa conviction que tout se **passerait** bien.*

Si ces verbes sont accompagnés d'une négation ou s'ils sont dans une phrase interrogative ou dans une proposition conditionnelle, on recourt plutôt au subjonctif : cf. § 424, *c*.

Remarque. — **Espérer** dans son sens propre implique le futur : *J'espère qu'il **reviendra**.* — Mais il prend aussi le sens de « aimer à croire, penser » et admet alors le présent ou un temps du passé : *J'espère qu'il **travaille**.* (Littré.) — *J'avais espéré qu'il **travaillait**.* (Littré.)

c) Après *voici* et *voilà :*

*Voici que la nuit **vient**. — Et voilà que tu **veux** me quitter !*

424   Le **subjonctif** est employé quand le locuteur ne s'engage pas sur la réalité du fait, et notamment dans les cas suivants :

a) Après les verbes impersonnels marquant la nécessité *(il faut...),* la possibilité *(il est possible...),* le doute *(il est douteux...),* ou exprimant un sentiment [2] *(il est heureux...)* :

*Il faut, il est nécessaire, il importe que nous **partions** très tôt.*
*Il est douteux qu'il **vienne** encore aujourd'hui.*
*Il est possible que le train **soit** en retard.*

De même : *C'est dommage qu'il **ait** tant **plu**.*

---

2. Même quand le fait a une pleine réalité.

On y joindra les verbes impersonnels exprimant la certitude ou la vraisemblance lorsqu'ils sont accompagnés d'une négation ou qu'ils sont dans une phrase interrogative ou dans une proposition conditionnelle :

*Il n'est pas certain qu'il **vienne** ce soir.*
*Est-il certain qu'il **vienne** ce soir ?*
*S'il est vrai que tu **aies** une bicyclette, prête-la-moi.*

Il arrive cependant que, même dans ces conditions, les verbes impersonnels exprimant la certitude soient suivis de l'indicatif (comp. § 423, *a*) :

*Il n'est pas certain qu'il **viendra** ce soir. Etc.*

b) Quand la proposition sujet ou complément d'objet direct est en tête de la phrase :

*Que tu **prennes** une telle décision, cela me surprend.*
*Qu'il se **soit trompé**, il le sait.*

c) Après les verbes personnels (ou les noms) exprimant la négation *(nier...)* ou le doute *(douter...)* :

*Il doute, il nie que les choses se **soient passées** ainsi.*

Si ces verbes sont accompagnés d'une négation, l'indicatif redevient possible si on veut insister sur la réalité du fait : *Je ne doute pas qu'il **fera** tout ce qu'il pourra.* (Littré.) — *Tiffauges ne doutait pas qu'il **abdiquerait** désormais.* (M. Tournier.)

Aux verbes de négation et de doute, on joindra les verbes exprimant une opinion *(croire, espérer...)*, une déclaration *(dire...)*, une perception *(entendre, voir...)* quand ils sont accompagnés d'une négation ou quand ils sont dans une phrase interrogative ou dans une proposition conditionnelle :

*Je ne crois pas, je ne dis pas, je ne vois pas que nous nous **soyons trompés**.*
*Croyez-vous que nous nous **soyons trompés** ?*
*Si vous croyez que nous nous **soyons trompés**...*

Il arrive cependant que, même dans ces conditions, les verbes d'opinion, de déclaration et de perception soient suivis de l'indicatif (comp. § 423, *b*) si l'on veut marquer la réalité du fait :

*Je ne croyais pas que c'**était** si dangereux.* (Dict. du franç. contemp.)
*Je ne crois pas que je **ferai** rien pour rendre plus apparent le squelette.* (R. Martin du Gard.)

L'indicatif permet d'exprimer des nuances temporelles absentes au subjonctif (surtout si l'on évite l'imparfait et le plus-que-parfait : cf. § 346, Rem. 4).

d) Après les verbes (ou les noms) exprimant la volonté (ordre, prière, désir, souhait, défense, empêchement) et après les verbes (ou les noms ou les adjectifs) exprimant un sentiment [3] (joie, tristesse, crainte, regret, admiration, étonnement...) :

*Je veux, j'ordonne, je demande, je désire, je souhaite qu'on me **réponde**.*
*Empêchez qu'il ne **sorte**.*
*Je crains qu'il ne **fasse** fausse route.*
*Je me réjouis, je m'étonne qu'il **revienne** déjà.*
*La crainte qu'il ne **revienne** pas me poursuit.*

---

3. Même quand le fait a une pleine réalité.

Remarques. — 1. Certains verbes comme *admettre, entendre, dire, prétendre...* expriment tantôt l'opinion ou la perception, tantôt la volonté ; construits avec *que* et employés affirmativement, ils demandent après eux l'indicatif dans le premier cas, le subjonctif dans le second :

J'entends [= je perçois par l'ouïe] *qu'on* **vient.**   J'entends [= je veux] *qu'on* **vienne.**
Je dis [= je déclare] *qu'il* **part.**   Je lui dis [= je commande] *qu'il* **parte.**

2. Après *arrêter que, décider que, décréter que, établir que, exiger que, mander que, ordonner que, prescrire que, régler que, résoudre que,* on met l'indicatif quand, dans le style direct, cet ordre ou cette décision sont ou seraient à l'indicatif :

Le conseil arrête qu'on ne **passera** plus par cette rue.
Le tribunal a décidé que la donation **était** nulle. (Acad.)

3. Lorsque les verbes (ou les adjectifs) de sentiment sont suivis d'une proposition introduite par *de ce que,* on met l'indicatif ou le subjonctif (qui devient plus fréquent) :

Elle se fâchait de ce qu'il n'**avait** plus d'orgueil. (Zola.)
Il s'étonne de ce qu'il ne **soit** pas venu. (Acad.)
Les parents se plaignirent de ce que le cochon ne **fût** pas encore **rentré.** (M. Aymé.)

4. *Se plaindre que* admet le subjonctif ou l'indicatif :

Elle se plaint que la vie **est** (ou **soit**) chère. (Dict. du franç. contemporain.)

e) Après les expressions *non que, non pas que, ce n'est pas que :*

Je ne vais pas au cinéma ; non que cela me **déplaise,** mais je n'ai pas le temps.

2. LA PROPOSITION CORRÉLATIVE

425   Nous appelons **propositions corrélatives** des propositions introduites par *que* (ou *pour que :* Rem. 1) et qui sont commandées par un mot de la phrase ou de la proposition dont elles font partie :

Elle est **plus** malade **que je ne pensais.**
Il a **tellement** parlé **qu'il est enroué.**

On range souvent ces propositions parmi les adverbiales (ou circonstancielles). Elles se distinguent pourtant de celles-ci : 1° elles sont appelées par un mot corrélatif ; — 2° elles sont introduites par *que ;* — 3° elles ne dépendent pas d'un verbe : *Il travaille avec* **tant** *de passion qu'il oublie l'heure ;* — 4° elles sont nécessaires ; si elles ne sont pas exprimées, elles sont suggérées par le contexte : *Il mange moins maintenant* (= *qu'il ne mangeait auparavant*) ; — 5° elles ne peuvent être mises en tête de la phrase ; s'il y a un déplacement, il entraîne aussi le mot corrélatif : **Plus que tout,** *j'aime la tranquillité.*

Cependant, des expressions comme *si bien que, de telle sorte que, de telle manière que, à tel point que* sont dans certains cas des locutions conjonctives dont les éléments ne se séparent plus et qui introduisent la proposition : *Pierre a trop mangé,* **de telle sorte qu'** (ou : **si bien qu'**) **il a été malade.** — Les remarques présentées ci-dessus (sauf le 5°) ne sont plus valables, et l'on est fondé à ranger ces propositions parmi les adverbiales : cf. § 434.
De la même façon, *d'autant que* peut être considéré comme une locution de subordination marquant la cause : cf. § 431.

Les termes qui appellent une proposition corrélative sont :

1° Des adverbes :

— Adverbes de degré (§§ 385-386) : *plus, davantage* (§ 386), *moins, aussi, autant ; —* si, tellement, tant, au point.
— Adverbes comparatifs synthétiques (§ 383) : *mieux, pis.*
— *Ailleurs, autrement.*

2° Des adjectifs :

— Adjectifs comparatifs synthétiques (§ 206, *a*) : *meilleur, moindre, pire.*
— *Autre, même, tel.*

Remarques. — 1. On peut ranger parmi les propositions corrélatives celles qui sont appelées par *assez, suffisamment, trop,* et qui sont introduites par *pour que :*

> Il m'a fait **trop** de bien **pour que j'en dise du mal.**

Ne pas insérer un *que* devant le *pour : *Il m'a fait trop de bien* **que** *pour que j'en dise du mal.* De même lorsque *pour* est suivi immédiatement d'un infinitif : **Il est trop poli* **que** *pour être honnête.* Dites : *Il est trop poli pour être honnête.*

2. Dans le cas de *Plus on est de fous, plus on rit,* il y a coordination, et nous préférons parler de *phrases* corrélatives.

426   **Le mode dans la proposition corrélative.**

On peut distinguer deux espèces de propositions corrélatives :

a) Le mot corrélatif exprime un degré *avec* comparaison explicite : c'est le cas de tous les mots cités dans le § 425, à l'exception de *tellement* (et de certains emplois de *si, tel, tant :* voir *b*). La proposition indique le repère à quoi l'on compare. Elle se met toujours à l'indicatif :

> Cette chambre est moins grande que je ne l'**avais cru.**

De même, lorsque *d'autant* se combine avec un comparatif pour exprimer la proportion :

> On le croyait d'autant moins que sa défense **était** plus compliquée. (Maupassant.)

Remarques. — 1. La proposition corrélative est souvent averbale (cf. § 420, Rem.) :

> Il est plus grand **que son frère.**

2. Lorsque le sujet de la proposition est autre qu'un pronom personnel ou *ce* ou *on,* il peut se placer avant ou après le verbe :

> La mer était plus impressionnante que ne l'imaginait **l'enfant.**
> Ou : ... que **l'enfant** ne l'imaginait.

S'il y a un complément d'objet direct de forme nominale, l'inversion ne se fait pas.

b) Le mot corrélatif exprime un degré *sans* comparaison explicite : c'est le cas de *tellement* et, dans certains de leurs emplois, de *si, tant* et *tel*. La proposition exprime la conséquence. Elle se met d'ordinaire à l'*indicatif :*

> *Il est si habile* (ou : *il a une telle habileté*) *qu'il* **est** *sans rival.*

On met le *subjonctif :*

1° Si le verbe principal est négatif ou si la phrase est interrogative :

> *Il n'est pas si habile qu'il* **soit** *sans rival.*
> *Est-il si habile qu'il* **soit** *sans rival ?*

2° Si la proposition exprime à la fois une conséquence et un but à atteindre :

> *Il faut une enceinte de tours*
> *Si terrible que rien ne* **puisse** *l'approcher.* (Hugo.)

Remarque. — Après *assez ... pour que, trop ... pour que, suffisamment ... pour que* (cf. § 425, Rem.), on met le subjonctif :

> *Cette affaire est trop grave pour que nous la* **prenions** *à la légère.*

3. LA PROPOSITION ADVERBIALE

427   Les **propositions adverbiales** (on dit aussi : *circonstancielles*) sont des propositions qui sont introduites par des conjonctions de subordination diverses (rarement *que* seul) et qui jouent dans la phrase le rôle de compléments non essentiels (§ 113, *a*) et adverbiaux (§ 113, *c*) :

> *Nous partirons* **quand le soleil se lèvera,** ... **si le soleil est levé,**
> ... **quoique le soleil ne soit pas levé.**

Elles peuvent être aussi des compléments d'adjectifs et des compléments de noms :

> *J'ai trouvé un homme* | *heureux* | **parce que tout lui réussissait.**

> *J'ai hérité de mon père* | *un canif* | **comme on n'en fait plus aujourd'hui.**

Remarques. — 1. Dans les propositions adverbiales, le sujet autre qu'un pronom personnel ou *ce* ou *on* peut se mettre après le verbe, dans la langue écrite. Cela est particulièrement fréquent dans les propositions de temps, de comparaison et d'opposition :

> *Dès que m'attire* **un décor, un objet...** (S. de Beauvoir.)
> *Comme ont fait* **nos prédécesseurs.** — *Si grand que soit* **cet avantage.**

S'il y a un objet direct sous forme nominale, le sujet se met nécessairement devant le verbe : *Dès* **qu'un décor** *attire les regards.* Mais non : **Dès qu'attire* **un décor** *les regards.*

2. La proposition adverbiale peut être averbale : cf. § 420, Rem.

3. Devant des propositions coordonnées, il arrive que l'on ne répète pas la conjonction, mais qu'on la remplace par *que* (cf. § 404, *b*) :

> *Quand il reviendra et* **qu'***il verra...* — *S'il revient et* **qu'***il voie...*

Cela n'a pas d'influence sur le mode, sauf quand *si* est remplacé par *que* : § 441, Rem. 2.

4. La proposition participe joue le même rôle que la proposition adverbiale :

> **Les premiers brocs vidés** *il en réclama d'autres.* (M. Duras.)
> [Comp. : *Quand les premiers brocs furent vidés...*]

Mais, comme elle n'est pas introduite par une conjonction, nous ne l'étudions pas ici. Cf. § 351.

D'autres constructions équivalent du point de vue *sémantique* à des propositions adverbiales, mais non du point de vue *grammatical,* car elles ne sont pas introduites par une conjonction, et elles ne comportent pas l'association d'un sujet et d'un prédicat. Notamment :

— Le gérondif (§ 356) : **En faisant un effort,** *vous y arriverez.* [Comp. : *Si vous faites un effort...*]

— L'épithète détachée (§ 123) : **Assis,** *vous étendez vos jambes.* (M. Butor.) [Comp. : *Lorsque vous êtes assis...*]

— L'apposition détachée (§ 111) : **Observateur attentif,** *il ne laisse rien échapper.* [Comp. : *Parce qu'il est un observateur attentif...*]

428   **Espèces de propositions adverbiales.**

On divise les propositions adverbiales en sept catégories, d'après le sens :

1° Propositions de **temps** (question *quand ?*) ;
2° Propositions de **cause** (question *pourquoi ?*) ;
3° Propositions de **manière** (question *comment ?*) ;
4° Propositions de **conséquence** ;
5° Propositions de **but** (question *pourquoi ?*) ;
6° Propositions d'**opposition** ;
7° Propositions de **condition.**

Il ne nous a pas paru nécessaire de définir ces catégories, qui empruntent leurs dénominations à la langue ordinaire.

Remarques. — 1. Les conjonctions de subordination seront réparties d'après leur valeur fondamentale. Dans certains contextes, elles peuvent être considérées comme équivalant à des conjonctions qui ont une autre valeur fondamentale : voir par exemple § 438, *a*, Rem.

2. On remarquera l'absence du lieu parmi les catégories énumérées ci-dessus. En effet, le lieu s'exprime, non par une proposition conjonctive, mais par une proposition introduite par *où*, c'est-à-dire une proposition relative (cf. § 416) : **Où il y a de la gène,** *il n'y a pas de plaisir.* — *Allez* **où vous voulez.**

3. On range parfois parmi les adverbiales ou circonstancielles des propositions introduites par des locutions conjonctives indiquant une sorte d'addition *(outre que)* ou de restriction *(sauf que, excepté que,* etc.) :

Outre qu'il est intelligent, *il est très actif.*
Sauf qu'il avait tellement grossi, *il avait gardé bien des choses d'autrefois.* (Proust.)

Cependant, plus d'un grammairien considère que l'on n'a pas ici une véritable locution conjonctive, mais une préposition suivie d'une proposition conjonctive essentielle, comme, dans *Excepté quand il est absent,* on a une préposition suivie d'une proposition conjonctive adverbiale.

Ce caractère de conjonctive essentielle apparaît clairement quand la proposition apporte une correction à un complément essentiel qui précède : *Il a tout prévu,* **sauf qu'il pleuvrait.**

A. PROPOSITION ADVERBIALE DE TEMPS

429   Conjonctions de subordination.

a) Le fait exprimé par le verbe principal est antérieur au fait exprimé par le verbe de la proposition [4] : *avant que, d'ici à ce que, d'ici que, jusqu'à ce que.*

En outre, *en attendant que,* qui n'est pas tout à fait figé et qu'on pourrait décomposer en un gérondif et un *que* introduisant une conjonctive essentielle.

Jusqu'à tant que est archaïque ou régional.

b) Les deux faits sont simultanés : *comme, pendant que, tandis que, en même temps que, tant que,* outre *alors que,* qui implique d'habitude une nuance d'opposition.

En outre, des locutions qui ne sont pas vraiment figées et qu'on pourrait décomposer :

— Avec un *que* ou un *où* relatifs : *au moment où, au moment que* (littéraire), *à l'heure où, à l'instant où,* etc. ; — *aujourd'hui que, à présent que, maintenant que ;* — *chaque fois que, toutes les fois que.*

— Avec un *que* introduisant une conjonctive corrélative (§ 425) : *aussi longtemps que.*

Locutions anciennes, attestées encore dans la langue littéraire : *cependant que, durant que.*

c) Le fait exprimé par le verbe principal est postérieur au fait exprimé par le verbe de la proposition : *après que, dès que, aussitôt que, sitôt que* (plus littéraire), *depuis que, une fois que.*

Du moment que a vieilli en ce sens.

---

4. Ou, si l'on veut, le fait exprimé dans la proposition est postérieur au fait exprimé par le verbe principal. Et l'inverse pour le *c.*

d) *Quand* et *lorsque* (surtout usité dans la langue écrite) servent à la fois pour la simultanéité et pour la postériorité.

Remarques. — 1. On emploie le simple *que* (en dehors du cas où il remplace une autre conjonction dans la coordination : § 427, Rem. 3) :

1° Pour indiquer une simultanéité ou une quasi-simultanéité, une succession immédiate :

La pluie avait cessé **que** [= alors que] *nous allions encore à toute vitesse.* (Duhamel.)
Je n'avais pas ouvert la porte **que** [= quand] *Pierre m'apostropha durement.*
Il avait à peine terminé son repas **que** [= quand] *la cloche sonna.*

2° Avec le sens « tant que » et le subjonctif, après un verbe construit négativement, et notamment après la locution *n'avoir de cesse :*

Je ne me relèverai pas **que** *vous ne m'ayez donné votre bénédiction.* (Montherlant.)
À votre place, je n'aurais de cesse **que** *je ne sois définitivement fixé.* (R. Ikor.)

2. La proposition temporelle est parfois la partie la plus importante du message :

Le soir tombait **quand mon père rentra enfin.**

C'est le cas dans les phrases signalées dans la Remarque 1.

430   Emploi du mode.

a) Quand il y a postériorité ou simultanéité (au sens défini dans le § 429), on met l'indicatif :

Quand nous **aurons fini,** *nous partirons.*
Comme il **entrait,** *la cloche sonna.*
On entre en classe après que la cloche **a sonné.**

C'est une innovation du XXe siècle que de faire suivre *après que* du subjonctif. Cet usage se répand de plus en plus, bien qu'il contredise la règle ci-dessus et bien qu'il ait beaucoup d'adversaires parmi les grammairiens : *Après qu'ils* **aient versé** *leur sang.* (Duhamel.) — *Après que vous m'***ayez assis** *dans une île.* (Saint-John Perse.)

b) Quand il y a antériorité, on met le subjonctif :

J'irai le voir avant qu'il **parte.**
Je resterai ici jusqu'à ce que vous **reveniez.**

Après *jusqu'à ce que*, on met parfois l'indicatif quand on veut marquer la réalité du fait :

Ils demeurèrent prostrés jusqu'à ce qu'une main leur **toucha** *l'épaule.* (Fr. Mauriac.)

B. PROPOSITION ADVERBIALE DE CAUSE

431   Conjonctions de subordination : *comme, parce que, puisque,* — ainsi que des locutions dont le premier élément est un participe passé : *étant donné que, attendu que, vu que.*

En outre, *d'autant que* (littéraire), *surtout que* (qui a été discuté, mais qui est courant), *à cause que* (régional ou archaïque).

On y joint parfois : *sous (le) prétexte que.*

432   Emploi du mode. — On emploie l'**indicatif** :

*Il a vendu sa maison, parce qu'elle **était** trop grande pour lui.*
*L'eau n'allait pas chauffer d'un coup, surtout qu'il n'**avait** pas de couvercle.* (M. Butor.)

Remarque. — Rappelons que les expressions *non que, non pas que, ce n'est pas que,* au moyen desquelles on écarte une fausse cause, se construisent avec le subjonctif. Mais il ne s'agit pas de propositions adverbiales (cf. § 424, *e*).

La locution *faute que,* d'ailleurs assez rare, est parfois considérée comme marquant une fausse cause. Elle est suivie du subjonctif :

*S'ils la négligent, c'est en partie faute qu'on leur en **ait montré** l'intérêt.* (R.-L. Wagner.)

C. PROPOSITION ADVERBIALE DE MANIÈRE

433   Les propositions répondant à la question **comment ?** sont fort variées et nous croyons devoir traiter ensemble des conjonctions qui les introduisent et du mode employé.

a) *De manière que, de façon que, de sorte que* impliquent une conséquence, réalisée ou non. Si elle est réalisée, on met l'indicatif ; si elle ne l'est pas (ce qui revient à une idée de but), on met le subjonctif :

*Il a partagé les gâteaux de manière que tout le monde **est** satisfait.*
*Il a partagé les gâteaux de manière que tout le monde **soit** satisfait.*

Il est parfois difficile de distinguer ces propositions de celles qui ressortissent plutôt au but ou à la conséquence. Cf. §§ 434 et 436.

De manière à ce que, de façon à ce que, locutions critiquées, mais courantes (elles sont dues à l'analogie avec *de manière à* + infinitif), sont toujours suivies du subjonctif et impliquent toujours le but : *Elle plaçait son éventail **de façon à ce qu'il pût le prendre.*** (Stendhal.)

b) *Comme, ainsi que, de même que* indiquent la comparaison ou la conformité et sont suivis de l'indicatif :

*Il vous a traité comme il **aurait traité** son fils.*
*Il vous a traité comme vous vous y **attendiez.***

Selon que s'emploie encore parfois pour indiquer la conformité, notamment dans le style biblique : **Selon qu'**il est écrit.

Remarque. — Après les conjonctions marquant la comparaison, la proposition est très souvent averbale (cf. § 420, Rem.) : le locuteur laisse tomber par économie tous les éléments déjà donnés dans le contexte. Le verbe ainsi omis peut ne pas être de la même personne, du même nombre, au même temps, que le verbe exprimé auparavant. La proposition peut se réduire à un syntagme nominal, à un pronom personnel disjoint, à un adverbe, à un syntagme prépositionnel, à une proposition conjonctive adverbiale (incluse dans la conjonctive introduite par *comme*) :

*Il est enthousiaste **comme moi,** ... **comme son frère.***
*Elle le dorlotait **comme jadis,** ... **comme dans son enfance,***
*... **comme quand il était enfant,** ... **comme s'il était encore un enfant.***

Cette réduction est si fréquente, si naturelle, qu'il est parfois difficile de restituer la proposition complète. Par exemple, dans *Elle le considérait* **comme un enfant,** on est fondé à analyser *un enfant* comme l'attribut du complément d'objet direct *le* (cf. § 116).

c) *À mesure que, au fur et à mesure que* indiquent une proportion et sont suivis de l'indicatif :

*Il reculait à mesure que j'***avançais.**

On n'emploie plus guère, avec cette valeur, *selon que, suivant que, à proportion que.*

d) *Sans que,* qui est suivi du subjonctif, est difficile à classer. La proposition qui suit peut être considérée comme une adverbiale de manière, ou comme une adverbiale de conséquence (conséquence non réalisée) :

Les dents lui poussèrent sans qu'il **pleurât** *une seule fois.* (Flaubert.)

Au lieu de *sans que,* la langue littéraire emploie *que ... ne* (plus le subjonctif) après un verbe construit négativement :

Il ne voit pas un brin d'herbe à terre, **qu'il ne vous dise comment cela s'appelle en latin.** (Musset.)

D. PROPOSITION ADVERBIALE DE CONSÉQUENCE

434   **Conjonctions de subordination.**

La conséquence n'a pas de conjonctions qui lui soient propres :

— *Au point que, de façon que, de manière que, de sorte que, en sorte que* sont des locutions qui impliquaient primitivement la manière et qui en sont arrivées à pouvoir exprimer la conséquence (la manière étant alors exprimée par un autre élément de la phrase) :

Il a mangé goulûment, **de sorte qu'il a été malade.**

— Dans *Si bien que, tant et si bien que, de telle façon que, de telle manière que, de telle sorte que, au point que,* un complément de manière contenant un mot corrélatif *(si, tant, tel, au point)* s'est réuni avec le *que* introduisant la proposition corrélative (cf. § 425) :

Il a mangé goulûment, **si bien qu'il a été malade.**

Remarque. — La conséquence est parfois introduite par *que* seul :

Les commandes pleuvaient à l'abbaye **que c'était une bénédiction.** (A. Daudet.)

Cette proposition pourrait aussi être analysée comme une adverbiale de manière.

435   **Emploi du mode.** — On met l'indicatif, comme on le voit dans les exemples du § 434.

Pour *sans que,* analysable comme exprimant une conséquence non réalisée, cf. § 433, *d.*
Le but (cf. § 436) peut être considéré comme une conséquence non encore réalisée.

E. PROPOSITION ADVERBIALE DE BUT (FINALE)

436   **Conjonctions de subordination.**

a) Locutions marquant exclusivement le but :

— *Afin que, pour que ;*
— *À seule fin que* implique un but unique ;
— *De crainte que, crainte que* (littéraire), *de peur que* indiquent un but que l'on veut éviter.

b) *Que* s'emploie parfois après un impératif ou un équivalent de l'impératif :

Ôte-toi de là, **que je m'y mette.**

c) Locutions marquant aussi la manière (§ 433, *a*), mais qui expriment parfois le but (la manière étant alors exprimée dans la phrase par un autre élément) :

Il se décidait à se rendre sur le terrain, en avertissant les sergents,
de façon qu'ils arrivassent au moment même où le duel commencerait. (Nerval.)

C'est notamment le cas des locutions critiquées, mais courantes *de façon à ce que, de manière à ce que,* qui sont toujours suivies du subjonctif : *Il n'élèvera ses bâtiments que les uns après les autres,* **de façon à ce que les services aient toujours quelque abri.** (Barrès.)

437   **Emploi du mode.** — On emploie toujours le subjonctif :

Elle lui a donné un bonbon pour qu'il se **tienne** *tranquille.*

F. PROPOSITION ADVERBIALE D'OPPOSITION
(CONCESSIVE OU ADVERSATIVE)

438   **Conjonctions de subordination.**

a) Conjonctions (ou locutions) proprement dites :

— *Bien que, quoique, encore que* (littéraire), *malgré que.*

Malgré que, en dehors de l'expression *malgré qu'il en ait* (cf. ci-dessous), a été critiqué ; il est pourtant entré dans l'usage, même littéraire :

Malgré que *je fusse mal satisfait de mon arrestation, il y mit de la courtoisie.* (Vigny.)

— *Loin que, au lieu que.*

Remarques. — 1. Certaines conjonctions de temps ou de condition peuvent avoir une nuance d'opposition : *alors que, si, même si, quand*, etc.

> **Quand** *vous le jureriez, on ne vous croirait pas.*
> *Celui-ci avance* **alors que** *celui-là recule.*
> **Si** *la parole est d'argent, le silence est d'or.*

2. Sur *que* seul marquant l'opposition, cf. § 343, *b*.

b) Dans beaucoup de propositions d'opposition, un terme appartenant à cette proposition est détaché en tête de la proposition et rappelé par le pronom relatif *que* (cf. § 272, *e*, Rem.) :

> **Si têtu qu'il soit,** *il devra céder.* (On dit aussi : **Aussi têtu...** [§ 385, *c*, Rem.] ,
> **Pour têtu...** [littéraire], **Quelque têtu...** [très littéraire], **Tout têtu...** [cf. § 439].)
> **Quel que soit son talent,** *il ne réussira pas.*
> **Où qu'il aille,** *il sera mal reçu.*
> **Quoi qu'on dise,** *ce film est médiocre.* [À distinguer de *quoique*, cf. *a*.]
> **Qui que ce soit qui le dise,** *je n'en crois rien.*

L'expression littéraire *malgré que j'en aie* « malgré moi » se rattache aussi à cette construction : *Mathias*, **malgré qu'il en eût,** *appuya sur la droite.* (Robbe-Grillet.)

Remarque. — Au lieu de *si* (ou : *aussi*) *grand qu'il soit*, on écrit aussi : *Si* (ou : *aussi*) *grand soit-il.*

439   **Emploi du mode.** — En général, le verbe de la proposition adverbiale d'opposition se met au subjonctif :

> *Bien que le train* **soit** *en retard, nous ne manquerons pas le bus.*
> *Si mince qu'il* **soit,** *un cheveu fait de l'ombre.*

Une seule exception : *tout ... que* admet l'indicatif aussi bien que le subjonctif :

> *Tout ivre qu'il* **était,** *il a paru très intéressé.* (Simenon.)
> *Tout simple qu'il* **soit,** *il a déjà deviné.* (Fr. Mauriac.)

Remarques. — 1. La règle selon laquelle la proposition d'opposition se met au subjonctif n'est pas toujours respectée, même par les auteurs soigneux (et cela depuis longtemps). L'indicatif tend à s'introduire notamment dans les cas où le subjonctif n'a pas les moyens d'exprimer les temps avec la même précision que l'indicatif (cela est encore accentué par le recul de l'imparfait et du plus-que-parfait du subjonctif) :

> *Il est encore plein de vie, bien que ses longues jambes*
> *ne le* **porteront** *plus nulle part.* (Bernanos.)

2. Les conjonctions ou locutions conjonctives marquant occasionnellement l'opposition sont suivies du mode qu'elles demandent dans leur emploi ordinaire : cf. § 438, *a*, Rem. 1.

G. PROPOSITION ADVERBIALE DE CONDITION
(HYPOTHÉTIQUE)

440   **Conjonctions de subordination.**

a) *Si*, conjonction de condition par excellence.

Dans la langue littéraire, on emploie parfois *que si* en tête de phrase : **Que si** *par ironie on les emploie au pluriel, on dit* des madames, des mademoiselles. (F. Brunot.)

b) Des locutions : *à moins que, pour peu que, pourvu que, pour autant que, moyennant que* (littéraire).

On peut y joindre des locutions qui ne sont pas entièrement figées : *en admettant que, supposé que, à supposer que, dans la mesure où* et diverses expressions où entrent les noms *cas, condition, éventualité, hypothèse* et les relatifs *que* ou *où*.

c) *Soit que ... soit que, soit que ... ou que, suivant que..., selon que...* s'emploient lorsque la condition est sous forme d'alternative.

Remarques. — 1. La proposition de condition peut être averbale : cf. § 420, Rem. — Pour *sinon*, cf. § 413, Rem. 1.

2. Sur *que* seul marquant la supposition, cf. § 343, *b*.

Emploi du mode dans la proposition de condition

441   Propositions de condition **introduites par** *si*.

Le verbe des propositions introduites par *si* se met à l'indicatif (en dehors du cas signalé dans *b*).
Il faut insister sur le fait que parmi les temps de l'indicatif, le futur et le conditionnel sont exclus : cf. § 337, note.

a) S'il s'agit d'une simple condition, on emploie les temps de l'indicatif avec leur valeur ordinaire, sauf que le présent et le passé composé s'emploient après *si* au lieu du futur et du futur antérieur :

Si tu **admets** *cette opinion, tu as tort.*
Si tu **as admis** *cette opinion, tu as eu tort.*
Si tu **pars** *demain, tu auras du beau temps.*
Si demain le mal **a empiré**, *vous me rappellerez.*

b) S'il s'agit d'une condition présentée comme imaginaire ou irréelle, on emploie après *si*, dans la langue ordinaire, l'imparfait ou le plus-que-parfait de l'indicatif, tandis que le verbe principal est au conditionnel présent ou passé (selon que les faits concernent le présent ou le futur ou bien le passé) :

Si tu **admettais** *cette opinion, tu aurais tort.*
Si tu **avais admis** *cette opinion, tu aurais eu tort.*

Lorsqu'il s'agit du passé, la langue littéraire admet le plus-que-parfait du subjonctif, soit à la fois après *si* et pour le verbe principal, soit pour l'un des deux seulement :

Je **fusse tombée** *s'il ne m'***eût tenue.** (Chr. Rochefort.)
*Si j'avais eu son adresse, je l'***eusse mise** *à la torture.* (Chr. Rochefort.)
S'il **fût venu,** *je l'aurais su.* (Littré.)

Remarques. — 1. Il arrive que le fait présenté par le verbe principal soit postérieur au fait présenté par le verbe de la conditionnelle, ou inversement :

Si j'avais suivi vos conseils l'an dernier, je serais maintenant moins malheureux.

2. Après *que* remplaçant *si* au début d'une proposition coordonnée (§ 404, *b*), on met normalement le subjonctif :

Si le film intéresse et qu'on le **suive** *avec attention, on n'entend pas la musique.* (Ét. Gilson.)

Cette règle est loin d'être toujours respectée, même dans la langue écrite : *Si vous êtes pauvre et que vous* **épousez** *une femme riche...* (S. de Beauvoir.)

442   Propositions de condition introduites par une **autre conjonction que** *si.*

a) On met le subjonctif après *à moins que, pour peu que, pourvu que, pour autant que, en admettant que, supposé que, à supposer que, soit que ... soit que, soit que ... ou que :*

Nous irons nous promener, à moins qu'il ne **pleuve.**
On te pardonnera, pourvu que (ou : *pour autant que*) *tu* **fasses** *des excuses.*

b) On met l'indicatif ou le subjonctif après *au cas où* (ou *que*), *dans le cas où, dans l'hypothèse où, dans l'éventualité où, à (la) condition que, sous la condition que, moyennant que :*

Je vous donne cet argent à condition que vous **partirez** *demain*
ou *que vous* **partiez** *demain.* (Littré.)

c) On met l'indicatif après *selon que, suivant que, dans la mesure où :*

Ce mot a trois ou deux syllabes, selon que vous **prononcerez** *l'e muet ou non.*

CHAPITRE III

L'interrogation indirecte
et l'exclamation indirecte

443   Les propositions exprimant l'interrogation indirecte et l'exclamation indirecte ont ceci de particulier qu'elles n'ont pas de mot spécifique pour les introduire, à part le *si* qui marque l'interrogation globale. Elles commencent par les mêmes mots qui caractérisent l'interrogation directe, avec de rares modifications (cf. § 149, *b* et *c*) :

> *Quand pars-tu ?* → *Je demande* **quand tu pars.**

Il y a aussi des modifications dans l'ordre des mots.

Remarques. — 1. L'interrogation indirecte est amenée, non seulement par des verbes contenant explicitement l'idée d'interrogation, mais aussi par des verbes comme *dire, savoir,* etc. ou par les introducteurs *voici, voilà* :

> *Il m'a demandé* **si j'avais faim.**   *Tu ne m'as pas dit* **si tu avais faim.**
> *Tu sais* **quand il reviendra.**   *Voici* **quel chemin tu suivras.**

L'exclamation indirecte est amenée par des verbes comme *voir, savoir,* etc. :

> *Tu vois* **comme il a changé.**   *Tu sais* **combien j'aime le silence.**

Ces propositions peuvent être sujets :

> *Peu importe* **qui l'a fait.**
> *C'est étonnant* **comme il a changé** (avec redondance : § 131, *c*).

2. La proposition d'interrogation indirecte partielle peut être réduite au mot interrogatif (comme l'interrogation directe, d'ailleurs) :

> *Dis-moi* **où.** — *Je ne sais* **qui.**

3. *Si* conjonction marquant l'interrogation indirecte doit se répéter au début de chaque proposition coordonnée (sauf si le sujet lui-même n'est pas répété) :

> *Je me demande* **s'il l'a vu et s'il l'a reconnu.**
> (Mais : *Je me demande* **si** *Pierre l'a vu et l'a reconnu.*)

444   **Emploi du mode.** — On garde dans l'interrogation indirecte le mode qui se trouve dans l'interrogation directe correspondante, indicatif ou infinitif :

> *Où* **vas-***tu ?* → *Je demande où tu* **vas.**
> *Où* **aller ?** → *Je me demande où* **aller.**

Sur les transformations concernant les temps, cf. § 147, *c.*

Index

Les chiffres renvoient aux **paragraphes**.

A

a (son), 10, *c*, Rem.
À : répétition, 398, *a* ; causer *à, avec,* 400, *b* ; *à moi (lui) signalé,* 256, *c,* 2°.
Abréviation, 41 ; 79, *c.*
Absolu : complément ∼, 119 ; 370, *a.*
Accent (graphique) : ∼ aigu, 35 ; — ∼ circonflexe, 36 ; sur *dû, mû,* etc., 325, *a* ; sur les adv. en -*ûment,* 382, Rem. ; — grave, 35.
Accent (phonétique), 20.
Acception, 84.
Accord, 151 ; de l'adjectif, 202 ; de l'attribut, 103 ; du déterminant, 212 ; du participe passé, 369 ; du pronom, 249 ; du verbe, 357.
À ce que, 421.
Active : voix ∼, 294, *a.*
À demi, 201, *a.*
Adjectif, 61, *b* ; 187 ; — degrés, 205 ; — féminin, 188 ; — place, voir Épithète ; — pluriel, 195 ; — adjectifs invariables, 197. — Adjectifs composés, 187, Rem. 1 ; variabilité, 198. — Adjectifs occasionnels (variabilité), 199 ; 200.
Adjectif déterminatif voir Déterminant.

Adjectif indéfini, 246.
Adjectif ordinal, 224.
Adjectif possessif, 228, Rem. 2.
Adjectif verbal, 187, Rem. 2 ; 351-353.
Adverbe, 62, *a* ; 380. — Complément de l'∼, 126. — Degrés, 383. — Espèces, 381 ; de degré, 385 ; de négation, 387 ; en -*ment,* 382. — Place, 384. — l'∼ comme déterminant et comme pronom, 359 ; 376 ; 386, Rem. 3.
Adverbial : complém. ∼, 113, *c* ; — propos. adverbiale, 427.
Æ (digramme), 27.
Agent : complém. d'∼, 120.
Aïeul, 182, *b.*
Aigle, 166, Rem.
Ail, 181.
-*ail* : noms en ∼, 181.
Aimer : conjugaison, 313.
Ainsi que équivalant à *et,* 204, Rem. 3 ; 366, *b.*
Air : avoir l'∼, 203, *c.*
-*aître* : verbes en ∼, 325, *e.*
-*al* : adjectifs en ∼, 196 ; noms, 180.
Alinéa, 45, Rem.
Aller (semi-auxiliaire), 309 ; ∼ (*en*) + gérondif, 356.
Alphabet, 27.
Ambassadeur (fém.), 172, *b.*

Amour, 159.
Amuïssement, 5, Rem.
Anacoluthe, 91, *d.*
Ancien français, 3.
Andalou (fém.), 169 ; 192.
Anglais : mots ∼, 69 ; leur pluriel, 185, *c.*
Angora, 201, *e.*
Antécédent, 151 et note ; 248, *a.*
Antonymes, 85.
Apostrophe, 24 ; 39. — Mots mis en ∼, 132, *a.*
Apposition, 109 ; sans déterminant, 210, *a,* 1°.
Après-midi : genre, 158 ; pluriel, 184, *b,* 3°.
Après que (mode), 430, *a.*
Archaïsme, 63, *a,* Rem.
Argot, 4.
Arrêter que (mode), 424, *d,* Rem. 2.
Article, 213. — ∼ défini, 214 ; contracté, 25, *b* ; 215, *b* ; élidé, 215, *a.* — ∼ indéfini, 216. — ∼ partitif, 218. — Absence de l'∼, 210. — Répétition, 211.
Articulation, 5.
Aspect, 293 ; 381, *a.*
Assez : comme pronom, 286, *c* et *e* ; ∼ *de,* 240, *d,* 2°, et *f.*
Assise(s), 176, Rem. 1.
Astérisque, 43.

Les chiffres renvoient aux paragraphes.

Atone : syllabe ~, 20, Rem. 1.

À travers, au travers, 400, *a.*

Attendu, 370, *a.*

Attribut, 99 ; accord, 103 ; déterminant, 210, a, 1° ; nature, 101 ; place, 102 ; — pron. pers. ~, 255, *b,* 3°. — ~ du compl. d'objet, 116.

-au : noms en ~, 178, *a.*

Aucun : déterminant, 239, *a,* 1° et Rem. ; 240, *a* et *b ;* — pronom, 286, *a ;* d'aucuns, 286, *b.*

Aussi, 386 ; — ~... *que* (propos. d'opposition), 385, *c,* Rem.

Autant, 286, *c* et *e ;* 386.

Au travers, 400, *a.*

Autre, 246, *a ;* 285, *b ;* 287, *b ;* — suivi de *ne* explétif, 391, *d.*

Autrui, 287, *b.*

Auxiliaires : verbes ~, 299, *c ;* 306 ; 309.

Avant que : mode, 429, *a ; ne* explétif, 391, *g.*

Avant (que) de, 396, Rem.

Avec : avec régime implicite, 399, *d* et Rem. ; — équivalant à *et,* 366.

Averbale : phrase ~, 88 ; 145.

Avoir : conjugais., 310 ; — comme auxiliaire, 306.

Avoir l'air, 203, *c.*

Ayant cause, ayant droit, 184, *b,* 4°, Rem. 3 ; 352, *a.*

B

Banal : pluriel, 196.

Barman : fém., 171 ; plur., 185, *c.*

Barre oblique, 57.

Battre, 325, *c.*

Beau, bel, 25, *a ;* fém., 192.

Beaucoup, 385 ; degrés, 383.

Bel, 25, *a.*

Bémol, 201, *e.*

Béni, bénit, 316, *a.*

Bénin : fém., 192.

Bien : degrés, 383 ; — ~ *de, des,* 219, Rem. 4.

Billion, 221, Rem. 2.

Bleu : pluriel, 178, *a.*

But : propos. de ~, 436.

C

C (lettre), 31.

Ça, 263.

Çà, 263, *c.*

Caduc : fém., 191, *d.*

Calque, 67.

Capitales, 27.

Capot, 201, *e.*

Cardinal, 220 ; 258 ; — au lieu de l'ordinal, 223 ; — en chiffres, 44.

Cause : propos. de ~, 431.

Causer à, avec, 400, *b.*

Ce : déterminant, 25, *d ;* 234. — Pronom, 267 ; accord du verbe, 361.

Ceci, 263.

Cédille, 31, *c ;* 38 ; — dans les verbes en *-cer,* 315, *a.*

Ce n'est pas que : mode, 424, *e.*

Cent, 221, Rem. 1 ; — multiplié, 222, *b ;* — ~ *et un,* 222, *a.*

Certain, 239, *a,* 3° ; 241.

C'est ... que, ... qui, 152, *c ;* 409, *b.*

Cet, 25, *d ;* 234.

Chacun et le possessif, 231.

Changements de catégorie, 81.

Chanteur, fém., 172, *b.*

Chaque, 240, *b,* 2° ; comme pronom, 285, *a.*

Charmeur : fém., 172, *c.*

Chasseur : fém., 172, *c.*

Châtain : fém., 197, Rem.

Chic, 201, *e.*

Chiffres arabes ou romains, 44.

Chose comme indéfini, 287, *a.*

Ci (adverbe), 40, *b,* 5° ; 234, Rem. ; 265 ; *ci-joint, ci-inclus,* etc., 370, *b.*

Ci (pronom), 263, *c.*

Ciel : pluriel, 182, *c.*

Cinq, 221, Rem. 1.

Circonstanciel voir Adverbial.

Ciseau(x), 176, Rem. 1.

Coi : féminin, 192.

Collectif : nom ~, 155, *b ;* comme sujet, 358.

Combien : ordinal, 224, Rem. 4 ; ~ *de,* 238, Rem.

Comme : équivalant à *et,* 204, Rem. 3 ; 366, *b ;* — ~ *quoi* 149, *a ;* 421 ; — ~ *si,* 433, Rem.

Comparaison : propos. adverbiale de ~, 433, *b.*

Comparatif, 386 ; des adjectifs, 205 ; des adverbes, 383.

Complément : ~ absolu, 119 ; 370, *a.* — De l'adjectif, 125 ; de l'adverbe, 126 ; de la conjonction de subordination, 127 ; de l'introducteur, 128 ; du mot-phrase, 129 ; du nom, 121, *c ;* de la préposition, 127 ; du pronom, 124. — ~ du verbe, 113 ; ~ adverbial, non adverbial, 113, *c ;* direct, indirect, 113, *b ;* essentiel, non essentiel, 113, *a ;* — ~ d'agent, 120 ; — ~ d'objet, 114 ; sa nature, 115 ; sa place, 117.

Composition, 77 ; ~ savante, 78.

Compris, 370, *a.*

Concordance des temps, 346.

Condition : propos. de ~, 440.

Conditionnel, 291, *a*, 1° ; — ~ présent, 337 ; formes, 324, *e ; —* ~ passé, 338 ; — ~ surcomposé, 339, *b.*

Conjointes : formes ~ du pron. personnel, 252, *c ;* 254.

Conjonction de coordination, 62, *d ;* 130, *a ;* 405 ; — répétition, 407.

Conjonction de subordination, 62, *c ;* 130, *a ;* 401 ; — répétition, 404 ; ~ de comparaison et accord du verbe, 366, *b.*.

Conjugaison, 290 ; — ~ morte, vivante, 312 ; — 1ʳᵉ ~, 312-313 ; observations sur certains radicaux, 315 ; — 2ᵉ ~, 312, 314 ; — ~ impersonnelle, 321 ; ~ interrogative, 322 ; ~ passive, 319 ; ~ pronominale, 320 ; ~ des verbes intrans. avec *être*, 317.

Conséquence : propos. de ~, 434.

Consonnes, 12 ; — lettres, 28.

Contraires, 85.

Coordination, 104-105 ; ~ explicite, implicite, 108.

Copule, 99-100.

Corrélative : propos. ~, 425.

Couleur : adj. de ~, 197.

Coupure en syllabes, 17.

Coûté, 372.

Crochets, 54.

Croisement, 80, *c.*

Croître, 325, *e*, Rem.

Cru (accord), 374.

Crû, 325, *a.*

D

D'aucuns, 286, *b.*

Davantage, 386.

De : répétition, 398, *a ;* — introducteur, 409, *a ;* — partitif, 218, Rem. ; 219, Rem.

Débiteur : fém., 172, *b.*

De ce que, 421 ; 424, *d,* Rem. 3.

Décider que (mode), 424, *d,* Rem. 2.

Décréter que (mode), 424, *d,* Rem. 2.

De façon à ce que, 433, *a ;* 436, *c.*

Défectifs : verbes ~, 323, *b.*

Degré : adverbes de ~, 385. — Degrés des adjectifs, 205 ; des adverbes, 383.

Délice(s), 159.

De manière à ce que, 433, *a ;* 436, *c.*

Demi, 201, *a ; — la demie de 8 heures*, 225, *b.*

Démonstratifs : déterminants ~, 233 ; pronoms ~, 262.

Dérivation, 70 ; ~ impropre, 81.

Dernier-né, 198, *c*, Rem. 1.

Des : art. indéfini, 216 ; art. partitif, 219.

Désinence, 60, Rem. 3 ; 299, *a.*

Désobéi (passif), 294, Rem. 3.

Des plus, des moins, etc. + adjectif, 203, *d.*

De suite, 392, *d.*

Détachement, 152, *b* et *c.* — Apposition détachée, 111 ; épithète détachée, 123.

Déterminant, 61, *c ;* 121, *a ;* 207 ; — absence, 210 ; accord, 212 ; place, 209 ; répétition, 211. — ~ démonstratif, 233 ; ~ exclamatif 237, *b ;* ~ indéfini, 239 ; ~ interrogatif, 237, *a ;* ~ numéral, 220 ; ~ possessif, 226 ; ~ relatif, 235.

Deux, 221, Rem. 1.

Deuxième, second, 224, *b.*

Deux points, 51.

Devoir : semi-auxiliaire, 309 ; ~ précédé de *ce*, 361, Rem. 2.

Dialectes, 3.

Diérèse, 15 ; 16, Rem. 1.

Digramme, 30.

Diminutif, 41, note.

Discours direct, indirect, voir Style.

Disjointes : formes ~ du pronom pers., 252, *c ;* 256.

Disjonction, 26.

Dit : accord, 374 ; — *ledit*, 354, *b*, Rem. 2.

Dix, 221, Rem. 1.

Docteur : fém., 172, *c.*

Donné : ~ + infin., 377, Rem. 2 ; *étant* ~ 370, *a.*

Dont, 274.

Doublets, 64 ; 68.

Douceâtre, 31, *c.*

Douter que (mode), 424, *c.*

Du partitif, 218-219.

Dû : accent circonfl., 325, *a ;* — accord, 374.

Durant, 397 ; 400, *c.*

Du tout, 413, Rem. 2.

E

E muet, 11 ; 26, N.B. ; — en poésie, 16, Rem. 2 ; — élision, 23, *c ;* 24, *b.*

-e ou *-é*, finale de la 1ʳᵉ pers., 300 et Rem.

-eau : noms en ~, 169 ; adj. en ~, 192.

Écriture, 1 ; 27.

Élément incident, 132, *b ;* élément libre, 132 ; élément redondant, 131.

-eler : verbes en ~, 315, *b*, 1°.

Élision, 23 ; 26 ; de l'article, 215, *a.*

Ellipse, 91, *a.*

Empereur : fém., 172, *b.*

Emphase voir Mise en relief.

Emprunts, 67.

En (pronom), 257 ; ou le possessif, 230 ; — et

Les chiffres renvoient aux paragraphes.

accord du partic. passé, 378.

En (prépos.) : répétition, 398, *a.*

Enchanteur : fém., 172, *c ;* 193, *a.*

Énième, 224, Rem. 4.

Énonciative : phrase ~, 89, *a ;* 133.

Entre : élision, 24, *b,* 4°.

Épithète, 121, *b ;* — sa place, 122 ; ~ détachée, 123 ; 124, *b.*

Ès, 215, *b.*

Espérer que (temps), 423, *b,* Rem.

Est-ce que, 139 ; 409, *a.*

Et, 406-407 ; — dans les numéraux, 222, *a ;* — *et/ou,* 57 ; 405.

Étant donné, 370, *a.*

Et caetera, 287, *b.*

-eter : verbes en ~, 315, *b,* 1°.

Être : conjug., 311 ; — auxiliaire, 307 ; copule, 100 ; — ayant pour sujet *ce,* 361.

Étymologie, 2 ; — ~ populaire, 64 ; 80, *c ;* 86.

Eu + infinitif, 377, Rem. 2.

-eu : noms en ~, 178, *a.*

-eur : adjectifs en ~, 193 ; noms en ~, 172.

Évolution sémantique, 86.

Excepté, 370, *a ;* — ~ *que,* 428, Rem. 3.

Exclamatif : déterminant ~, 237, *b ;* — phrase exclamative, 89, *b ;* 141 ; — exclamation indirecte, 149, *c ;* 443.

Exiger que (mode), 424, *d,* Rem. 2.

Explétif : mot ~, 132, *b,* Rem. 2 ; *ne* ~, 391.

Exprès, 190, *d.*

Express, 201, *e.*

Extension : ~ d'un mot, 83 ; ~ de sens, 86.

F

Faire : se ~ *fort de,* 201, *c.*

Fait + infin., 377, Rem. 1.

Familier : registre ~, 4.

Famille de mots, 64.

Faute que, 432, Rem.

Favori : fém., 169 ; 192.

Féminin des adjectifs, 188 ; — des noms, 165 ; radical différent, 173 ; pas de marque, 166 ; ~ inusité, 174.

Femme pour marquer le féminin, 174.

Feu (adjectif), 201, *b.*

Figuré : sens ~, 86.

Final : pluriel, 196.

Finales des personnes verbales, 300-305.

Finir : conjug., 314.

Fleurir, 316, *b.*

Fol, 25, *a.*

Fonds primitif, 65.

Force comme déterminant, 239, *b.*

Fort : adv. de degré, 385, *a ;* — *se faire* ~ *de,* 201, *c.*

Fou, fol, 25, *a ;* — fém., 169 ; 192.

Foudre, 158.

Fractions, 224, Rem. 5 ; et accord, 203, *b.*

Frais : fém., 191, *c ;* — *fraîche éclose,* 198, Rem. 1.

Franc : fém., 168 ; 191, *d.*

Français régional, 3.

Francien, 3.

Futur : ~ antérieur, 336 ; surcomposé, 339, *a ;* — ~ simple, 335 ; formes, 324, *e.*

G

G (lettre), 32.

Garde dans les noms composés, 185, *b,* 4°, Rem. 2 ; — *prendre* ~ *que,* 391, *b,* Rem.

Gaulois : mots ~, 66, *a.*

Ge (digramme), 32, *c.*

Genre des noms, 156.

Gens, 162.

Germaniques : mots ~, 66, *b.*

Gérondif, 291, *b,* 3° ; 356.

Grammaire, 2.

Grand : ~ *ouvert,* 198, *c,* Rem. 1 ; — ~*-mère,* etc., 201, *d.*

Graphie, 29.

Grasses, 27.

Grec : fém., 168 ; 191, *d.*

Grecs : mots ~, 68, *b.*

Gu (digramme), 32, *b.*

Guère, 286, *e.*

Guillemets, 55.

H

H (lettre), 13, Rem. 2 ; 26, *a.*

Haut la main, 203, *a.*

Hébreu : fém., 194, *b ;* — plur., 178, *a ;* 195.

Heure : indication de l'~, 225.

Hiatus, 16.

Homonymes, 84.

Hôte : fém., 163, Rem. 1.

Huis, huissier, 26, *b.*

Huit : prononc., 221, Rem. 1 ; disjonction, 26, *d.*

Huitante, 221.

Hyène, 26, *b,* Rem.

Hymne, 160.

I

Il y a, 298, *a ;* 409, *b.*

Imparfait de l'indicatif, 329 ; du subjonctif, 346, *b.*

Impératif, 291, *a,* 2° ; 340 ; — formes, 324, *a* et *b ;* — temps, 341. — Phrase impérative, 89, *d ;* 143. — Impérative indirecte, 149, *d.*

Impersonnel : verbe ~, 298 ;
   conjugaison, 321 ;
   accord, 360.
Incident : élément ~, 132, b.
Incise : phrase ~, 132, b,
   Rem. 1.
Indéfinis : adjectifs ~, 246 ;
   articles ~, 216 ; déterminants ~, 239 ; pro-
   noms ~, 285 ; pronoms
   relatifs ~, 272, Rem.
Indicatif, 291, a, 1° ; 327.
-indre : verbes en ~, 325, b.
Infinitif, 291, b, 1⁰ ; 347 ; —
   temps, 350 ; — infinitifs
   sujets, 365 ; — proposition infinitive, 348, b.
Interjection, 62, f ; 412, b.
Interpeller, 315, b, 1°,
   Rem. 2.
Interrogatifs : mots ~, 136 ;
   140 ; déterminants ~,
   237, a ; pronoms ~, 278.
   — Conjugaison interro-
   gative, 322. — Phrase
   interrogative, 89, c ; 135.
Interrogation : ~ directe,
   indirecte, 135, Rem. 1 ;
   149, b ; 443 ; — ~ globale, partielle, 136 ; —
   ~ oratoire, 135, Rem. 2.
Interview, 158.
Intestat, 201, e.
Intonation, 21 ; 133 ; 137 ;
   141.
Intransitifs : verbes ~, 296.
Introducteur, 62, e ; 130, b ;
   408.
Inversion, 91, c ; ~ du sujet,
   97.
-issime, 206, b.
-issimo, 383, Rem. 2.
Italiens : mots ~, 69 ; —
   pluriel, 185, c.
Italiques, 27.

J — K

Jumeau : fém., 192.
Jusque(s), 23, c, note ; 400,
   d ; — jusqu'à ce que, 430,
   b.

Juxtaposition, 108, b.
Kaki, 201, e.

L

L mouillé, 15.
L' et accord du participe
   passé, 375.
Là, 392, a ; — trait d'union,
   40, b, 5° ; — dans les
   démonstratifs, 234 ; 265.
Laissé + infinitif, 377,
   Rem. 1.
Langue d'oc, ~ d'oïl, 3.
La plupart, 239, b ; 288, b,
   2° ; 359, b.
Lasse : de guerre ~, 203, f.
Latin : ~ vulgaire, 3. —
   Mots latins, 65 ; 68, a ;
   — pluriel, 185.
Le, la, les (articles), 214 ;
   dans le superlatif relatif,
   205, Rem. 1.
Le, la, les (pronoms) attri-
   buts, 255, b, 3°.
Ledit, 354, b, Rem. 2.
Le peu, 359, a, Rem. 1 ; 376,
   b, Rem.
Lequel : détermin., 235 ; —
   pron, rel., 269, b ; 276 ;
   — pron. interr., 284.
Lettres, 1 ; 27 ; noms des ~,
   26, e.
Lexicographie, lexicologie,
   lexique, 2 ; 59.
Liaison, 22 ; 26 ; — mots de
   ~, 130, a.
Linguistique, 2.
Locuteur, 1.
Locution, 77 ; ~ adverbiale,
   380 ; ~ conjonctive,
   401 ; 403 ; — ~ prépositive, 394 ; 396 ; — ~
   verbale, 290, Rem.
Locution-phrase, 411.
Lorsque, 429, d ; élision, 24,
   b, 1°.
L'un : ~ et l'autre, 368 ; ~ ou
   l'autre, 241 ; 367, Rem.
Lunette(s), 176, Rem. 1.

M

Madame : plur., 184, a.
Maint, 240, d, 2°.
Maître : fém., 170 ; 194, a.
Majuscules, 27 ; 33.
Mal : degrés, 383.
Malgré que, 438, a et b.
Malin : fém., 192.
Mander que, 424, d, Rem. 2.
Manière : propos. adv. de ~,
   433.
Mastoc, 201, e.
Maximum : fém., 194, c ;
   plur., 185, c.
Meilleur, 206, a.
Même, 246, c ; 285, b ; 287,
   d ; — trait d'union, 40, b,
   6°.
Mémoire : genre, 160.
-ment : adverbes en ~, 382.
Métaphore, 86.
Métonymie, 86.
Mettre, 325, c.
Mi, 201, a.
Mien adjectif, 228, Rem. 2.
Mieux, 383 ; — des ~, 203,
   d.
Mille, 222, b ; ~ et un, 222,
   a ; — mil, 223, Rem. 1.
Milliard, million, 221, Rem.
   2.
Minimum : fém., 194, c ;
   plur., 185, c.
Minuscule, 27.
Mise en relief, 90, c ; 152.
Mode : genre, 160.
Modes du verbe, 291 ; 327 et
   suiv. — Dans l'interrog.
   et l'exclam. indirectes,
   444. — Dans la proposition conjonctive adverbiale de but, 437 ; de
   cause, 432 ; de con-
   dition, 441 ; de conséquence, 435 ; de
   manière, 433 ; d'opposition, 439 ; de temps, 430.
   — Dans la propos. con-
   jonctive corrélative, 426.
   — Dans la propos. con-
   jonctive essentielle, 423.

Les chiffres renvoient aux paragraphes.

— Dans la propos. relative, 419.

Moindre, 206, *a.*

Moins, 383 ; ~ *de* ou *que,* 386, Rem. 2 ; ~ *de deux* 359, *a,* Rem. 2 ; *des* ~, 203, *d.*

Mol, 25, *a.*

Mon : au fém., 25, *c ;* 228.

Monème, 58, Rem.

Monsieur : fém., 163 ; plur., 184, *a.*

Morphème, 58, Rem.

Morphologie, 2.

Mort-né, 198, *c.*

Mot, 1 ; 58 ; — ~ mis en apostrophe, 132, *a.* — Espèces, 60 ; — Mots composés, 77 ; exclamatifs, 142, *a ;* explétifs, 132, *b,* Rem. 2 ; expressifs, 82 ; grammaticaux, 62, *e ;* interrogatifs, 136 ; 140 ; invariables, 62 ; de liaison, 130, *a ;* populaires, 65 ; 68 ; savants, 68 ; variables, 61. — Origine, 63 ; — familles de mots, 64.

Mot-phrase, 62, *f ;* 411.

Mots-outils, 62, *e ;* 130 ; 393.

Mots-valises, 80, *c.*

Mou, mol, 25, *a ;* fém., 192.

Moustache(s), 176, Rem. 2.

Mû, 325, *a.*

N

Naguère, 392, *b.*

Ne, 388 ; omission, 390 ; explétif, 391 ; ne ... que, 389, *c ;* ne ... pas que, 389, *c,* Rem.

Négation, 90, *a.* — Adverbe de négation, 387 ; sa place, 384, *b.* — Avec l'article partitif, 219, Rem. 2.

Néologisme, 63, *b.*

Neuf (numéral), 221, Rem. 1.

Neutre : pronom ~, 249, *a,* 2° et *b,* 2°.

Ni, 406-407 ; joignant des sujets, 367.

Nier que (mode), 424, *c.*

Niveaux de langue, 4.

Noël, 158 ; 210, *a,* 4°.

Nom, 61, *a ;* 153. — Complément du ~, 121 ; nombre du ~, 175 ; marques du pluriel, 177. — ~ accidentel, plur., 186. — ~ animé, 155, *a ;* genre, 161 ; marques du fém., 165. — ~ commun, 154. — ~ collectif, 155, *b ;* accord du verbe, 358 ; du participe passé, 376. — ~ composé, 153, Rem. ; pluriel, 184. — ~ emprunté, plur., 185. — ~ inanimé, 155, *a ;* genre, 157. — ~ propre, 154 ; déterminant, 210, *b ;* pluriel, 183.

Nombre : dans les adjectifs, 195 ; dans les noms, 175 ; dans les verbes, 295.

Nombre de, 239, *b ; bon* ~ *(de),* 359.

Nominal : pronom ~, 248.

Nominalisation, 81.

Non, 387 ; 413 ; ~ *compris,* 370, *a ;* ~ *plus,* 386, Rem. 1 ; ~ *que,* 424, *e.*

Nonante, 221.

Notre après *chacun,* 231.

Nôtre adjectif, 228, Rem. 2.

Nouveau, nouvel, 25, *a ;* fém., 192 ; — ~ + partic. passé, 198, *c.*

Nouveau-né, 198, *c.*

Noyau d'un syntagme, 1.

Nu, 203, *a.*

Nul : déterm., 240, *a* et *b ;* pron., 286, *a.*

Numéraux voir Cardinaux, Ordinaux.

O

Ô, 409, *a.*

Obéi : passif, 294, Rem. 3.

Objet : complém. d'~, 114.

Oc : langue d'~, 3.

Octante, 221.

Œ (digramme), 27 ; 30, *b,* Rem.

Œil : plur., 182, *a.*

Œuvre, 160.

Oïl : langue d'~, 3.

-oître : verbes en ~, 325, *e.*

On, 289.

Onomatopées, 82.

Onze, onzième : disjonction, 26, *d.*

Opposition : propos. d'~, 438.

Optative : phrase ~, 89, *d ;* 144.

Ordinaux, 224 ; en chiffres, 44, *b,* Rem.

Ordonner que : mode, 424, *d.*

Orge, 158.

Orgue, 159.

Orthographe, 2 ; 29 ; — influence du latin, 68, *a.*

Orthophonie, 2.

Ou, 406-407 ; — accord avec des noms joints par *ou,* 204, Rem. 1 ; 367.

-ou : noms en ~, 178, *b.*

Où, 275.

Ouate : disjonction, 26, *b.*

Oui, 413 ; disjonction, 26, *b.*

Outre que, 428, Rem. 3.

P

Pâques, 160.

Parallèle, 160.

Pardonner : construction, 294, Rem. 3.

Parenthèses, 53.

Paronymes, 84.

Participe, 291, *b,* 2° ; 351. — ~ passé, 354 ; accord, 369 ; — ~ passé composé et surcomposé, 355. — ~ présent, 352.

Les chiffres renvoient aux paragraphes.

— Proposition ~, 351 ;
427, Rem. 4.
Parties du discours, 60.
Pas, 387, *b ;* 413, Rem. 2 ; —
~ *mal*, 286, *c.*
Passé : accord, 370, *a.*
Passé : ~ antérieur, 333 ; ~
composé, 331 ; ~
simple, 330 ; ~ surcom-
posé, 334, *a ;* — ~ du
gérondif, 356, Rem. 1 ;
de l'impér., 341, *b ;* de
l'infin., 350 ; — du par-
tic., 354 ; composé et
surcomposé, 355 ; — du
subj., 345, *b ;* surcom-
posé, 345, *c.*
Passive : voix ~, 294, *b ;* 319.
Pause, 19.
Pécheur : fém., 172, *c.*
Pendant, durant, 400, *c.*
Période, 160.
Personne, 286, *a.*
Personne grammaticale,
227 ; 251 ; 295 ; finales
des personnes verbales,
300-305.
Pesé : accord, 372.
Peu : degrés, 383 ; — *le* ~ et
l'accord, 359, *a,* Rem. 1 ;
376, Rem.
Peut-être que, 412, *a.*
Phonème, phonétique, pho-
nologie, 2 ; 5 ; — pho-
nétique syntaxique, 18.
Phrase, 1 ; 87. — Éléments
fondamentaux, 92. —
Espèces, 88 ; — ~
active, 90, *b ;* ~ affirmative, 90, *a.* — ~ averbale, 88 ; 145 ; — ~
complexe, 88 ; 414 ; —
phrases coordonnées,
105, *a ;* — ~ empha-
tique, 90, *c ;* — ~ énonciative, 89, *a ;* 133 ; — ~
exclamative, 89, *b ;* 141 ;
— ~ impérative, 89, *d ;*
143 ; — ~ incise, 132, *b,*
Rem. — ~ interpella-
tive, 89, *d ;* 144, Rem. ;
— ~ interrogative, 89, *c ;*

135 ; — ~ négative, 90,
a ; ~ neutre, 90, *c ;* — ~
optative, 89, *d ;* 144 ; —
~ passive, 90, *b ;* — ~
simple, 88 ; — ~ ver-
bale, 88.
Pire, 206, *a ;* 383, Rem. 1.
Pis, 383 et Rem. 1.
Place de l'adverbe, 384 ; de
l'attribut, 102 ; du
complément du nom,
121, *c,* Rem. 2 ; du
compl. d'objet, 117 ; du
compl. non essentiel,
118, *c ;* de l'épithète,
122-123 ; du sujet, 97.
Plaindre : se ~ *que,* 424, *d,*
Rem. 4.
Plein, 203, *a ; plein de*
(déterm.), 240, *d.*
Pléonasme, 91, *b.*
Plupart : la ~, 239, *b ;* 288, *b,*
2° ; 359, *b.*
Pluriel : des adjectifs, 195 ;
— des noms, 177 ; noms
accidentels, 186 ; noms
composés, 184 ; noms
empruntés, 185 ; noms
propres, 183. — ~ de
majesté, de modestie,
251 ; 295. *a.*
Plus : et l'article, 205, *b* et
Rem. ; ~ *d'un,* 240, *c ;* ~
de, ~ *que,* 386, Rem. 2 ;
des ~, 203, *d ;* ~ *tôt,*
plutôt, 392, *c.*
Plusieurs, 240, *c.*
Plus-que-parfait : de l'indic.,
332 ; surcomposé, 334,
b ; — du subjonctif, 346,
b.
Plutôt, plus tôt, 392, *c.*
Point, 387, *b ;* 413, Rem. 2.
Point (ponctuation), 46 ; ~
abréviatif, 42 ; ~
d'exclamation, 48 ; ~
d'interrog., 47 ; ~-vir-
gule, 50. — Points de
suspension, 52 ; deux
points, 51.
Points cardinaux, 33, *b,* 4°.
Polysémie, 84.

Polysyllabe, 16.
Ponctuation, 45.
Pop, 201, *e.*
Populaire : registre ~, 4 ; —
mots populaires, 68, *a.*
Possessifs : déterminants,
226 ; pronoms, 259 ;
avec *chacun,* 231.
Possible, 203, *e.*
Pouvoir : ce peut être, 361,
Rem. 2.
Prédicat, 92 ; 99.
Préfixes, 70 ; 75.
Premier, 44, Rem. ; 223 ;
224, *b.*
Premier-né, 198, *c,* Rem. 1.
Prendre garde que, 391, *b,*
Rem.
Préposition, 62, *b ;* 130, *a ;*
394 ; — ~ vide, 394 ; ~
à régime implicite, 399 ;
son complément, 127 ;
— place, 397 ; répéti-
tion, 398.
Près de, prêt à, 400, *e.*
Prescrire que : mode, 424, *d,*
Rem. 2.
Présent de l'indicatif, 328 ;
du subj., 345.
Présentatif, 408.
Presque : élision, 24, *b,* 3°.
Prêt à, près de, 400, *e.*
Pronom, 61, *d ;* 247 ; —
représentant ou nomi-
nal, 248 ; accord, 249. —
~ démonstratif, 262 ; —
~ indéfini, 285 ; — ~
interrogatif, 278 ; — ~
numéral, 258 ; — ~ per-
sonnel, 251 ; formes con-
jointes, 252, *c ;* 254-255 ;
formes disjointes, 252,
c ; 256 ; explétif, 251,
Rem. 3 ; réfléchi, 252, *d ;*
— ~ possessif, 259 ; —
~ relatif, 268 ; ~ relatif
indéfini, 272, Rem.
Pronominale : voix ~, 294 ;
— verbes pronominaux,
297 ; conjug., 320 ;
accord du part. passé,
379.

Les chiffres renvoient aux paragraphes.

Propos, 93, Rem. 3.

Proposition, 88 ; 414. — Espèces, 415 ; ~ compl. de nom, 121, *d ; — ~* conjonctive, 420 ; espèces, 420 ; ~ conjonctive adverbiale, 427 ; de but, 436 ; de cause, 431 ; de condition, 440 ; de conséquence, 434 ; de manière, 433 ; d'opposition, 438 ; de temps, 429 ; — ~ corrélative, 425 ; ~ conjonctive essentielle, 421 ; — ~ infinitive, 348, *b ; — ~* participe, 351 ; 427, Rem. 4 ; — ~ relative, 121, *d,* 1° ; 416.

Provençal, 3.

Proverbes, 77, Rem. 2.

Pu : accord, 374.

Puisque : élision, 24, *b,* 1°.

Q

Qu (digramme), 30, *a ;* 31, *b.*

Quantième, 224, Rem. 4.

Quantifiants, 240.

Quantité de, 239, *b.*

Quart, 224, Rem. 5 ; le ~ de 8 heures, 225, *b.*

Que (pron.) : rel., 272 ; interr., 283.

Que marque du subjonctif, 143, *b ;* 144 ; 409, *a.*

Quel, 237 ; ~ *que,* 244, Rem. 1.

Quelconque, 246, *b.*

Quelque, 244 ; élision, 24, *b,* 3°.

Qui : pron. rel., 271 ; accord du verbe, 362 ; — pron. indéfini distributif, 286, *e ; ~ de droit,* 287, *c ;* — pron. interr., 282.

Quiconque, 269, *b ;* 277 ; 287, *a.*

Quoi : pron. rel., 273 ; pron. interr., 283 ; *comme ~,*

149, *a ;* 421 ; ~ *que, quoique,* 272, Rem.

Quoique, 272, Rem. ; élision, 24, *b,* 1°.

R

R (son), 6 ; 14, *b,* 3°.

Radical, 60, Rem. 3 ; 71, Rem. 1 ; 299, *b.*

Réciproques : verbes pronom. ~, 297, *a,* 2°.

Recrû, 325, *a.*

Redondance, 91, *b ;* 131 152, *a ;* du sujet, 98.

Redoublement, 80, *a.*

Redû, 325, *a.*

Réduction, 41, Rem. 1 ; 79.

Réfléchi : pronom ~, 252, *d ;* verbe ~, 297, *a,* 1°.

Régional : français ~, 3.

Registres, 4.

Relatif : déterm. ~, 235 ; pronom ~, 268. — Proposition relative, 416.

Relevée, 225, *a.*

Reprise voir Redondance.

Représentant : pronom ~ 248.

Restriction de sens, 86.

Rien, 286, *a.*

Rigolo, 192.

Rococo, 201, *e.*

Rompre, 325, *e.*

Rosat, 201, *e.*

S

-*s* à l'impér., 301, Rem.

Sache : je ne ~ pas que, 343, Rem. 1.

Saint, 33, *c.*

Sanatorium, 185, *c.*

Sandwich, 67 ; 185, *c.*

Sans : n'être pas ~ ignorer, 387, note ; — ~ *que,* 391, *g ;* 433, *d.*

Sauf, 203, *a ;* ~ *que,* 428, Rem. 3.

Sauveur : fém., 194, *b.*

Second, 224, *b.*

Sémantique, 2 ; 83.

Semble : il (me) ~ que, 423, *a,* Rem.

Sème, 83.

Semi, 201, *a.*

Semi-auxiliaires, 299, *c ;* 309.

Semi-voyelles, 15 ; 26, *b.*

Sens, 83.

Sept, 221, Rem. 1.

Septante, 221.

Si (adv.), 386.

Si (conj.), 149, *b ;* 441 ; 443 ; — élision, 23, *b ;* — *si ce n'est,* 361, *b,* 1°.

Si (mot-phrase), 413.

Sien (adjectif), 228, Rem. 2.

Sigles, 41, Rem. 1 ; 42, *a,* Rem. 1.

Signes : ~ graphiques auxiliaires, 34 ; ~ de ponctuation, 45.

Signification, 83.

Six, 221, Rem. 1.

Snob, 201, *e.*

Soi, 252, *d,* Rem.

Soi-disant, 256, Rem.

Soigné : registre ~, 4.

Soit, 406 ; 409.

Solde, 160.

Son : au fém., 25, *c ;* 228 ; *son, sa, ses* avec *chacun,* 231.

Sons, 1 ; 5.

-*soudre :* verbes en ~, 325, *b.*

Soutenu : niveau ~, 4.

Speaker : fém., 170, *b.*

Sterling, 201, *e.*

Style direct, indirect, 147 ; indirect libre, 150.

Stylistique, 2.

Su : accord, 374.

Subjonctif, 291, *a,* 3° ; 342 ; emploi des temps, 345.

Subordination, 104. — Éléments subordonnés à l'adjectif, 125 ; à l'adverbe, 126 ; à la conjonction de subord., 127 ; à l'introducteur, 128 ; au mot-phrase,

129 ; au nom, 121 ; à la prépos., 127 ; au pronom, 124 ; au verbe, 113.

Substantif voir Nom.

Suffixes, 70-71 ; marquant le fém., 170.

Sujet, 93 ; sujet apparent, réel, 94 ; absence, 96 ; nature, 95 ; place, 97 ; reprise, 98.

Superlatif dans les adj., 205 ; dans les adv., 383.

Sur (prép.), 400, *f.*

Surcomposés : temps ~, 299, *c ;* 318.

Syllabe, 16 ; — syllabation graphique, 17.

Syllepse, 151, Rem. 2.

Symboles, 43.

Synérèse, 15 ; 16, Rem. 1.

Synonymes, 85.

Syntagme, 1.

Syntaxe, 2.

T

-t- analogique, 302, Rem.

Tant, 286, *c ;* 386.

Tantôt, 392, *e ;* 406, *b.*

Tel, 241 ; 243 et Rem. 1 ; 287, *a ;* ~ *quel,* 243, Rem. 3 ; ~ *que,* 243, Rem. 2.

Temps : ~ du verbe, 292 ; ~ simples, composés, surcomposés, 299, *c ;* 318 ; — emploi des ~, 328 ; concordance des ~, 346. — Propos. adverb. de ~, 429.

Terre-plein : plur., 184, *b,* 1°.

Thème, 93, Rem. 3.

Tien (adj.), 228, Rem. 2.

Tiers, 224, *b,* Rem. 4 ; fém., 191, *c.*

Tilde, 34.

Tiret, 56.

Titres : disjonction, 26, *e.*

Ton : au fém., 25, *c ;* 228.

Tonique : syllabe ~, 20, Rem. 1.

Tout, 239, *a,* 4° ; 245 ; —

adv., 25, *e ;* 245, *e ;* — ~ ... *que :* mode, 439.

Trait d'union, 40 ; dans les numéraux, 222, *a.*

Traître : fém., 194, *a.*

Transitifs : verbes ~, 296.

Travail : plur., 181.

Travers : à ~, *au* ~, 400, *a.*

Tréma, 32, *b,* Rem. 3 ; 37 ; 192.

Trigramme, 30.

Trois, 221, Rem. 1.

Turc : fém., 168 ; 191, *d.*

Tutti quanti, 287, *b.*

U

Uhlan : disjonction, 26, *c.*

Ululer : disjonction, 26, *c.*

Un : disjonction, 26, *d ;* — art. indéf., 216 ; — numéral, 221 et Rem. 1 ; 223 ; — *l'*~ *et l'autre,* 368 ; *l'*~ *ou l'autre,* 241 ; 367, Rem. ; accord du verbe avec ~ *des ... qui,* ~ *de ceux qui,* 362, *b,* 3°.

Unième, 224, *b.*

V

Vacance(s), 176, Rem. 1.

Vaincre, 325, *d.*

Vainqueur : fém., 194, *b.*

Valu, 372.

Va-t'en, 301, Rem.

Vécu, 372.

Vengeur : fém., 172, *c ;* 193, *a.*

Verbe, 61, *e ;* 290. — Accord, 357. — Aspect, 293. — Complément, 113. — Modes, 291. — Personnes et nombre, 295. — Temps, 292. — Voix, 294.

Verbes : auxiliaires, 299, *c ;* — défectifs, 323, *b ;* — impersonnels, 298 ; 321 ; accord, 360 ; — irréguliers, 312 ; 323, *a ;* — pronominaux, 297 ; con-

jug., 320 ; accord du part. passé, 379 ; — réguliers, 312 ; — transitifs, intrans., 296. — conjugués avec *être,* 307 ; 317 ; — en *-aître, -oître,* 325, *e ;* en *-cer,* 315, *a,* 1° ; en *-dre,* 325, *d ;* en *-eler, -eter,* 315, *b,* 1° ; en *-ger,* 315, *a,* 2° ; en *-guer,* 315, *a,* 2°, Rem. ; en *-indre,* 325, *b ;* en *-ire,* 325, *f ;* en *-quer,* 315, *a,* 2°, Rem. ; en *-soudre,* 325, *b ;* en *-yer,* 315, *b,* 3° ; — ayant [e] à l'avant-dernière syll., 315, *b,* 2° ; ayant [ə] à l'avant-dernière syll., 315, *b,* 1°.

Vieux, vieil, 25, *a ;* fém., 169 ; 192.

Villes : genre des noms de ~, 158.

Vingt, 221, Rem. 1 ; multiplié, 222, *b.*

Virgule, 49.

Vive, 409, *b.*

Vocabulaire, 59.

Voici, voilà, 410.

Voir : semi-auxiliaire, 294, Rem. 4.

Voire, 406, *b ;* 413, Rem. 3.

Voix du verbe, 294.

Vôtre : adj., 228, Rem. 2.

Voulu : accord, 374.

Voyelles, 8 ; longueur, 10, *d ;* — lettres, 28.

Vu, 370, *a.*

X, Y, Z

X (lettre), 17, *b ;* 28 ; — comme déterminant, 240, *c ;* comme pronom, 287, *a.*

Y (lettre), 17, *b ;* 26, *b.*

Y (pronom), 257 ; — *y compris,* 370, *a.*

-yer : verbes en ~, 315, *b,* 3°.

Yod, 15 ; 26, *b.*

Zéro, 220, Rem. 2.

Les chiffres renvoient aux paragraphes.

Table des matières

Avant-propos 5

Alphabet phonétique. Abréviations et symboles 7

Préliminaires 8

PREMIÈRE PARTIE

Les sons, les lettres, les mots

Chapitre I. — **Les sons** 13

1. *Généralités* 13
2. *Voyelles* 14
3. *Consonnes* 15
4. *La syllabe* 17
5. *Phonétique syntaxique* 19

Chapitre II. — **Les signes écrits** 27

1. *L'écriture* 27
2. *L'orthographe* 28
3. *Les signes auxiliaires* 33
4. *Abréviations et symboles* 36
5. *La ponctuation* 39

Chapitre III. — **Les mots** 46

1. *Généralités* 46
2. *Classement des mots* 47
3. *Origine des mots* 49
   A. Le fonds primitif 50
   B. Les emprunts 51

C. Les formations françaises 53
   a. La dérivation 53
   b. La composition 57
   c. Autres précédés 58
4. *Le sens* 60

DEUXIÈME PARTIE

La phrase

Chapitre I. — Généralités 65

Chapitre II. — Les éléments fondamentaux de la phrase verbale 70

1. *Le sujet* 71
2. *Le prédicat* 75

Chapitre III. — Coordination et subordination 79

1. *La coordination* 80
2. *La subordination* 82
  A. L'apposition 82
  B. Autres éléments subordonnés 84
   a. Les éléments subordonnés au verbe 84
   b. Les éléments subordonnés au nom 92
   c. Les éléments subordonnés au pronom 96
   d. Les éléments subordonnés à l'adjectif 97
   e. Les éléments subordonnés aux mots invariables 97

Chapitre IV. — Autres termes de la phrase 99

Chapitre V. — Particularités des divers types de phrases ... 103

1. *La phrase énonciative* 103
2. *La phrase interrogative* 104
3. *La phrase exclamative* 108
4. *La phrase impérative et la phrase optative* 110
5. *La phrase averbale* 111
6. *La phrase complexe* 112

Chapitre VI. — **Le style direct et le style indirect** 113

Chapitre VII. — **L'accord** 118

Chapitre VIII. — **La mise en relief**......................... 120

TROISIÈME PARTIE

Les parties du discours

Chapitre I. — **Le nom** 125

1. *Généralités*... 125
2. *Le genre*... 127
   A. Les noms inanimés 127
   B. Les noms animés..................................... 130
   Les marques du féminin 132
3. *Le nombre* 137
   Marques du pluriel..................................... 139

Chapitre II. — **L'adjectif**................................. 145

1. *Les marques du féminin* 145
2. *Les marques du pluriel* 149
3. *Les adjectifs invariables* 150
4. *L'accord de l'adjectif*................................ 153
5. *Les degrés* 156

Chapitre III. — **Le déterminant**........................... 158

1. *Généralités*.. 158
2. *Les articles*... 163
   A. L'article défini..................................... 163
   B. L'article indéfini 164
   C. L'article partitif................................... 165
3. *Les déterminants numéraux* 166
   L'adjectif ordinal 169
   L'indication de l'heure................................ 170
4. *Les déterminants possessifs*........................... 171
5. *Les déterminants démonstratifs* 175

6. *Les déterminants relatifs*................................. 176
7. *Les déterminants interrogatifs et exclamatifs* 176
8. *Les déterminants indéfinis* 177

Chapitre IV. — **Le pronom**............................ 187

1. *Généralités*.. 187
2. *Pronoms personnels*................................. 190
   En et *y* 197
3. *Pronoms numéraux*................................ 198
4. *Pronoms possessifs* 198
5. *Pronoms démonstratifs* 199
   Emploi des formes composées......................... 201
   Emploi des formes simples 202
6. *Pronoms relatifs*................................... 204
7. *Pronoms interrogatifs* 209
8. *Pronoms indéfinis* 212

Chapitre V. — **Le verbe** 220

1. *Généralités*.. 220
2. *Les formes du verbe*................................ 227
   A. Finales des personnes 228
   B. Les auxiliaires 231
   C. Les verbes réguliers.............................. 235
   D. Les verbes irréguliers 242
3. *Emploi des modes et des temps* 255
   A. Indicatif 255
      Présent 255
      Temps du passé................................ 256
      Temps du futur 259
   B. Impératif 262
   C. Subjonctif...................................... 262
      Emploi des temps du subjonctif.................... 264
   D. Infinitif.. 266
   E. Participe et gérondif 268
4. *Accord du verbe*................................... 271
   A. Cas d'un seul sujet............................... 271
   B. Cas de plusieurs sujets 275
5. *Accord du participe passé* 277
   A. Participe passé employé sans auxiliaire ou avec l'auxiliaire
      être 277
   B. Participe passé employé avec l'auxiliaire *avoir*.......... 279

Chapitre VI. — L'adverbe................................... 284

1. *Généralités*.. 284
2. *Adverbes de degré* 289
3. *Adverbes de négation*................................... 292
    A. Négation portant sur un mot ou un syntagme autres que le
verbe.. 292
    B. Négation portant sur un verbe 293
4. *Autres espèces d'adverbes* 297

Chapitre VII. — Les mots-outils........................... 299

1. *La préposition* 299
2. *La conjonction de subordination* 304
3. *La conjonction de coordination* 306
4. *L'introducteur* 308

Chapitre VIII. — Le mot-phrase 312

QUATRIÈME PARTIE

La phrase complexe

Chapitre I. — La propositon relative...................... 317

Chapitre II. — La proposition conjonctive 321

1. *La proposition conjonctive essentielle* 322
   Le mode dans la proposition conjonctive essentielle 323
2. *La proposition corrélative*................................ 326
3. *La proposition adverbiale* 328
   A. Proposition adverbiale de temps 330
   B. Proposition adverbiale de cause 331
   C. Proposition adverbiale de manière 332
   D. Proposition adverbiale de conséquence 333
   E. Proposition adverbiale de but 334
   F. Proposition adverbiale d'opposition 334
   G. Proposition adverbiale de condition 336
     Emploi du mode dans la proposition de condition 336

**Chapitre III. — L'interrogation indirecte et l'exclamation
indirecte** 338

Index.. 339